当代经济学系列丛书
Contemporary Economics Series

陈昕 主编

当代经济学译库

Authored by Nicholas Georgescu-Roegen
Edited by Mauro Bonaiuti
From Bioeconomics to Degrowth

从生物经济学到去增长

[罗] 尼古拉斯·乔治斯库—罗根 著

[意] 马乌罗·博纳尤蒂 编

陶文娜 陈彬 陈娟娟 译

格致出版社
上海三联书店
上海人民出版社

主编的话

上世纪 80 年代，为了全面地、系统地反映当代经济学的全貌及其进程，总结与挖掘当代经济学已有的和潜在的成果，展示当代经济学新的发展方向，我们决定出版"当代经济学系列丛书"。

"当代经济学系列丛书"是大型的、高层次的、综合性的经济学术理论丛书。它包括三个子系列：（1）当代经济学文库；（2）当代经济学译库；（3）当代经济学教学参考书系。本丛书在学科领域方面，不仅着眼于各传统经济学科的新成果，更注重经济学前沿学科、边缘学科和综合学科的新成就；在选题的采择上，广泛联系海内外学者，努力开掘学术功力深厚、思想新颖独到、作品水平拔尖的著作。"文库"力求达到中国经济学界当前的最高水平；"译库"翻译当代经济学的名人名著；"教学参考书系"主要出版国内外著名高等院校最新的经济学通用教材。

20 多年过去了，本丛书先后出版了 200 多种著作，在很大程度上推动了中国经济学的现代化和国际标准化。这主要体现在两个方面：一是从研究范围、研究内容、研究方法、分析技术等方面完成了中国经济学从传统向现代的转轨；二是培养了整整一代青年经济学人，如今他们大都成长为中国第一线的经济学家，活跃在国内外的学术舞台上。

为了进一步推动中国经济学的发展，我们将继续引进翻译出版国际上经济学的最新研究成果，加强中国经济学家与世界各国经济学家之间的交流；同时，我们更鼓励中国经济学家创建自己的理论体系，在自主的理论框架内消化和吸收世界上最优秀的理论成果，并把它放到中国经济改革发展的实践中进行筛选和检验，进而寻找属于中国的又面向未来世界的经济制度和经济理论，使中国经济学真正立足于世界经济学之林。

我们渴望经济学家支持我们的追求；我们和经济学家一起瞻望中国经济学的未来。

陈昕

2014 年 1 月 1 日

推荐序

  格致出版社组织翻译出版的《从生物经济学到去增长》一书,是著名经济学家尼古拉斯·乔治斯库-罗根(Nicholas Georgescu-Roegen)在 20 世纪七八十年代的经典论文的集结。从 20 世纪 70 年代中期因石油危机而开启的对增长极限的反思,到今天以"绿色＋智能"两个领域为代表的技术革命浪潮的迅猛发展,已经过去了将近半个世纪。重读半个世纪之前尼古拉斯·乔治斯库-罗根的这些经典论著,依然感受到强大的理论魅力。

  20 世纪 70 年代石油危机之后,能源和环境问题引发了广泛的讨论,增长的极限、罗马俱乐部等就是这一时期的产物,这场讨论对后来环境与生态经济学的发展具有重要的里程碑意义。其中,尤具代表性的就是以尼古拉斯·乔治斯库-罗根、肯尼思·E.博尔丁(Kenneth E. Boulding)和赫尔曼·E.戴利(Herman E. Daly)等专家为代表的稳态经济观(steady state)。他们所代表的分析进路与传统的自然-社会二分法截然不同,深刻地体现了自然-社会的一体分析特征,从不同的角度、以不同的方法反驳了追求无限增长的错误倾向,强调人类必须也只能追求的终极模式——稳态经济。

  作为这一时期的代表性人物,尼古拉斯·乔治斯库-罗根的低熵稀缺观是稳态经济最重要的基石。罗根本人早年从事新古典经济学的研究并卓有建树,但在 20 世纪 60 年代研究农业经济的过程中,他开始意识到低熵稀缺的重要意义。之后罗根的研究主要集中在低熵和生物经济学问题上，其理论中对于社会价值的探讨和对个人、集体、社会矛盾冲突的分析，已经体现出与其早期的经济论文完全不同的人文关怀精神和深邃的思想性。其最突出的贡献就是熵的沙漏模型（详见本书第 114—115 页）。在罗根看来，太阳和地球都有低熵，太阳低熵如水流般流过地球并以极其缓慢的速度形成地球低熵存量，人类工业化生产就是不断地消耗低熵和生产高熵废弃物。而物质和能量不仅仅是不灭的，也是不可逆的，一旦低熵转换为高熵，这一过程就不可逆转。因此，人类既不可能创造物质和能量，也不可能无限制地取得它们，低熵稀缺是人类经济系统面临的真正约束。在生物-物理的意义上，经济过程仅仅是把有价值的自然资源（低熵）转换为废弃物（高熵）的过程，从这一意义上讲，效率的本质是低熵使用的效率。在《熵定律与经济问题》这篇论文中，罗根强调只有钱可以在一个部门和另一部门间循环，而能量和物质则不可能以原有的规模循环，无限的生产和消费实质上就是不断地将低熵无可逆转地转换为高熵，最终的后果是毁灭性的。

稳态经济意味着两个系统之间的平衡，第一个系统是物质财富系统，第二个系统是人口系统，这两个系统不会自我恒定，只有两者都处于一个低的流通率时，可持续的稳态才会出现。对于人口系统，低流通率意味着低生育率和低死亡率；对于财富系统，低流通率意味着应生产使用期限更长、商品耐用性更好的商品，以及花费在生产上的时间更少，从而获得更多的休闲时间。稳态经济的本质是在地球生态系统生成低熵存量和吸收低熵流量能力许可的范围内，稳定且质量不断改善的经济。在本书第二篇文章《能源和经济神话》的结尾，罗根就此提出了八点具体建议：彻底禁止武器生产，将生产能力用在建设性目的上；资助不发达国家；控制人口增长使之在有机农业的可维持水平上；避免能源浪费；放弃奢侈品生产；摒弃时尚；使商品耐用；重新平衡休闲与工作时间。

在 20 世纪 70 年代，稳态经济观及其政策建议，无论是对于还处在黄金三十年余温中的西方发达国家，还是对于迫切希望通过工业化实现赶超的新兴经济体和发展中国家而言，显然都是不可接受的。但是罗根将经济社会系统和自然环境系统视为一个整体巨系统的思路，一反长期以来西方社会科学界的自然-社会二分法，成为后期环境与可持续发展理论分析生态问题的出发点。

需要指出的是，在那场对环境和可持续发展进行反思的思潮中，以弗里曼（Freeman）为代表的英国苏赛克斯大学科学政策研究中心（Science Policy Research Unit，SPRU）的学者们对稳态经济提出了不同的意见。在弗里曼等人看来,不加遏制地浪费资源的确将是灾难性的,但问题不在于停止增长,而是调整增长的方向。1992年,弗里曼提出了绿色技术-经济范式(green techno-economic paradigm)概念,认为信息通信技术革命使经济增长和环境保护两者可以兼容,其原因在于,第四次技术革命浪潮的大规模生产和大规模消费建立在廉价能源和材料的基础上;但信息通信技术基础上的灵活生产模式可以实现能源和材料的节约。2014年,佩蕾丝(Perez)又在弗里曼的基础上进一步提出了智能绿色增长(smart green growth)概念,并将其定义为"增加无形资产在国内生产总值和生活方式中的比例,同时将全球变暖的威胁和资源限制转化为新的消费和生产模式的机会",相较于弗里曼仅基于信息化技术而产生的乐观,佩蕾丝更为详细地论证了3D打印、纳米材料和以人工智能、大数据、物联网等为代表的新一代数字技术的发展对智能绿色增长的重要意义。她认为随着第六次技术浪潮的逐步展开,尤其是智能化生产技术和清洁能源技术的进步,经济有可能实现去物质化(dematerialization)。从经济的角度而言,绿色和增长的兼容,源于新技术的绿色创造效应和绿色修复效应。所谓绿色创造效应,即新技术本身可以创造出新的绿色经济领域和经济形态,如生物材料、医疗保健、数字化娱乐和教育培训等产业,以及本地生产、创意经济、共享经济等低能耗经济形态等;所谓绿色修复效应,即新一代技术可以通过对传统高能耗、污染型产业的升级改造或者对环境的修复,重新创造出新的部门分工,如新型建筑材料对传统建筑的升级替换等。通过绿色创造效应和绿色修复效应,不仅可以创造出新的产业部门,从而带来就业和经济产出的增长,也可以实现新的使用价值类型的扩展。简言之,不仅绿色的存在就是财富本身,而且围绕绿色存在而展开的一系列修复、维修和分享等活动本身也是财富创造过程。

在阅读本书时,长达56页的引言部分是不可跳过的重要部分。它不仅有助于理解罗根的生平和思想发展历程,而且对于理解罗根的核心观点以及当代科技的发展也大有裨益。在罗根撰写相关论文的时期,人类捕获、固定和再分配低熵流量的技术能力严重不足,这一点在罗根对可控热核聚变技术、太阳能的一些论述中也得到了体现。因此,稳态经济的倡导就多少有点流于理想化。随着材料科学和能源领域的不断进步,人类已经可以以新的、廉价的低熵流量捕获、固定和分配方式提供能源,而随着信息通信技术的发展而带来的制造业服务化和服务业制造化,重新平衡休闲与工作时间也正在成为现实。清洁能源技术的发展不仅降低了能源的生产成本,也通过能源的智能化分配实现了能源使用过程的经济化;新的经济组织形态,如平台经济、共享经济等,使闲置资源得以充分利用;基于大数据和物联网技术的智能制造体系将改变传统工业时代的大规模生产和大规模消费模式,取而代之的将是更为灵活、更具耐用性的多元化生产和个性化消费。这些变化,都使"绿色"与"增长"双重目标的兼容成为可能。不过,所有这一切,并没有改变罗根所揭示的低熵稀缺这一事实,而恰恰是在沿袭低成本高效率地利用低熵去增进人类福祉这一发展路径。

值得注意的是,生物经济学一词有着相当复杂的含义,从1999年创刊的《生物经济学杂志》(*Journal of Bioeconomics*)所刊发的论文来看,它涉及生物学、心理学、人类学和经济学的多个交叉领域,如史前经济学、人-灵长类-非灵长类生物的经济活动比较、社会分工、社区生态、互惠机制、公共利益的起源、道德情感的演化、决策的生物和心理基础等。但罗根思想背景下的生物经济学,在一定意义上就等同于广义的生态经济学,《从生物经济学到去增长》所体现的,是一个经济学家对工业化以来假定人和自然是分离的社会-自然二分法的反思和突破。传统社会-自然二分法中的社会和自然关系是不对等的,"自然"被视为发展人类文化的一种可利用的"资源"。抵抗和放弃二分法,则经济学的问题不可避免地涉及生物-物理能量的循环效率问题,它不仅要求采用反本质论的演化思考方式,而且经济学应当通过生物、物理和经济学的知识进行自然-社会的有机连接,将经济系统嵌入自然系统进行分析。显然,生物经济学无疑是一个宏大的、极具前景的新领域,对于把握这一领域而言,我强烈推荐由湖南师范大学同一批学者翻译的大卫·兹伯曼(David Zilberman)等专家的论文集《从生物经济走向生物经济学》。如果说《从生物经济学到去增长》一书侧重于思想史梳理的话,那么《从生物经济走向生物经济学》则集中体现了当代进展,将两者结合起来阅读,可以获得更加全面且系统的认识。湖南师范大学商学院的青年学者翻译这两部著作,有利于国内读者了解现代生物经济学的理论渊源和国际前沿,这无疑是一项特别有意义的事情。

杨虎涛

中国社会科学院经济研究所研究员

中国演化经济学年会主席

2024年6月25日

致 谢

我要感谢瑟奇·拉图什(Serge Latouche)、胡安·马丁内斯-阿利尔(Joan Martinez-Alier)、大卫·莱恩(David Lane)和巴塞罗那自治大学的一组研究人员,特别是费德里科·德马里亚(Federico Demaria)、乔治·卡利斯(Giorgos Kallis)和弗朗索瓦·施耐德(Francois Schneider),感谢他们阅读并对校样提出建议。我还要感谢我的朋友罗伯托·布兰多(Roberto Burlando)、保罗·卡恰里(Paolo Cacciari)、马可·德尤(Marco Deriu)、基娅拉·马尔凯蒂(Chiara Marchetti)、菲奥伦佐·马提尼(Fiorenzo Martini)、费卢西奥·尼利亚(Ferruccio Nilia)、达里奥·帕多瓦(Dario Padovan)、奥瑞塔·披尼(Auretta Pini)和詹尼·塔米诺(Gianni Tamino)的不断观察和批评;近年来,在我们讨论去增长问题的全部时间里,他们始终都充满活力。我还要感谢卡梅尔·艾斯(Carmel Ace)对本作品英文版的帮助,感谢哈里顿·C.斯普林奇顿(Hariton C. Sprinceanu)授权出版在杜克大学特别收藏图书馆中迄今尚未出版的关于乔治斯库-罗根的档案材料。最后,我非常感谢达尔马(Dalma)日常与我的讨论,特别是关于想象的主题。不过,我可能要特别感谢乔治斯库-罗根本人:即使在今天,在对他的思想熟悉了这么多年之后,他对智力努力的信念与对智力(自然)极限的认识的结合,更不用说他对人类永恒的爱——在我看来,这是他性格中最深刻的特点(很明显,还有他所有的辛酸),仍然是一个激励我并启发我灵感的来源。

前言

尼古拉斯·乔治斯库-罗根被认为是当今生态经济学众多学科研究领域的创始人之一,然而,他自己将其定义为生物经济学。乔治斯库-罗根是一位兼收并蓄的原创作者,[①]在经济理论的多个领域,从消费和生产理论到农业、非资本主义经济的分析,都有许多开创性贡献。然而,他最具独创性和争议性的贡献是他的生物经济学理论;随着时间的推移,这一贡献被认为是最重要的。

基于对新古典经济学认识论基础的深刻反思,生物经济学与标准经济学及马克思主义经济学[②]相比,代表了一种全新的范式。因此,毫不奇怪,乔治斯库-罗根被认为是"异端",尤其是业内人士如此认为,他本人并没有拒绝这个标签;尽管在很长一段时间里,在从美国经济协会辞职并向激进生态学靠拢之前,他曾徒劳地希望获得最负盛名的奖项的认可,特别是诺贝尔奖。

将经济学向自然科学,特别是热力学和生物学开放,使他着手制定一种新的经济学方法,这是第一个在可靠的科学基础上指出增长的生物物理极限的方法。标准经济学的核心及其目标(无限增长)和方法论前提(功利主义)受到质疑,增长和进步的理论家们不禁感到不安。然而,标准经济学家对他在 20 世纪 70 年代发表的第一篇文章(1973 年的能源危机似乎也支持这篇文章)所带来的冲击保持沉默。随着 20 世纪 80 年代新自由主义的胜利，尤其是在美国，乔治斯库-罗根几乎被完全遗忘。直到近二十年后，随着《生态经济学》(*Ecological Economics*，1989)一书的出版，乔治斯库-罗根所面临的主题才开始被重新考虑；然而，他的思想路线也发生了一些重大变化。

事实上，这篇由罗伯特·科斯坦扎(Robert Costanza)编辑、赫尔曼·戴利(Herman Daly)共同编辑的评论在促进经济学和自然科学之间跨学科对话的同时，也成为这些年中可持续发展新范式的推动者。这是柏林墙倒塌的时代，也是全球化和"双赢"环境政策广受欢迎的时代。正如我们看到的那样，③乔治斯库-罗根在几封信和几篇论文中尖锐地批评了可持续发展范式，这些观点长期以来一直未发表(与贝里的书信，1991 年)④。然而，此时的乔治斯库-罗根已经是一位老人，与科学界明显隔绝了。因此，他的批评与他一起消失了(他于 1994 年去世)，但由于对他的档案进行了研究，以及他的观点在"去增长"框架内引起了人们的兴趣，这些观点最近才重新出现(Bonaiuti，2001；Latouche，2004)。2003 年在里昂会议⑤上提出的关于这一主题的第一个文本集，在开篇引用了他的尖锐批评——"毫无疑问，可持续发展是最毒的配方之一"，这绝非偶然。从那一刻起，乔治斯库-罗根的生物经济学被认为是去增长观点的分析基石之一。

在他生命的最后几年，乔治斯库-罗根打算出版一本名为《生物经济学》(*Bioeconomics*)的书，这本书代表了这一另类学说的初步系统安排。本书旨在从两个方面介绍这一研究。一方面，本书集结了乔治斯库-罗根对生物经济理论的主要贡献，收集了零散的和未出版的材料，⑥并在引言中首先批判性地描述了乔治斯库-罗根是一个怎样的人和科学家；其次，解决了该学科的主要争议点，复原了目前为止被忽视的部分，特别是他对可持续发展范式的批判。⑦另一方面，这项工作意味着恢复完整的多学科性，正如我们看到的那样，这代表了生物经济理论最深刻的特征(Gowdy and Mesner，1998)。从这个角度来看，经济行为(我们也称其为一般的人类行为)，一方面，可以被视为物理层面和生物层面复杂的关系/约束网络(即物质/能量的耗散)的结果；另一方面，也可以被视为社会结构和文化框架进化性变化的结果。换言之，从生物经济学的角度来看，经济过程与这两种复杂程度保持关联，但不会因它们中的任何一种而减少。这是生物经济学方法的巨大优势，也是其巨大的困难。

这也是为什么结论性文章在追寻从生物经济学到去增长的理想路径时，

以复杂性科学的"八篇论文"开始的原因。当以最真实的方式进行解读时，它们勾勒出最合适的认知逻辑框架，以精准地发展乔治斯库-罗根生物经济学方法的完整的多学科性。

复杂性与多维危机

当前，世界正面临一场前所未有的多维危机。环境无疑具有高度的复杂性和不确定性；此外，人们所面临的风险也非常高。尽管我们对社会系统动力学的了解仍然极其有限，但作为同一个物种，我们解释在这一特定的不稳定阶段发生的事情的能力，很可能对数百万人来说至关重要。这就是我在结语中不禁尝试将一些"基本过程"个人化的原因，在物理、生物和社会组织之间的界面上，这些过程可以解释人们所面临的多维危机的原因。在这个框架下，增长/积累和创新过程作为一个长期的自我增长过程，似乎发挥着非常重要的作用。事实上，指数增长既是社会和经济组织所表现出的重要转变的原因，也是结果：劳动力市场的出现、生产的集中和经济的金融化只是新兴结构的几个例子，这些新兴结构是工业经济各种"规模飞跃"的特征。此外，正如我们将看到的那样，经济增长是当今生态危机和社会危机的根源。

不用说，我们在这里只是提出几个假设。这一领域的研究才刚刚开始，甚至可能会在确定哪些过程是最重要的方面犯下严重错误。然而，乔治斯库-罗根的生物经济理论与复杂系统理论的最新发展交织在一起，使我们能够得出一些暂时的结论，同时也留下一些重要问题。

第一个结论在某种程度上是显而易见的，但通常被标准经济学家和政策制定者所忽视：在几十年内，基本的经济制度可能会与今天占主导地位的制度不大相同。这是因为它们将不得不适应一个完全不同的环境，受到长期生物物理因素的（气候变化、石油峰值、关键材料耗尽）制约。

最大的问题是，经济和社会组织将如何应对这些制约。一种可能的情况是，经济和社会组织必须在零增长甚至经济衰退的情况下运作。如果我们的假设是正确的，那么我们可以相当肯定的是，尽管制度形式（大型跨国企业，广泛的交通、卫生、教育等系统）已经很好地适应了经济增长，但它们肯定不适合零增长甚至衰退的新环境。这为想象力和社会实验开辟了新的、非凡的空间。

第二个结论是,无论它以何种形式出现,去增长将不仅仅是增长和发展的对立面,而是由不可逆的、经常不连续的转变所表征,并因最近的变化(也就是说,由近期作出的决定)而受到合理的制约。

第三个临时结论是,社会组织的进化不会遵循"达尔文的解释"——通过(微小的)变异和选择(缓慢)进化,而是可能会涉及社会系统进化的具体方式,其中"世界的表征"及"协商"共同价值观和目标的能力至关重要(Lane et al.,2009)。换句话说,新的社会想象的形成过程将在最终的和可能的情境中决定人类未来选择的道路。从这个意义上说,社会选择去增长是"充满希望的怪物想法",它可能会在集体想象中引发重大变化。

然而,目前的工作并不打算定义一个去增长的社会应该是什么样的,更不用说给出关于实现这一社会的最合适工具的任何政策指示了。这不是目前工作的目的。⑧然而,我认为社会运动、团结经济组织、坚定的研究人员、非政府组织、民间社会和机构迫切需要就当前危机背后的多层面进程进行粗略的共同代表性谈判。即使我们还不知道它是如何发生的,我仍然相信某种共同的框架、某种形式的共同想象,是任何共同行动的必要前提,因此也是任何社会变革的必要前提。本书打算成为这一方面的第一个贡献。

马乌罗·博纳尤蒂

都灵和博洛尼亚,2010 年 5 月

注　释

① 现在有不少关于乔治斯库-罗根的研究。其中最重要的是卡尔皮诺(Car-intero,2006)、博纳尤蒂(Bonaiuti,2001)、真弓浩三(Mayumi,2001)、洛萨达和比尔德(Lozada and Beard,1999)、真弓浩三和高迪(Mayumi and Gowdy,1999)、德拉甘和德梅特雷斯库(Dragan and Demetrescu,1986)的专著,以及《生态经济学特刊》(第 22—23 卷)。在斯特拉斯堡举行的会议上,除了几篇特别出现在《生态经济学》上的文章外,还专门介绍了乔治斯库-罗根的工作(1998 年 11 月),以及 EABS 之后发表的论文集(Roma,1991;Palma de Mallorca,1994)。

② 乔治斯库-罗根在标准经济学的概念中既包括新古典主义理论,也涵盖凯恩斯的理论,即构成 20 世纪主流经济思想的几乎所有理论。乔治斯库-

罗根和马克思之间的关系更为复杂。简而言之，我们可以说，乔治斯库-罗根称赞马克思是一位全面的社会科学家，并分享了马克思关于经济过程进化本质的观点。他进一步接受了马克思的资本主义积累理论，其循环性质和由此产生的不公平分配(参见乔治斯库-罗根的《生物经济学与伦理学》，本书第6章)。正如我们将看到的，他们的辩证法概念部分相似而部分不同，而马克思的辩证法则是从黑格尔那里衍生出来的。乔治斯库-罗根绝对不接受马克思主义关于革命阶级的学说，因为他清楚地意识到废除私有财产，用一个阶级取代另一个阶级行使权力，无法解决统治者和被统治者之间的关系问题(参见本书序言的"生物经济学的演变"一节，以及本书第4章"从生物经济学角度看不平等、限制和增长")。最重要的是，乔治斯库-罗根拒绝了马克思主义和马克思主义中关于增长和进步的解放性愿景。

③ 参见下一段关于乔治斯库-罗根对可持续发展的批评。

④ 特别收藏图书馆(杜克大学)拥有极其丰富的档案，除了保存几乎所有的文章(超过200篇)外，还包含大量的信件。这不仅帮助我重建了对乔治斯库-罗根与他的导师[J.熊彼特(J. Schumpeter)、K.皮尔森(K. Pearson)]和同事[W.列昂惕夫(W. Leontief)、P.萨缪尔森(P. Samuelson)]之间关系的研究；而且更重要的是，还对我研究乔治斯库-罗根与其他一些学者的关系有帮助，这些学者中有些后来成为生态经济学新领域的主要学者，例如：赫尔曼·戴利、罗伯特·科斯坦扎、霍安·马丁内斯-阿里尔、J.格林沃尔德(J. Grinevald)、真弓浩三、J.高迪、G.洛萨达和其他许多人。他的一些信件摘录发表在这里。

⑤ 请参阅 Serge Latouche, A bas le développement durable! Vive la décroissance conviviale! In *Objectif Décroissance*, Parangon, Lyon, 2003。

⑥ 乔治斯库-罗根最近出版的英文版《能源和经济神话》(*Energy and Economic Myths*, 1976a)，仅包含关于生物经济理论的前两篇论文：《熵定律和经济问题》(The Entropy Law and the Economic Problem, 1971a)和《能源和经济神话》(Energy and Economic Myths, 1972)。1972—1994年，乔治斯库-罗根发表了100多篇论文(见本书最后"尼古拉斯·乔治斯库-罗根的书和论文"所列文献)，其中大部分是关于生物经济学的。这本书的目的是尽可能地解释生物经济理论从20世纪70年代的第一篇文章到90年代的最后一篇文章的完整演变。

⑦ 目前的研究成果可以追溯到作者的博士学位论文(1996年)和后来在杜克大学的研究(1998年)。这项研究的成果发表在两本书中(意大利文版)：罗马·卡西罗(Rome Carocci)的《生物经济研究》(*La Teoria Bioeconomica*, 2001)和都灵博拉蒂·博林西里(Bollati Boringhieri)的《生物经济研究》(*Bioeco-*

nomica，2003）。接下来的"引言"在很大程度上来源于以前的作品，还有一些重要的近期细节。

⑧　一些关于"去增长与政治"主题的著作已经出版：参见 S. Latouche, *Farewell to Growth*, Wiley, New York, 2009; *Le pari de la décroissance*, Fayard, Paris, 2007 and P. Ariés, *Un Nouveau Projet Politique*, Golias, Lyon, 2007; M. Bonaiuti, *Degrowth and Politics：Searching for a Shared Imaginary*, 2008, available at www. decrescita. it. 也可以参见：*Journal of Cleaner Production*, Volume 18, Issue 6, April 2010。

目 录

CONTENTS

引言:乔治斯库-罗根,一位真正的科学家

马乌罗·博纳尤蒂

乔治斯库-罗根的童年和在山上修道院的岁月(1906—1923 年)

尼古拉斯·乔治斯库-罗根于 1906 年 2 月 4 日出生在罗马尼亚康斯坦察。"正如艾·伯克(A. Burck)将成为艾·伯格森(A. Bergson)一样",乔治斯库-罗根在他的自传中承认①,他的法定名字也同样变成了尼古拉斯·乔治斯库-罗根(以下简称"乔治斯库-罗根"),他在 1933 年之后写的作品里就是用的这个名字。

当时,他的家乡有 2.5 万居民,是黑海上一个微不足道的港口城市。然而,正如他本人所强调的那样,这里是各种文化和民族的混合体,从德国人、犹太人和亚美尼亚人到土耳其人、鞑靼人和保加利亚人:"因为我童年的环境是真正的世界性的,所以我的民族精神一直如此。"

他后来形容自己的家庭环境为"得体",同时在许多方面也很严格。他的父亲是一名陆军上尉,这是一个令人尊敬的职业。在乔治斯库-罗根两岁时,由于与上级军官发生冲突,其父亲被迫在退休前放弃这一职业。离职后,其父亲能够将

1

大量时间用于对儿子的教育,但这段时光很早就结束了,因为其父亲在乔治斯库-罗根八岁时去世了。

我们对其母亲也不太了解。她在一所女子学校教针线活,乔治斯库-罗根称她是"一名非凡的工人"。然而,可以从乔治斯库-罗根自传的多个段落中清晰地推断出,她在年幼儿子身边的默默陪伴是非常重要的,至少在他上大学之前是这样的。

乔治斯库-罗根七岁时第一次接触战争。为了躲避战火,一家人搬到其外祖母在布加勒斯特的简陋房子里,这座城市当时被德国人占领。它离前线不远,乔治斯库-罗根也不可避免地看到那些被马车拉到战场后方的伤员和奄奄一息的人。下午放学后,他会做一些小杂活,如卖报纸或者清理废墟。在小学的最初几年里,他就表现出对数学的偏爱,这一点被一位年轻的老师盖奥赫·雷杜莱斯库(Gheoghe Rădulescu)注意到,这位老师常常鼓励他,在他的学习中发挥了重要作用。正是他说服并帮助乔治斯库-罗根准备山上修道院的莱西学院的入学考试,这所学院在当时因其卓越的标准而广受欢迎。

> 它之所以被称为山上修道院的莱西学院,是因为它位于山顶,坐落在一所可追溯到1499年的修道院教堂旁。这所学院的部分建筑坐落于旧址上,由一些教室、一间宿舍、一间杂物厅、一间体育馆、一间医务室、几所老师的房屋、几所士兵的营房、一所马厩和一个发电厂组成。简而言之,它是自给自足且与外界隔绝的。除了暑假以及比暑假稍短一点的假期,如复活节和圣诞节,学生们未经准许不可离开学校。学生们穿着制服,并且像军人一样遵守规则……在六点起床之后,早餐(全麦面包和茶)时间之前,学生们需要山上山下来回跑半小时,除非暴雪天气。除了星期日,学生们每天早上都要接受五个小时的基础课程教育,每天下午要接受两个小时的体育教育,下午茶后还要进行三个小时的学习。"即使是在未作规定的时间段里,除了学习我们也别无选择。这就是我一直在做的事情。"

(Georgescu-Roegen,1988b:6—7)

后来,乔治斯库-罗根批评了这种教育体系的严格性:与社会背景隔离的生活被设定在一个严格的预定关系体系中,这对培养与新朋友发展亲密关系的交际能力毫无帮助。他意识到这限制了他的个人发展。但是,他对于这些年的总体评价绝对是肯定的。莱西学院的教学标准很高:许多老师拥有博士学位，并且后来成为大学教授。然而，这并非全部：他在这段经历中获得的通识教育如此之多，以至于二十五年后，当离开哈佛前往范德比尔特大学时，他承认山上的修道院让他学到很多东西。这说明知识远远不只是对拥有扎实的基本文化的简单认识。不用说，任何通过艰苦测试的人都会对自己的能力更有信心；此外，人们可能会推测，就像现在一样，对知识的渴望与它的可获得性呈反比。要了解 20 世纪 20 年代罗马尼亚可能提供的服务，想想当时的布加勒斯特大学甚至没有图书馆就足够了。我们可以理解为什么在这种情况下，农民的孩子愿意在雨天和雪中走很多英里去上学，这揭示出他们对学习的渴望。我们意识到这一现实，无论如何，在这个包罗万象的研究所里，除了学生之间发展的团结气氛之外，其他可获得的东西都是十分难得的，这可能证明了乔治斯库-罗根在七十年后对这一经历的重要性评价是合理的。

他对数学的偏爱在此期间不断增加，在获得毕业证书（1923 年）的同年，他就赢得了由《数学公报》（*Gazeta Matematicǎ*）提供的一等奖，这个期刊专为年轻的数学家而设立；他学校的一些老师还代表他参加了这次颁奖。

从布加勒斯特到伦敦（途经巴黎）（1923—1932 年）

乔治斯库-罗根在山上修道院之后的求学经历分为三个阶段：在布加勒斯特就读本科（1923—1926 年），在巴黎攻读博士学位（1927—1929 年），在伦敦接受卡尔·皮尔逊（Karl Pearson）的指导，我们可以称之为博士后阶段（1930—1932 年）。

对年轻的乔治斯库-罗根来说，对大学专业的选择并不困难：从他的童年开始，他就一直梦想成为一名数学老师。尽管他的母亲试图说服他从事一份更安全的职业，例如工程师，但他还是坚持自己的想法并入学布加勒斯特大学的数学系，在这种情况下，幸亏还有一份专门用于奖励来自贫穷家庭的孩子的奖学金。

大学的教学方法与山上修道院的教学方法几乎没有什么不同："教授在桌子后面，学生坐在他们的位置，通常没有对话。"课程是传统的，教师们很少打破以特定主题的讲座形式和研讨会形式提出的固有的教学计划。教师中唯一的例外是安东·戴维格鲁（Anton Davidoglu），他在他的研讨会上阐述了微分方程的奇异性，这帮助乔治斯库-罗根（1936b）在他的经典文章《消费者行为的纯粹理论》(The Pure Theory of Consumers' Behavior)中获得可用的特定结果。

在上数学课的时候,他遇到了未来的妻子奥蒂利亚·布苏约克(Otilia Busuioc),一位将在余生中伴他左右的女人。

为了购买一些新书并攒住手中母亲寄给他的为数不多的钱,他教授私人课程并在学业的最后一年去了一所城外新修不久的语法学校教书。1926年6月,他以优异的成绩毕业,并在康斯坦察的语法学校任职一年。

在同一时期(1927年),乔治斯库-罗根结识了一个重要的人:他拜访了著名的数学家特里安·拉勒斯库(Traian Lalescu)[我们可能还记得他和维多·沃尔泰拉(Vito Volterra)为整体方程式理论的发展所作的贡献]。正是通过拉勒斯库——一位一直将数学应用于经济学感兴趣的数学家,乔治斯库-罗根才学会把数学当成一种解释和介入现实世界的工具,而不仅仅是一种智力练习。他对统计的热情正是由此引起的。拉勒斯库建议他应该去巴黎继续更深层次地学习这一新的研究领域。几年后,乔治斯库-罗根通过学习统计力学而不断向研究熵定律迈进,这是迈向熵定律研究的第一步。

1927年11月,他进入巴黎的统计研究所。正是在这里,他开始拓展自己的视野,而不仅仅专注于他的专业领域。虽然并不像一些书中写的那样,他与当时的法国知识分子和巴黎时代的科学家建立了"密切联系";但是,从他的信件中可以看出,他大大拓宽了研究领域,特别是科学哲学领域。

> 在法国逗留的岁月中,我尽可能多地阅读有关科学哲学的书籍,从H.庞加莱(H. Poincarè)、G.勒庞(G. Le Bon)、E.博雷尔(E. Borel)和F.勒登泰科(F. Ledantec)开始,最终读到伯格森。作为一名统计学者,我深深被统计力学所吸引,因此我开始对熵定律感兴趣。那时,我开始欣赏伯格森,正如我后来欣赏阿尔弗雷德·N.怀特海德(Alfred N. Whitehead)那样,作为一位哲学家,他对现实的愿景优于实证主义者。

> (Zamagni, 1979:89)

我们知道他参加了亨利·勒贝格(Henri Lebesgue)、爱德华·古尔萨(Eduard Goursat)(关于数学分析),埃米尔·博雷尔(Emile Borel)(关于概率理论),艾伯特·阿夫塔利昂(Albert Aftalion)(关于统计学)及乔治·达莫斯(George Darmois)的讲座,乔治·达莫斯接替博雷尔数学统计主席的位置。

也许受到阅读海明威的影响,我认为20世纪20年代的学生在巴黎生活得很容易,在这里使用一位美国作家的表达方式来说明这种生活:"非常贫穷,非常快乐"。乔治斯库-罗根当然贫穷,但根据我们的判断,他也并不快乐。正如我们已经说过的,他在社会关系中并不像美国人那样自发,看起来乔治斯库-罗根在某种程度上甚至被孤立了。"我在学习之外唯一的接触是与 F.斯特劳斯基(F. Strowsky)——一位研究法国哲学家布莱斯·帕斯卡尔(Blaise Pascal)的专家——的交往,他还举行了关于这位哲学家的研讨会。"他说。这就解释了乔治斯库-罗根在那几年中学到的关于帕斯卡尔提出的几何精神和微妙精神的区别论,对他认识论系统的特征构成为何如此重要。同时,某种不安全感和由此造成的艰难社会关系也成为他本性的一部分。②

1930 年 7 月 27 日,乔治斯库-罗根进行了他的博士论文答辩,论文题目为"关于找出现象的周期成分的问题",这篇论文获得了最高分,并于同年 10 月在《巴黎统计学会》(*Journal de la Société de Statistique de Cycles*)期刊出版。众所周知,熊彼特在 1939 年的《经济周期理论》(*Business Cycles*)中使用了这种方法。

他打算去伦敦并跟随皮尔逊学习的计划遇到一个障碍:当时,乔治斯库-罗根对英语一窍不通。但是在巴黎,他遇到一个年轻的英国人——伦纳德·赫斯特(Leonard Hurst)。伦纳德·赫斯特一家人决定让他作为付费房客(每周 17 个半先令),乔治斯库-罗根与他们在伦敦一起住了一年多,这再次得益于另一项奖学金:

> 赫斯特一家人是工人阶级家庭,租住在莱斯特路的一所小房子里……我们通常以土豆、卷心菜和肉酱为食,并将面包和猪油当作早餐。但是,在一年多的时间里,赫斯特一家人给了我用金钱都无法购买的关怀和体贴。作为一名退休教师,赫斯特夫人的耐心确实是无价的,她帮助我学习新的语言……在能运用一些基础词汇后,我获得了前所未有的勇气,然后前去拜访皮尔逊先生。他自然而然地收留了我,这让我立即感到像在天堂一样。

(Georgescu-Roegen,1988b:16)

大学学院高尔顿实验室的气氛是热烈而富有建设性的。由于没有关于皮尔逊的任何更好的标签,姑且将其视作机械形成的实证主义统计学家,他正在阐述一个越来越新颖和微妙的科学企业概念,能够在各种知识领域之间建立联系。除了长期致力于研究统计分析并创造出一些基本要素之外,他还凭借《科学语法》为数学、人类学、优生学、生物识别技术，以及我们特别感兴趣的科学哲学作出了重大贡献。

乔治斯库-罗根与皮尔逊的相遇激发了两个重要的发展。一方面，皮尔逊鼓励他致力于数学统计研究；皮尔逊当时对某些事情特别敏锐，尽管他最大的兴趣之一是通过四个矩阵找到一个能够决定随机变量分布的方法。皮尔逊期望能够远远超越这一点，以便通过样本矩阵的通用公式来获得通用表达式。因此，他为发现乔治斯库-罗根愿意致力于研究当时他最感兴趣的话题而高兴。另一方面，皮尔逊向他表现的个人友谊激发了乔治斯库-罗根对新视野的反思，尤其就科学哲学而言。

然而，关于皮尔逊矩阵理论的整理工作花费了大约一年时间，然后乔治斯库-罗根在 1932 年的《生物识别技术》期刊上发表了一篇长篇文章，就此而言，我们可以说这是一个失败的产物。该公式没有明显的规律性，正如乔治斯库-罗根本人承认的那样，皮尔逊的期望是无法实现的。也许出于这个原因，或者也许因为学术界更喜欢 R. A. 费舍尔（R. A. Fischer）的"思想纯粹的创造"理论所启发的模型，皮尔逊的方法被抛在一边。

皮尔逊的科学哲学并非如此。特别是，他在考虑生命科学的特殊性时所展现的深刻敏感性，以及他拒绝将机制扩展到生物领域（在新实证主义时期，这是一个真正原创的东西），将对乔治斯库-罗根在随后几年里发展出的认识论产生重要影响。

《从地球到月球再返回》

1931 年，当乔治斯库-罗根仍在伦敦时，可能是由于皮尔逊的介入，洛克菲勒基金会的代表亲自去实验室询问乔治斯库-罗根是否愿意继续在美国学习。然而，他母亲不稳定的健康状况以及他第一个重要的编辑作品"梅托达统计"，促使他决定返回罗马尼亚，并将离开的时间推迟大约一年。该作品用罗马尼亚语编写，长约 500 页，于 1933 年出版。

但是，他并没有失去机会。1934 年 10 月，他前往美国的哈佛大学。对于在罗马尼亚长大的谦虚的年轻人来说，这是一个机会，正如他自己所说的，看起来"像是通往月球的旅程"。

乔治斯库-罗根的计划是测试他在哈佛大学经济晴雨表研究所的博士论

文中所阐述的关于周期性成分的统计方法的最终应用，该研究所是一家与经济预测有关的研究所。但是，已经有一个惊喜在等着他：当他到达马萨诸塞州的剑桥时，他发现研究所已经关闭（在几年前！），这是因为在 1929 年"黑色星期二"的前一周，该研究所的学者称"经济"是"完全健康的"。

在这里，机会再次在乔治斯库-罗根的个人生活和科学生活中发挥了创造性作用：他非常沮丧，打算返回布加勒斯特，他请求约见当时关注经济周期理论的教授并将其作为自己打出的最后一张牌。

当时，乔治斯库-罗根不认识约瑟夫·熊彼特。相反，正如他本人承认的那样，他甚至从未听过他的名字。熊彼特对他的工作很感兴趣，并询问他做了什么以及他想做什么；并凭直觉认为乔治斯库-罗根阐述的方法可以应用在未来的《经济周期》(Business Cycles)出版物中。

当时，熊彼特是"所有哈佛之屋中的宠儿"，在那里他不断地受邀去主持会议，尤其是在晚餐后的晚上。此外，他还是洛克菲勒基金会的主席。因此，他参加了该基金会的每周会议，还邀请乔治斯库-罗根出席。该基金会的其他一些成员包括奥斯卡·兰格(Oskar Lange)、弗里茨·马克卢普(Fritz Machlup)、杰拉德·丁纳(Gerard Tintner)和尼古拉斯·卡尔多(Nicholas Kaldor)。除了熊彼特和保罗·斯威齐(Paul Sweezy)（他是当时熊彼特的助手）外，瓦西里·列昂惕夫（他当时是一位数理经济学教授），未来将成为乔治斯库-罗根的好朋友。乔治斯库-罗根还参加了通常以数理经济学为中心议题的会议。简而言之，他突然发现自己融入了哈佛令人振奋的学术环境，最重要的是，他开始关注经济学，尽管主要是数理经济学。就这个主题而言，他后来评论道："我想成为一名纯粹的数学家，然而却成了一名统计学家。我与经济学无关，我从不想成为一名经济学家！"(Georgescu-Roegen, 1988b)

因此，一年半后，他接连发表了四篇关于经济学的文章。实际上，这些文章主要是就数学应用于经济学的可行性提出观察、纠正和建议，边际主义者这些年也一直在研究这个问题，尤其是关于帕累托。这些出版物如下：在《经济学季刊》(Quarterly Journal of Economics)（1935 年 8 月）上发表的《固定生产和边际生产率的固定系数》；在《经济研究综述》(Review of Economic Studies)（1935 年 10 月）上发表的《货币边际效用和需求的弹性》；在《经济学季刊》（1936 年 5 月）上发表的《衡量需求弹性的方法》，该文中他被要求在庇古和弗里德曼之间充当公正的仲裁员；后来在《经济学季刊》上发表的《消费者行为的纯粹理论》（1936 年 8 月），该文成为消费者理论领域的经典文本。

乔治斯库-罗根已发表的论文受到熊彼特的赞赏,熊彼特建议乔治斯库-罗根应该与自己合作。以下是乔治斯库-罗根如何描述这个关键转折点的:

> 由于我在前往哈佛之前发表的文章和我短暂逗留期间撰写的四篇文章,熊彼特意识到我是一位有前途的学者,那一年我30岁。主要归功于他的评价,哈佛大学想让我继续深造。熊彼特还想与我合作撰写一篇经济分析文章。但是我拒绝了,尽管这看起来不可思议。
>
> (Georgescu-Roegen,1988b:29)

乔治斯库-罗根几年前的野心现在看起来似乎已经实现。然而,他突然决定离开哈佛,返回罗马尼亚。是什么导致他作出这一决定?

首先,我们必须提出一个问题。我们能相信所描述的情况真的与现实相符吗?我们不应该忘记,乔治斯库-罗根在晚年才写下他的自传,当时他正与经济学专业发生冲突:在这种情况下,强调传统经济学领域取得的成果符合他自己的利益。那么与熊彼特的这种"合作"到底是什么?

对其余信件的分析表明,熊彼特确实对乔治斯库-罗根的著作表示了兴趣。熊彼特要求梅(S. May)提供1936年的奖学金以维持与乔治斯库-罗根的合作(1936年3月25日),梅是洛克菲勒基金会的负责人。在后来的一封信(1936年4月27日)中,熊彼特明确地谈到一个与"我们的书"有关的项目,并且接下来熊彼特向乔治斯库-罗根发出一份关键点"草图"(1936年5月1日)。同样明显的是,尽管有数百项承诺和协议,熊彼特还是试图将乔治斯库-罗根留在哈佛大学,他多次与乔治斯库-罗根见面,谈论他们的"共同工作",并且在一段时间内希望乔治斯库-罗根能够回来。我们可以得出结论——这项关于经济分析的工作不是乔治斯库-罗根的空想,也不是在哈佛俱乐部组织的晚宴后谈话中散布的一个模糊想法,而是熊彼特期望的一个与学生合作的具体项目。那么,为什么乔治斯库-罗根决定回罗马尼亚呢?

乔治斯库-罗根在他生命中的不同时期透露出他的雄心壮志,但他也对自己祖国的命运负有责任。如果我们仅限于官方的解释,那么这就是他留下的解释:

> 影响我决定的原因之一,是我所有的教育都得到罗马尼亚公共资金的支持,甚至我的洛克菲勒奖学金也是由罗马尼亚提供的,就像每个国家的其他公民一样;因此,我应该尽我所能回报我的祖国。
>
> (Georgescu-Roegen,1988b:29)

这种解释听起来可能不足以令人信服,但他的自传中并没有出现任何其他可能。其中一些文字确实也在强调,自从他完成学业后,乔治斯库-罗根很想回去报效他的祖国,并且乔治斯库-罗根将自己定义为"一个发展中国家的移民"。拉勒斯库想让他回去,也是第一个建议他前往巴黎的人。乔治斯库-罗根在自传中还提到自己作为一名外国人感觉并不轻松,尤其是在巴黎逗留期间,尽管这种感觉在哈佛大学的时候似乎已经消失,但这并不是决定性因素。多年后,他这样评价自己的选择:

> 这不是我唯一一次搞砸自己的学术生涯,但这是最坏的一次。在我们远航的前一天(1936 年 5 月),熊彼特来到纽约,带我们去华尔道夫酒店(那时仍然很辉煌)吃晚饭,以说服我接受他伸出的橄榄枝。几年后,我才理解他当时一定很受伤。那是五十多年前的事了,我已经不记得,甚至想象不出为什么自己犯了一个如此令人难以置信的严重错误。那时的乔治斯库-罗根在我看来是另一个人,拥有另一种思想。
>
> (Georgescu-Roegen,1988b:29)

在回布加勒斯特的路上,乔治斯库-罗根在巴黎和伦敦停留过,还遇到几位学者,其中包括弗里德里希·哈耶克(F. A. von Hayek),他参加了其中一些人的讲座,并于 1937 年 8 月才到达布加勒斯特。他回国花费了一年多的时间,并且在途中的学术际遇让我们认为,等待他回家的事情是不确定的。考虑到所有因素,乔治斯库-罗根本人的解释是最合理的:在国外生活十年之后,他想返回罗马尼亚,他打算在自己的国家充分利用自己之前所获得的丰富经验。正是出于这个原因,他愿意放弃未来在哈佛大学的任何工作。

罗马尼亚时期(1937—1948 年)

回到罗马尼亚后,乔治斯库-罗根立即被授予一系列重要的官职。首先,他被要求加入一个负责与英国谈判新商业协议的委员会。当时急需一个能与英国代表团领导人进行讨论甚至进行非正式讨论的人。那时,罗马尼亚没有多少人能说流利的英语,并且也没有多少人自吹在经济学研究领域拥有国际经验。因此,返回后不久,乔治斯库-罗根就被提名中央统计研究所的副所长,负责详细说明一系列主要的经济数据,这些数据在当时是非常零散的。

　　然而，尽管他与一群罗马尼亚学者进行了一些合作，与这些人完成了《罗马尼亚百科全书》（*Enciclopedia Românîei*）的出版计划，并编辑了一些与罗马尼亚有关的经济统计性质的出版物，但这也是一段长期与学术智慧隔绝的时光的开始。在罗马尼亚度过的所有时间里，他主要致力于非学术活动，其中包括政治活动：从1938年开始，他加入民族主义者党，最初是一名秘密的激进分子，后来成为国家理事会的成员。

　　在那几年里，罗马尼亚的政治气氛发生了迅速变化：1939年3月，德国的第一次备战活动开始了。

　　罗马尼亚是一个重要的石油生产国，这个国家在不久的将来发生的冲突是不容忽视的。在此期间，乔治斯库-罗根被要求参加有关匈牙利边界重新划分的外交谈判：在这件事上，他所在的一个代表团被要求在维也纳与冯·里宾特洛甫和齐亚诺进行仲裁，但没有取得任何结果。

　　卡罗尔二世退位后，第二个独裁统治时期开始，新政府提名莱昂教授为经济部长。由于莱昂教授被认为不支持纳粹，乔治斯库-罗根同意先负责进口办公室，然后负责出口办公室，同时他还代表罗马尼亚政府进行秘密谈判。

　　1944年4月标志着布加勒斯特遭受轰炸的开始，首先是美国人的轰炸，然后是德国人的轰炸。苏维埃军队于1944年8月底进入布加勒斯特。乔治斯库-罗根提到当时的乱局：强奸、盗窃和各种各样的恐吓盛行。罗马尼亚当局试图从城市中撤离所有重要人士。乔治斯库-罗根也决定离开这座城市，在经历一段危险的徒步旅程后，他在特兰西瓦尼亚的一个小村庄与他的妻子和母亲会合。

　　随之而来的局势变化使得乔治斯库-罗根的立场变得越来越困难；因此，乔治斯库-罗根下定决心要逃离罗马尼亚。但他们的第一次尝试失败了；最终在1948年2月，他和奥蒂利亚在一艘船的货舱里躲藏三天后设法到达了土耳其。同时，他还向列昂惕夫和熊彼特告知自己的逃生，他们设法为他取得哈佛大学的合同。幸亏犹太社区提供了两张假身份证，他们才能设法到达法国瑟堡（途经意大利和瑞士），并于1948年6月24日乘坐跨大西洋的毛里塔尼亚号前往美国。

　　尽管乔治斯库-罗根在罗马尼亚度过的十二年时光没有在学术和科学层面取得任何特别的成果，但从至少两个角度来看，它们绝对具有意义。

其一,在那个时期经历的两次战争和四次独裁统治在他的脑海中形成了这样一种观念,即历史和统治对经济因素具有非常强大的影响,正如他说的,这种影响"比任何理论上的原理都要强大"(Georgescu-Roegen,1993c)。

其二,他在政治上的激进、支持将国家从贫困状态中解放出来的勇气,以及多次冒着生命危险的胆量,帮助我们理解在接下来的几年里,为什么尽管他与科学界的其他成员隔绝了,但他仍然能顽强地捍卫自己的思想。他在当外交官时所获得的经验有益于他建立日后学术环境中的关系,甚至是建立高水平的关系。尽管如此,乔治斯库-罗根从未表示出向外交艺术妥协的趋势,这无疑会为其获得最显赫的认可标志,特别是诺贝尔奖铺平道路,这正是他期待已久而未实现的。

再见,哈佛!

我们可以说,乔治斯库-罗根生命的第二部分始于他1948年到达美国的时候③,从这个时间开始,除了在国外从事研究的时期之外,他再也没有离开过美国,直到1976年退休。与他以前的生活不同,从存在主义的角度来看,除了从哈佛搬到纳什维尔的范德比尔特大学之外,他接下来的几年并没有太大的中断,纳什维尔的范德比尔特大学作为一所学府无疑是不那么有声望的。

从他的书信可以得知,当1948年乔治斯库-罗根到达哈佛大学时,瓦西里·列昂惕夫正在等待他。这两位学者开始在同一个研究项目中工作,这个项目与美国经济的结构相关,这是政府感兴趣的。同时,列昂惕夫邀请乔治斯库-罗根参加俄罗斯研究中心的活动,该研究中心专门研究俄罗斯和东欧,并且要求乔治斯库-罗根编辑有关第二次世界大战后罗马尼亚经济发展的小册子。即使在乔治斯库-罗根离开哈佛大学后,两人还保持着持久的信件交流,交流的内容远远超出任何正式的学术思想交流,这种交流一直持续到20世纪70年代中期。④

1948年,哈佛大学为乔治斯库-罗根提供了一份一年期合同,聘请他为经济学研究员,并在第二年迅速续签。⑤然而,乔治斯库-罗根突然再次决定离开哈佛大学。

就作出这一决定的原因而言,长期以来与乔治斯库-罗根一直保持联系的保罗·萨缪尔森及其与乔治斯库-罗根通信的信件提供了最合理的解释：熊彼特于 1950 年去世，他离世时已经没有任何能使乔治斯库-罗根在哈佛大学任职的学术权力，虽然熊彼特十年前很可能有这一权力。[6] 这可以解释为什么乔治斯库-罗根决定前往范德比尔特大学，1949 年他在那里获得了经济学教授的职位。

在 1950 年之后，乔治斯库-罗根就再也没有离开范德比尔特，因此以下最重要的事件不可避免地与他的思想发展有关。就这一点而言，为了简化分析，我们可以将其划分为三个连续的阶段。第一个阶段，即从他在 20 世纪 50 年代对数理经济学作出贡献到他发表对新古典理论的认识论批判[该理论包含在《分析经济学》(Analytical Economics，1966)中]。第二个阶段，我们可以将其称为制度主义的批判阶段，这一阶段其成就包括他关于农业经济体制特殊性的重要著作，他在 20 世纪 60 年代后半期对其进行了完善。第三个阶段也是最后一个阶段，我们可以将其称为他的生物经济学理论时期，即 1970 年召开"熵定律与经济问题"会议之后的时期，他在该会议上首次提出未来二十五年的主题。

从数理经济学到认识论革命(1950—1966 年)

1950—1966 年，乔治斯库-罗根的思想日趋成熟。在 20 世纪 50 年代对数理经济学的贡献中，他对新古典理论提出了非同寻常的认识论批评。这种批评基于他对自然科学的广泛涉猎，其中包括对第二次热力学定律的经济相关性的关注。这种变化的结果可以在他 1966 年出版的《分析经济学》一书中找到。

值得注意的是，这份工作被分为四个部分。其中两篇由 1935—1958 年写的文章组成，可以认为它们属于主流：第一部分是专门针对消费者的理论[7]，第二部分是生产理论[8]。然而，他对我们这一主题最重要的贡献无疑是开篇文章《经济学中的某些取向问题》(Some Orientation Issues in Economics)，其中未发表的一百多页内容构成了他认识论批判中最精彩的一部分。最后，这部作品还包含第四个主题，即农民经济体的制度分析。尤其是在 1960 年的文章《经济理论和农业经济学》中，乔治斯库-罗根发展了一个理论，并在其他文章中有所重申：根据该理论，标准经济学不能延伸到不属于工业资本主义社会的历史和制度背景中,尤其是那些基于农业的人口过剩经济体中。

总之,《分析经济学》已经包括乔治斯库-罗根的重要贡献:消费者理论、生产理论、制度经济学、认识论批判以及他的生物经济理论大纲,他将在接下来的几年中进行完善。因此,这并不是一项系统的工作,但乔治斯库-罗根的这本书至少在经济学家中获得广泛认可。这本书在25个期刊上获得好评,其中包括《美国经济评论》(*American Economic Review*)和《经济杂志》(*Economic Journal*)。

此外,这本1966年的书包含保罗·萨缪尔森的著名序言,他提供了一个相当讨人喜欢的说法,将乔治斯库-罗根定义为"学者中的学者,经济学家中的经济学家",并称赞开篇文章。正如我们所说的那样,在这篇文章中,乔治斯库-罗根对新古典理论的基本认识论假设的批判得到了完善。萨缪尔森说:

> 作为一名数学家,他得到了顶级训练,他完全不受主观的诱惑,能够保持对使用情况的客观态度和实事求是精神。来自这样一位学者的自相矛盾的观点——就如这篇精彩的新论文中的以下宝贵观点——需要每一位严肃学者的关注。
>
> (《分析经济学》,第 ix 页)

对物理学、哲学、逻辑悖论的探索,以及使这部杰作如此珍贵的无可争辩的宝贵观点,都无法掩盖这是一篇革命性文章,特别是就乔治斯库-罗根对新古典学派的认识论批评而言。这两位学者之间的信件,包括1953—1989年写的大约三十页,也反映了这位麻省理工学院经济学家与乔治斯库-罗根模棱两可的关系。[9]

即使在真弓浩三和J.高迪(K. Mayumi and J. Gowdy, 1999)的正文前言中(以纪念乔治斯库-罗根),萨缪尔森似乎也无法摆脱这种模棱两可的态度:在向乔治斯库-罗根对标准经济学的贡献以及他对认识论和生物经济学的重大贡献而致以崇高敬意(当时已经成为一种习惯)后,萨缪尔森总结道:

> 我的观点是,我们这些冷漠地抵制新革命经济学方法论的预言者,仍然可以接受并欣赏乔治斯库-罗根在其新阶段对外部不经济的洞察。
>
> (Mayumi and Gowdy, 1999:XV, Preface)

这是什么意思？如果乔治斯库-罗根提出的方法比他的生物经济理论更具革命性，正如萨缪尔森暗示的这样，那么关键点就并不是钦佩乔治斯库-罗根的"直觉"，而是要掌握刻画标准理论特征的假设的批判性修改，众所周知，萨缪尔森是主要参与者之一。赫尔曼·戴利准确地指出："萨缪尔森在1965年为乔治斯库-罗根撰写前言之后就很少对其进行评价。他改变主意了吗？为什么？甚至，在萨缪尔森著名的手册中，他对乔治斯库-罗根关于经济学的生物物理学基础的任何观点难道一点都没有专门提及吗？"[10] 因此，正如可以预见的那样，麻省理工学院新古典主义的同事们对他们的关注甚至更少。[11]

然而，萨缪尔森的结论有一个优点，那就是认识到乔治斯库-罗根在其1966年的论文中所尝试的认知革命是极其雄心勃勃的，甚至比他后来的生物经济学转变得更为激进。因此，值得更仔细审视的是，他试图在此基础上对主流观点的新方法论提出挑战。

辩证法、算术与科学

首先要阐明乔治斯库-罗根所说的算术和辩证的概念究竟是什么。

算术概念是离散的，也就是说它们可以被严格定义。这些概念的一些例子是数字，如 2 和 3，符号 n 和 m，三角形或圆形的概念。算术概念的一个特征是可以清楚地区分彼此。换句话说，它们没有模糊的轮廓（没有像乔治斯库-罗根过去所说的那样被半影包围）并且彼此"不重叠"（Georgescu-Roegen，1971b:44—45）。

计算机是一个非常好的基于算术形态语言系统的例子（即使今天我们可能会使用术语"数字"来表达相同的概念）：它们包含的所有信息都建立在所有区别的"最算术形态"的基础上，即 0 和 1 之间。这一特殊的性质使得算术概念在科学工作中成为一个特别有价值的类别，因为它们是逻辑学（和数学）可以工作的唯一对象。"没有这个性质，我们既不能计算，也不能推论。"根据逻辑实证主义者的说法，由于其非凡的效率，它们成为唯一能够在科学领域运作的概念。然而，在阐明乔治斯库-罗根对这一基本点的批判立场之前，有必要从辩证概念的角度阐明他的意思。

辩证概念的界限并不是严格规定的，相反，它的界限是由一个半影所限制的,在这个半影里,它和它的对立面重叠在一起。例如,决定一个国家是否是"民主国家"的依据可能会引起无休止的讨论;这取决于一个事实,即"民主"这个概念本身有多种含义。也就是说,它的语义边界不是离散的。因此,"民主"概念是辩证概念的一个例子。"大量概念都属于这一范畴,其中包括人类判断中最重要的概念,如'好''正义''可能性''想要'等"(Georgescu-Roegen,1971b:45)。

辩证概念的一个本质特征是不能应用逻辑的基本原理即矛盾原理。正如我们所知的那样,这一原则规定"B不能同时是A和非A"。相反,对于辩证概念来说,B可能同时是A的一部分,也可能不是A的一部分。一个人可以同时是"年轻的"和"年老的",正如一个国家可以同时是"民主的"和"反民主的"。在辩证概念中,它们的对立面重叠的特点源于语义边界的灵活性。

不用说,这是一个极端的例子。相反,在大多数情况下,可以判断一个人是"年轻的"还是"年老的"。乔治斯库-罗根敏锐地观察到,如果不是这样,辩证概念不仅无用,甚至有害。换句话说,"即使它们不是离散的,辩证的概念仍然是不同的。"不同之处在于:一个辩证概念与它的对立面被一个半影区分开来,而在算术概念的情况下,没有办法进行区别:"没有给出第三种(可能性)"(Georgescu-Roegen,1971b:47)。

在这一点上自然会出现一些问题:为什么算术概念和辩证概念之间的区别对科学哲学如此重要,这种区别在乔治斯库-罗根的认识论框架中扮演什么角色?目前,我们可以说,在传统的哲学语言中,算术与存在相关联,而辩证法与生成相关联。换言之,这种对乔治斯库-罗根而言至关重要的区别[12],与所产生的科学活动的"类型"有关,特别是与科学活动变化的问题有关。

为了更好地说明这一点,有必要引入一个新的定义,即"理论科学"。根据乔治斯库-罗根的观点,理论科学是一种特殊类型的科学建构,由逻辑有序的描述性命题构成,其特征恰恰可以在"其逻辑有序的剖析"中找到。

我们可以直接认为,这样定义的理论科学的理想类型就在牛顿力学中。在这里,每个命题都可以被分为(a)和(b)两类。首先,每个命题(b)在逻辑上都来自某个命题(a);其次,没有任何命题(a)来自任何其他命题(a)。这样,一个科学的大厦就建立起来了,在这个大厦里,每个命题都根据演绎式的逻辑联系与其他命题联系在一起。

每一个理论大厦的本质特征是其结论不存在任何模糊性。就像在计算机算法中一样,一旦前提被定义(必须用算术的术语),演绎链必然会导致

"特定"的结论。这就是理论科学如此有用的原因。

然而,逻辑连接不能涉及所有类型的命题。让我们举个例子:

(1)气体的压力随着温度的升高而增大;

(2)代理人的价值会改变社会和经济过程。

很明显,逻辑学(和数学)可以很容易地处理第一种类型的命题,而在处理第二种类型的命题时却无能为力。由此可见,命题(1)仅包含等比概念(压力、温度),而命题(2)则充满辩证概念(价值、代理人、社会和经济过程等)。由此可以推断,这样定义的理论科学是不能处理辩证概念的。原因很简单:那些辩证概念的"移动的半影"不能用亚里士多德的逻辑来处理,正如我们所看到的那样,亚里士多德的逻辑构成了理论科学的核心。

当然,当今哲学流派不会否认上述辩证概念的存在。然而,正如已经提到的,科学界赋予其角色在两极之间波动。一方面,他们是新旧实证法主义者,认为辩证概念是"与科学对立的"。根据这种观点,真理只能建立在算术概念的基础上,因此,真理可以用数学语言来表达。但另一方面,在另一个极端,黑格尔学派认为,尽管他们的传统各不相同,但只有借助辩证概念他们才能获得知识。

乔治斯库-罗根没有选择这两个极端。事实上,他不仅没有否认,甚至还强调了逻辑和算术概念的重要性。其原因有以下三点。

首先,这两者能够使我们避免常见的思维错误:通过逻辑演绎,除了假设的现实主义之外,还可以区分哪些结论与最初的假设一致,哪些不一致。

此外,它们还具有经济性质的优势:正如皮尔逊所观察到的,与简单的目录相比,知识的逻辑组织可以显著节省思考的时间。同样需要重点指出的是,根据理论结构排列的知识具有累积特性。在这一方面,每位科学家都可以为他的领域作出专业贡献,而无需质疑已经成为理论大厦一部分的内容。辩证推理最明显的缺点可能是其非累积性的本质,关于这一点将在后文中清楚地进行说明。

然而,乔治斯库-罗根也认为辩证概念具有重要作用。不能否认诸如需求、政治或制度等概念在经济科学中的相关性,但它们是辩证概念,原因是它们的含义在不断变化。正如帕斯卡尔曾经写过的,"我们的心智能力有两个截然不同但同等重要的方面:几何精神和思想"。不能排除某个科学家没有足够的"技巧"来正确理解"民主制度比寡头制度更好"的含义,尽管这不能从逻辑上证明。把每一个"思维混乱"都归咎于辩证概念,在某种意义上,就像指责一个艺术家在他的画布上混合了色彩一样。

新古典经济学的变迁与批判

正是基于这个概念体系，我们才可能开始理解乔治斯库-罗根对机械认识论，尤其是对新古典经济学的批评。

西方世界的科学史表明它一直渴望穿上理论外衣。当亚里士多德给知识一个逻辑结构时，这种方法能够提供的优势是显而易见的。欧几里得的几何元素是理论科学的第一个完整表达。然而，直到近代，理论科学才延伸到几何领域之外。

牛顿将力学注入一个非常理论化的模型中，这一非凡的成功尤其在"于尔班·勒威耶（Urbain Leverrier）于笔尖上发现海王星"这一事实中得到体现，这激发了人们极大的热情，以至于每个科学家都想成为"他所在科学领域的牛顿"。虽然今天没有人敢像拉普拉斯（Laplace）那样断言，力学是获得神圣知识的唯一途径，然而直到最近，科学家的态度仍然没有改变。如果今天的"认识论格言"不再是"所有科学都必须像力学一样"，那么它就变成了"没有理论的科学"。我们不难看出，这种变化只是表面的，因为"理论"是指用数学公式处理算术概念的逻辑顺序。经济学也采用了这种态度，事实上，它比任何其他学科都更好地揭示了"对机械认识论的狂热所产生的强烈影响"。从这个意义上说，瓦尔拉斯和杰文斯的作品非常具有说服力。[13] 所有的数理经济学，以及 20 世纪的经济分析，都遵循这条路线。（Georgescu-Roegen，1971b：39—40）

正是在这一点上，乔治斯库-罗根对当代经济学和启发它的科学哲学进行了批评。新古典经济学本质上是基于算术概念的，无法解释变化。

由于经济科学所处理的现象正在发生越来越快的转变（想想技术创新就足够了），其比生物学中发生的转变要快得多，这种限制就变得更加严重了。一方面，这有助于我们理解标准理论在预测经济危机方面遭遇的悲剧性失败；另一方面，更为根深蒂固的是，它无法捕捉人类社会文化系统和生物圈的长期变化。

毋庸置疑，我们在这里并不是要指责标准理论是静态的（鉴于它所依据的假设，它只能是静态的），而是在当前的历史时刻，评估其坚持将经济科学归因于理论基础到何种程度,才不会因为隐藏了比其方法论本身所揭示的更多知识而结束。

相反,乔治斯库-罗根认为,辩证概念是每一个进化现象的根源。黑格尔说:"哪里有生命、运动和变化,哪里就有辩证法在起作用。"从硬币的另一面看,辩证概念之所以能保持其不可简化的作用,这无疑是因为真实的现象在不断地变化。在用算术术语定义"偏好""物种"或"价值"等概念时遇到的困难都源于这样一个事实:这些"地图"所指的"领土"本身是在不断变化的(Bateson,1972)。

物理学

在"经济学中的一些方向问题"(Georgescu-Roegen,1966a)的第二部分,乔治斯库-罗根揭示了其在物理学、化学和生物学方面的丰富知识,特别是从物理学中衍生出来的认识论分析,目的是证实他自己的认识论选择,并表明机械论范式如何无法解释自19世纪末以来物理学本身出现的许多现象。

乔治斯库-罗根对标准经济学家的基本批评是,他们直接从经典力学中推导出自己的认识论,而忽视了"生命"科学与"物质"科学之间存在的深刻差异。然而,物理学中只有少数领域,尤其是经典力学,可以适应理论科学的"算术"模型。除了经典力学之外,特别是随着焦点逐渐转向人类和社会科学领域,将一门学科注入理论模型所需的压力将变得越来越明显。此外,物理学本身"已经失去在拉普拉斯时代的一些闪光点"。

测量、质量和定性残差

乔治斯库-罗根指出,物理学的进步与从根本上测量自身变量的可能性直接相关,而测量构成"算术同态碎片化"的真正本质。这样的测量就可以从逻辑上处理质量,从而将其置于理论结构中。不用说,人类很快就意识到,羊群或某些地块之间的质量差异(尽管存在)可以被有效地忽略:在这些情况下,"质量与数量的减少"不仅是可能的,而且还提供了一些无可置疑的"经济"优势。无论我们是数绵羊,还是用一杆天平来称一堆面粉,基数测量总是暗示着物理上定义的无差别包容和减法的可能性,即通过精确的物理运算得出结论。换句话说,因为乔治斯库-罗根的基数是元素的物理属性,这就解释了为什么其中一些元素很容易找到测量的仪器,而其他元素仍然没有测量的仪器。

尽管测量原理可以追溯到古代,但他强调了人类在意识到基数测量和序数测量之间存在根本区别的速度有多慢,这并不像一些人更愿意认为的那样,只是一个学究式问题。换句话说,在必须简单地接受序数测量的情况下,如在测量消费者偏好的情况下(通过排列偏好),人们才能意识到,这是因为在无法获得的基数测量背后隐藏着质的变化。举一个非常简单的例子:我们可以从一碗水中取出一杯水,仍然得到一定数量的相同实体"水",但是如果我们从消费者 A 的篮子中减去一定数量的某种商品,我们会得到其幸福质量的变化,这只能在序数意义上进行评估。

毫无疑问,在物理学史上,可测量的量的数量有所增加[14],但这段历史并没有提供任何元素来支持所有属性都应该是可测量的这一观点,对社会科学来说更是如此。然而,仅限于物理学领域,一些关于"物质变形"(硬度等)的研究就是这一事实的典型例子,对于这一事实,基本属性的测量从来都是不可能的,因为它意味着结构的变化,从而产生质的变化。另一个例子是缺乏对熵的任何测量。

他进一步指出,在所有可能进行(通常是间接)测量的中间情况下,定性变量的量化虽然会留下"定性残差",但不会导致质量的任何消失,不会对现实产生影响,尽管这一事实可能很容易被遗忘。非线性通常是描述现象的公式中显示定性残差的方式。

乔治斯库-罗根在这一领域的分析所给出的清晰结论确实堪称典范。至今它依然非常有趣,不仅因为他预测了一系列主题——这些主题将在几年后成为复杂性科学的共同传统,还因为他的推理与关于去增长的另一个关键方面直接相关,更广泛地说,与关于任何形式的非标准经济学直接相关:规模问题。

规模问题[15]

对于经济学家来说,生产过程通常与规模无关[16]。因此,生产函数通常被假定为一阶齐次。在这种情况下,增加任何因素的产量都没有问题:以相同的比例增加每种投入(通常是劳动力、资本和原材料)就足够了。

然而,根据乔治斯库-罗根的论点,如果生产要素存在一些"定性残差",则该过程绝不会与规模无关,因此描述它的公式通常是非线性的。很容易证明这正是生产过程中通常发生的事情。事实上,这些原材料虽然基本上可以用重量、体积等来衡量,但由于某些质量(如硬度、耐热性等)与体积、重量等并不一定成正比,因而这些原材料会成为生产过程的一部分。

毋庸置疑,在涉及无法衡量的品质的过程,例如与劳动因素有关的品质(知识、创造力等)中,上述情况更是如此。总之,乔治斯库-罗根表明规模问题与质量问题密切相关。换句话说,除了物质流动中真正的质量转换之外,质量残差的存在使经济过程对规模变化高度敏感。这显然对该过程所涉及的社会系统的任何转型更加适用。

乔治斯库-罗根在 1966 年预测的这一结论在认识论上非常重要:如果经济增长涉及质的转变,那么超过一定阈值的经济主体(如企业、家庭、国家等)之间的关系可能会引起新结构和新的甚至不可预见的过程出现,最终对生态或社会系统产生负面影响。[17]因此,必须指出的是,在乔治斯库-罗根的认识论框架中,制度变迁是内生的:它取决于生物和社会过程(及其相对约束)的共同进化,而不仅仅取决于"仁慈的"政策制定者自上而下(外生)地人为干预。[18]

新颖性与涌现兴起

为什么化学从来没有成为物理学的一部分?毕竟,它也研究物质的性质,也使用测量和数量。然而,科学家们从未设法使化学成为真正的"理论科学"。根据乔治斯库-罗根的说法,这基本上取决于这样一个事实,即不可能从化学式中推断出一种成分的质量。我们对一种化学元素了解很多,但通常这些详细的知识对我们预测新化合物的质量毫无用处。化合物越多,其化学结构和定性性质的不规则性就越多。[19]乔治斯库-罗根总结道,如果说这一历史趋势告诉了我们什么,那就是我们没有资格期望,这种日益增加的不规则性将来会被一些简单的原则取代。换句话说,我们越接近更复杂的结构,如胶体、晶体、细胞,最后是生物和社会结构,"新颖性就会变得更加惊人"(Georgescu-Roegen, 1971b:115—116)。

尽管乔治斯库-罗根使用了"新颖性"而不是"涌现"这一表述,并且在 20 世纪 60 年代中期,很难想象涌现原理后来在复杂性科学的各个领域中有多少应用和哪些应用,从这段话中依然可以明显看出他已意识到这一原理的认识论重要性。

然而,一旦合成一种新的化合物,科学家们就可以合理地预期,当重新组合相同的成分时,他们将不会面临新的性质:物质在物理化学水平上是均匀的。然而,对于那些涉及生物和社会系统的过程来说,情况通常不会如此。为了指出这种特殊性,乔治斯库-罗根提议在提及后一种过程时使用"三阶合理性"这一术语。然而,我们确实没有理由指责与社会系统有关的过程是非理性的,但在后一种情况下,由于涉及"自由意志""价值"等(用莱恩的话说即"功能"),我们有必要区分涉及生物和社会系统的过程与涉及物理系统的过程,同时必须明确的是,这并不意味着社会过程可能以任何方式违背物理学和生物学的基本定律。

"时间"、演化与路径依赖

根据乔治斯库-罗根的说法,经典物理学取得的非凡成功可取决于三个因素:

(1)它只研究定量的,因此是可测量的性质;

(2)它只研究独立于它们的组合(组织)的属性;

(3)它只研究独立于过去历史的属性。

在物理学领域,有一个著名的例外,即磁滞现象。[20]然而,这只是一个理论问题,因为通过简单的去磁,就有可能使磁体恢复到其原始状态,换句话说,我们可以抹杀它的历史。

不幸的是,这种可逆过程对于生物和社会现象而言是不可能的。这是一个极其重要的区别,它再次将我们带回到区分可逆的、因而是暂时的机械现象,以及生物的、社会的或在任何情况下进化的现象。为了理解这种区别的所有意义,乔治斯库-罗根区分了两种"时间"形式:

第一种,被认为是"意识流",用(T)表示,是"绝对的"、不可逆的时间,这是从伯格森那里借用的。

第二种,用(t)表示,是机械时间,用两个时刻之间的时间间隔来衡量,它总是可以逆转的,因此被视为所有经典物理学定律的基础。

根据乔治斯库-罗根的说法,当人们试图理解像热力学、生物学和社会等现象时,可逆时间的概念是不充分的,在这些现象中,"之前"和"之后"不能相互还原,也就是说,系统揭示了后来所谓的路径依赖。因此,可以将变化解释为两个因素的结果:涌现和路径依赖。

在对乔治斯库-罗根的科学哲学进行批判性分析之后,我们可以得出一些结论。首先,我们可以从批评中厘清这一领域,乔治斯库-罗根的认识论可能构成对科学的"蒙昧主义反应"。虽然乔治斯库-罗根与黑格尔体系在几个关键点上有所不同,但我们可以将后者定义为对科学的"浪漫主义反应"的传递者,即从黑格尔和马克思到乔治斯库-罗根的认识论,经过亨利·伯格森、珀西·W.布里奇曼(Percy W. Bridgeman)和阿尔弗雷德·诺斯·怀特海德的认识论,可以看到这一命题越来越紧密地与哲学领域积累的经验证据相结合。

乔治斯库-罗根引入的方法论工具,特别是对辩证概念的认识,构成了以进化方式表征经济学的基础。这带来两个重要的后果:(1)制度的恢复;(2)经济科学的历史。如果在标准理论方面,算术概念的大量使用导致理论结论趋于单一,这对每个社会都会有效,那么描述性(辩证)工具的广泛使用会导致引入制度、社会和人类学性质的重要区别,以及对历史的重新评价;因此,它带来了基于不同的文化和制度背景而作出的不同经济理论阐述。这是乔治斯库-罗根在 20 世纪 60 年代初就已经充分意识到的一个突出方面,今天我们在瑟奇·拉图什(Serge Latouche)的"多元主义"(pluriversalism)以及对"去增长"更广泛的反思中,重新发现了这一重要要素。

在乔治斯库-罗根的反还原主义认识论纲领中,正如他后来的阐述(流动—资金模型等)所证明的那样,经济系统总是被表示为一个开放系统。[21]不难看出,正如生物物理学和生物化学的情况一样,经济科学本身的界限是"移动的半影"。在这个半影范围内,经济不仅与社会和政治事务混合在一起,而且与生物圈的物质/能量流动混合在一起。毫无疑问,乔治斯库-罗根道出了这个简单的真理,并指出了它对生物和生态系统的主要影响。

乔治斯库-罗根科学哲学的伟大与局限

与物理学和数学不同,经济学从来没有经历自己的认识论革命。乔治斯库-罗根试图将算术和辩证法综合起来,正是为了达到这个目的:他将自己的思考扩展到物理学、生物学和经济学所特有的"内在认识论"之外,希望能够弥合科学和哲学、自然和文化、逻辑和辩证法之间的鸿沟。毫无疑问,乔治斯库-罗根是第一个明确参照经济科学尝试这种操作的学者(马克思、熊彼特和凡勃伦可能是唯一的例外)。这就是他的认识论建议的伟大之处。

沿着这条雄心勃勃的道路,几年后乔治斯库-罗根被复杂性科学认定为先驱，无论是在一般特征（科学的进化概念、经济系统的开放性质和质量的不可还原作用）方面，还是在其他一些相当相关的方面（对过程规模和涌现原则的关注）。

然而，乔治斯库-罗根虽然预测到一些基本方面，却从未完全接受复杂性范式。这是什么原因呢？

例如，很明显的是，在《分析经济学》之后，乔治斯库-罗根很少调整他的认识论体系和语言，以适应类似领域的新兴发展，这些领域必须解决他提出的一些理论问题（如科学哲学、控制论和复杂性科学）。的确，乔治斯库-罗根当时已经六十多岁了，他在 1966 年发表了一篇文章，结束了长达三十年的认识论研究，并取得了精益求精的显著成果。然而，同样真实的是，从那时起，他再也没有触及这部分工作。与此对应的是，除了少数例外，科学哲学家和复杂性理论家对乔治斯库-罗根的认识论研究一无所知。[22]

大量的哲学参考文献[23]，尤其是欧洲背景（黑格尔、伯格森）下的参考文献，很可能阻碍了乔治斯库-罗根的思想体系的传播，尤其是在讲英语的科学家中。[24]他所使用的语言，特别是算术同构和辩证法之间的区别，强烈地反映了这些根源。仅举一个例子进行说明：不久之后变得非常流行的信息科学，特别是"通过数字来处理质量"，即使在提到相同的区别时，也会使用不同的语言。[25]我们现在可以就他的科学哲学局限性得出一些结论。

正如我们说过的那样，乔治斯库-罗根对用数字来处理质量的可能性持怀疑态度。事实上，信息科学在过去十五年里的发展已经非常成功（例如，它足以阐述音乐或图像），其通过二进制语言的设备来阐述质量，众所周知，这种语言完全是算术形式。因此，通过采样的方法，声音和图像被简化为一串数字：由于微处理器能够精细处理大量信息单元，因而质量得以恢复。因此，计算机科学和控制论的应用表明，利用算术逻辑来处理质量——甚至"改变"[26]——是可能的，其程度远远超过乔治斯库-罗根在 20 世纪 60 年代初所想象的。

当然，这并不意味着在许多情况下，辩证法可能比算术语言更适合处理质变问题。后波普尔认识论（Lakatos，1976；Feyerabend，1975）和认知科学（Rumelhart and McClelland，1986；Damasio，1994）的后续发展都表明，在这一点上，乔治斯库-罗根基本是正确的。[27]随着后来后常态科学（post-normal science）的出现（Funtowicz and Ravetz，1990），在乔治斯库-罗根的术语意义上，辩证概念的使用已不再受到质疑。

　　然而,回到最初的问题,为什么乔治斯库-罗根不试图在我们提到的发展方向和他自己的认识论体系之间建立一座桥梁? 或者,更明确地说,在他预测许多方面之后,为什么他不尝试将复杂性范式作为生物经济学理论的基础?

　　从他的信件中可以看出,在 20 世纪 70 年代初,乔治斯库-罗根一直关注复杂性科学的发展,特别是普里戈金(Prigogine)的耗散结构理论。因此,他意识到与此相关的含义,特别是与普里戈金所证明的"有序结构"(如贝纳德细胞)在开放热力学系统中自发形成的可能性有关的任何事情。[28]众所周知,普里戈金的应用研究和认识论扩展到许多领域都取得了丰硕的成果。然而,从他的一些陈述中可以合理地推测出,乔治斯库-罗根对这种扩展在生物经济学理论方面的发展持谨慎态度[29],特别是通过"噪声中的秩序"(von Foerster,1960;Atlan,1972;Prigogine,1967,1979),削弱热力学第二定律的解释重要性,这使得乔治斯库-罗根关于经济过程不可持续性的结论(乔治斯库-罗根在他生命的最后几年里一直坚持这一结论)不那么有力。

　　的确,在 20 世纪 80 年代和 90 年代,复杂性科学领域的大量贡献都带有一种特别"乐观"的观点,即知识和创新(及其相关的技术应用)将能够通过对比物质和能量的退化过程来显示其潜力。因此,乔治斯库-罗根的怀疑并非毫无根据。

　　然而,我们认为,未能弥合生物经济学和复杂性科学之间的差距已经使其错失良机。这是生物经济学的损失,它在 20 世纪的最后二十年发现自己与其他跨学科研究群体相比显得有些孤立,但这也是复杂性科学的损失,因为其频繁关注自己的无数超专业的应用程序,而这些彼此之间几乎没有联系,未能达到 20 世纪 70 年代初普里戈金和几年前的乔治斯库-罗根希望的"新联盟"。换言之,复杂性科学并没有设法将自己的认识论工具应用于不同学科之间、自然与文化之间及逻辑与辩证法之间的真正对话。最终的结果是忽视了最重要的东西:利用新范式的巨大收获,尽可能地寻求重大问题的答案,特别是关于经济增长、生物物理限制和文化框架之间相互作用的答案。

非资本主义经济的制度分析:农民村庄

　　在《分析经济学》出版后,乔治斯库-罗根进一步远离主流,进入我们所谓的他思想的第二阶段。然而,1960—1970年,他的主要兴趣还不是生物经济学理论,而是研究农业社会的经济制度和生产理论。

就前者而言,乔治斯库-罗根发表了两篇重要的论文:《经济理论与农业经济学》(1960a)和《农民社区的制度方面,一种分析观点》。前者在1966年加了后记,并在《分析经济学》上重新发表。后者写于1965年并在1969年发表在《能源与经济神话》(*Energy and Economic Myths*,1976a)中。这种对与资本主义经济体(无论是西方类型还是受马克思主义理论启发的)制度显著不同的经济体的关注,是他在印度(1963年)、巴西(1964年)、巴西(1966年和1971年)及最后加纳(1972年)期间产生的。

对乔治斯库-罗根来说,这是一个极其重要的转变,绝不能简单地归结为对农业经济学的专业兴趣。作为其反还原主义认识论研究的进一步发展,乔治斯库-罗根认识到,世界东部和南部人口过剩的农民经济所依赖的制度与资本主义经济的特征截然不同。首先,他指出,限制农业生产过程的生物经济制约与限制工业的截然不同。

第一个区别是对过程规模的敏感性。虽然工业生产过程通常会提高生产率,从而产生规模经济(伴随着生产规模的增长),但同样的过程并不适用于农业:人们总能在一小块土地上种植谷物(无论是有机的还是非有机的),而没有人可以只用自己棚里的工具为自己造一辆汽车,更不用说以具有竞争力的价格制造汽车。因此,没有严格的生物经济学理由解释为什么农业应该变成一个巨大的露天工厂。支持这一观点的乔治斯库-罗根评论说,马克思最严重的错误是他不能认识到工业和农业遵循不同的规律。不同的生物经济规律对应不同的制度和文化。强迫农民成为无产者,这是马克思主义观点的必然结果,由于农民普遍反对这一点,因此在社会主义运动内部造成了严重的问题。[30]

第二个区别是时间在生产过程中的作用。虽然生产工业人工制品所需的时间越来越少,但迄今为止,技术还未设法减少动物繁殖或植物结果所需的时间。

农业社会和工业社会之间的差异根源于生物世界与无机世界之间不同类型的关系,但它们也导致了农业社会与城镇社会之间不同的制度。在这两篇非同寻常的文章中,乔治斯库-罗根设法提炼出一些描述农村的经济人类学特征的原则。他特别指出,农民的行为违背了效用最大化、边际生产率和生产要素使用最优化等基本原则。用熊彼特的话说,"自利的凉水"已经使人类沦落到交换价值的程度,但对于团结和社会正义原则似乎普遍盛行的农业村庄来说,这是无效的。当然,我们并不因此认为农村是经济正义理想的物化。尽管有各种各样的形式,但总的原则似乎是"每个人都有机会谋生",即使商品流通的再分配通常与每个人的努力和能力相联系(Georgescu-Roegen,1969f)。

这种与承诺相关的产品再分配的机会显然需要个人知识,而村里的居民中从不缺乏这些知识。正是在这一点上,生物经济的限制与农村的文化和制度形式联系在一起。维持个人紧密关系的机会与社会经济单位的规模有关。乔治斯库-罗根表明,根据严格的生物经济规则,村庄的规模从未超过某一阈值(通常是几百人,最多达几千人)。村庄的结构,包括耕地、林地和牧场以及水源,反映了人类生活的基本需求范围,因此是不可替代的。这些资源必须位于可以步行到达的距离内,这一事实与现有的知识一起决定了村庄本身的大小。

我们可以合理地假设,正如霍尔丹(Haldane)和阿利(Allee)的贡献所建议的那样[31],在这个(小)范围内,合作的行为方式比竞争的行为方式更有优势。此外,通过加强传统和整合,口头文化在村庄的小范围内完美地发挥了它的功能;没有这些,任何社会都无法生存。换句话说,乔治斯库-罗根注意到一些生物和文化过程是如何假设的,正如我们今天所说的那样,其具有自产性质,也就是说,它们有助于定义农民村庄的"封闭"(统一)性,因此它具有非凡的弹性。

在这些分析原则,以及他自己描述为对研究背景"感同身受"的理解的基础上,乔治斯库-罗根设法对农村机构进行剖析和分类描述;他不仅意识到其生物经济的局限性,而且也有足够的精神来处理农民经济和文化的所有特征。从这几条笔记中,我们已经可以得出一些重要结论。

从 20 世纪 60 年代开始,乔治斯库-罗根就已经充分认识到,所有经济理论的形成都必须考虑到文化和制度差异。将新古典主义或马克思主义经济学原理应用于世界人口过多的地区,特别是投资于需要高资本存量的行业,通常被视为一种糟糕的举动,这有可能加剧这些国家本已严峻的形势:"西方在其经济发展中所遵循的道路……不一定是所有国家都走得通的路"(Georgescu-Roegen,1960a)。总而言之,尽管乔治斯库-罗根从未读过莫斯、马林诺夫斯基和波兰尼关于"原始"社会制度的研究,但他阐述了一个分析框架,在这个框架内,除了生态限制之外,还留有对标准经济学进行人类学方面和制度方面批评的空间。因此,在许多年后,当伊凡·伊里奇(Ivan Illich)、瑟奇·拉图什、吉尔伯特·里斯特(Gilbert Rist)等人通过不同途径得出类似的结论时,这些思路相互认可,并在对成长型社会的共同批评中联系起来,也就不足为奇了。

最后,我想指出的是,在他对农民社区的生物经济分析中,尽管不断地从生物学过程的典型原理和进化动力学中汲取灵感,乔治斯库-罗根从未陷入将社会动力学简化为生物动力学的陷阱。相反,他始终意识到在较低层次上起作用的制约基本上是热力学和生物学的制约(向上的因果关系)。另一方面,他也意识到乡村经济在其制度、语言和文化结构中受到的限制(向下的因果关系)。1965年的论文甚至包含系统层次结构的第一个大纲,包括三个层次(无机、有机和超有机),它预测了圣达菲研究所的大卫·莱恩等人(Lane et al.,2009)最近在复杂系统理论框架内提出的本体论。

换句话说,乔治斯库-罗根关于乡村经济的成果预测了可能会成为生物经济方法的最重要特征,也就是一种完整的多学科性,其中,经济行为(我们也可以说一般的人类行为)一方面,可以被视为物理层面和生物层面的复杂关系/约束网络的结果(即物质/能量的耗散);另一方面,可以被视为社会结构和文化框架进行变化的结果。从生物经济的角度来看,经济过程与这两种复杂程度保持着关系,但不会被其中任何一种所削弱。[32]这是生物经济方法的巨大优势,但也存在其困难之处。

从生产理论到熵定律(1965—1971年)

乔治斯库-罗根采用了算术形态主义批评标准理论科学,又用其揭示出农民经济的特殊性,并对新古典生产理论进行了修正。在这种情况下,和其他情况一样,是为了揭示变化的问题,或者更准确地说,是为了将注意力集中在过程中保持相对不变(存在)与变化(形成)之间的差异。这就是为什么在生产过程中要引入资金和流量之间的区别。

相反,众所周知,新古典生产理论基于以下类型的生产总函数:

$$Q=Af(K,L,R)$$

这基本上意味着生产(Q)随着劳动量(L)、资本存量(K)和技术进步(A)的增长而增加。

最重要的是,它假设只要资本存量增加足够,就可以在减少自然资源(R)的情况下,生产任何数量的产品(Q_0)。[33]换句话说,新古典理论假设自然资源和人造资本可以完全相互替代。新古典主义对可持续发展的定义正是基于这一假设(并非偶然)。正如诺贝尔奖获得者罗伯特·索洛(Robert Solow)所说的,这意味着"原则上没有问题。实际上,世界可以在没有自然资源的情况下运行"。[34]

然而,我们可以证明这一假设违反了热力学定律。如果正如新古典理论所确认的那样,生产的功能只是一个食谱的话,那么索洛和斯蒂格利茨就会含蓄地声称,在减少面粉用量的同时,只需使用技术更先进的烤箱,或者用两个厨师而不是一个厨师,就可以制作出更大的披萨饼。很明显,这个公式根本不尊重材料的平衡:这是热力学第一定律的另一种不同解释。事实上,很明显,进入生产过程的总物质必须与输出的物质(生产出来的产品+废物)一致,因此生产数量的增加意味着来自生态系统的资源消耗增加。[35]

一方面,这样一个明显的错误表明新古典理论无法与经济过程的生物物理学基础达成一致;另一方面,它还揭示了一个更大的缺陷。用哲学术语来说,其根源在于无法区分存在与生成,换言之,其无法将时间包含在经济过程中。因此,新古典生产理论在同一功能内混淆了被转化的自然资源与生产的媒介(劳动力和资本),也就是说,混淆了流动与过程中涉及的资金。流入的流量(如面粉)经历了一个转变过程,因此在这个过程结束时不能被识别出来;正如我们从变化的问题中看到的那样,后者(厨师和烤箱)虽然没有缺席,但从变化的问题来看,其在过程结束时仍然存在并且可以识别为如此。简而言之,就时间而言,资金和流量的表现是不同的,如果我们想要面对与一个过程能够持续到何种程度有关的问题,时间就是一个很容易理解的关键概念。乔治斯库-罗根非常清楚变革问题对于正确解释经济过程的重要性,因此他在分析生产过程时,非常有意识地将其建立在流量和资金的区别的基础之上。

1965 年(国际经济学会在罗马召开的会议)首次阐述了资金流量模型,后来其发表在《农业过程与制造业过程:平衡发展的问题》(Process in Farming Versus Process in Manufacturing:A Problem of Balanced Development,1969a)一文中。在随后的一系列文章中,它又被重新提及,但有一些变化,其中包括《生产经济学》(The Economics of Production,1970e)。我们可以在"可行的食谱与可行的技术"中找到一个很好的版本。

我们现在可以更好地了解他的主要思想的演变和起源,这些思想融合在被认为是生物经济学奠基之作的《熵定律和经济过程》(*The Entropy Law and the Economic Process*,1971b)中。一方面,这部著作并不像人们想象的那样同质化:仔细阅读时,我们就会发现它是由几种类型的贡献组成的。第一部分(第1—5章)再现了1966年的基本认识论论文《经济学中的一些方向问题》,并作了一些补充。对新古典理论的认识论批评之后是中心部分(第9章),其中包括他对生产理论的发展,特别是资金流量模型。一些专门讨论统计力学和价值理论的章节丰富了这一核心部分。[36]就熵定律与生物经济学的经济相关性而言,这本书并没有对1966年文章中得出的结论作太多补充,以至于这些结论在最后两章中被重新发表。[37]另一方面,正如我们已经知道的那样,所有这些主题都有相同的认识论根源。综上所述,我们不能否认,整部作品透露出一种不同寻常的力量并展现了思想深度。

这本书被三十多家杂志评论过。各路评论家都强调了这部著作非凡的独创性和丰富性:有一篇评论必须特别指出,那就是肯尼斯·博尔丁(Kenneth Boulding)在《科学》(*Science*)(1972年3月)中的评论,他甚至断言,如果500位合适的读者读了它,科学可能就再也不会和以前一样了。[38]这本书引起许多争议,特别是关于熵定律的真正相关性,这一争议至少持续了二十年。以下段落将讨论其中一些有争议的方面,以期得出一些可能是初步的结论。

乔治斯库-罗根的范式能否得到捍卫?

20世纪70年代初熵定律的出现,对经济学家来说一定是一个冲击。从工业化开始到20世纪70年代,世界经济一直呈现出几乎持续的指数增长态势,但突然之间,世界经济的宏伟、进步的命运受到了根本质疑。1973年的石油危机似乎证实了乔治斯库-罗根的理论假设,而随之而来的尴尬是真正的理论和认识论的分裂。

与1972年罗马俱乐部报告发表后不久发生的情况不同,乔治斯库-罗根的工作没有被经济学家视为一种挑衅,因为它没有考虑到技术进步的作用,而且不恰当地使用了数学阐述。[39]正如我们所看到的那样,剖析质变的能力是乔治斯库-罗根的分析和坚实认识论体系中的强项。然而,由于所使用的语言,乔治斯库-罗根的作品在公众中引起的轰动远不如《极限》(*The Limits*)。因此,业内人士不愿像攻击麻省理工学院那样攻击乔治斯库-罗根——他们只是忽略了他。因此,在漫长的岁月里,无论是在理论方面还是在实证方面,对于生物经济学理论的基础及其真正含义都没有任何争论。20世纪70年代末,斯特凡诺·扎马尼(Stefano Zamagni)公开表示,业内人士应该认真对待乔治斯库-罗根的批评。

直到1989年由R.科斯坦扎和H.戴利编辑的《生态经济学》(*Ecological Economics*)出版,关于生物经济学理论依据的争论才开始。[40]1989年,E.L.哈利勒(E. L. Khalil)发表了一篇文章,拉开了这场辩论的序幕。显然,哈利勒并没有从物理学的角度质疑熵定律的有效性,而是质疑其在经济系统中的应用,并提出一种当时在经济学家中相当普遍的立场。根据哈利勒的观点,有必要将熵定律本身(无劳动传播)与其应用[如卡诺循环(以劳动生产为目的的传播)]区分开来。前者是纯粹的物理现象,而后者是"有目的机构"(purposeful agency)的结果。这种区别是相关的,因为在哈利勒看来,"有目的机构"的存在能够抵消熵退化。

让我们试着理解这种说法的原因。很明显,对哈利勒来说,"有目的的机构"的真正特点在于暗示一种有组织的活动是人类独有的特征。此外,他还指出,并非所有的经济转型都意味着热量的存在。苹果和钢的结合不需要任何熵流。但他声称,最重要的是组织活动。在经济过程领域,它可能产生新的组合、新的资源,这将有可能使系统的能源条件得到重新定义。换句话说,在乔治斯库-罗根的模型中,热力学第二定律对资源的消耗施加了绝对限制,而根据哈利勒的理论,资源只能服从相对限制,而相对限制会随着技术的发展而不断被重新定义。

在1991年发表的一篇明确为乔治斯库-罗根的方法辩护的文章中,年轻的经济学家加布里埃尔·洛萨达明确反对这一论点。[41]他指出,哈利勒对开尔文公式和克劳修斯公式的区分是毫无根据的,其目的是指出开尔文公式是有意为之的。对于洛萨达来说,只存在一个熵定律,尽管它可以用不同的方式加以表述。两种公式都具有目的明确的过程的特征。然而,他的决定性批评是针对其他事情的。根据洛萨达的说法,哈利勒似乎没有意识到一个重要的事实,那就是卡诺循环完全服从熵定律,即使它像一个经济过程,一个有目的的过程。批评的意思很清楚:这些过程是否特意为之并没有区别:它们仍然受制于热力学第二定律。[42]

比安卡迪、多纳蒂和乌利亚蒂(Bianciardi, Donati and Ulgiati, 1993a)也进入了大致相同的讨论[43],特别是这组意大利研究人员坚持认为,把复杂的现实(如经济过程)比作一个理想且简化的表述(如卡诺循环),可能会造成严重的误解。经济过程之所以不同于卡诺循环,恰恰是因为它的非周期性。换句话说,正是由于熵定律的作用,经济系统才会从初始状态"A"进入最终状态"B",后者必然与前者不同。因此,我们不可能像哈利勒在他的时代所希望的那样,在这两个过程之间作进一步类比。

因此,乔治斯库-罗根关于将热力学第二定律应用于经济过程的结论似乎在这场最初的辩论中得到证实,这一观点在以后的文献中将不再受到严重质疑。然而,这场争议确实突出了问题的真正核心:这不是讨论热力学第二定律在经济过程中的适用性,而是评估其作为一种理论和经验工具,在描述经济学与生态学之间关系的局限性时是否有效。

熵定律的相关性和局限性:耗散结构理论

我们在解释热力学第二定律的相关性时,发现的许多矛盾都能追溯到它们适用的不同类型的系统(O'Connor, 1991;Binswanger, 1993),可区分为三种类型。

(1)孤立的热力学系统。该系统既不与环境交换能量,也不交换物质。在孤立系统中,熵必然趋于达到最大值。这是经典热力学应用的特征领域。

(2)封闭的热力学系统。该系统与环境交换能量,但不交换物质。如果忽略陨石的贡献,地球可以被视为这种类型的系统。

(3)开放式热力学系统。该系统与环境交换能量和物质;这是普里戈金耗散结构理论的应用领域。由于来自外部的低熵,系统会逐渐远离热力学平衡。在这种类型的系统中,在某些条件下,可能会出现新的有序结构。

此外,区分所考察的过程的层面也很重要:我们在微观层面(原子和分子)上得出的结论扩展到宏观层面(如生产过程)通常会引起误解。例如,一方面,玻尔兹曼(Boltzmann)的统计力学基于概率类型的考虑,在微观层面上描述了理想气体的行为;另一方面,经典热力学是在宏观层面描述处于热力学平衡状态的系统。

另外,当上升到生物系统和生态系统的层面时,由于生物体的存在,新的特性就会出现。如我们所知,负熵的概念最初是在信息论领域(香农和布里渊)提出的,后来扩展到生物系统(Odum,1983),这一概念特别重要。它说明了一些生物体的能力,如通过光合作用允许物质的持续重组以抵消熵退化。

后来出现在《生态经济学》中的辩论强调了乔治斯库-罗根的结论,如物质和能量的不可逆转的退化,这一结论在孤立系统领域是完全合理的,但不足以解释进化变化的开放式系统(O'Connor,1991;Binswanger,1993)。根据这些作者的说法,普里戈金的耗散结构理论更适合作为经济和生态系统的参考,因为它们都是开放式系统。根据普里戈金(Prigogine,1967,1977)的观点,开放式系统中熵的变化可以分为两部分:

$$dS = dS_e + dS_i$$

其中,dS_e 代表熵与环境的交换,dS_i 代表在系统内熵的产生。对于孤立系统而言,$dS_e = 0$。另一方面,在开放系统中,熵与外部环境的交换可以是正的,也可以是负的。对于任何不处于热力学平衡的系统而言,内熵 dS_i 的值将始终大于 0,我们可以区分三种情况。

(1)$dS > 0$,是指系统为孤立系统或其内部熵的产生绝对值大于外部环境提供的负熵的开放系统。这是乔治斯库-罗根(Georgescu-Roegen,1971b)通常使用的框架。

(2)$dS = 0$,是指系统从内部产生的熵流和来自外部环境的熵流完全相互补偿。这是戴利(Daly,1977)和稳态理论家经常提到的框架。

(3)$dS < 0$,是指外部系统从外部环境得到的负熵,过度补偿了系统内熵的产生。这就是普里戈金的耗散结构理论适用的情况。

与情况(1)和情况(2)不同的是,在情况(3)中,系统偏离了热力学平衡,也就是说,系统内的熵水平降低了。在不断耗散能量和物质的同时,远离热力学平衡的系统可能通过利用系统外部的能量源而在其内部保持低水平的熵。如果负熵源的强度足以允许通过某些过渡阈值,则系统不一定会返回初始状态,并且可能会观察到新结构的出现(Prigogine,1967,1996)。

经典案例是贝纳德细胞[44],以这种原始直觉为出发点,耗散结构理论被扩展到生物系统、生态系统甚至天体物理学领域。正如埃德加·莫兰(Edgar Morin)指出的(Morin,1977,1980a,1980b),普里戈金的耗散结构理论包含一个强大的认识论直觉:组织无序的概念。在远离热力学平衡的情况下,热量在微观上只不过是粒子的无序搅动,它能产生新的、有组织的结构。当超过一定的能量梯度(分叉点)时,正如普里戈金所说,物质会变得"敏感",并可能产生不可逆的自组织现象。

这些考虑对生物经济学理论有何影响?

第一个也是最明显的结果,是普里戈金得出的结论,即物质/能量的不可逆转退化,特别是与经济活动有关的不可逆退化,只有在孤立系统的情况下才是完全合理的,在封闭系统或开放式系统的情况下就不一定如此。由于经济系统和生态系统是非孤立的系统,因此有必要验证每一个被分析的系统,以确定系统内部耗散的能量大于或小于从外部吸收的能量($dS>0$, $dS=0$, $dS<0$)。如果系统从外部吸收的能量足以使其远离热力学平衡,那么耗散结构理论所代表的理论和认识论背景则更适合描述这类系统。

显然,根据普里戈金($dS<0$)概述的理论背景,熵耗散并不意味着退化(正如乔治斯库-罗根在生物经济理论中论证的那样),而是在某些情况下成为物质持续重组的必要条件。

施罗丁格(Schrodinger)在1944年已经注意到生物体可利用来自环境的低熵维持它们自己的"结构",这一观点后来通过"负熵"的概念被生物学家所重视(博尔丁、奥德姆)。乔治斯库-罗根意识到这一点,但当他被提醒到生物体显然能够抵消熵退化时,他却回复说,这只有在以系统(有机体加上环境)总熵的增加为代价的情况下才有可能。从热力学的角度来看,他的观点无疑是正确的。但由于生物圈是一个非孤立的系统,正如乔治斯库-罗根经常隐含地假设的那样,生物圈本身内部是无序的,从太阳获取能量时,活生物体产生的熵的增加不一定是熵的增加,而是总熵(生物体加上环境,即生物圈加上外层空间)增加。无论我们是从人类中心还是生物中心的角度来考虑,相关的是生物圈中的熵,而不是总熵。换句话说,生物学家似乎正确地指出,至少在相对较短的时间尺度上(从经济角度来看是相关的),就能量流而言,有可能谈论"可持续条件"(尽管熵的退化势不可挡)。然而,为了支持乔治斯库-罗根的生物经济观点,必须指出的是,今天的经济体系仍然是真实的,它是从"热工业革命"中产生的(Grinevald, 2003;Gras, 2007),几乎完全是基于化石燃料提供的能量,即基于系统内部的材料储备(而不是基于外部太阳能的流量),从这个角度来看,多年来乔治斯库-罗根的批评一直保持着良好的现实主义风格。

如我们所知,来自化石资源的低成本物质/能源的流动确实重要,以至于它不仅有助于塑造现代社会的经济生产结构,而且还塑造了现代社会的制度和价值观。从这个角度来看,我们可以很好地理解为什么乔治斯库-罗根的观点最近被退化理论家重新发现。

最后,如果熵平衡($dS<0$,$dS=0$,$dS>0$)及不同过程的层面被同时考虑,那么关于热力学第二定律相关性的大部分争议就可以更好地理解了,尽管乔治斯库-罗根对耗散结构理论可能扩展到经济和社会领域的可能性并不感兴趣,但他从未公开批评布鲁塞尔学派,这主要是因为他认为这两种范式涉及两个不同的现象学领域。在他看来,所表达的只是目前为止耗散结构理论所适用的情况,总体上是有限的。

生物经济学的演变

1971 年后,乔治斯库-罗根的科学成果几乎完全集中在生物经济理论上。这是漫长学术道路的一个成果,这一道路始于他 20 世纪 30 年代在巴黎对科学哲学的初步研究,随后,他又在消费者理论、小农经济分析和生产理论等方面不断作出贡献。这些贡献虽然不同,但都是同一个研究项目的一部分,并具有相同的认识论蓝图(Gowdy and Mesner, 1998)。生物经济理论是乔治斯库-罗根整个知识历程中最重要,也是最成熟的贡献,这一观点在今天看来可能是一个预料之中的结论。而事实上,即使在他去世多年之后,1998 年在斯特拉斯堡举行的纪念他的国际会议上,许多与会者也并不认同这一观点。在那之前,经济学家中流行的解释认为,乔治斯库-罗根在 1970 年之前的科学成果和后来的生物经济理论之间有一个清晰的界限。根据这一解释,乔治斯库-罗根被认为是一位重要的数理经济学家,在消费理论和生产理论方面作出了原创性贡献(这些理论被主流理论所吸收),但在 20 世纪 70 年代初,他"看到了光明",成为一个关于熵定律对人类经济命运的影响的观点的提倡者,这是一个高度可疑且几乎形而上学的观点。正如我们所看到的,这种解释很难通过任何对文本的分析来支持,或者我们不能仅仅从他的科学成果维度来考虑,因为每个研究领域都与其他研究领域有所联系,特别是与 1966 年认识论论文的反还原论纲领有密切联系。

这一时期最重要的两篇论文是《熵定律和经济问题》(1971a)和《能源和经济神话》(1972),前者是对生物经济理论的一个优秀、简明的介绍,后者则在耶鲁大学的一次会议上撰写并发表,但于 1975 年出版,这两篇论文都包含在本书中。

乔治斯库-罗根在 1972 年还出版了《增长的极限》(*The Limits to Growth*)一书,由 D. 梅多斯(D. Meadows)协调的麻省理工学院的一组研究人员编辑。[45]我们姑且不去探究这一作品所引起的争论或者在新古典主义经济学家中引起的愤慨;值得注意的是,乔治斯库-罗根和 D.梅多斯在 1972 年 11 月有过一次简短的通信往来,后者在信中承认他在自己的论文中受到乔治斯库-罗根思想的影响:"你对资源的熵本质的分析对我的团队成员的思维方式产生了相当大的影响。我很高兴在《增长的极限》中找到有用的东西。[46]

如果说《熵定律和经济问题》(1971a)代表了对生物经济学的首次介绍,那么在《能源和经济神话》中,我们可以找到新理论的完整表达。在用大约 60 页的内容详细阐述其基本原理之后,乔治斯库-罗根回应了新古典经济学家的反对意见,特别是回应了贝克曼和索洛的技术乐观主义,他还就早期的环境经济学著作,特别是针对博尔丁(Boulding)、梅多斯、米山(Mishan)和戴利的观点发表了自己的看法。在这篇文章中我们已经可以找到对稳态的有趣批判,其观点已由戴利在 1971 年提出。这篇文章还包含了著名的"最小生物经济计划"的八个要点,通过这些要点,乔治斯库-罗根更加接近激进生态学,并且在他生命的最后几年里,他的这种倾向变得更加明显。

1972—1979 年[47],乔治斯库-罗根用重要的新元素丰富了他的生物经济学理论。这些年乔治斯库-罗根的思想演变基本上围绕着人们日益意识到物质在经济过程和生物圈之间相互作用中的重要性推进。这个话题在《物质也很重要》(*Matter Matters,Too*,1977b)中有详细的阐述,其中还包含了物质能量流和资金流的表格,这是他在最近的几篇论文中经常使用的分析工具;用物质的不可逆降解来否定极好且简洁的稳态可能性——《稳态和生态拯救:热力学分析》(The Steady State and Ecological Salvation. A Thermodynamic Analysis,1977e)。

所有这些要素汇集到《能源分析和经济估价》(Energy Analysis and Economic Valuation,1979e)这一杰作中,从某种意义上说,它构成了其生物经济理论的总结(最后两篇文章都在这里发表)。在"能源分析"中,乔治斯库-罗根将资金流模型应用于太阳能生产,并表示这种技术虽然是一种"可行的方法",但却无法产生足够的能量来生产太阳能收集器(材料支架)并保持其高效工作。

在这里,我们发现了可行的方法(有可能制造出的东西)和可行技术之间的区别,这正是乔治斯库-罗根在晚年所珍视的。根据他的定义,可行的技术"必须具有与活生物体相同的特性,除了能够进行某些特定的活动之外,还必须及时保持自身物质结构的完整性"(Georgescu-Roegen,1986a)。太阳能技术后来克服了这些限制,从而成为一种可行的技术,这一事实并没有削弱这一区别的相关性,尽管这一区别经常被忽视,但如今在可持续性分析中,这一区别仍然是基本的。

在"可行的技术"中,乔治斯库-罗根区分了他喜欢称之为普罗米修斯技术的技术:这些技术除了实现质的转变(如从热到机械功)之外,还必须能引起连锁反应(即正反馈)。根据乔治斯库-罗根的说法,能够拥有这些特性的工艺并不多,但火、蒸汽机和化石燃料驱动的发动机都属于这种"非同寻常的物种",它们除了能够进行自我可持续的转变外,还能够产生剩余的能量,使其能够维持经济和人口增长的过程。至少在社会耗尽这种自我增长循环所依赖的物质基础(如木材、煤炭和石油)之前,情况都是如此。

另一个与我们所描述的进化动力学相关的重要方面,也是乔治斯库-罗根在过去几年中特别坚持的,是与人类进化的外体性质有关的方面(Lotka,1925)。正如真弓浩三所说的,这是生物经济理论的一个支柱,"该观点是人类已经超越了生物(或内体)进化模式,进入一种全新的——机械工业——进化模式,依赖于外体(外部的)能量和可分离的(制造的)外部资源和金钱"(Mayumi,2009:1236)。

这种演变基于人类社会文化组织的某些特征,例如,形成自己对世界的表述能力(在乔治斯库-罗根的观点中必然是"辩证法")。这种自我提升的过程(自展)似乎是解释高速创新(与生物进化相比)的必要条件,而当今社会组织显著的体外丰富性特征正是源于此。

乔治斯库-罗根追溯到著名生物学家理查德·戈德施密特(Richard Goldschmidt,1993),强调进化是通过不连续的变化进行的,这与达尔文的连续(轻微)变化理论相反。[48]戈德施密特将新物种的可能候选者描述为"有希望的怪物",也就是说,它们虽然没有机会自己变异,但可能由于进化的生物生态位发生了不可预见的变化而变异。斯蒂芬·J.古尔德(Stephen J. Gould)在他的标点均衡理论中采纳了这一观点(Gould,1977;Gould and Eldredge,1977)。

正如在马尔萨斯(Malthus)和达尔文的案例中发生的那样,一个在生物学领域被广泛接受的理论被一个"非正统"经济学家的直觉所预料:1912年,熊彼特在其经济发展理论中阐述了一个不连续创新理论。这一点在他著名的声明中表达得很清楚:"[添加]你喜欢的邮车数量,你都不会因此得到一个铁路[引擎]。"对于经济领域的出现的原理来说,没有比这更准确的比喻了。[49]

跟随熊彼特的步伐,对于乔治斯库-罗根而言,社会技术进化是通过不连续的突变进行的,这些突变一旦确立,就变得不可逆转。根据这一观点,生产结构和消费模式都围绕一个新的成功的"有希望的怪物"重塑自身,这一观点对我们如何处理经济体系的长期演变也有重大影响:例如,他认为"繁荣和萧条不是对称的过程"和"衰退不是积累的逆过程"[50],任何关心衰退的人都应该牢记这一点。

事实上,与物理学和生物学相比,乔治斯库-罗根并没有进一步解释人类社会文化系统进化的差异。在过去三十年里,这些领域有了重要发展,这首先要归功于复杂性科学(Latour,2004;Lane, et al.,2009)和认知科学(Goffmann,1974;Lakoff and Johnson,1980);这些都是专门研究表象、框架的重要性的领域,总的来说,是研究"想象"在社会体系演变中的作用(Castoriadis,1987,2005)。

这里不讨论这个广泛且复杂的争论,重要的是要强调,生物经济学方法不同于标准经济学、环境经济学或大多数生态经济学,它包含对社会文化和生物系统之间相互作用的分析,并且这种相互作用对模拟未来可能的情景至关重要。

由体外进化产生的第二个重要方面是关于不平等和社会冲突的。毫无疑问,在乔治斯库-罗根的方法中,可获得的资源分布不均。因此,对于乔治斯库-罗根和马克思来说,作为工业社会特征的体外进化的逻辑通常包括收入分配的进一步两极分化。人类不会使用任何"自然的""一维的"客观标准来评估个人对集体福祉的贡献。此外,一旦物种达到以体外生产为代表的转折点,那该过程就呈指数趋势。正如乔治斯库-罗根在《新经济学》(*The New Economics*,1975)[51]中解释的那样,考虑到资本主义积累的自我扩张性质,无论是谁以更大的资本禀赋开始这一过程,他的优势都会随时间的推移而增加。换言之,按照马克思主义的解释,资本积累的过程加剧了不平等。

然而,与马克思不同的是,乔治斯库-罗根认为统治者与被统治者的关系问题不能通过简单地废除生产资料私有制和以一个阶级代替另一个阶级来管理生产过程加以解决。根据他的观点,分配离不开社会冲突和不同代理人/利益相关者之间的辩证关系。这是后常态科学（Funtowicz and Ravetz，1990）中已经采纳并得出结论的观点，根据这种观点，不确定性、利益相关者及其价值冲突在复杂决策的过程中发挥着核心作用（Martinez-Alier，2002；Mayumi，2009）。

生物经济方法中最有趣的是不平等与经济过程的规模有关。这一观点是由去增长理论发展而来的，根据这一理论，全球范围的生产过程不仅与更公平的财富分配不相容，而且与任何地区和社区广泛采取的有关社会公平和生态可持续性的决策也不相容。

在他生命的最后几年，乔治斯库-罗根非常高兴地回归其经典主题"认识论"，如《进化论，一个纠结的概念》（*Evolution, a Tangled Notion*，1985c）和《经济学中的时间和变化》（*Time and Change in Economics*，1988g）和生物经济学中的《生产过程和动态经济学》（*Production Process and Dynamic Economics*，1990d）。他悲观地认为别人无法正确地理解他的生活和思想，这使他在那些年里将大量精力投入他的科学自传（1988b，1993c），以及总结和反思自己工作的文章中，如《乔治斯库-罗根自传》（*Georgescu-Roegen about Himself*，1992）和《智者，你要去哪里？》（*Quo vadis Homo sapiens sapiens?*，1989）。

那时，他的健康每况愈下。有一段时间他变得听力下降，这可能是他易怒的原因之一，而且，他还患有糖尿病引起的并发症。1994 年 10 月 30 日，他在纳什维尔的家中去世。赫尔曼·戴利在《生态经济学》（1993 年第 13 期）上撰写了他的《讣告》。

热力学第四定律？物质退化的问题

自从他第一次分析经济过程的熵本质（1966a）以来，乔治斯库-罗根就确信"能量和物质都经历了从可用形式到不可用形式的不可逆退化"。然而，在 20 世纪 70 年代，越来越流行的"能量法则"的观点，即在经济过程中唯一重要的自然因素是能量，使得乔治斯库-罗根只能用具体的论据来为自己的立场辩护。后来他最终得出所谓的热力学"第四定律"的公式，根据该公式，"物质不可能完全循环利用"。另一种表述是："在一个封闭的系统中，物质熵最终一定会达到最大值"（Georgescu-Roegen，1977e）。

这一"定律"在热力学领域的有效性已被许多作者反驳（Ayres and

Miller，1980；Bianciardi et al.，1993a，1993b；Cleveland and Ruth，1997；Ayres，1999）。也许就是这样一种情况，使得我们忽略了乔治斯库-罗根的观点，从而有可能错过当今多维危机中的一个相关问题，即可利用物质的枯竭。让我们回到他的论文，然后再回到关于它的批判，看看是否有可能得出一些局部结论，使我们能够对物质衰竭现象的效应及其最终的影响形成一个更精确的观点。

上述定义不够精确，以至于无法进入讨论的核心:乔治斯库-罗根在他的文章《能源分析和经济评估》中给出的更详细的定义如下:

> 现在让我们回想一下，在伊利亚·普里戈金建立的术语中，一个只能与周围环境交换能量的系统是封闭的……只要环境能量是源源不断的，它就能以恒定的速率提供内部机械功。考虑到这种系统对于能量论和其他问题的理论重要性，我建议将其称为第三种永动机。由于我的立场是这种永动机是不可能的，因此通过类比第一热力学定律和第二热力学定律对其他永动机的否定，我们可以定义这种不可能为热力学第四定律。

（Georgescu-Roegen，1979e:1029）

换句话说，乔治斯库-罗根以典型的理想形式描述了那些从周围环境中吸收能量但不吸收物质的过程。根据其观点，由于系统内物质的不可逆降解性，因此不可能进行无限时间的工作。

批评者在提出反对意见时遵循了不同的路径，第一个明确的反对来自恩佐·蒂齐（Enzo Tiezzi）的学派发表于 1993 年的一篇文章:它公开指出乔治斯库-罗根制定的第四定律与物理定律的结构不相容。[52]为了证明这一点，该文章使用了经典的范特霍夫盒。[53]

（省略正式的演示）对于比安卡迪等人来说，在范特霍夫圆筒中发生的是以外部能量源为代价将先前混合的两种物质（气体）分离。换句话说，该实验表明可以向系统中添加信息，使物质回到有序状态（允许它再次用于经济目的）[54]据作者称，这个实验表明，如果有足够的能量（和信息），那么完全分离两个成分（气体）是可能的，从而与热力学的"第四定律"相矛盾。

虽然乔治斯库-罗根没有对比安卡迪和乌利亚蒂的文章给出直接答复，[55]但在 1979 年的论文中，他表明自己已经知道范特霍夫盒，并且会用它来证明他的观点。他指出:

首先,在现实中没有完全无摩擦的,没有完美的弹性,没有其他完美的材料,也没有完美的半透膜。因此分离是不完全的。其次,随着使用过程的持续,所有膜都会堵塞。它们会磨损,就像机械装置的其他部分一样,最终它们必须被替换,从而开始前面提到的无休止的退化。

(Georgescu-Roegen,1979e:1037)

逻辑很清楚:范特霍夫盒是一个理想的例子,当循环利用应用于真实的经济系统时,物质的退化就不可避免了。此外,他还补充说,对于其他混合物而言,甚至还没有这样的仪器。在实践中,每种混合物的分离都是通过特定的过程进行的,如化学反应、离心力或磁力等。当然,没有一般化过程这一事实并不表明每种混合物都没有理想的程序,但有许多论据反对这种可能性(Georgescu-Roegen,1982f:101)。

这是由于各种各样的原因,涉及物质的异质性,特别是摩擦现象。

在整个物质世界里,都有因摩擦而产生的磨损、因温度变化或蒸发而产生的破裂和分裂,都有管道和薄膜的堵塞,都有金属疲劳和自燃。物质就是这样不断地被转移、改变和分散到世界的各个角落中去的。因此,对我们来说,可供使用的物质变得越来越少。

(Georgescu-Roegen,1979e:1034)

而意大利化学家明显反对这一观点:他们打算将乔治斯库-罗根带回物理科学的方法论领域:"从分析物理过程,甚至从伦理学的角度来看,乔治斯库-罗根的陈述都非常重要,但作者用这一观点支持物理定律领域,是错误的[56](Bianciardi et al.,1993b)。让我们回忆一下,任何物理定律都必须表示为可测量的物理量之间的精确关系。迄今为止,这一直是科学方法的基石之一,乔治斯库-罗根不能声称自己在这种方法之外发明了一个物理定律。任何新的定律都应该与我们正在使用的科学的现有框架相一致,除非为了消除这种不一致而对框架本身提出一些重大改变"(Bianciardi et al.,1993b:2)。

后来作出的各种贡献也大致如此。艾尔斯和米勒(Ayres and Miller,1980)指出:"关于乔治斯库-罗根认为的从普通岩石和海洋中无法回收本质上稀缺的材料(不管能量消耗如何),这种观点是错误的"(Cleveland and Ruth,1999:211)。并且艾尔斯最近又回到这个课题,他肯定地说:"有人认为,尽管自然界中存在反例,[57]但根据热力学第二定律,工业社会不可能实现完全循环利用……而事实表明不存在这种限制。"(Ayres,1999:1)

甚至乔治斯库-罗根的学生真弓浩三在他的论文《热力学第四定律和流动资金模型》中也说:"(乔治斯库-罗根)的公式与热力学框架不兼容。"(Dragan and Demetrescu, 1986:401)[58]总而言之,上面引用的批判指出所谓的"第四定律"与理论物理学的结构并不相容。

换句话说,比安卡迪等人和艾尔斯不否认在经济过程中部分物质会被分散,但他们认为,如果有足够的能量(来自系统外部)和合适的材料结构(系统内的物质和信息),分散的物质可以完全循环利用。

乔治斯库-罗根认识到,在利用系统内部的物质和信息及外部的能量流时,有可能回收部分但非全部分散的物质。乔治斯库-罗根就是在这个"完全"的基础上建立他的论点的。在这个意义上,在1979年文章的结论中,他求助于普兰克和能斯特的权威来论证"无论是气体、液体还是固体都不可能完全摆脱外来污染物质的最后痕迹。例外是存在的,但只是在绝对零度时"(Georgescu-Roegen, 1979e:1039)。乔治斯库-罗根用不同的术语表达,旨在表明一般化合价在理论上是不可能的,就像第二热力学定律和第三热力学定律已经出现的情况一样。[59]

最后,即使我们承认第四定律与物理定律的框架不一致,辩论也揭示了某种认识论的缺陷。一方面,乔治斯库-罗根希望得出关于封闭系统(如地球)中经济过程不可持续性的明确结论,从而将他的理论扩展到物理学"基本定律"的领域,这一点表明了他的普遍主义过于雄心勃勃。[60]另一方面,正如可预见的那样,其答复出现在同一领域,损害了生物经济学理论和乔治斯库-罗根本人的科学可信度。

如果我们认识到物质在面对摩擦、色散等现象时会揭示出新的特性(在不同的尺度上),那么整个问题就会有完全不同的意义。[61]最早一批关于涌现原理的著作之一出自物质物理学家菲尔·安德森(Phil Anderson, 1972)之手,这并非偶然,他在《科学》杂志上发表的一篇著名文章《更多是不同的》(*More Is Different*)中指出,"每一个新的复杂程度都会出现一种新的属性",就分散而言,这似乎正是物质不同属性的情况。

总的来说,我们可以得出这样的结论:物质退化的问题及其后果,应该在它所属的复杂程度上提出,也就是说,不是在物理学的复杂程度上,而是在生物经济学的复杂程度上提出。正如乔治斯库-罗根自己通过各种例子论证的那样,物质退化的问题以其自身内在的异质性为特征回收利用的可能性,在很大程度上取决于这些特征,取决于回收利用(物质/信息)所需的工具类型，以及取决于过程的层面：在原子层面、在物质块或在生物圈层面的工作；在生物圈层面，生物组织发挥着根本作用，[62]这涉及完全不同的方法。此外，物质的消散在很大程度上取决于人工制品和生产过程是否已被预测，是否预测了各种组件在其整个生命周期中的循环利用：我们可以凭直觉认为，这意味着社会性质的因素（组织、结构、集体表现甚至生活方式）可能比任何其他因素都更能决定再循环的功效。

在实证方面，正如预见的那样，在过去二十年中积累的证据基本上证实了乔治斯库-罗根关于物质耗散的关键作用的结论，描述破碎岩石中特定元素（如金属）数量变化的曲线都呈现渐近趋势（Diederen，2009），换句话说，与投入的物质能量相比，提取/回收活动在回收物质方面呈现边际收益递减效应（Tainter，1988）。按照这条曲线，一旦超过某个阈值，提取/回收将不再可能，但这不是绝对的，而是系统在经济/能源成本方面能够承受的程度上的不可能。如果我们要尝试解释我们即将面临的危机，那么估计这些成本的存在，以及它们如何依赖于各种因素（包括经济和社会性质的因素）的复杂相互作用是一个非常有趣的方向。

乔治斯库-罗根对可持续发展的批评

随着 1989 年《生态经济学》的出版，该期刊为新学科提供了主要参考文献。它由罗伯特·科斯坦扎和赫尔曼·戴利共同编辑，明确旨在建立经济学和生态学之间的跨学科对话；此外，它还发表了公开批判新古典主义方法的文章。一些学者想知道为什么乔治斯库-罗根不是国际生态经济学会的成员之一。那么，为什么乔治斯库-罗根拒绝加入该学会呢？通过对来往信件的研究，我们可以对这个问题给出一个准确的答案。正如我们将看到的，乔治斯库-罗根在这一论点上的立场使我们能够进一步解决这一学科的一些主要理论和政治问题。乔治斯库-罗根写道：

> 在过去的几年里，克斯坦萨·戴利公司成功地扩大了它们神秘计划的销售渠道。它们成立了国际生态经济学会。当然，必须学会用自己的武器和锤子，即《生态经济学》评论。起初计划有四名编辑，罗伯特·科斯坦扎、赫尔曼·戴利、安-玛丽·扬松（Ann-Mari Jansson）和大卫·皮尔斯（David Pierce）。还有一长串被邀请担任编辑顾问的学者。其中也

包括我的名字,但我拒绝了戴利的邀请,因为已经有许多其他同类的
"全球"学会在讨论这个问题,甚至是在错误的方向上讨论。

(与 J.贝里的通信,1991 年)

乔治斯库-罗根所说的"错误的方向"是什么意思,在下面这段话的结尾
表达得很清楚:

> 从你的来信中,我看到你坚定地与国际生态经济学会联系在一起,
> 它服务于两个不好的利益。一种观点认为,稳态是我们摒困境的救赎,
> 这对孟加拉国来说意味着对其当前苦难的持久谴责……实际上,该国际
> 协会的严重罪过是,他们以过多的资金推销有史以来最危险的"万金
> 油",即可持续发展!

(与真弓浩三的通信,1992 年)

乔治斯库-罗根用来解释可持续发展意义的"万金油"比喻很有趣,"万金
油"指的是 19 世纪美国旅行推销员作为药物出售的各种混合物:这些混合
物当然没有药用价值。乔治斯库-罗根从一开始就清楚地感觉到可持续发展
模式中隐含的危险(布伦特兰委员会的报告早几年就指出这一点,1987 年)。

乔治斯库-罗根反对新概念工具的声明如此有力,他的想法是:"毫无疑
问,可持续发展是最有毒的配方之一。"

在其他地方,乔治斯库明确借鉴了戴利的方法,将可持续发展定义为
"比稳定状态更有诱惑力的'万金油'"(与 J.贝里的通信,1991 年)。

如今,乔治斯库-罗根的话在许多方面听起来都是"预见性的",不仅是因
为他们预见到可持续发展的失败——这一点已经得到广泛的承认(Pizzimenti,
2009),而且还因为"生态经济学之父"之一如此强硬的立场直到最近仍然是
"荒野中的呼喊"。

令人惊讶的是,在乔治斯库-罗根的观点发表二十年后,生态经济学家们
对于他对可持续发展的批评并没有展开过辩论。如何解释这种明显的反常
现象?

可能有各种原因,有些是直接的,有些则比较复杂;既有分析性的,也有
预分析性的。就直接原因而言,我们应该记住,科斯坦扎和戴利编辑的评论
从未提及乔治斯库-罗根对可持续发展的批判。[63]一方面,那是新自由主义全
球化的年代,是"新经济"和"双赢"环境政策的年代,这些政策如此热情地围
绕着新公式[1989 年,世界银行的约翰·佩齐(John Pezzey)计算出 37 种不

同的定义,而当时辩论才刚刚开始]。因此,乔治斯库-罗根的批判与他一起逝去,十年后才重新出现,这要归功于对他的档案的研究以及他的批判立场在可持续发展的框架内唤起了人们的兴趣(Bonaiuti,2001;Latouche,2004)。

另一方面,为了解释这场争论背后分析和预分析的原因,有必要回顾一下在这种缺乏对话的情况下,主角们的一些主要观点。

可持续发展:戴利—科斯坦扎与乔治斯库-罗根

在理论层面,我们必须承认,赫尔曼·戴利作出了相当大的贡献,提出了一个可持续发展的定义,该定义具有尽可能明确的语义范围,并提出了一个比其他定义更精确的分析框架。此外,从1990年他在《生态经济学》上发表第一篇论文到现在,他在这个问题上的立场基本上保持不变,这篇论文使他更容易关注其本质方面。正如他在《走向可持续发展的一些操作原则》(Toward Some Operational Principle of Sustainable Development)一文中所写的那样:

> 简而言之,增长是物质规模的数量增加,而发展是质量的提高或潜力的发挥。一个经济体可以在不发展的情况下增长,或者在不增长的情况下发展,或者两者兼而有之,或者两者都不发展。由于人类经济是有限的全球生态系统的一个子系统,即使它发展了,也不会增长,显然经济的增长不可能长期持续。"可持续增长"这个词应该被视为一个糟糕的矛盾修辞。"可持续发展"一词更为贴切。

(Daly,1990)

需要指出的是,与大多数生态经济学家一样,戴利赞同乔治斯库-罗根对主流经济学的基本批判(特别是可持续增长概念的矛盾性),戴利从乔治斯库-罗根关于经济系统是一个受热力学第二定律限制的开放系统的观点中吸取了这些批判。当戴利希望将全球经济带回生物圈的限制范围内时,我们无疑可以认为他的意图是最好的。但我们不应得出简单的结论,即认为这只是一个毫无结果的术语争论问题:赋予基本定义的不同含义意味着存在不同的预分析观点。这些差异意味着在理论方法和社会政治干预策略方面都会产生重要影响。

最近,戴利回归这个主题,并认为"没有增长的发展"[64]是可持续发展的基本隐喻。增长和发展是在分析上必须区分的两个概念。因此，戴利的意思是将发展完全抽象地定义为一种质量转变——这意味着更高的效用[65]——而将物质性问题的全部含义及其影响留给增长层面。当然，这是一个合理的观点，但它有其后果，其中最主要的是，戴利的方法具有明确的道德规范内涵。因此，从这个角度来看，就并不奇怪，一整套关于政策制定者应该做些什么以引导经济体系走向生态可持续性的规定被赋予特殊的意义，而没有适当考虑发展的历史（及其制度），换句话说，这就是塞尔吉·拉图什所定义的"真正存在的发展"（Latouche，2004）。

到目前为止，从我们所说的来看，一方面，是由戴利持有的立场；另一方面，是由乔治斯库-罗根和拉图什持有的立场；后者植根于不同的预分析观点。然而，在我们分析这些差异之前，也许有必要回顾一下这些学者用来支持其观点的一些分析理由。

戴利从 20 世纪 70 年代约翰·斯图尔特·穆勒（John Stuart Mill）的稳态范式的观点出发，得出他对可持续发展的定义。从这个角度来看，稳态经济应该被认为是"人口和资本存量不变的经济，这一不变由生态系统的再生和同化能力范围内的低吞吐量维持"（Daly，2008）。

在给他的朋友 J. 贝里的一封信中，[66]乔治斯库-罗根总结了他和戴利的立场是如何开始分化的，以及在他看来，稳态在分析上站不住脚的理论原因：

> 对我来说，最好从赫尔曼·戴利开始，他是我以前的学生……当我在论文《能源和经济神话》（1975 年）中说到并证明"稳态是一个热门话题"时，戴利肯定不高兴。他在这个想法上建立了卓越的科学声誉：稳态已经成为他的第二个名字。然而，在我发表于《生物科学》（*BioScience*）的一篇论文《稳态和生态拯救：热力学分析》（1977 年）中，我提出热力学第四定律，该定律本质上在说完全回收是不可能的，因为我们只能回收那些没有被任何收集工具所消耗的物质。它一个推论是，即使化石燃料可以被太阳能完全取代，稳态也无法实现，这一定让戴利非常不安，从那时起，他就试图通过间接的方式批评我的观点，但这种方式从未触及争论的核心。
>
> （与 J. 贝里的通信，1991 年）

从这一段可以清楚地看出，在严格的分析层面，对于乔治斯库-罗根来说，稳态经济的不可能性论证基本上可以从热力学第四定律推导出来。如果我们认为物质退化的原则是正确的,那么在一个像地球这样不与外部环境交换物质的系统中,稳态的范例如可持续发展,在理论上是站不住脚的。相反,如果第四定律被证明是没有根据的,那么由戴利和科斯坦萨定义的稳态(和可持续发展)将重新获得完整的科学合法性和范式力量。

这确实是《生态经济学》的评论所遵循的路线,在表明第四定律不能与物理定律框架兼容之后(Bianciardi et al.,1993a,1993b),其专门为乔治斯库-罗根出了一期特刊(第22卷)——但集中于乔治斯库-罗根和标准理论之间的差异(à la Solow-Stiglitz),该期刊将永远不会回到这个主题。这种操作是有效的,因为一旦这个学科清除了第四定律的"不可接受的"政治和哲学后果,生态经济学作为可持续发展范式的科学解释者和生物经济学理论的继承者就变得合法了。毋庸置疑,在这次科学文化行动中,在一些最尖锐的批判方面,乔治斯库-罗根的贡献被清除了,包括认识论和政治方面的内容,主要是他对可持续发展的批判。

为了停留在严格的分析层面,戴利成为可持续发展概念的倡导者,这一概念与他对稳态的设想十分一致。他支持基于自然(和人造)资本恒定性的"强"可持续性定义,从乔治斯库-罗根的观点来看,戴利关于保持自然资本"完整无缺"的主张[67]建立在一个与他本人在新古典主义方法中批判的概念同样抽象("纸和笔")的基础上。各种材料(如水、铝或化合物)或生物资源(如生物多样性的丧失)相互替代的有限可能性在自然资本领域也是有效的:差异仅在于等级而不是原则。此外,近年来戴利和塞瑞菲(El Serafy)提出的通过投资可再生替代品来补偿不可再生资源损失的想法,揭示了它实际上是多么临时的假设,因为它对实践没有任何程度的影响。

因此,虽然在认识论的层面,乔治斯库-罗根强调自然资本不可能保持"完整无缺"是正确的,但这并不意味着不可能在生物圈和经济系统之间的交换中定义"可持续性"。从这一观点出发,戴利、科斯坦扎和广大生态经济学家已经提出足够的论据来支持这一理论,即有可能在相当长的时期内(在经济规模上)维持一个基于与生物圈再生能力相适应的物质—能量吞吐量的系统。如果从长远来看,衰退和变化是不可避免的,那么从生物经济学的角度来看,在更短的、与经济和政治相关的时间尺度上,定义动态平衡的重要条件仍然是正确的。因而似乎可以得出这样的结论,如果一方面生态经济学领域的反思和经验研究已经为生态可持续性的概念建立起一个相对合理的解释框架,那么,在处理发展的概念及其衍生概念时,这些假设似乎是不充分的（或者至少是存在问题的）。

生态经济学、生物经济学和反增长：一些预分析的差异

从前面的分析可以看出，乔治斯库-罗根和戴利的方法的主要区别在于采用了不同的预分析假设，而这一点似乎没有被人注意到。[68]尽管戴利最真诚地赞扬了乔治斯库-罗根，[69]但他只是在一定程度上遵循了后者的观点。更确切地说，像大多数生态经济学家一样，戴利在涉及经济过程的热力学基础的假设中遵循了乔治斯库-罗根的观点，但就经济学的制度前提和人类学前提的一些重要假设而言，他则偏离了乔治斯库-罗根的观点。

可能是为了给生态经济学的新领域提供一个精确的界限，避免立场看起来过于激进[70]（也许希望通过这种方式与经济学家保持对话），戴利在对增长进行生态学批判的门槛上停了下来。当然，这一立场是合理的，但如果人们希望将可持续发展作为干预和阐述未来情景的工具，这一立场除了会引起令人不快的意外之外，也不乏分析上的弱点，这一点我们将在下文中看到。

根据这一观点，戴利提出一个普遍的规范性发展定义，而乔治斯库-罗根则坚定地站在积极观点的立场上，因此坚持在其历史演变中进行制度变革。[71]换句话说，戴利的方法，在集中于"目的"的定义时，绕过了对一些基本结构和相对演变过程的分析。在这些结构中，首先是与"真正存在的发展"相适应的制度（Rist，1996；Latouche，2004）和相对的社会想象（Mattelart，2000；Castoriadis，2005，2008；Latouche，2006）。[72]

正如我们在开始时回忆的那样，对戴利来说，理想和现实之间的差距产生源于对发展的定义。如果要描述发展各个阶段的转变特征，就不能忽视发展与增长的关系。不管增长和发展有多么不同，它们都是两个密切联系的过程，乔治斯库-罗根对此非常清楚：

> 可持续发展不能与经济增长分开……谁会真的认为发展不一定意味着某种增长呢？
>
> （Georgescu-Roegen, *Quo vodis Homo sapiens sapiens*？，1989）

只有当我们把分析聚焦于刺激数量增长的正反馈过程时，我们才能理解戴利定义为"发展"的结构转型背后的动力，以及它们所呈现的形式和所引

发的冲突与矛盾。自 20 世纪初以来,生物学家一直在强调规模增长与结构转变之间的关系在非线性过程中的重要性(Haldane, 1935;D'Arcy Thompson, 1961)。一些学者接受了这个想法,并深入研究了它对社会系统的各种扩展,这些扩展以类似的方式展示了对规模敏感的行为(Illich, 1973;Tainter, 1988)。[73]在这里,我们回顾一下经济体系所经历的所有最重要的结构转型过程,从劳动力市场的创建(Polanyi, 1944)到大型工厂的生产集中(Baran and Sweezy, 1968),从殖民剥削到战后发展政策(Partant, 1982;Rist, 1996),最后以消费主义和经济的金融化结束(Harvey, 1990;Dore, 2008),这些结构转型过程得到了经济增长的支持并被其所塑造。

而且,戴利的规范性观点有其优势:在准确定义可持续发展应该是什么时,我们不仅对目标有一个清晰的认识,而且能够找出一系列有用的政治工具,以实现这一目标。毫无疑问,运用这种政治制度想象力是有原因的:乔治斯库-罗根自己也花了几页篇幅来定义"最低限度的生物经济计划"(Georgescu-Roegen, 1976a)。同样,反增长论者从一开始就定义了一些政治制度转型的理想过程(Latouche, 2006;Bonaiuti, 2008)。然而,一旦指明了方向,真正的问题似乎反而变成理解是哪些"真正的"动力将个人尤其是复杂的组织,引向背离他(它)们所建立的道理原则指向的方向。此外,如果我们认为可持续发展政策仅在必要时才有效,那么我们就真的忽略了马克思主义学说的基石(正如乔治斯库-罗根提醒我们的那样)。

在生态经济学中,对于社会想象在与发展和可持续性相关的过程中的相关性的引用甚至更弱(尽管有少数例外;Ropke, 2005)。这一立场也可以追溯到我们已经讨论过的预分析假设,这些假设是大多数生态经济学,甚至更明显的是环境经济学的方法特征:这些方法仍然受到经济行为的功利主义、理性和最优化观点的启发。

我们知道,不仅社会人类学家对这些假设的实质提出了许多疑问(Caillé, 1988, 1998;Godbout, 1996;Godbout and Caillé, 1998;Latouche, 1998),而且其也被实验心理学家(Kahneman and Tversky, 2000)所质疑,更不用说神经和认知科学家了(Lakoff, 2008)。在 20 世纪 70 年代初,格雷戈里·贝特森(Gregory Bateson)已经相当敏锐地警告了以理性为主导的人类行为概念中潜在的危险,他特别强调自我控制(基于对外部道德规范的遵守)这一理念本身可能就特别危险。以理性为主导的人类行为概念产生于对人类不完整的认识,它清除了人的情感和潜意识成分。有了这一认识论前提和强大的技术,人类"可能以最美好的意图毁灭自身和环境"(Bateson,1972;Latouche,2004,2006)。

这种态度尤其令人担忧,因为在可持续发展的框架内,这种态度往往会从个人层面转移到社会机构运作层面。

可持续发展政策背后的基本思想是,最好让现有机构(即跨国公司和全球市场)进行财富的有效生产,以便在稍后阶段干预财富分配,并施加生态限制。这种"分离和理性控制的认识论"的真正局限就在于,它错误地把解决方案当成问题的实际部分。

如果我们认为制度(即企业、官僚机构等)受制于强大的自我增长动力,这些动力有助于改变经济、生态和社会结构,从而改变集体认知,这一点可能会变得更加清楚,但这个增长过程的结果往往是不可预见的。

举一个生态经济学家熟知的例子,即所谓的杰文斯悖论(Polimeni et al.,2008)。如果增长没有系统性地与创新联系在一起,也没有系统性地与想象和生活方式(通过营销和媒体)的转变联系在一起,那么纵使生态效率有所提高,我们也永远不会理解为什么资源消耗及其对环境的影响实际上仍在增加。

前文所述的内容有助于我们理解,为什么在二十多年后北方和南方的可持续发展政策要么失败,要么没有取得足够的成果。[24] 归根结底,原因非常简单:它们已经放弃干预根本问题,即经济增长和体制变革(即社会结构和象征性代表)之间的(循环)关系。

总而言之,我们因此理解了为什么人们对去增长的思考更倾向于直接追溯到乔治斯库-罗根的生物经济学而不是生态经济学。的确,正如胡安·马丁内斯·阿利尔(Joan Martinez Alier,2002)多次强调的,生物经济学和生态经济学应该涵盖相同的现象学领域,但是——如果我们尊重它们各自创始人的假设——它们(部分)有不同的预分析假设。生态批判只是质疑主流模式的三个基本支柱之一,社会批评和对想象的批评是另外两个。如果这两个维度必须被视为同一框架的一部分,那么许多生态经济学家必须扩展并部分地重新考虑他们的一些基本假设。

注　释

① "来自发展中国家的移民"是乔治斯库-罗根在长篇自传文章中对自己的定义,这篇文章分为两部分,分别载于 1988 年 3 月出版的《国家劳工银行

季刊》(*Quarterly Review of the Banca Nazionale del Lavoro*)第 164 期(第一部分)和 1993 年 3 月第 184 期(第二部分)。不幸的是,预见到的第三部分从未在这篇评论中发表:就他的生物经济学理论而言,这是最重要的部分,涵盖了 1948 年之后的时期。很可能这一部分从未被写过,因为在他的论文中没有发现它的踪迹。

② 关于乔治斯库-罗根的性格如何影响他的职业生涯和想法的成功,请参阅来自杜克大学的塞缪尔·李·伊格莱西亚斯(Samuel Lee Iglesias)于 2009 年写的有趣论文《尼古拉斯·乔治斯库-罗根的误传与误解》(The Miscommunications and Misunderstandings of Nicholas Georgescu-Roegen)。

③ 除了以被迫害的结束和他在美国最后停留时期的开始所代表的明显间断之外,这一细分是由乔治斯库-罗根本人提出的,因为他的自传笔记(第二部分)就是在那时结束的。由于缺乏可预见的第三部分,1948 年之后的信息主要是从信件和个人证人那里收集的。

④ 1974 年,他在给 J.肯尼斯·加尔布雷思(J. Kenneth Galbraith)的一封信中说:"瓦西里不仅是我们年轻时的好朋友,也是我真正看重的少数经济学家之一。"

⑤ 见 1949 年 7 月 2 日给列昂惕夫的信函。

⑥ 参见 P. Samuelson, foreword to K. Mayumi and J. Gowdy, *Bioeconomics and Sustainability*, 1999, p. xiii. 在 1965 年范德比尔特校友会的一次采访中,乔治斯库-罗根对自己的选择给出以下解释:"在与乔治·斯托克金博士(时任范德比尔特大学经济系主任)的一个小时的讨论中,我决定来这里就职。他聪明的头脑、敏锐的判断力和对教学的热情给我留下了深刻的印象……我觉得我很乐意与他合作。"

⑦ 消费者理论部分包含他到哈佛后写的文章:1950 年的《选择理论和经济规律的恒定性》,1954 年的《选择和揭示的偏好》,以及同年有着更高要求的《选择、期望和可测性》,最后是 1958 年的《选择的门槛和需求理论》。他 1936 年的经典文章《消费者行为的纯粹理论》也被收录其中。关于乔治斯库-罗根的消费者理论,参考 Zamagni, 1979, 1999;Gowdy, 1993。

⑧ 就乔治斯库-罗根的生产理论而言,特别参考 Morroni, 1991, 1992;Tani, 1988;以及在英国布莱克维尔出版社出版的《结构与变化的经济理论》(Baranzini and Scazzieri, 1990)。

⑨ 从这些页面中,我们可以看到一种亲切的关系和相互尊重的画面,但经济学家萨缪尔森所说的基本上是早期的乔治斯库-罗根。信件主要是对萨缪尔森在发表之前通常提交给乔治斯库-罗根的论文的评论,通常是数学性质的评论。他们主要涉及消费者理论,或者在任何情况下,标准理论的特定部分。另一方面,轮到乔治斯库-罗根向麻省理工学院经济学家提交

他的作品时,萨缪尔森的评论要么涉及数理经济学的各个方面,要么仅限于表达尊重和赞扬。萨缪尔森明确承认乔治斯库-罗根的贡献是他"不断学习的源泉",但他从未对生物经济理论作出任何贡献。

⑩ 参见 H. Daly, "How Long Can Neoclassical Economists Ignore the Contribution of Georgescu-Roegen?", in Mayumi, K., Gowdy, J. M. (1999), p.13。再补充一点细节,萨缪尔森在 1980 年的一封信中告诉乔治斯库-罗根,在自己手册的第十一版中,"你会看到一个关于熵经济学的章节,其中提到你的概念"。然而,很明显,他从未真正有过支持生物经济学发展的想法。

⑪ 赫尔曼·戴利告诉我们,他曾经问过乔治斯库-罗根,为什么他认为"麻省理工学院的新古典黑手党"(这是乔治斯库-罗根的一个说法)永远不应该提及他或引用他的作品。乔治斯库-罗根引用了罗马尼亚的一句谚语回答说,"死刑犯的房子里永远不能提到刽子手的名字"(同注释⑩参考文献,第 14 页)。

⑫ 为了证明这一关键意义,只需回顾几年后,当乔治斯库-罗根开始阐述资金流模型时,他观察到:"资金和流动之间的区别来自人类头脑对定性变化的分析表征的斗争。"因此,资金流模型的根源在于相同的认识论框架。参见 Georgescu-Roegen, 1972a, "Analysis versus Dialectics in Economics", p.260。

⑬ 众所周知,杰文斯明确地将经济学称为"效用和利己的机制"。参见 Georgescu-Roegen, 1966, "Analytical Economics。"

⑭ 乔治斯库-罗根建议在这种情况下使用弱基数。按时间顺序排列的时间和温度是此类变量的示例。

⑮ 事实上,乔治斯库-罗根使用了当时普遍采用的"尺寸"一词。在 1966 年再版的论文《熵定律》中,乔治斯库-罗根扩展了这一部分,并添加了一些来自生物学的参考文献,显示了他对达西·汤普森和 J.B.S.霍尔丹在这个问题上基本思想的了解。

⑯ 关于这个基本问题,请参阅最后一篇文章中"关于合适大小:规模问题和涌现原则"的段落。

⑰ 应该指出的是,乔治斯库-罗根主要通过从物理学中获得的例子,成功地进行了他的论证,让读者看到这些例子在更高的复杂性(生物系统和社会系统)上会更加相关。

⑱ 正如我们将看到的,只有少数生态经济学家遵循了这种方法,如马丁内斯-阿里尔(Martinez Alier)、诺尔加德(Norgaard)和索德鲍姆(Soderbaum)。参见 I. Ropke(2005), *Trends in the Development of Ecological Economics*, 55, p.278。

⑲ 显然,在这种类型的过程中,从其组成部分的属性中推断出 19 种复合材

料的属性是不可能的,理论科学的逻辑推理就是这样。为了强调这一区别,乔治斯库-罗根分别谈到了一阶或二阶的合理性。

⑳ 关于滞后的作用,参见 R. Crivelli, "Hysteresis in the Work of N. Georgescu-Roegen", in *Entropy and Bioeconomics*, Nagard, Milan, 1993。

㉑ 根据乔治斯库-罗根的观点,激发标准经济理论的机械认识论被认为是将经济体系作为一个孤立体系来表述的"唯一罪魁祸首"。这一假设对精确的动机作出了反应,而不仅仅是分析性质的动机。我们不能忘记,争论始于马克思和恩格斯阐述他们的历史唯物主义学说的时候,众所周知,这是基于历史动态和经济现实之间的相互依存关系。很明显,在试图证明经济过程中存在自然限制的过程中,边缘主义者的作者会含蓄地揭示历史唯物主义的荒谬性,从而揭示科学社会主义的荒谬性(Georgescu-Roegen, 1966a)。

㉒ 乔治斯库-罗根本人报告说,他的认识论体系在生物经济研究领域之外只被几个专业哲学家所接受。

㉓ 这一丰富的经典参考文献和原创思想得到评论家的一致认可:萨缪尔森将乔治斯库-罗根的一篇文章比作《圣帕特里克之井》(*St. Patrick's Well*),K.博尔丁也是这样认为的。

㉔ 在给 H.吉通(H. Guitton)的一封信中,乔治斯库-罗根明确承认这一点:"欧洲的科学哲学与美国的科学哲学之间存在不可缩小的差异,甚至是对立。我一直在冒着一切风险,为欧洲带来利益。"

㉕ "数字"和"类比"这两个术语基本上反映了乔治斯库-罗根通过算术对称性和辩证法表达的相同类型的区别,即使前者被剥夺了任何哲学价值。

㉖ 一些控制论的数字机器已经显示出"从经验中学习"的能力,在一定限度内修改它们自己的行为类型,从而显示出"改变"以应对新的环境背景的能力。

㉗ 玻珀(Popper)很清楚,如果一个理论的证伪过程必然需要形式逻辑的介入,那么"发现过程"就需要心理和情感的元素;换句话说,就是乔治斯库-罗根意义上的辩证法。

㉘ 见下文"熵定律的相关性和局限性:耗散结构理论"一节。

㉙ 见 G-R,1985c,*Evolution:A Tangled Notion*,p.8。

㉚ 随后发生的内部冲突被称为"土地问题",斯大林解决了这场冲突。

㉛ 在这一重要方面,乔治斯库-罗根表明,他知道生物学家霍尔丹和阿利的贡献,特别是霍尔丹于 1935 年在纽约州伊萨卡康奈尔大学出版社出版的著作《进化的原因》(*The Causes of Evolution*),和阿利于 1940 年在《科学》杂志上出版的论文《关于动物社会性的起源》(Concerning the Origin of Sociality in Animals)。

㉜ 在第一种情况下,我们会陷入一种原子力学;众所周知,新古典经济学正在危险地接近这种力学。第二种情况恰恰相反,代理人的行为在某种程度上取决于支配整个社会的法律;另一方面,它代表了任何整体方法(如马克思主义)的永恒诱惑。这两者,尤其是在这样的时刻——当社会系统正进入"远离平衡"的阶段时,都特别不适合解释社会行为。

㉝ 假设生产函数采用索洛/斯蒂格利茨使用的传统柯布-道格拉斯典型形式:$Q=K^{\alpha}R^{\beta}L^{\chi}$,则可以通过增加资本和无限减少自然资源的数量来生产任何 $Q_0:R^{\beta}=Q_0/K^{\alpha}L^{\chi}$。

㉞ 参见 Robert M. Solow,"The Economics of Resources or the Resources of Economics",*American Economics Review*,1974b,p.11。

㉟ 关于这一点,另请参见 H. Daly,1999,"How Long Can Neoclassical Economists Ignore the Contributions of Georgescu-Roegen?",in *Bioeconomics and Sustainability*。

㊱ 关于乔治斯库-罗根的价值理论,请参阅 S. De Gleria,"Nicholas Georgescu-Roegen's Approach to Economic Value",in Mayumi and Gowdy(1999)。

㊲ 可以注意到,最后两章的第 306—344 页是 1966 年文章《经济学人的结论》(Conclusions for the Economist)的重版。1971 年只增加了最后两段,即第 5 段和第 6 段。

㊳ 参见 K. Boulding,"Search for Time's Arrow,Review of *The Entropy Law and the Economic Process*",in *Science*,March 1972。

㊴ 这些基本上是新古典主义经济学家对《增长的极限》(1972 年)的作者提出的反对意见。关于乔治斯库-罗根和 D.梅多斯之间的关系,见下文。

㊵ 乔治斯库-罗根报告说,他没有被告知哈利勒发表了对他明确批评的论文。从信件中可以看出,赫尔曼·戴利随后邀请加布里埃尔·洛萨达撰写一篇论文,以支持乔治斯库-罗根的观点。参见 E. L. Khalil,"Entropy Law and Exhaustion of Natural Resource:Is Nicholas Georgescu-Roegen's Paradigm Defensible?",in *Ecological Economics*,1990,Vol. 2,No. 2,pp.163—178。

㊶ G. Lozada,A,"Defense of Nicolas Georgescu-Roegen's Paradigm",*Ecological Economics*,Vol.3,1991,pp.157—160.

㊷ 哈利勒回答了上述批评。然而,他没有在讨论中引入任何重要的新内容。参见 E. Khalil,*Ecological Economics*,Vol.3,1991,pp.161—163。

㊸ C. Bianciardi,A. Donati and S. Ulgiati,"On the Relationship between the Economic Process, the Carnot Cycle and the Entropy Law",*Ecological Economics*,Vol.8,1993,pp.7—10.

㊹ 在某些特定条件下,从下方加热的液体会形成具有有序结构的对流单元。

（参见 Prigogine and Stengers，1979）。

㊺ 乔治斯库-罗根对 D.梅多斯等人工作的评论,见《能源与经济神话》(*Energy and Economic Myths*，1975a)。

㊻ 参见乔治斯库-罗根 1972 年 11 月 27 日给梅多斯的信件。

㊼ 与任何细分一样,该细分纯粹是任意的。然而,如果 1971 年的论文是第一篇具体的生物经济学贡献,那么 1979 年的论文可以被视为生物经济学理论的第一个完整表达。因此,乔治斯库-罗根本人在将他的论文分为三个文件夹(第一卷:1933—1971 年,第二卷:1971—1979 年和第三卷:1979—1990 年)时也遵循了这种分类法,这不仅仅是偶然的。

㊽ 根据戈尔德施密特的说法,“形成一个新物种所需的变化是如此之大,以至于作为起点的亚种之间相对较小的差异很难计算”(Goldschmidt，1933:542)。

㊾ 乔治斯库-罗根在后来的论文中几乎痴迷地回忆起这个比喻:参见 *Are the Least Action Principle and other Economic Laws*，*Laws of Nature*，Mimeo，Specia Collection Library，Duke University;“Production Process and Dynamic Economics”(1990d);“Thermodynamics and We the Humans”(1993b)。

㊿ 参见 Georgescu-Roegen，*My Life Philosophy*，Mimeo，Special Collection Library，Duke University，Box X，p.21。

51 “并不是所有的经济学家都愿意承认资本不是由劳动力单独生产的,而是由资本、劳动力和资源一起生产的。打一个比方,现在的马不是由最初进化而来的温暖的泥土生产的,而是由马、燕麦和人类的照顾养出来的。因此,拥有更多马的人可以生产更多的马。同样的残酷事实适用于资本,同样也适用于技术。技术只有在通过类似于生物嬗变的现象成为人类主要活动的地方,即技术水平最高的地方才是活跃的……技术专家对改善较低水平的技术不感兴趣,如现在世界三分之二的人口赖以生存的技术。我们可以肯定,没有研发人员关心如何设计一种能更有效地燃烧粪便甚至木材的装置。如今,与工业革命之前相比,穷人对技术的受益者来说是一个更加边缘化的问题。在我看来,正是技术进步的这一特征证明了饥饿困境在很大程度上是富国富裕的结果这一立场。技术无论起源于何处,如果技术水平更加均衡,其传播就会迅速为整个世界带来好处。”引自 G-R *The New Economics*，Mimeo，Special Collections Library，Duke University。

52 (第四定律)“不符合物理定律的框架”(Bianciardi. C.，E. Tiezzi and S. Ulgiati，“Complete Recycling of Matter in the Frameworks of Physics，Biology and Ecological Economics”，in *Ecological Economics*，Vol.8，1993，pp.1—5)。

53 这是一个装有两种气体混合物的气缸。气缸有两个活塞,它们在相反的方向上移动,从气缸的端部会聚到气缸的中心。活塞有半透膜,分别通向气体 A 和气体 B。当圆柱体以无穷小的速度相互驱动时,每一种气体都会向后穿过自己的膜,无法逃逸(半透膜只能在一个方向上渗透)。测试的结果是两种气体的分离。

(54) 范特霍夫的盒子("……为系统增加信息并减少熵",Bianciardi et al.,1993b)。不用说,这一结果是在损害系统外部能量源(其激活活塞)的情况下获得的。

(55) 正如我们所说,比安卡迪等人的文章发表于1993年,是在乔治斯库-罗根去世前一年。

(56) 英文版的斜体字,在中文版中以楷体字表示。——译者注

(57) 在这里,作者特别提到生物地球化学循环。

(58) 为了证明热力学第四定律在理论上的不一致性,真弓浩三所遵循的推理与其他作者所引用的推理不同,并且特别有趣。他将地球和外层空间之间的热交换比作一个大卡诺循环。(Mayumi, K., "Georgescu-Roegen's Fourth Law of Thermodynamics and the Flow-Fund Model", 1993a)。

(59) 众所周知,由W.能斯特表示的热力学第三定律指出,绝对零度的温度无法达到。

(60) 然而,不用说,这一选择意味着放弃对他自己结论的概括。

(61) 关于这一点,请参阅总结文章"从生物经济学到退化"中关于"涌现原则"的段落。

(62) 生物学家强调光合作用功能如何与退化形成对比,因为它倾向于"重新排列无序物质":植物吸收无序物质(缺乏能量的分子,以及水和二氧化碳的无序搅拌),并借助太阳能将其组织起来,构建复杂的结构(Odum,1983)。乔治斯库-罗根对这一观察结果的回复与之前看到的方向相同。他认识到植物有能力减缓熵的退化,捕获部分原本会被分散的太阳能,但他肯定总熵(生物体+环境)只能是增加的。

(63) 此外,乔治斯库当时85岁,只在给他最亲密的朋友的几封信中表达了他的评论。

(64) 参见 H. Daly's Foreword to Tim Jackson's *Prosperity without Growth*, Earthscan, 2009。

(65) 他在《可持续发展:定义、原则、政策》(Sustainable Development: Definitions, Principles, Policies)中将发展准确地定义为"每单位吞吐量的效用更大"。(特邀发言,世界银行,2002年4月)。

(66) 詹姆斯·F.贝里是"第二法律反思中心"的负责人,该中心位于北卡罗来纳州罗利市66号,是一个隶属于里弗代尔宗教研究中心的小型中心。该中心出版了一份时事通讯,乔治斯库-罗根是其咨询委员会的成员。

(67) 在这一方面,值得注意的是美国经济学家对术语的使用:例如,戴利毫不犹豫地将"完好"(intact)一词应用于资本。令人好奇的是,柏拉图主义的

例子来自一位学者,他是阿尔弗雷德·N.怀特海德和乔治斯库-罗根的学生,这两位思想家恰恰相反,他们强调"永久变化"的作用。

⑱ 参见 Christian Kerschner, "Economic Degrowth vs. Steady State", in *Proceedings of the First International Conference on Economic Degrowth*, Paris, April 2008。

⑲ 戴利从未停止对乔治斯库-罗根的赞美。例如,参见"On N. Georgescu-Roegen's Contribution to Economics:An Obituary Essay", *Ecological Economics*, 13, 1995。

⑳ 然而,如果断定这两种方法之间的区别仅仅在于其激进程度,那将是错误的,或者至少是过于简单化的。戴利本人最近提出彻底的体制改革这一事实证明了这一点。

㉑ 重要的是要强调乔治斯库-罗根如何总是从真正存在的制度框架开始分析。从这一点出发,他试图理解其历史演变,并在可能的情况下从中提取分析结构,即经济理论草案。这一方法应用的一个很好的例子是1975年的文章:《能源与经济神话》中的"农民社区的制度方面:分析观点"(同注释㊺所引文献。

㉒ 关于这个问题的更多内容可以在总结文章中找到:"从生物经济学到退化。"

㉓ 参见 *From Bioeconomics to Degrowth*(This Volume, pp.173—175)。

㉔ 除了增长减少论者的所有批评之外(Latouche, 2004),联合国组织本身也认识到可持续发展政策在实现预期目标方面的失败。有关这些故障的分析,请参见 Pizzementi, 2009。

1

熵定律与经济问题(1970 年)

尼古拉斯·乔治斯库-罗根

Ⅰ

经济思想史上一个奇怪的事件是,在机械主义教条失去物理学中至高无上的地位和对哲学世界的控制多年之后,新古典学派的创始人开始按照杰文斯所说的力学模式建立一门经济科学,其被称为"效用和自利的机制";[①]尽管经济学自此取得了长足的进步,但其对任何事情的观点并没有偏离标准经济学先辈的机械认识论。一个明显的证据是,标准教科书通过一个圆形图表来描述经济过程,这是一个在完全封闭的系统中进行生产和消费的钟摆运动。[②]这种情况与标准经济文献的分析作品并无不同;它们也将经济过程简化为一种自我维持的机械模拟。经济过程和物质环境之间存在持续的相互影响,但这一创造历史的明显事实在标准经济学者那里并没有任何分量。马克思主义经济学者也是如此,他们认为大自然给予人类的一切都是无偿的礼物。[③]在马克思著名的再生产图中,经济过程也被描述为一个完全循环和自给自足的过程。[④]

然而,早期的作家却指出了另一个方向,威廉·配第爵士

(Sir William Petty)也指出,劳动是财富之父,自然是财富之母。[⑤]人类的整个经济史毫无疑问地证明,自然在经济过程及在经济价值的形成中也起着重要作用,我认为现在是时候,我们应该接受这个事实,并考虑它对人类经济问题的后果。因为,正如我将在本文中努力展示的那样,其中一些后果对于理解人类经济的本质和演变具有特殊的重要性。

II

　　一些经济学家间接地提到这样一个事实,即人类既不能创造也不能破坏物质或能量,[⑥]这一事实来源于物质能量守恒原理,也就是热力学第一定律。然而,似乎没有人注意到这样一个问题,在上面提到的能量守恒原理下显得十分让人费解的一个问题——"那么经济过程是做什么的?"我们在主要文献中发现的只是一句偶然的评论,即人类只能产生效用,这句话实际上加深了这个谜团。既然既不能生产物质(matter)也不能生产能量,人类怎么可能生产物质(material)呢?

　　为了回答这个问题,让我们把整个经济过程视为一个整体,只从纯物理的角度来看待它。我们首先必须注意的是,这个过程是一个局部过程,就像所有的局部过程一样,它由一个边界限定,物质和能量通过这个边界与物质宇宙的其他部分进行交换。[⑦]这个物质过程的作用是什么?答案很简单:它既不产生也不消耗物质能量;它只吸收物质能量,并不断地将其抛出。这就是纯粹的物理学教给我们的。然而,经济学让我们大声说它不是纯粹的物理学,甚至不是其他形式的物理学。我们可以相信,即使是自然资源与价值无关这一立场最激烈的支持者,最终也会承认进入经济过程中的东西和从经济过程中产生的东西之间是存在差异的。而可以肯定的是,这种差异只能是定性的。

　　像我这样一位非正统经济学家会说,进入经济过程的东西代表着宝贵的自然资源,而从中被丢弃的东西则是无价值的废物。但是,这种质的差异得到了物理学中一个称为热力学的特殊分支的证实,尽管用了不同的术语。从热力学的观点来看,物质能量以低熵状态进入经济过程,然后以高熵状态出来。[⑧]

　　详细解释熵的含义并不是一项简单的任务。这个概念是如此复杂,以至于热力学权威都认为,"即使连物理学家都不容易理解它。"[9] 更糟糕的是,不仅对门外汉来说是如此,对其他人而言也一样,这个词现在有多种含义,并且并不都在物理学范畴内。[10] 韦伯斯特大学词典(Webster's Collegiate Dictionary, 1965)的最新版本在"熵"一项下有三个条目。此外,与经济过程相关的定义很可能会让读者感到困惑,而不是启发:"封闭热力学系统中不可用能量的量度与系统状态相关,量度的变化随吸收绝对温度下热量增量比率的变化而变化。"但是(似乎意在证明并非所有的进步都是更好的)一些旧版本提供了一个更容易理解的定义。"热力学系统中不可用能量的量度"——正如我们在 1948 年版中读到的那样,不能满足专家的要求,但可以用于一般目的。解释(同样用宽泛的语言)不可用能量的含义现在是一项相对简单的任务。

　　能量存在于两种定性状态:可用能或自由能,人类对其几乎可以完全掌握;而对于不可用能或束缚能,人类则不可能使用。例如,一块煤所含的化学能是自由能,因为人类可以将其转化为热能;或者说,如果他愿意,可以将其转化为机械功。又如,海洋中蕴藏惊人的热能是束缚能,船只依靠这种能量航行,但要做到这一点,它们需要一些燃料或风的自由能。

　　当一块煤燃烧时,它的化学能既不减少,也不增加。但最初的自由能已经以热、烟和灰烬的形式消散殆尽,人类无法再使用它。它已经退化为束缚能,自由能指的是显示不同水平的能量,最简单的例子就是锅炉内外的温度差。相反,束缚能是无序耗散的能量。这差异可以用另一种方式表达。自由能意味着某种有序性结构,就像一家商店,所有肉类都放在一个柜台上,而蔬菜放在另一个柜台上,等等。束缚能量是无序耗散的能量,就像同一家商店被龙卷风袭击后一样。这就是为什么熵也被定义为无序的度量。它符合这样一个事实,即铜片的熵值比生产它的铜矿石低。

　　自由能和束缚能之间的区别当然是拟人化的,但这一事实并没有给研究人类的学生,甚至连研究简单形式的物质的学生带来困扰。人类试图在精神上接触现实的每一个元素,都只能将其拟人化。只是,热力学的情况更引人注目。关键是,有经济价值的东西和废物之间的经济区别促成了热力学的区别,而不是相反。事实上,热力学学科起源于法国工程师萨迪·卡诺(Sadi Carnot, 1824)首次研究了热机的经济性的一篇回忆录。因此,热力学最初是一门具有经济价值的物理学,尽管后来作出了许多更抽象的贡献,但它仍然一直保持着其经济价值。

Ⅲ

多亏了卡诺的回忆录,热量只能从较热的物体自行移动到较冷的物体这一基本事实,在物理学公认的真理中占有一席之地,更重要的是,我们必须认识到一个额外的事实,即一旦封闭系统的热量扩散,使温度在整个系统中变得均匀,热量的运动就无法在没有外部干预的情况下逆转。一杯水中的冰块一旦融化,就不会再自行形成冰块。一般来说,一个封闭系统的自由热能会不断地、不可逆转地退化为束缚能。这一性质从热能扩展到所有其他种类的能量,由此产生了热力学第二定律,也就是熵定律。该定律表明,封闭系统的熵(即束缚能的量)会不断增加,或者说,这样一个系统的有序会逐渐转变为无序。

提及封闭系统至关重要。让我们想象一个封闭系统,一个有电炉和一桶刚刚煮沸的水的房间。熵定律告诉我们,首先,开水的热量会不断地消散到系统中。最终,系统将达到热力学平衡——在这种状态下,整个系统(以及所有系统)的温度都是均匀的(能量是有限的)。这适用于封闭系统中的各种能量。例如,一块煤的自由化学能最终会退化为束缚能,即便煤留在地下。自由能源在任何情况下都会遵循这一规律。

该定律还告诉我们,一旦达到热力学平衡,水就不会开始沸腾。[11]但是,众所周知,我们可以通过打开炉子使它再次沸腾。然而,这并不意味着我们打破了熵定律。如果房间的熵因沸水产生的温差而降低,那只是因为一些低熵(自由能)从外部进入系统。如果我们将发电厂包括在系统中,那么这个新系统的熵一定会降低,正如熵定律所描述的那样。这意味着房间熵的减少是以其他地方熵的增加为代价的。

一些研究者对生物体在短时间内几乎保持不变的事实印象深刻,他们提出生命逃避熵定律的观点。现在,生命可能具有自然法则无法解释的属性,但仅仅认为它可能违反某些物质法则(这是一个完全不同的东西)就完全是胡说八道了。事实是,每一个生物都只努力保持自己的熵常数。在一定程度上,它是通过从环境中吸收低熵来实现的,以补偿熵的增加,就像每一种物质结构一样,有机体不断地受到熵的影响。但是,由有机体及其环境组成的整个系统的熵必须增加。事实上,如果有生命存在,系统的熵必须比没有生命时增加得更快。任何生物都能抵抗自身物质结构的熵退化,这一事实可能是生命的一种特性,不受物质定律的约束,但并不违反这些定律。

实际上,所有的生物体都是以低熵的形式在环境中生存的,人类是最显著的例外:人类烹饪大部分食物,还将自然资源转化为机械工作或实用工具。在这里,我们不应该让自己被误导。铜金属的熵低于精炼矿石的熵,但这并不意味着人类的经济活动逃避了熵定律。矿石的精炼会导致周围环境熵的补偿性增加。经济学家喜欢说,我们不能不劳而获。熵定律告诉我们,生物生命的规律,比起人类的经济延续规律要严格得多。从熵的角度来看,任何生物或经济活动的成本总是大于产品的成本。从熵的角度来看,任何这种活动都必然导致衰败。

IV

前面曾提到过,从纯物理学的角度来看,经济过程只会将宝贵的自然资源(低熵)转化为废物(高熵)。这种说法是完全正确的。但是为什么这样的过程要继续进行下去的谜团仍然困扰着我们? 只要我们看不到经济过程的真正经济产出不是废物的物质流动,而是非物质流动——就如生活的享受,那么它就仍然是一个谜。如果我们不承认这种流动的存在,我们就不在经济世界中。如果我们忽视了这样一事实,即这种流动——作为一种熵的特质,必须是各个层面的生命表征——只有当它能够以环境低熵为食时才会存在,我们也就无法完整地了解经济过程。如果我们更进一步,就会发现每一个具有经济价值的物体——无论是刚从树上摘下来的水果,还是一件衣服或家具,等等——都具有一个高度有序的结构,因此,也具有低熵。[12]

从这一分析中可以得出几个教训。第一个教训是人类的经济斗争以环境低熵为中心。第二,环境低熵的稀缺性与李嘉图的土地稀缺性不同。李嘉图时期的土地和煤矿储量都是有限的。不同之处在于,一块煤只能使用一次。事实上,熵定律是一个发动机(甚至是一个生物有机体)最终磨损且必须更换成新发动机的原因,这意味着要额外消耗环境低熵。

人类对自然资源的不断开发并不是一种没有历史的活动;相反,它是人类命运中最重要的长期因素。而这正是由于物质能量熵退化的不可逆性。例如,亚洲大草原上的人们在第一个千年之初就开始他们在整个欧洲大陆的大规模迁徙,其经济基础是牧羊。自然资源的压力无疑也在其他移民中发挥了作用,包括从欧洲到新世界的移民。为登上月球所作的巨大努力可能也反映出人们隐约感觉到获得其他低熵源的希望。也正是由于环境低熵的特殊稀缺性,人类有史以来就一直在寻求发明更好地筛选低熵的方法。在人类的大多数(尽管不是全部)研究中,我们肯定可以看到一种越来越好的低熵经济。

因此,没有什么比马克思主义和标准分析所代表的经济过程是一个孤立的、循环的事件这一概念更偏离事实的了。经济过程牢牢地扎根在一个物质基础上,这个物质基础受到一定的约束。正是由于这些限制,经济进程才有了一个单向的、不可逆的演变。在经济世界中,只有货币能在一个经济部门和另一个经济部门之间来回流动(尽管事实上,即便是金条也会慢慢磨损,其库存也必须不断从矿藏中补充)。回到头来看,两种观点的经济学家都屈服于最严重的经济拜物教——金钱拜物教。

V

经济思想一直受到当今经济问题的影响。它还有些滞后地反映了自然科学思想的发展趋势。这种相关性的一个突出例证是,经济学家开始在描述经济过程时忽视自然环境,这一事件反映了学术界情绪的一个转折点。工业革命前所未有的成就使每个人都惊讶于人类借助机器可以做什么,以至于人们的注意力都局限在工厂里。新的技术设施所具备的能引发惊人科学发现的巨大优势增强了人们对技术力量的普遍敬畏。它还促使文人学士高估并最终向观众过度推销科学的力量。自然,从这样一个基座上,人们甚至无法意识到在人类状况中存在真正的固有障碍。

清醒的事实则不同。即使是人类物种的寿命与银河系相比也只是昙花一现。因此,即使太空旅行取得了进展,人类仍将被限制在一个小空间中。人类的生物学特性对其能做什么设置了其他限制。温度过高或过低都与人类的生存格格不入;许多辐射也是如此。人类不仅无法到达恒星,甚至无法到达一个单独的基本粒子,不,一个单独的原子。

正是因为人类感觉到,无论多么简单,他的生命仍依赖于稀缺的、不可恢复的低熵,所以人类一直怀有一种希望,希望能够最终发现一种自我超越的力量。电的发现使许多人相信这一希望已经实现。随着热力学和力学的奇妙结合,一些人开始认真思考解除束缚能的方案。[13]原子能的发现带来了另一波乐观的希望,这一次,人类真正掌握了一种自我永存的力量。(然而)困扰纽约并逐渐蔓延到其他城市的电力短缺问题应该足以让人们清醒。核理论家和原子电站的运营商都认为,这一切应归结为一个成本问题,但从本文的角度来看,这是一个熵方面的资产负债表问题。

自然科学家鼓吹科学可以消除人类感受到的所有限制。经济学家也纷纷效仿,不再把对经济过程的分析与人类物质环境的限制联系起来。难怪没有人意识到,如果我们无法产生"更好、更大"的废物,就不能生产"更好、更大"的冰箱、汽车,或者喷气式飞机。因此,当每个人(在那些"更好、更大"的国家里)都被污染打脸时,科学家和经济学家都大吃一惊。但即使是现在,似乎也没有人看出这一切的原因是人们没有认识到经济过程的熵本质。一个令人信服的证据是,各个污染管理部门现在一方面试图向人们推销机器和化学反应不产生废物的理念;另一方面,通过废物的永久回收来拯救人类。无可否认,至少在原则上,我们甚至可以回收散落在海沙中的黄金,就像我们可以回收我前面例子中的沸水一样。但在这两种情况下,我们都必须使用额外的低熵,其数量比回收物的熵的减少量要大得多。没有免费回收,就像没有无浪费的工业一样。

VI

人类赖以生存的地球,就像漂浮在宇宙的自由能储存库中一样,甚至该储存库的自由能可能是无限的。但是由于前面提到的原因,人类无法获得所有这些惊人的数量,也无法获得所有可能形式的自由能。例如,人类不能直接利用太阳巨大的热核能量。最重要的障碍(也适用于氢弹的工业用途)是,任何材料容器都无法抵御大规模核反应的高温。这种反应只能在游离的空间发生。

人类可以获得的自由能来自两个截然不同的来源。第一个来源是一种储备,即地球内部的自由能量储备。第二个来源是流动,即被地球拦截的太阳辐射的流动。这两个来源之间的一些差异应该很明显。人类几乎完全控制着陆地上的能量储备;可以想象,我们可能在一年内将其全部用光。但是，就所有的实际目的而言，人类无法控制太阳辐射的流动，现在也无法利用未来的流动。这两个来源之间的另一个不对称与它们的特定角色有关。一方面，只有陆地资源为我们提供了低熵材料，我们可以利用其制造最重要的工具。另一方面，太阳辐射是地球上所有生命的源头，它与叶绿素的光合作用有关。然而，陆地资源与太阳资源相比是微不足道的。在所有可能的情况下，太阳的活跃寿命将持续 50 亿年，在此期间，地球将接收相当强度的太阳能量流。[14] 尽管令人难以置信，但整个地球上的陆地资源只能产生几天的阳光。[15]

所有这些都为今天如此热门的人口问题带来了新的曙光。一方面，一些学生对联合国人口学家预测到公元 2000 年世界人口将达到 70 亿的可能性感到担心。另一方面，有一些人像科林·克拉克（Colin Clark）一样声称，通过适当的资源管理，地球可以养活多达 450 亿人口。[16] 然而，似乎没有一位人口专家提出人类未来更为重要的问题：一个给定数量的世界人口——10 亿或 450 亿——能维持多久？只有提出这个问题，我们才能看到人口问题有多么复杂。即便是许多人口研究所依据的最佳人口分析概念，也只是无用的虚构。

在这一方面，过去二百年里，人类熵斗争所发生的事情就是一个生动的故事。一方面，由于科学的惊人进步，人类的经济发展达到近乎奇迹的水平。另一方面，这种发展迫使人类将对陆地资源的开采推进到惊人的程度（海上石油钻探就是明证）。它还维持了人口增长，这加剧了对粮食的争夺，在某些地区，这一问题已达到临界水平。一致主张的解决办法是提高农业机械化水平。但让我们看看这个解决方案在熵的方面意味着什么。

首先，农业机械化通过消除农民的传统合作伙伴——牲畜，使整个土地面积被分配用于粮食生产（以及仅用于满足肉类需求的饲料）。但最终也是最重要的结果便是，低熵输入从太阳源转移到地球源。牛或水牛——它们的机械动力从叶绿素光合作用捕获的太阳辐射中获得——被拖拉机所取代，而拖拉机是在地球低熵的帮助下生产和运行的。从粪肥到人造肥料的转变也是如此。其结果是，农业机械化是一种解决方案，虽然在目前的僵局中是必需的，但从长远来看，其是不经济的。人类的生物存在在未来越来越依赖于这两种低熵源中的稀缺者。还有一种风险是，机械化农业可能会把人类物种困在死胡同中，因为其他耕作方式涉及的一些生物物种可能会被迫灭绝。

实际上，低熵的陆地资源的经济利用问题不仅限于农业机械化：这是人类物种命运面临的主要问题。鉴于此，让我们用 S 表示目前陆地低熵存量，让 r 表示平均年消耗量。如果我们从 S 的缓慢退化中抽象出来（在这里我们可以安全地这样做），那么理论上，直到该存量完全耗尽的最大年数是 S/r。这也是人类进化过程中的工业阶段被迫结束之前的年数。考虑到 S 与每年到达地球的太阳能量流之间惊人的不均衡，毫无疑问，即使非常节省地使用 S，人类进化过程中的工业阶段也将在太阳停止发光很久之前结束。接下来会发生什么（如果人类物种的灭绝不是由某种完全抗药性的细菌，或者某种潜在的化学物质提前导致的）很难说。人类可以通过恢复到采摘浆果的阶段继续生存——就像曾经那样。但是，根据我们对进化的了解，这种进化逆转似乎不太可能。尽管如此，事实仍然是经济发展的程度越高，每年的消耗 r 就越大，因此人类物种的预期寿命就越短。

VII

结果很清楚。每次生产一辆凯迪拉克，我们都会不可避免地破坏一部分原本可以用来生产犁或铲子的低熵。换句话说，每次生产一辆凯迪拉克，我们都是以减少未来人类生命为代价的。通过工业富足实现经济发展可能对我们现在和那些在不久将来能够享受它的人来说是一件好事，但如果人类的利益是拥有一个与其低熵存量相适应的寿命，那么这肯定违背了整个人类的利益。在这种经济发展的悖论中，我们可以看到，人类在为生命而奋斗的过程中，为了能够超越生物极限的独特特权所付出的代价。

生物学家喜欢重复自然选择是一系列不可思议的错误，因为没有考虑未来的条件。这句话暗示了人类比自然更聪明，应该接管它的工作；这证明了人类的虚荣心和学者的自信永远不会知道人类自己的极限。因为作为现代文明标志的经济发展竞赛无疑让人类缺乏远见。正是由于人类的生物本性（遗传的本能），人类只关心自己的一些直系后代的命运，而通常不关心曾孙后代。我们既不愤世嫉俗，也不是悲观主义；即使意识到自身物种的熵问题，人类也不愿意放弃目前的奢侈生活，以减轻那些将在一千年甚至一万年后生存的人类的生活负担。一旦人类通过工业人工制品扩展其生物能力，他就不仅依赖于非常稀缺的生命支持来源，而且还沉迷于工业奢侈品。这就好比人类决定要过一种短暂但令人兴奋的生活一样。那就让不那么野心勃勃的物种长久但平淡无奇地存在吧。

本文中讨论的问题与长期力有关。因为这些力的作用极其缓慢，我们很容易忽视它们的存在，或者，如果我们认识它们，就会轻视它们的重要性。人的本性是这样的，他总是对明天会发生的事感兴趣，而不对几千年后的事感兴趣。然而总的来说，行动迟缓的力量更加致命。大多数人的死亡并不是因为某种快速作用力，比如肺炎或车祸，而是因为导致衰老的缓慢作用力。正如一位耆那教哲学家所说："人从出生就开始死亡。"关键是，大胆地思考人类经济的遥远未来，并不比从广义上预测新生儿的一生更危险。其中一个想法是，现代工业发展热潮对矿产资源存量造成的压力越来越大，再加上减少污染的问题越来越严重（这对同一存量提出额外的要求），这必然会把人类的注意力集中在如何更多地利用太阳辐射这一更为丰富的自由能来源上。

如今，一些科学家自豪地宣称，由于人类即将在工业规模上把矿物油转化为食品蛋白质，食物问题将得到彻底解决，而鉴于我们对熵问题的了解，这是一个愚蠢的想法。相反，根据这个问题的逻辑，我们有理由预测：在必要的压力下，人类最终会转向相反的方向，将植物产品转化为汽油（如果它仍有任何用途）。[17]我们也可以肯定，在同样的压力下，人类会发现将太阳辐射直接转化为汽车动力的方法。当然这样的发现可能将代表人类在熵问题上的最大突破，因为它将为人类带来更加丰富的生命支持来源。回收和污染净化仍将消耗低熵，但不会消耗地球上迅速耗尽的存量。

注　释

① W. Stanley Jevons. *The Theory of Political Economy* (4th edn., London, 1924), p.21.

② E. g., R. T. Bye, *Principles of Economics* (5th edn., New York, 1956), p.253; G. L. Bach, *Economics* (2nd edn., Englewood Cliffs, N. J., 1957), p.60; J. H. Dodd, C. W. Hasek, T. J. Hailstones, *Economics* (Cincinnati, 1957), p.125; R. M. Havens, J. S. Henderson, D. L. Cramer, *Economics* (New York, 1966), p.49; Paul A. Samuelson, *Economics* (8th edn., New York, 1970), p.42.

③ Karl Marx, *Capital* (3 vols., Chicago, 1906—1933), I, 94, 199, 230, and *passim*.

④ 同注释③文献，第 Ⅱ 卷，第 ⅩⅩ 章。

⑤ *The Economic Writings of Sir William Petty*，ed. C. H. Hull（2 Vol.，Cambridge，Eng.，1899），Ⅱ，377. 奇怪的是，马克思赞同配第的观点；但他声称，自然只是"有助于创造使用价值，而不促进交换价值的形成"，Marx，*Capital*，Ⅰ，227。另见注释③文献，第 94 页。

⑥ 例如：Alfred Marshall，*Principles of Economics*（8th edn.，New York，1924），p.63。

⑦ 关于过程的分析表示问题，请参见 *The Entropy Law and the Economic Process*（Cambridge，Mass.，1971），pp.211—231。

⑧ 这种区别加上没有人会用一些自然资源来交换废物的事实，消除了马克思的论断："从来没有化学家发现过珍珠或钻石的交换价值。"（Marx，*Capital*，Ⅰ，95）

⑨ D. ter Haar，"The Quantum Nature of Matter and Radiation," in *Turning Points in Physics*，ed. R. J. Blin-Stoyle *et al*.（Amsterdam，1959），p.37.

⑩ 最近该术语非常流行的一个含义是"信息量"。关于这一术语具有误导性的论点，以及对信息与物理熵之间所谓联系的批评，请参见《熵定律与经济过程》的附录 B。

⑪ 这一立场需要一些技术上的阐述。熵定律及其单向质变与力学之间的对立，即任何事物都可以向前或向后移动，同时又保持自身的一致性，这是每个物理学家和科学哲学家都毫无保留地接受的。然而，即使在物理学放弃机械主义教条之后，它仍然保持着对科学活动的控制。结果就是力学很快就随着随机性被引入热力学。这可能是最奇怪的伴随品，因为随机性与力学定律的确定性本质是对立的。可以肯定的是，这座新建筑（被称为统计力学）不可能在其屋顶下包含力学，同时也排除了可逆性。因此，统计力学必须告诉我们，一桶水可能会自己开始沸腾，这一想法被认为是因为奇迹的可能性极小而没有被观察到的说法所掩盖。这一立场培养了人们对将束缚能转化为自由能的可能性的信念，或者如布里奇曼风趣地说的那样，也就是私吞熵。关于统计力学的逻辑谬误及其修补的各种尝试的批判，请参见《熵定律与经济过程》第六章。

⑫ 这并不意味着低熵的一切都必然具有经济价值。有毒蘑菇的熵也很低。低熵与经济价值之间的关系类似于经济价值与价格之间的关系。一个物体只有在它具有经济价值时才有价格，只有在它的熵低时才有经济价值。但反之则不然。

⑬ 见注释⑪。

⑭ George Gamow，*Matter*，*Earth*，*and Sky*（Englewood Cliffs，N. J.，1958），pp.493f.

⑮ "四天",尤金·艾尔斯在《来自太阳的力量》(Power from the Sun)一文中写道(载《科学美国人》,1950年8月,第16页)。即使我们承认计算可能有一千倍的误差,情况也没有改变。

⑯ Colin Clark, "Agricultural Productivity in Relation to Population," in *Man and His Future*, ed. G. Wolstenholme(Boston, 1963), p.35.

⑰ 这种想法并不牵强,事实证明了这一点:在第二次世界大战期间,在瑞典,汽车是由用木材加热木材所获得的劣质气体驱动的。

能源和经济神话（1972 年）[*]

尼古拉斯·乔治斯库-罗根

> 尽管地球生活不尽完美，但是没有理由认为持续的
> 经济增长会使情况变得更糟。在知道这是这个国家第二
> 古老的政治经济学主席最新任职者的冷静且深思熟虑的
> 意见后，你们现在都可以回家，今晚在床上安然入睡。
>
> ——威尔弗雷德·贝克曼（Wilfred Beckerman）

Ⅰ. 引言

珀西·W.布里奇曼曾说，经济学界是最投机取巧的，这是
有一定道理的。事实上，经济学家们的注意力不断地从一个
问题转移到另一个问题，而这些问题之间甚至往往没有密切
联系。例如，搜索 1950 年以前英语世界的所有经济学期刊，
你几乎找不到任何提及"经济发展"的字眼。因此令人好奇的
是，在过去一百多年里，经济学家却一直固执地坚持机械认识

---

* 本文内容代表了 1972 年 11 月 8 日在耶鲁大学林业与环境研究学院的"增长的
极限：均衡状态与人类社会"系列以及其他许多场合的演讲的主要内容。1973
年 7 月，为该系列计划卷编制的版本被当作工作文件分发给自然资源委员会和
矿产资源与环境委员会（国家研究委员会）的成员。当前版本包含一些最近的
修订。

论,这种思想支配了新古典学派创始人的研究方向。他们自豪地承认,这些先驱者最大的抱负是要在力学模型之后,建立一门经济科学。用 W.斯坦利·杰文斯的话说——"效用和利己主义的机制"(Jevons, 1924:23)。与几乎所有 19 世纪上半叶的学者和哲学家一样,他们被在天文学中力学科学的巨大成就所吸引,并认可拉普拉斯的著名力学典范是终极科学知识的福音(Laplace, 1902:4)。因此它们有一些减弱的条件,但这些条件是在机械主义教条甚至被物理学抛弃很久之后,人们都不再引用的。(Einstein and Infeld,1938:69—122;Blin-Stoyle, 1959)。

近代经济学家没有丝毫犹豫,显然乐于在前人开辟的机械轨道上发展他们的学科,并且强烈地反对任何关于经济学可能被视为力学的"姐妹科学"的说法。这一立场的吸引力是显而易见的。几乎每一个标准经济学家的脑海中,都有于尔班·勒威耶和约翰·库奇·亚当斯(John Couch Adams)的丰功伟绩,他们不是通过搜寻苍穹来寻找真正的海王星,而是在"纸上笔尖"就找到海王星。仅凭纸笔运算就能预测明天或一年后证券交易所某只股票的价格,这是多么美妙的梦!

不论是明示还是默认,不加选择地依附机械主义教条的后果,就是将经济过程类比为机械过程,认为经济过程包含守恒(变换)原理和最大化法则。因此,经济科学本身被简化为永恒的运动学。这种方法导致纸笔练习如雨后春笋般涌现,经济模型越来越复杂,而这些模型往往只涉及最基本的经济问题。现在,一切都变成钟摆运动。一个商业"周期"紧随着另一个商业"周期"。均衡理论的支柱是,如果事件改变了供求倾向,一旦这些事件消退,经济世界总会恢复到原来的状态。通货膨胀、灾难性干旱或股市崩盘完全不会给经济留下任何痕迹。完全可逆是普遍法则,就像在力学中一样。[①]

几乎所有介绍手册的图表都将经济过程描述为一种可自我持续的,在"生产"和"消费"中循环流动的过程,没有什么比这更能说明标准经济学的基本认识论的了。[②]

即使是货币也不会在经济过程中前后循环,金条和纸币都终将磨损,它们的存量必须得到外界资源的补充(Georgescu-Roegen, 1976a)。关键是经济过程不是一个孤立的、自我持续的过程。这一过程离不开持续的交换,交换会以交换的方式逐渐改变环境,而外界环境又反过来影响经济过程。古典经济学家,尤其是马尔萨斯,坚持经济相关性这一事实。然而,标准经济学家和马克思主义经济学家都选择完全忽视自然资源问题,以至于一位杰出且多才多艺的经济学家最近承认,关于这个问题,他已决定"要找出经济理论必须要阐述的内容"(Solow,1974b:If)。

一个基本思想主导了两个学派的研究方向。A. C.庇古(A. C. Pigou)最明确地指出:"在稳态下,生产要素是存量,总量不变,从中产生连续的、数量不变的实际收入流量"(Pigou,1935:19)。同样的想法——从不变的结构中可产生恒定的流量——是马克思简单再生产图的基础(Marx,1906,Ⅱ,Ch.xx)。在扩大再生产图中(Marx,1906,Ⅱ,Ch.xxi),马克思实际上预见了现代模型的问题,例如,著名的列昂惕夫动态投入产出模型——在经济增长模型中也完全忽视流量的主要来源。唯一不同的是,马克思明确提出自然界无偿为我们提供了一切,而标准经济学家则默认这一原则。因此,两种思想流派都采用了庇古的稳态概念,在这种状态下,物质流量来源于一个不变的源头。正如我们将要看到的那样(第Ⅷ节),在这个想法中埋藏着一个经济神话的萌芽,现在许多相关生态学家和一些觉醒的经济学家都在宣扬它。在稳态世界,人口零增长将终结人类生态冲突的神话。人类将不再担心资源稀缺或污染——这将是把新耶路撒冷带入人类尘世生活的另一个奇迹。

神话在人类生活中一直占据着重要地位。诚然,按照神话行事是人类在所有生物中的独有特征。许多神话都流露出人类的愚蠢,即其内心冲动,相信自己高于现实宇宙中的一切,相信自己的力量是无限的。在《创世记》中,人类宣称他是上帝按照自己的形象创造的。曾几何时,人类认为整个宇宙都围绕他的渺小而旋转——在另一个时期,人类认为围绕自己旋转的只有太阳。曾经,人类相信自己可以在不消耗任何能量的情况下移动物体,这是第一类永动机神话——当然,其本质上是一个经济神话。第二类永动机神话,是我们能以各种隐匿形式一遍又一遍地使用同一能量。

现在一些科学家,特别是标准经济学家和马克思主义经济学家提出了另一个经济神话(第Ⅵ节)——人类永远能成功地找到新能源和新方法,利用它们为自己谋利。不管怎样,"我们(总是)会想出一些东西"(Beckerman,1972:338)。如果个人终将死去,那么至少人类是不朽的。霍尔丹等生物学权威认为,与任何其他物种的命运一样,人类的最终命运是灭绝,只是我们不知道它何时到来,为何会到来。它可能比乐观主义者认为的要早,也可能比悲观主义者担心的要晚得多。环境恶化的累积后果会导致人类灭绝;一些持久性病毒或异常不育基因也可能导致这种情况。

事实上,我们对过去物种为什么灭绝的原因知之甚少,甚至不知道为什么有些物种会在我们眼前几近灭绝。如果我们可以大致预测一条狗的寿命,以及什么最有可能终结其生命,那只是因为我们已经多次观察狗从出生到死亡的一生。进化生物学家的困境就在于他从未观察过其他人类物种的出生、衰老和死亡(Georgescu-Roegen, 1966a:91; 1971b:208—210)。然而,一个物种到达其生存终点的过程,类似于任何单个有机体衰老的过程。尽管衰老仍被许多谜团所包围(Georgescu-Roegen, 1971b:205),但我们知道,导致物种终结的原因,从其诞生的第一刻起就缓慢、持续、累积地起作用了。关键是我们每个人每时每刻都在变老,不,每一次眨眼都在变老,尽管我们无法察觉到其中的变化。

一些经济学家含蓄地表达,自伯里克利时代以来,人类没有遇到任何生态困难,因此也就永远不会遇到生态困难(第Ⅵ节),这完全是愚昧的。如果我们睁大眼睛,就会发现随着时间的推移,一些足够明显的症状能帮助我们大概了解一些关于衰老和死亡的原因。诚然,人类的需求和满足这些需求所需的各种资源比任何其他物种复杂得多。作为交换,我们对这些因素及其相互关系的认识自然也就更加广泛。因此,即使简单分析人类生存能源的方方面面,也至少可以帮助我们了解生态问题的大体情况,并得出一些相关结论。这也是我在本文中努力要做的事情。

Ⅱ. 力学与热力学

无论是在自然科学中还是经济学中,对物质过程的所有分析,如果没有对这一过程进行全面而清晰的分析,就不可能是正确的。首先分析必须包括边界和过程的持续时间,边界是抽象且空洞的要素,其将过程从"环境"中分离出来。然后,通过全部投入和全部产出的完整时刻表——该时刻表涉及每个要素从外部或内部跨越边界的精确时刻,分析描述该过程需要什么以及它做了什么。但是我们从哪里界定抽象的边界、考虑多长的持续时间,以及使用什么定性范围来对过程中的要素进行分类,这些都取决于学生的具体目的,并且在很大程度上也取决于所涉及的科学。③

力学只区分质量、速度和位置,这是动能和势能概念的基础。结果,力学将任何过程都简化为运动和能量分布的变化。总机械能(动能加势能)的恒定性和质量的恒定性是最早被科学认识的守恒原理。确实有少数细心的经济学家如马歇尔（Marshall，1920:63），认为人类既不能创造物质也不能创造能量。但是，他们显然只考虑了守恒的机械原理，因为他们立即补充说，人类仍然可通过移动和重新排列物质来产生效用。该观点忽略了一个最重要的问题:人类如何移动？对于任何面临力学现象的人来说，进入某个过程的每一物质和每一机械能必须以相同的数量和质量出来。运动不能改变彼此。

因此，将经济过程类比为机械过程，意味着经济过程的神话是一个环形的旋转木马，无法以任何方式影响物质环境和能量环境。显而易见的结论是，没有必要将环境纳入这一过程的分析图景中。④ 威廉·配第爵士是一位热衷于人类事务的研究者，他坚持认为劳动是财富之父，自然是财富之母；虽然他的古老信条早已沦为博物馆藏品（Georgescu-Roegen，1966a:96；1971b:280）。自然资源在人类历史上发挥了重要作用，即使累积了大量耀眼证据，也未能给标准经济学家留下深刻印象。人们可能会想到第一个千年的大迁徙，这是对长期持续放牧后的中亚地区土壤枯竭情况的最终应对办法。卓越的玛雅文明就是一个例子——因为他们的人民无法迁移，也无法通过足够的技术进步来抵消环境的恶化，所以他们消失了。总之，一个不争的事实是，所有大国之间的斗争都不是围绕意识形态或国家威望展开的，而是围绕对自然资源的控制展开的。目前仍然是这样。

因为力学不承认质的变化，只承认位置的变化，所以任何机械过程都可以逆转，就像钟摆一样。如果地球反向运转，也不会违反任何力学定律。观众绝对无法发现，一部纯机械钟摆的影片是朝正方向投影还是朝反方向投影。但在实际现象的各个方面并不像著名的鹅妈妈童谣中所说的那样，"勇敢的约克公爵在没有战斗的情况下，使他的军队一直保持前进"。实际现象是朝着一个确定方向运动的，并会涉及质的变化。这是热力学的课程，它是物理学的一个特殊分支，特殊到纯粹主义者不愿将其视为物理学的一部分，因为它具有拟人化的结构。尽管很难看出任何科学的基本结构——除了拟人化之外，但热力学的情况是独一无二的。

热力学源于法国工程师萨迪·卡诺的一本关于热机效率的回忆录（Carnot，1824）。它揭示的第一个事实是，人类只能使用一种特定形式的能量。因此，能量被划分为可用能（或自由能）和不可用能（或束缚能），可用能（或自由能）可转化为有用功，而不可用能（或束缚能）则无法转化。⑤ 显然，根据这一标准划分能量是拟人化的区分,不像其他科学。

这种区分与热力学特有的另一个概念密切相关,即熵。这个概念如此复杂,以至于专家认为"即使是物理学家也不容易理解它"(Haar, 1959:37)。[6]但就当前的目的而言,我们可以将熵简单理解为,在某一特定时刻,某个热力系统演变过程中不可用能的衡量指标。

能量,无论质量如何[7],都遵循严格的守恒定律,即热力学第一定律,它在形式上与前面提到的机械能守恒定律是相同的。由于功是能量的多种形式之一,这条定律揭发了第一类永动机神话。然而,它没有考虑可用能和不可用能之间的区别;就其本身而言,该定律并不排除一定量的功转化为热量的可能性,也不排除热量重新转化为初始功的可能性。因此,热力学第一定律允许任何过程同时来回发生,一切都能恢复到最初的样子,不留下任何发生的痕迹。只认识到这个定律,我们会仍然停留在力学领域,而不是实际现象领域,并且是包括经济过程的力学领域。

力学和热力学之间不可避免的对立源于第二定律,即熵定律。最古老的表述,对非专业人士来说也是最透彻的:"热量仅从较热的物体流向较冷的物体,从不反向流动。"一个更复杂但等效的表述是,封闭系统的熵不断(并且不可改变地)增加到最大值,也即可用能不断转化为不可用能,直到它完全消失。[8]

概括地说,这个故事比较简单:各种能量逐渐转化为热量,而最终热量消散得如此之快,以至于人类无法再利用它。事实上,可以追溯到卡诺的一个观点,即如果锅炉和冷却器中的温度相同(无论多高),任何蒸汽机都无法提供功。[9]要获得可用能,能量必须分布不均;完全耗散的能量不再可用。经典的例子是巨大的热量散发到海水中,任何船舶都无法利用它。尽管船舶在海上航行,但它们需要可用的能量,即集中在风中的动能或集中在某些燃料中的化学能和核能。我们可以看到,为什么熵不仅被视为能量无序(耗散)的指标,而且也被视为物质消耗的指标,以及为什么目前形式的熵定律指出物质也会不可逆转地消耗。因此,宇宙的最终命运不是"热死"(正如最初所认为的那样),而是一个更加严峻的状态——混沌。毫无疑问,从理性上讲,这个想法并不令人满意。[10]但我们感兴趣的是,所有证据表明,我们当前的环境,即太阳系,将走向热力学死亡[11],至少就生命承载结构而言是这样的。

Ⅲ. 熵定律和经济学

或许没有其他定律像熵定律那样在科学中占据独特地位。它是唯一的自然定律,承认即使是物质宇宙也会经历不可逆的质变和演化过程。[12]这一事实使一些自然科学家和哲学家怀疑该定理与生命现象之间的密切关系。到目前为止,很少有人会否认,任何生命过程的经济性都是由熵定律支配的,而不是力学定律(Georgescu-Roegen,1971b:191—194)。正如我们将看到的,这一点在经济过程的情形下最为透明。

经济学家有时会认为,由于一些自然科学家会在对经济学不甚了解的情况下涉足经济学,因此他们也可以谈论自然科学,尽管他们对该领域一无所知(Beckerman,1972:328f)。这种想法反映出一个错误观念,不幸的是,经济学家普遍存在这种错误观念。无论其他自然科学家的经济专业知识如何,如果经济学家对熵定律及其后果没有一些深厚的理解[13],他们就无法在经济学领域中一直进展良好。正如我几年前所论证的那样,热力学本质上是一种具有经济价值的物理学——正如卡诺无意中设定的那样——熵定律是所有自然定律中最经济的(Georgescu-Roegen,1966a:92—94;Georgescu-Roegen,1971b:276—283)。

与其他生命过程一样,经济过程是不可逆的(而且是无法改变的);因此,它不能只用机械术语来解释。通过熵定律,热力学认识到定性区分,经济学家应该从一开始就在有价值的资源投入(低熵)和无价值的最终废物产出(高熵)之间作出定性区分。这种思想产生的悖论是,经济过程所做的一切都是将有价值的物质和能量转化为废物,这一悖论很容易得到解决。它迫使我们认识到,经济过程(或任何生命过程,就此而言)的真正产出不是废物的物质流动,而是享受生活的神秘非物质流动。[14]如果没有认识到这一事实,我们就不属于生命现象的范畴。

目前的物理和化学定律并不能完全解释生命。但是,认为生命能违反某些自然法则的想法在科学中是没有立足之地的。但是,正如长期以来所观察到的那样——生命似乎避开了惰性物质所遭受的熵退化,这也是埃尔温·薛定谔(Erwin Schrödinger,1944:69—72)最近的一个令人钦佩的论述。事实上,所有生命总是努力通过吸收低熵(负熵)、排出高熵来补偿其自身持续不断的熵退化。显然,熵定律并不排除这种现象,它只要求整个系统(环境和有机体)的熵增加。只要环境熵的增加超过有机体的熵补偿,那么一切都是井然有序的。

同样重要的是,熵定律是唯一不能进行定量预测的自然定律。它没有具体说明未来会增加多少,或者会产生哪种特定的熵模式。由于这个事实,现实世界存在熵的不确定性,它不仅允许生命获得无穷无尽的形式,而且还允许生命的大多数行为享有一定的自由度(Georgescu-Roegen,1971b:12)。没有这种自由,我们就没法在吃豆子或肉、现在或以后吃之间作出选择。我们也无法寄希望于实施我们所选择的经济计划(在任何层面)。

也正是由于熵的不确定性,生命在熵过程中的确很重要。这不是什么神秘的生命论,而是残酷的事实。一些生物减缓了熵退化。绿色植物储存部分太阳辐射,如果没有它们,太阳辐射会立即散发热量,转变成高熵。这就是为什么我们现在可以燃烧煤和木材,煤是数百万年前太阳辐射衰减转化形成的,木材是几年前树木光合作用积累的太阳能转化形成的。相反,所有其他生物都会加速熵进程。在这个维度上,人类占据了最高位置,这就是环境问题的全部内容。

对于经济学的学生来说,最重要的是,熵定律是经济稀缺的根源。如果没有这条定律,我们可以一遍又一遍地使用同一块煤的能量,将其转化为热量,并将热量转化为功,然后将功重新转化为热量。同样,发动机、房屋,甚至生命有机体永远不会磨损(如果它们可以一直存活的话)。物质商品和李嘉图所信奉的土地之间没有经济差异。在这样一个虚构的、纯机械的世界里,不会有真正的能源短缺和材料短缺。地球空间允许的最大人口规模可以永远存活。人均实际收入的增加,一部分可通过更高的周转利用率(就像在货币流通的情况下)实现;另一部分可通过额外的资源开采来支持。无论是物种内还是物种间的所有斗争,都没有发生的理由。

经济学家一直坚持认为"没有免费的午餐",意思是任何东西的价格都必须等于成本;否则,人们将一无所获。他们认为这种等价也普遍适用于熵,这是最危险的经济神话之一。在熵的环境中,人或有机生物的每个行为,不,自然界中的任何过程,都必定导致整个系统的熵亏损。油箱里每加一加仑汽油,都会使环境的熵值增加,而且汽油中所含的大部分自由能,也将直接导致熵的额外增加,而不用驾驶你的汽车。只要周围有丰富且易于获取的资源,我们可能并不真正关心这种额外损失有多大。同样,当我们用铜矿石生产铜板时，我们会降低矿石的熵（无序），但代价是宇宙其他部分的熵会大大增加。如果没有这种熵亏损，我们就能将功转化为热，并通过逆转这一过程来恢复整个初始功——就像上文所想象的那个世界一样。在这样一个世界里，正因为熵定律不起作用，标准经济学将至高无上。

Ⅳ. 可及能源和可及物质

如我们所见，区分可用能和不可用能（概括为低熵和高熵之间的区别）是为了用热力学解释一个事实，即人类只能使用一种特定状态的能量。但这种区分并不意味着人类可以使用任何可用的能量，不管它存在于何处或者以何种形式存在。可用能源要对人类有价值，它还必须是可获取的。我们几乎不费吹灰之力就能获得太阳能及其副产品，无需消耗额外的可用能源。而在所有其他情况下，我们必须消耗功和物质才能获得可用能源。关键是，即使我们能登陆火星并在那里发现一些天然气储藏，如果从火星带回一立方英尺天然气的耗费实质上大于地球一立方英尺的天然气，那么火星上的天然气则是不可及的。当然，肯定有一些页岩油，我们只需使用超过一吨的能源就可以从中提取一吨石油。这种页岩油仍然是可用但不可及能源。一直有人反复提醒我们，化石燃料的实际储量肯定比已知或估计的储量要大（Maddox, 1972a: 331）。但同样可以肯定的是，实际储量的很大一部分并不构成可及能源。

这种区别是从能源角度，而不是经济角度来考虑效率的。经济效率意味着能源效率，但反之则不然。例如，天然气的使用在能源效率上比电力更高，但在许多情况下，电力却更便宜（Summers, 1951: 152）。此外，即使我们可以用煤炭合成天然气，但从天然气矿藏中提取天然气更为便宜。如果天然气资源比煤炭资源先耗尽，我们肯定会采用经济效率低下的能源消耗方式。在讨论直接利用太阳辐射的未来时，我们也应该牢记这一观点。

然而，经济学家却坚持"资源应以经济而非物理的方式衡量"（Kaysen, 1972: 663; Barnett and Morse, 1963: 247）。该想法反映了该行业一个最持久的神话（其他行业也如此认为）。该神话认为价格机制可以抵消任何短缺，无论是土地、能源还是物质的短缺。[15] 稍后我们将适当地研究该神话，但在这里我们只需强调一点，从长远来看，只有能源效率才是建立可及性的关键。可以肯定的是,在任何时候实际效率都取决于技术水平。但是,正如我们从卡诺那里了解的那样,在每个特定情况下,都有一个独立于现有技术水平的理论极限,而这个极限在现实中是永远无法达到的。实际上,我们通常远低于这个极限。

正如这里所定义的,"可及性"取决于这样一个事实,即尽管人类的宇宙飞船漂浮在一个奇妙的可用能储存器中,但人类只能接触到其中极小一部分的存储能量。因为即使我们以最快的速度在太空中旅行,即光速,我们仍然是宇宙中的一个微粒。仅仅是到太阳系外寻找离人类最近的,但并不确定的类似太阳的恒星,类地卫星就需要花费九年时间! 如果我们从登月中学到了什么,那就是星际资源没有希望,更不别说星际旅行了。

我们自己的生物学本性为可及能源设定了更小的限制,我们无法在过高或过低的温度下生存,也无法暴露于某些辐射下。正是由于这个原因,核燃料的开采和大规模使用已引发许多问题,这些问题在非专业人士间和权威专家间均产生了分歧(第Ⅸ节)。一些纯粹的物理障碍也会造成限制。即使是机器人也不可能开采太阳。从太阳巨大的辐射能量来看,只有到达地球的一小部分能量才是可及能源(第Ⅸ节)。我们也不能驾驭雷电的巨大能量。独特的物理障碍使热核能的和平利用变得毫无希望。氘聚变要求温度达2亿华氏度,比太阳内部温度还要高一个量级。困难在于该反应的材料容器。正如通俗解释的那样,现在寻求的解决方案类似于将水放在橡皮筋网中。在这一方面,我们可以回忆一下炸药和火药的化学能,虽然我们花费了很长时间,但仍然无法控制它们来驱动涡轮机或电动机。也许热核能的使用也将仅限于"炸弹"。[16]尽管如此,无论有没有热核能,可及的高能低熵的数量都是有限的(第Ⅳ节)。

出于类似的考虑可得出如下结论:可及的低熵物质的数量也是有限的。尽管在这两种情况下,只涉及低熵的数量,但在讨论所有环境问题时,区分这两种解释是很重要的。众所周知,可用能和有序的物质结构在人类生活中扮演着两种截然不同的角色。然而,这种拟人化的区分本身并不会令人信服。

首先,物理现实是,尽管有爱因斯坦质量和能量等价的公式,但我们没有理由相信能量可转化为物质,除非在实验室的原子量级上,而且只能转化为某些特殊元素。[17]例如,仅利用能源,我们无法生产铜板。铜板中的所有铜必须事先以铜(以纯铜形式或以某种化合物形式)存在。因此,"能量可转化为大多数其他生活所需"（Weinberg et al.，1970：412）的说法，在这种无条件形式下，很容易造成误导。其次，如果物质宏观结构（无论是钉子还是喷射器）的熵低于周围环境，那么它不可能永远以原始形态存在。即使是那些具有逃避熵衰变特征的单一组织——生命承载结构——也不能如此持久。因此，现在已成为我们生活方式重要组成部分的人工制品必须从某些来源处不断更新。最后一点是，地球是一个仅对能量开放的热力学系统。陨石物质的数量，虽然难以忽略不计，但已经开始消散。

因此，我们只能依靠矿物资源，然而，矿物资源是不可替代的，并且是会枯竭的。许多特定种类的矿物质在一个又一个国家中耗尽（Lovering，1969：120f）。[18]目前，重要的矿物质——铅、锡、锌、汞、贵金属——在全世界都很稀缺（Lovering，1969；Cloud，1971b：72—77）。人们普遍认为，海洋有几乎取之不尽的矿物资源，甚至可能永久成为自然循环系统中的一环（Barnett and Morse，1963：239；Various authors，1972：7f）。这一广泛流传的说法被地质当局斥责为夸大事实（Cloud，1971b：85—87）。[19]

用能量替代物质低熵的唯一方法是通过物理化学操作。通过消耗越来越多的可用能源，我们可以从越来越深、越来越贫瘠的矿石中筛选出铜。但开采低含量矿石的能源成本增长非常快（Lovering，1969：122f）。我们还可以回收"废品"。然而，由于有些要素的性质，以及其参与自然和人为过程的模式，这些要素极容易耗散。在这种情况下，回收也几乎无济于事。此外，在自然环境中，这些要素非常稀少，这种情况尤其令人担忧。磷是生物过程中非常关键的要素，似乎属于这类稀缺要素；氦也是如此，它是另一种具有严格特定作用的元素（Cloud，1971b：81；Goeller，1972）。

经济学家显然忽略了很重要的一点（Johnson，1973：8；Various authors，1972：16，72），即完全回收是不可能实现的。[20]即使一条项链断开后我们可以从地板上捡起所有珍珠并重新组成一条，但没有任何现实过程可以重新组装一枚磨损硬币的所有分子。

正如索洛（Solow，974b：2）所相信的，这种不可能性并不是熵定律的直接结果。用博尔丁（Boulding，1966：7）不太恰当的话说，"幸运的是，没有物质熵增加的定律"。熵定律不区分物质和能量。只要有足够的自由能量来完成这项工作，该定律不排除（至少原则上不排除）部分物质结构的完全解散。如果有足够的能量，我们甚至可以分离出一杯水中的冷分子，然后将它们组成冰块。然而，这样的操作实际上是不可能的，因为它们需要几乎无限的时间。[21]

Ⅴ．一次性废弃物

　　连马尔萨斯都没认识到浪费也会引发一些经济问题,因此连自然资源投入都被忽略的经济学派不重视废弃物产出是很正常的。结果,废弃物跟自然资源一样,在标准生产函数中没有以任何方式体现。偶尔有教科书例子提及污染,洗衣厂因邻近的烟囱而蒙受损失。于是,当污染开始打脸每个人时,经济学家一定感到有些意外。不过,也没什么好惊讶的。鉴于经济过程的熵性质,废弃物是必然产出,正如自然资源是必要投入一样(Georgescu-Roegen,1976a)。"更大更好"的摩托车、汽车、喷气式飞机、冰箱等,不仅无法避免地造成自然资源"更大更好"的消耗,而且造成"更大更好"的污染(Georgescu-Roegen,1971b:19f,305f;1973b)。目前,经济学家已经无法再忽视污染问题;甚至突然发现他们"实际上有一些重要的事情要对世界说",即如果价格合适,就不会有污染(Solow,1973:49f;Bray,1972:12,17;Wallich,1972:120f;Johnson,1973:11f)[22]——这是经济学家关于价格神话的另一个方面(第Ⅳ节和第Ⅺ节)。

　　废弃物是一种物理现象,通常危害一种或另一种生命形态,并且直接或间接地危害人类生命。废弃物以多种方式不断损害环境:在化学方面,如汞或酸污染;在核方面,如放射性垃圾;在物理方面,如露天采矿或大气中二氧化碳的积累。在少数情况下,大部分废弃元素能被一些自然环境过程回收利用,二氧化碳就是一个突出例子。大多数令人讨厌的废弃物也能被自然过程逐渐降解——垃圾、尸体和粪便。这些废弃物只需要一些独立的空间,直到它们被完成降解。有一些涉及麻烦的卫生问题,但重要的是,这些废弃物不会对人类的环境造成永久性的、无法控制的危害。

　　其他废弃物之所以是一次性的,只是因为它们通过我们的某些行为转化为毒性较小的废弃物,例如,一氧化碳通过改进燃烧可转化为二氧化碳和热量。另一个例子是,大部分二氧化硫污染可通过一些特殊装置来避免。从这方面说,这些废弃物是一次性的。但仍然还有其他一些废弃物不能被降解。一个典型例子是,我们无法降低核垃圾中高度危险的放射性(Hubbert,1969:233)。核垃圾的放射性会随着时间的推移而自行降低,但速度非常缓

慢。以钚 239 为例，降低百分之五十的放射性需要 25 000 年！并且，放射性
强度对生命造成的伤害很可能是无法弥补的。

　　各种废弃物如垃圾、热量的堆积，会给有限空间造成麻烦。人类就像一
个家庭，消耗储藏室里有限的食物，并将废弃物扔进空间有限的垃圾桶——
我们周围的空间。即使是普通垃圾，也是一种威胁；在远古时代，要清除这
些垃圾非常困难，一些辉煌城市就被埋在垃圾堆里。如今我们有更好的方
法来清除垃圾，但持续的生产需要一个又一个垃圾倾倒区。在美国，每年的
垃圾产量几乎达到人均两吨，并且还在不断增加（Cannon，1973:11n.）。我
们还应牢记在心，每生产一桶页岩油，我们就会产出超过一吨的灰渣粉；要
获得五盎司的铀，我们必须粉碎一立方米的岩石。即便是露天开采，其后果
也生动地说明如何处理这些"中性"残余物将是个问题。将残余物送入外太
空无法大规模且持续进行。[23]

　　我们有限的空间使得长期存在的废弃物变得更加危险，尤其是那些完全
无法降解的废弃物。最后一类是热污染，其危险性尚未充分得到认识。所
有陆源能量在被人类使用时最终都会转化为废热，这很容易通过两种途径
破坏地球微妙的热力学平衡。[24]首先，发电厂产生的热岛（众所周知）不仅会
扰乱河流、湖泊甚至近海的动植物群，而且可能改变气候模式。仅一个核电
站就可以将哈德逊河的水加热 7 华氏度。同样，哪里建造核电厂，哪里就会
出现这个令人遗憾的困境，核电厂一个接一个，这是一个可怕的问题。其
次，地方和工厂用电产生的全球废热可能导致地球温度升高，以致冰盖融
化——这是一个灾难性后果。由于熵定律，持续升温的行星无法冷却，相比于
可及资源的有限性，热污染可能是增长的关键障碍（Summers，1971:160）。[25]

　　我们非常相信，不得不采取不同办法处理污染。事实上，跟回收一样，处
理污染并非不消耗能源。而且，随着污染控制力度的增加，治理成本的增长
甚至比回收还要快（Meadows et al.，1972:134f）。因此，我们必须小心谨
慎——正如一些人警告的那样（Various authors，1972a:9）——以免用巨大
的远处污染代替本地污染。至少，在原则上，如哈里·约翰逊（Harry Johnson）
所言，死湖肯定可以通过向里面注入氧气而变得活跃起来（Johnson，1973:
8f）。但请注意，注氧不仅需要大量额外的低熵，还会产生额外的污染。在实
践中，对因露天开采而退化的土地和溪流进行的改良并不成功（Cannon，
1973:12）。借用现在正"流行"的鲍尔曼的说法（1972:706）——线性思维，
但正如经济学家一样，我们应遵循一个事实，即如果死湖的数量超过一定限

度,那么对一个死湖有效的措施并不能对所有死湖都有效。这进一步表明,人类可以遵循自己的意愿用一定代价来创建一个新环境,那就完全忽视了代价的本质是低熵成本,而不是金钱成本,并且也将遭受自然定律的限制。[26]

我们的争论往往源于对无污染工业活动的信念。这是一个神话,就像对于恒久耐用性的信念一样令人迷惑。事实真相是,尽管我们作出了努力,但在某些情况下,污染积累可能会引发第一次严重的生态危机(Meadows et al.,1972:126f)。我们今天所经历的只是对一种趋势的清晰感知,这种趋势在遥远的将来可能会变得更加明显。

Ⅵ. 关于人类熵问题的神话

当今,几乎没有人会公开表示相信人类是不朽的。但是,我们中的许多人不希望排除这种可能性。为此,我们努力抨击任何可能限制人类生活的因素。最自然的想法就是,人类的熵资源禀赋几乎用之不竭,因为人类的内在力量可以通过某种方式击败熵定律。

首先,有一个简单的论点,正如许多自然定律发生的那样,有限的可及资源依据的定律将被依次驳斥。这种历史论据的难点在于,历史将更有力地证明,首先,有限空间里只能存在有限低熵;其次,低熵会持续且不可逆转地衰减。永动机(两种类型)的不可能性与万有引力定律一样牢牢地植根于历史之中。

用独特的概率概念支撑热力学现象的统计解释已铸造出更精密的武器——试图重建力学的优越性。根据这种解释,高熵到低熵的可逆性只是一个极不可能事件,而不是完全不可能事件。既然事件是可能的,我们就能通过一种巧妙的装置让事件以我们想要的概率发生,就像一个狡猾的骗子能随意掷出"六点"一样。该论点仅仅将不可简化的矛盾和谬误暴露在表面,这些矛盾和谬误被力学崇拜者夹带进统计解释的地基里(Georgescu-Roegen,197b, Ch.vi)。这种解释引发的希望一度如此乐观,以至于热力学权威P. W. 布里奇曼认为有必要写一篇文章来揭露有些人可能利用"盗卖熵"捞钱(Bridgman,1975)。

有时候有些人会小声地表达希望,人类最终能发现如何使能源成为一种免费商品,"就像不用计量的空气一样",曾经的科学权威约翰·冯·诺依曼

(John von Neumann)等也曾如此希望(Barnett and Morse,1963:32)。一些人设想出一种"催化剂",例如,将海水分解成氧气和氢气,它们的燃烧将产生应有尽有的可用能源。但是这就好比用一点余火点燃整根木头,注定是徒劳的。因为燃烧原木和氧气的熵低于其灰烬和烟雾的熵,而水的熵高于分解后氧和氢的熵;因此,神奇的催化剂也意味着"熵盗卖"。[27]

增殖反应堆产生的能量多于其消耗的能量,这个观念现在从一个联合专栏传播到另一个,"熵盗卖"的谬误似乎已达到最大流通程度,以至于在文人圈子中广为流传,甚至包括经济学家在内。不幸的是,一些核专家错误的推销言论助长了这种错觉,他们称赞将可再生但不可裂变的物质转化为可裂变燃料的增殖反应堆,是"生产的燃料多于消耗的燃料"的增殖反应堆(Weinberg,1960:82)。赤裸裸的事实是,反应堆与借助一些锤子生产锤子的工厂并没有任何不同。根据熵定律(第Ⅲ节)的亏损原理,即使是孵化小鸡,消耗的低熵也比产品中所含的要多。[28]

显然,为了捍卫经济过程的标准观点,经济学家提出他们自己的主题。我们可先提及这样一个论点:"当资源的定义随着时间发生剧烈且不可预测的变化时,认为自然资源可及性是完全有限的观念,是站不住脚的……有限可能存在,但它不能被定义,也无法在经济术语中具体说明"(Barnett and Morse,1963:7,11)。我们还读到,耕地也没有上限,因为"耕地是无限不确定的"。这些诡辩是明目张胆的。例如,没有人会否认人类无法确切地说出有多少煤炭是可以利用的。自然资源的储量常常被低估。此外,地壳顶部一英里中所含的金属可能是目前已知储量的一百万倍(Beckerman,1972:338;Maddox,1972a:331),但这些并不能证明资源是取之不尽的,归纳起来,忽略了可及性和可用性问题。[29]无论我们何时需要何种资源或耕地,它们都将包括可及低熵和可及土地。而且由于所有资源的数量都是有限的,因此分类学调换无法消除这种有限性。

标准经济学家和马克思主义经济学家最喜欢的论点是技术的力量是无限的(Barnett and Morse,1963;Bray,1972;Kaysen,1972;Various authors,1972;Johnson,1973;Solow,1973)。我们不仅能够找到稀缺资源的替代品,而且能够提高所有能源和物质的生产率。如果我们耗尽一些资源,我们总会想出办法加以替代,就像自伯里克利时代以来,我们一直在做的那样(Beckerman,1972:332—334)。因此,没有什么可以阻碍人类日益幸福的生活。很难再想出比这线性思维更直截了当的思维方式了。按照同样的逻辑,任何健康的年轻人都不应该患上风湿病或其他老年病;他也不应该死。恐龙从地球上消失之前,已经真正富足地生存不少于一亿五千万年(而且它们没有用工业废弃物污染环境!)。但真正值得品味的逻辑是索洛的(Solow, 1974:516)。如果说熵退化会在未来某个时间让人类屈服,它应该早在公元1000年之后的某个时期就实现了。"在他死前一刻钟,他还活着"的古老真理从未被扭转——而且以如此令人愉快的形式。[30]

其他相关内容的观点也支持这一论点。首先,有人断言只有少数几种资源"对技术进步如此抗拒,以致最终无法以固定或下降的成本生产提炼品"(Barnett and Morse, 1963:10)。[31]最近,一些人提出一种特定定律,在某种程度上与马尔萨斯的资源定律相反。这个观点认为技术是以指数速度进步的(Beckerman, 1972:236; Kaysen, 1972:664; Solow, 1973:45)。表面上的理由是,一种技术进步引发另一种技术进步。这是正确的,只是它不像人口增长那样累积发挥作用。像马多克斯(Maddox, 1972b:21)那样,认为技术存在限制,意味着否认人类影响进步的力量,这完全是错误的。即使技术不断进步,也不一定会超过所有极限;一个递增的序列可能有一个上限。就技术而言,这个极限取决于理论效率系数(第Ⅳ节)。如果技术确实以指数级速度进步,那么每单位产出的投入 i 将适时遵循 $i=i_0(1+r)^{-t}$ 定律,并且始终接近于零。最终生产将变为无形,地球将成为新的伊甸园。

最后,还有一个论点,可被称为无休止替代谬误:"包括农田在内的地壳中很少有成分是如此特殊的,以至于无法进行经济替换……自然界造成了某种稀缺,不是无法避免的普遍稀缺"(Barnett and Morse, 1963:10f)。[32]尽管布雷(Bray, 1972:8)的抗议没能持续,但这是"经济学家的魔术"。诚然,只有少数"微量"元素发挥着完全特定的作用,如磷在生物体中的作用。另外,铝在许多方面已经取代铁和铜,尽管不是在所有用途中。[33]然而,在有限的可及低熵存量里,这种替代不可能永远持续下去。

在索洛看来,替代成为支持技术进步的关键因素,即使资源变得越来越稀缺。首先,在消费品范围内会出现替代品。随着稀缺商品价格的上涨,消费者将购买"更少的资源密集型商品和更多的其他商品"(Solow, 1973:47)。[34]最近,他也将同样的想法扩展到生产。他认为,我们可以用"其他要素替代自然资源"(Solow, 1974b:11)。人们一定对整个经济过程有一种非常错误的看法,其没有看到除了自然资源外并不存在任何物质要素。进一步坚持认为"没有自然资源,世界仍可以有效运转",是忽略了现实世界与伊甸园之间的区别。

更令人印象深刻的是支持上述论点的统计数据。索洛(Solow,1973:44f)引用的数据表明,在美国,1950—1970年每单位国民生产总值(GNP)消耗的各种矿物质大幅下降。这些例外被归因于替代,但预期迟早会变成常态。用严谨的逻辑来讲,该数据无法证明,上述时期的技术进步必然会发展出更大的资源经济。即使技术保持不变,或者即使技术恶化,GNP的增加也能超过任何矿物质的投入。但我们也知道,在几乎同一时期(即1947—1967年),美国的人均基本物质消费量是增加的。而在世界范围内,仅在1957—1967年这十年间,人均钢铁消费量就增长了44%(Brown,1970:198—200)。最终,重要的不仅是技术进步对单位GNP资源消耗的影响,而是资源消耗速率的增加,这是这种技术进步的副作用。

巴内特(Barnett)和莫尔斯(Morse)使用的数据更令人印象深刻——正如已经被证实的那样——该数据表明,1870—1957年,劳动力和资本成本与净产出的比率在农业和采矿业中均显著下降,这两个关键部门都与资源枯竭有关(Barnett and Morse,1963:8f, 167—178)。[35]尽管有些计算不合适,但这些数据反映出的图景是不可否认的。只是对它的解释必须加以纠正。

对于环境问题,了解可能发生哪种形态的技术进步至关重要。第一类是经济创新,这种创新实现了低熵的净经济,即通过更充分的燃烧、减少摩擦、从天然气或电力中获得更强光源,或者用能源成本较低的物质替代成本更高的物质,等等。在这个标题下,我们还应包括探究如何使用新的可及低熵这一内容。第二类替代创新,即简单地用物理化学能替代人类能量。一个很好的例子就是火药的创新,其取代了弹射器。这样的创新通常使我们不仅能做得更好,而且(尤其是)能做以前无法做到的事情——如坐飞机。最后一类是波谱创新,它带来了新的消费品,如帽子、尼龙袜等。这一类的创新大多数同时也是替代创新。事实上,大多数创新都不只属于一个类别。分类是为了方便分析。

现在,经济史证实了一个相当基本的事实,即技术前进一大步通常是由发现了如何使用一种新的可及能源而触发的。另外,除非重大矿物学发展伴随着相应创新的出现,否则技术的长足进步是不可能实现的。即使汽油燃料使用效率显著提高,但也无法比拟已知丰富油田的成倍增加。

这种技术进步发生在过去一百年里。我们新发现的石油、煤炭和天然气矿藏远超同一时期我们的消耗量(参见注释[38])。更重要的是,新发现的大部分矿藏都是易于获取的资源。这些非凡的矿藏资源足以降低开采的实际成本。矿产能源因此变得更便宜,替代创新使劳动力与净产出的比率下降。资本也朝着成本更低但更耗能的方式发展,以求达到同样的结果。在此期间,成本结构会产生改进,流量因素会增加而储备因素减少。[36]因此,仅仅通过检查矿藏丰富时期资金因素的相对变化,我们不能证明整体的总成本始终呈下降趋势,也不能证明技术的持续进步使可及资源几乎用之不尽,正如巴内特和莫尔斯所声称的那样(Barnett and Morse,1963:239)。

因此,毫无疑问,本节所探讨的论点均根植于相信人类不朽的深刻信念中,但却忽略了现实。他们的一些捍卫者甚至敦促我们对人类保持信心:这种信念将战胜所有极限。[37]但是,信念或某个知名学术主席的保证也无法改变这样一个事实,即根据热力学的基本定律,人类拥有的自然资源是有限的。即使这些原则可能在未来被否定,但现在仍不能根据这种信念行事。我们必须考虑到演进不是线性重复的,即使在短期内,它也可能欺骗我们,使我们持有错误信念。

许多环境问题不仅困扰经济学家(引用的大量案例已经证明),而且困扰最顶尖的学术圈。这仅仅是因为所有物质的熵性质被忽视或被误解了。诺贝尔奖得主麦克法兰·伯内特(Macfarlane Burnet)爵士在一次专题讲座中说到,"阻止不可替代的地球资源日益遭到破坏"是当务之急(Cloud,1969:1)。权威机构如联合国在《人类环境宣言》(Declaration on the Human Environment)(Stockholm,1972)中,一再敦促每个人都要"改善环境"。这两类敦促都反映了人类可逆转熵退化的谬论。事实上,无论多么令人不快,我们能做的最多就是阻止所有不必要的资源消耗和环境恶化,而不是宣称我们知道在这种情况下"不必要"的确切含义。

Ⅶ. 增长:神话、政治和谬论

仅因"增长"一词的多重含义,在"增长"的激烈争论中便存在大量混淆。一种是增长与发展之间的混淆,约瑟夫·熊彼特曾不断地告诫经济学家。只有现有商品的人均产量增加时才是增长,这自然也意味着可及资源的日益枯竭。发展是指上一节中描述的任一类别的创新引入。过去,发展通常会引发增长,增长只与发展相关。结果产生了一种特殊的辩证组合,也被称为"增长",它现在的另一个标签是"经济增长"。经济学家以人均 GNP(不变价)衡量其水平。

必须强调的是,经济增长是动态的,类似于汽车在曲线路面上行驶。这样的汽车不可能在某一时刻行驶于曲线内侧,而在下一时刻行驶于曲线外侧。标准经济学教义在很大程度上偏离了基础,其认为经济增长仅取决于某一时刻消费更多还是更少比例的产品(Beckerman,1972:342f;Solow,1973:41)。尽管一流的阿罗-德布鲁-哈恩数学模型和务实的列昂惕夫模型令经济学熠熠生辉,但并非所有生产要素(包括半成品)都可以直接作为消费品。只有在不使用资本设备的原始农业社会,从当前收成中节省出更多谷物才能真正增加明年的平均收成。而对于其他经济社会而言,现在增长是因为它们昨天增长,明天增长是因为它们今天增长。

经济增长的根源在于人性。正是因为人类对工艺的凡勃伦式本能和好奇心,使一种创新促进另一种创新:这构成了发展。由于人类对舒适和小玩意儿的渴望,每一项创新都会带来增长。诚然,发展不是历史的必然;它取决于许多因素和偶然,这就解释了为什么人类的过去主要由许多长段的准稳态社会组成,也解释了为什么现在的繁荣时期只是一个小例外。[38]

然而,从纯逻辑的角度来看,发展和增长之间并没有必然联系。可以想象,没有增长也会有发展。由于未能系统地看到上述区别,环保主义者可能被人指责为反对发展。[39]实际上,真正的环保主义者的立场必定是关注资源枯竭的整体速率(以及相应的污染程度)。只因过去经济增长不仅导致了资源的更快消耗,而且还导致了人均资源消耗的增加,所以争论才转向经济学家的指路牌——人均 GNP。结果,真正的问题被埋没在上一节提到的那些诡辩中。因为从纯逻辑的角度来看,即使资源消耗率下降,也能实现经济增长,但如果不提高资源消耗率,纯粹的经济增长就无法超越某个极限(尽管无法得知)——除非人口大幅减少。

当环境保护运动和一些与世隔绝的学者如费尔菲尔德·奥斯本(Fairfield Osborn)和蕾切尔·卡森(Rachel Carson),在不同时期呼吁关注增长的生态危害和增长减速的必要性时,经济学家完全无动于衷,他们仍坚定地维护他们的机械框架。但前几年里,环保主义运动在人口问题上获得了理论动力——"人口炸弹",正如保罗·埃利希(Paul Ehrlich)所概括的那样。此外,一些非正统的经济学家转向重农主义立场,尽管形式改进很大,或者尝试将生态学融入经济学(如 Boulding,1966,1971;Georgescu-Roegen,

1966a，1971b；Culbertson，1971）。有些人开始关注美好生活，而不是富裕生活（Boulding，1966：65）。此外，一系列事件使大家感到满意，污染不再是生态学家的玩物。一方面，虽然资源消耗一直越来越严重，但通常是地表下面的储藏变化，没有人能真正看到。另一方面，污染是一种表面现象，它的存在不容忽视，更不能否认。对这些事件有所反应的经济学家一般都试图进一步强化经济理性和正确的价格机制，并认为它们可以解决所有生态问题。

但奇怪的是，最近出版的一份来自罗马俱乐部的报告——《增长的极限》（Meadows et al.，1972），在经济学界引起不同寻常的骚动。事实上，对该报告的批评主要来自经济学家。而类似报告《生存蓝图》（A Blueprint for Survival）（Various authors，1972a），却有幸免于苛责，但并不是因为它得到了众多备受尊敬的学者认可。两者待遇有别的原因是，《增长的极限》采用了计量经济学和模拟研究会使用的那种分析模型。从所有批判中可以看出，正是这一事实激怒了经济学家，以至于他们在攻击"特洛伊木马"时采用了直接或隐晦的辱骂方式。甚至《经济学人》这样的杂志也不顾其英式素养，在社论《误解的极限》（Limits to Misconception）中评价这份报告为"老式废话的最佳代表作"。贝克曼（1972：327）甚至无视就职演讲的庄严性，抨击这项研究是"一群麻省理工学院神童在无耻、粗鲁地胡说八道"。[40]

首先，让我们先回顾一下，尤其是在过去 30 年中，左右两派经济学家都鼓吹只有数学模型才能服务于他们科学的最高目标。随着计算机的出现，运用计量经济学模型和模拟成了普遍的例行程序。依靠算术模型预测历史进程的谬误，偶尔会因技术争论受到谴责。[41]但一切都是徒劳的。然而，现在经济学家却指责《增长的极限》使用了计算机来寻求"科学权威的光环"，有些经济学家甚至指责其使用了数学（Beckerman，1972：331—334；Bray，1972：22f；Kaysen，1972：660；Kneese and Ridker，1972；Various authors，1972：15—17）。其次，让我们看一下，在宏观经济学中，加总一直被认为是具有破坏性但又不可避免的过程，它极大地忽视了结构。然而，经济学家们现在谴责该报告使用了加总模型（Beckerman，1972：338f；Kneese and Ridker，1972；Various authors，1972：61f，74）。再次，常见的经济信条，正如加速原理，就是产出与资本存量成正比。然而，一些经济学家再次指控《增长的极限》的作者（隐含地）假设污染也与资本存量成正比——污染也是一种产出！（Beckerman，1972：399f；Kneese and Ridker，1972；Various authors，1972：

47f)[42]从次,尽管出于对价格的忧虑,经济学家也一直开发并使用没有明确包含价格的模型,如著名的列昂惕夫静态模型、列昂惕夫动态模型、哈罗德-多马模型、索洛模型。尽管如此,一些批评者(包括索洛本人)还是诋毁《增长的极限》的价值,因为它的模型不涉及价格(Beckerman,1972:337;Kaysen,1972:665;Solow,1973:46f;Various authors,1972:14)。

最后也是最重要的一点,涉及一个不争的事实,除了最近几年的一些个别声音之外,经济学家一直患有增长狂热病(Mishan,1970,Ch.1)。他们对经济体系和经济计划的评估,总是只考虑其能否维持高速的经济增长。经济规划无一例外地以尽可能高的经济增长率为目标。经济发展理论牢固地植根于指数增长模型。但当《增长的极限》的作者也使用指数增长的假设时,经济学家却齐声喊道:"犯规!"(Beckerman,1972:332f;Bray,1972:13;Kaysen,1972:661;Kneese and Ridker,1972;Solow,1973:42f;Various authors,1972:58f)更令人奇怪的是,这些批评者同时坚持认为技术呈指数增长(第Ⅵ节)。虽然一些人最终承认经济增长不可能永远以目前的速度持续下去,但仍暗示它能够以较低速度持续下去(Solow,1973:666)。

看完这些奇怪的批评,会得到这样的印象:来自经济学界的批判如拉丁语格言——宙斯可以做的事情,牛是不可以做的("quod licet Jovi non licet bovi")。尽管如此,标准经济学也很难从这些自我防卫行为暴露出的自身弱点中恢复过来。

在这些圈子之外,这份报告得到了充分的赞赏,而非抨击。[43]最恰当的评价是,尽管这份报告有缺陷,但"它不是轻浮的"。[44]诚然,报告的文稿相当不成熟,暴露了它急于发表的匆忙(Gillette,1972)。但即使一些经济学家也认可其贡献,它引起人们对各种污染后果的关注(Various authors,1972:58f)。该研究还强调了持续时间在现实过程中的重要性(Meadows et al.,1972:183),自然科学家经常强调这一点(Hibbard,1968:144;Lovering,1969:131),但通常被经济学家忽视(Georgescu-Roegen,1971b:273f)。我们需要时间才能达到更高的经济增长水平,也需要时间才能下降到更低水平。

然而,广为人知的结论——人类与生态灾难最多相隔一百多年(Meadows et al.,1972:23;以及以下各页)——缺乏坚实的科学基础。

对于报告中不同模拟的大致关系假设,几乎没有任何争论的余地。然而,这些关系的量化形式尚未经过任何事实验证。此外,由于其非常严谨的性质,所使用的算术模型无法预测这些关系随时间推移而可能发生的演变。

这听起来像是著名的恐慌预测——认为"世界将在公元 1000 年终结",这与我们所了解的生物进化不一致。在所有物种中,人类不可能突然陷入短暂的昏迷。它的尽头甚至都遥不可及;当尽头来临时,它将出现在一系列非常长的、隐秘的、旷日持久的危机之后。然而,正如西尔克(Silk,1972)所指出的,忽视该研究对人口增长、污染和资源枯竭的警告是疯狂的。事实上,这些因素中的任何一个都可能导致世界经济出现呼吸急促的现象。

一些批评者进一步贬低《增长的极限》,仅因为其使用分析武器强调一个无趣的同义反复,即在有限的资源环境中持续的指数增长是不可能的(Beckerman,1972:333f;Kaysen,1972:661;Various authors,1972:55;Solow,1973:42f)。该批评是对的,但只是表面上的;因为这是必须强调的显而易见的情况之一,但它长期以来却一直被忽视。然而,《增长的极限》的作者最大的过错是,他们将注意力完全集中在指数增长上,从而掩盖了显而易见的最重要部分,正如马尔萨斯和几乎所有其他环保主义者所做的那样。

VIII. 稳态:局部海市蜃楼

我们知道,马尔萨斯之所以受到批评,主要是因为他假设人口和资源是根据一些简单的数学规律增长的。但是这种批评并没有触及马尔萨斯的真正错误(显然没有引起人们的注意)。他的错误是设定了一个隐含的假设,即只要人口增长不太快,人口规模就可能在数量和时间上超过任何极限。[45]《增长的极限》一书的作者、非数学专业出身的《生存蓝图》的作者,还有早期的几位作者都犯了一个基本类似的错误,《生存蓝图》也是如此,至今没有阐明这个问题。像马尔萨斯一样,他们只专注证明增长的不可能性,却很容易被一个简单的、现在很普遍的三段论错误所迷惑:资源环境有限,指数式增长会导致各种灾难,那么生态拯救就只能靠稳态(Hardin,1968;Istock,1971;Meadows et al.,1972:62,156—184;Various authors,1972a:3f,Boulding,1966:20)。[46] H.戴利甚至声称"因此,稳态经济是必然的"(Daly,1971:5)。

穆勒(Mill,1848,Bk.4,Ch.6)曾老套地详细阐述了一个幸福世界的愿景,在这个世界里人口和资本存量保持不变,这个愿景直到最近才被遗忘。[47]由于这个生态拯救神话的惊人复兴,我们有必要指出它的各种逻辑问题和现实障碍。最关键的错误在于,我们并没有看到:在有限的环境中,不仅增长,而且零增长,甚至趋于毁灭衰退,都无法永远存在。这种错误可能源于有限存量和有限流量之间的混淆,正如一些图的不协调的维度所表明的那样(Meadows et al.,1972:62,64f,124ff;Various authors,1972a:6)。与一些稳态经济主张相反(Daly,1971:15),相对于物理定律而言,稳态并不占据特权地位。

为直达问题核心,用 S 表示地壳中实际可及资源量。设 P_i 和 s_i 为第 i 年的人口和人均资源消耗量。用生命年数衡量"总生命量",定义为 $L=\sum P_i$,从 $i=0$ 到 $i=\infty$。通过显性约束 $\sum P_i s_i \leqslant S$,设定 S 为 L 的上限。尽管 s_i 是历史变量,但它不能为零或忽略不计(除非人类在某个时期回到采集经济)。因此,当 i 大于有限数 n 时,$P_i=0$,否则 $P_i>0$。n 为人类的最长生存时间(Georgescu-Roegen,Ch.1;1971b:304)。

地球也有所谓的承载能力,这取决于多种因素,包括 s_i 的大小。[48] 这种能力使所有单个 P_i 都有极限。但是这个限制并没有使 L 和 n 的其他限制变得多余。因此,正如梅多斯小组(Meadows et al.,1972:91f)所认为的那样,只要 P_i 不超过稳态的容量,稳态就可以永远持续下去,这是不对的。通过稳态拯救生态环境的支持者必须承认,这种状态只能维持一段时间——除非他们愿意加入"无限"俱乐部,"无限"俱乐部认为 S 是无穷无尽的或接近无穷无尽的——正如梅多斯小组实际做的那样(Meadows et al.,1972:172)。否则,他们必须解释一个谜团,即长期静止的经济为何会突然终结。

显然,稳态的拥护者将其等同于开放的热力学稳态。这种状态由一个开放的宏观系统组成,该系统通过与"环境"进行物质交换来保持其熵结构不变。正如人们立即能猜到的那样,该概念构成研究生物有机体非常有用的工具。然而,我们必须注意到,这个由 L.昂萨格(L. Onsager)引入的概念,建立在一些特殊的条件上(Katchalsky,1965:89—97)。这些条件非常微妙(它们被称为详细的平衡原则),实际上它们只在"几个百分点的偏差内"成立(Katchalsky,1965:140)。出于这个原因,稳态实际上只可能近似存在,并且只能持续一段时间。一个不处于混沌状态的宏观系统不可能永远持续下去,有朝一日可能会被新的热力学定律所明确印证,就像证明曾经的永动机的不可能性一样。专家们承认目前的热力学定律不足以解释所有的不可逆现象,尤其是生命过程。

除了这些障碍之外,还有一些简单的理由无法相信人类可以生活在永久的稳态中。一方面,这种状态的结构始终保持不变;它本身并不包含所有开放宏观系统的无情死亡种子。另一方面,反过来讲,如果在一个人口不变的世界中,人类将被迫不断改变其技术和生活方式,以应对可及资源不可避免的减少。即使我们乞求资本无论发生何种质变,资本仍保持不变,我们也不得不假设,可及性出现意外下降,适当时候的合适创新将奇迹般地弥补它。有时稳态世界可能通过平衡反馈系统与变化的环境紧密链接,平衡反馈系统类似于某些阶段活的有机体。但正如鲍尔曼(Bormann, 1972:707)提醒我们的那样,奇迹不可能永远持续下去;平衡系统迟早会崩溃。届时,稳态将变成危机,这将击败其所谓的目的和性质。

我们必须警惕另一个逻辑陷阱,即援引普里戈金原理来支持稳态。该原理表明,当系统稳定时,昂萨格型开放式热力学系统产生的熵最小(Katchalsky, 1965, Ch.xvi)。它没有提及最后一个熵如何与其他开放系统产生的熵进行比较。[49]

然而,支持稳态的常见论证具有不同的、更直接的性质。例如,有人认为,在稳态下,自然过程有更多时间降解污染,科技也有更多时间适应日益减少的可及资源(Meadows et al., 1972:166)。很明显,今天的我们比过去能更高效地利用煤炭。问题是,如果我们没有"低效地"燃烧所有煤炭,那么我们可能就无法掌握目前的高效技术。在稳态下,人们不必卖力工作来积累资本(鉴于我在最后几段中所说的不太准确),这一观点与穆勒的主张类似,穆勒认为人们应将更多时间投入智力活动上。"践踏、碾压、肘击和踩彼此脚后跟"的行为将停歇(Mill, 1965:754)。稳态社会曾多次出现在历史中——中世纪,就是艺术和科学几乎停滞不前的准稳态社会之一。在稳态下,人们也可能整天忙于田野和商铺。无论处于何种社会,用于智力进步的空闲时间取决于人口对资源的压迫程度。这就是穆勒愿景的主要缺陷。正如戴利(Daly, 1971:6—8)明确承认的那样,穆勒的著作也没有为确定最佳人口和资本规模提供依据。这一事实揭示了一个重要但未被注意到的问题,即该愿景的必然结论是,最理想的状态不是稳态社会,而是衰退社会。

毫无疑问,目前的增长必须停止,不,应该说必须逆转。但是,任何相信自己可以为人类物种的生态拯救绘制蓝图的人,都不了解进化的本质,更不了解历史的本质。因为生态拯救是不断创新的永恒斗争,而不是有预见性的、可控的物理化学过程,如煮鸡蛋或发射火箭登月。

IX. 一些基本的生物经济学[50]

不考虑一些微不足道的例外，人类以外的其他所有物种都只使用腿、爪子、翅膀等，阿弗雷德·洛特卡（Alfred Lotka）提议称这些工具为体内工具，因为这些工具在出生时就属于单个有机体。随着时间的推移，人类开始使用一根棍子，这根棍子并非生来就属于他，但它延长了他的手臂并增加了他的力量。从那时起，人类的进化就超越了生物学限制，还涵盖了（并且主要是）体外工具的进化，即由人类生产但不属于他身体的工具的进化。[51]这就是为什么人类现在可以在天空飞翔、在水里潜游，即使他的身体没有翅膀，没有鳍，也没有鳃。

体外进化给人类带来了两个根本性的、不可逆转的变化。第一个是无法减免的社会冲突，这是人类物种所特有的（Georgescu-Roegen, 1966a: 98—101; 1971b: 306—315, 348f）。确实，还有其他物种也生活在社会中，但它们没有这种冲突。原因是它们的"社会阶层"对应着一些明确的生物学划分。工蜂定期杀死大部分雄蜂是一种自然的生物行为，而不是内战。

第二个变化是人类对体外工具的沉迷——这种现象类似于飞鱼沉迷于大气并永久变异成鸟。正是由于这种成瘾，人类生存面临一个与所有其他物种完全不同的问题（Georgescu-Roegen, Ch.1; 1971b: 302—305）。它既不仅是生物学的，也不仅是经济的，它是生物经济的。它的广阔范围取决于三种低熵资源之间的多重不对称性，这三种低熵资源一起构成人类的资源禀赋——一方面，是从太阳接收的自由能；另一方面，是储存在地壳内的自由能和有序的物质结构。

第一个不对称涉及这样一个事实，即地表成分是存量，而太阳成分是流量。我们需要深刻理解两者之间的差异（Georgescu-Roegen, 1971b: 226f）。原位煤是存量，因为我们今天（可以想象）或几个世纪以来都可以自由使用它。但是我们在任何时候都无法使用未来的太阳辐射流量。此外，这种辐射的流速完全超出我们的控制；它完全由宇宙条件决定，包括地球的大小。[52]我们这代人无论做什么，都无法改变未来一代人获得的太阳辐射份额。由于现在优先于未来，以及熵退化的不可逆转性，地壳资源则面临相反的现实。未来的资源份额受到过去几代人消耗多少地表资源的影响。

第二，由于人类无法将能量转化为物质（第Ⅳ节），因此从生物经济学的角度来看，可及物质低熵是迄今为止最关键的因素。诚然，我们祖先燃烧的煤已经永远消失，就像他们开采的一部分银或铁一样。然而，未来几代人仍将拥有不可剥夺的太阳能（正如我们接下来将看到的那样，这是巨大的）。因此，他们至少每年能够使用相当于一年植被生长的木材量。前面世世代代所消耗的银、铁，则没有类似的补偿。这就是为什么在生物经济学中我们必须强调每辆凯迪拉克或每艘星航大船——更不用说任何战争工具——都意味着未来几代人的犁头更少，也意味着未来人口也将更少（Georgescu-Roegen，1971b：304；1973b：13）。

第三，太阳能的流量与地表的自由能存量的大小之间存在巨大差异。以减少 131×10^{12} 吨的质量为代价，太阳每年辐射 10^{13} 库仑（Q）能量——一库仑等于 10^{18} 英热单位（BTU）！在如此巨大的流量中，只有大约 5 300 库仑能量在地球大气层内被截获，其中大约一半被反射回外太空。然而，以我们自己为量尺，这个数量也是惊人的。目前全球能源消耗总量每年不超过 0.2 库仑。在到达地表的太阳能中，光合成仅吸收 1.2 库仑。从瀑布中我们最多获取 0.08 库仑能量，但我们现在只使用了该潜力的十分之一。还要考虑另外一个事实，即太阳还将继续以几乎相同的强度照耀 50 亿年（在变成红巨星之前，将使地球温度升高到 1 000 华氏度）。毫无疑问，人类物种将无法从所有这些丰富的资源中受益。

转到地表资源，根据最佳估计，我们发现化石燃料的初始存量仅为 215 库仑。未开发的可及储量（已知和可能的）约为 200 库仑。因此，这些储量仅可生产两周太阳辐射到地表的能量。[53]如果持续以目前的速度被人类消耗，这些储备可能只能支持人类几十年的工业活动。在普通反应堆中，即使是铀 235 的储备也无法持续很长时间。现在我们寄希望于增殖反应堆，在铀 235 的帮助下，它可以"提取"可再生但不可裂变的铀 238 元素和钍 232 元素的能量。一些专家声称这种能源"基本上是取之不尽用之不竭的"（Weinberg and Hammond，1970：412）。人们相信，仅在美国，就有大片区域的黑色页岩和花岗岩，每公吨含有 60 克天然铀或钍（Hubbert，1969：226f）。在此基础上，温伯格和哈蒙德（Weinberg and Hammond，1970：415f）提出了一个宏伟构想。通过对这些岩石进行剥离开采和破碎，我们可以获得足够的核燃料，用于建造分布在 4 000 个近海园区中的约 32 000 个增殖反应堆，并能够为 200 亿人口提供数百万年的能源；其人均能源消耗量是当前美国人均能源消耗量的两倍。该宏伟构想是一个典型的线性思维例子,根据该构想,即使地球有"远多于 200 亿"的人口,只需成比例增加所有的供给即可。[54]并不是作者们都否认存在非技术问题;但是,他们显然热衷于淡化它们(Weinberg and Hammond, 1970:417f)。能否实现与上述人口密度相适应的社会组织和大规模的核运用,温伯格(Weinberg, 1972)认为这一关键问题是"跨科学"的。[55]由于自身的成功,技术人员容易遗忘,如今将山移到人那里可能比诱导一个人上山更容易。就目前而言,障碍要更加明显。有责任感的论坛公开承认,即使是一个增殖反应堆也存在巨大的核灾难风险;而核燃料的安全运输问题,特别是放射性垃圾的安全储存问题,即使是在中等规模的运营中,仍然有待解决(Gillete, 1972b, 1972c;特别是 Gofman, 1972;Novick, 1974)。

物理学家的最大梦想仍然是可控的热核反应。要实现真正的突破,必须是氘—氚反应,这是唯一可以在很长时间内开辟强大的地表能源来源的反应。[56]然而,由于前面提到的困难(第Ⅳ节),即使是从事这方面研究的专家也没有理由抱太大希望。

此外,我们还应提到潮汐能和地热能,虽然它们不可忽略(每年总共 0.1 库仑),但只能在非常有限的情况下加以利用。

总体情况现在很清楚了。一方面,我们可以有效利用的地表能源储量非常少,使用那些储量丰富的地表能源却会面临巨大的风险和巨大的技术障碍。另一方面,来自太阳的巨大能量源源不断。目前,我们还没有直接大规模地利用太阳能,主要原因是现在的替代产业在经济上更为高效。但来自各个方向的成果都带给人希望(Glaser, 1968:41)。从生物经济学的角度来看,直接利用太阳能的可行性并没有被风险或巨大的问号所包围;这是一个已被证明的事实。

结论是,人类的熵资源还有另一重要的差异稀缺性。从超长期的角度来看,地表自由能远比从太阳那里获取的要稀少。这一点暴露了一个愚蠢的胜利口号,即"我们终于可以从化石燃料中提取蛋白质了!"理智告诉我们要朝相反的方向前进,将植物材料转化为碳氢化合物燃料——这显然是一条研究人员已经在探寻的理所当然的路线(Daniels, 1964:311—313)。[57]

第四,从工业利用的角度来看,太阳能与地表能源相比,它有一个巨大的缺陷。后者是浓缩形式的,在某些情况下,甚至是超浓缩的。因此,它使我们能够在瞬间获得大量功,其中大部分甚至无法通过其他方式获得。与此形成鲜明对比的是,太阳能流量以极低的强度流向我们,就像一场细雨,几乎是一团微小的薄雾。与真正的雨的重要区别在于,这种辐射雨不会自然地汇集成流水,然后进入小溪和河流,最后进入我们可以集中利用它的湖泊,就像瀑布一样。想象一下,如果人们试图直接利用一些微小雨滴下落时的动能,将会面临怎样的困难。直接使用太阳能(即不通过绿色植物的化学能,或风和瀑布的动能)也存在同样的困难。但正如前面所强调的,困难并不等于不可能。

第五,太阳能具有独特的、不可比拟的优势。任何地表能源的使用都会产生一些有害污染,而且,这些污染是不可降解的,因此是累积的,即使仅为热污染,也是如此。相比之下,任意使用的太阳能都是无污染的。因为无论这种能量是否被使用,它的最终命运都是一样的,成为将地球与外太空之间的热力学平衡保持在适宜温度的耗散热量。[58]

第六个不对称涉及一个基本事实,即地球上每一个物种的生存,都直接或间接地依赖太阳辐射(除了表面环境层的某些元素之外)。仅就人类而言,因为外生成瘾所以依赖矿产资源。为使用这些资源,人类无需与其他物种竞争;然而,人类对它们的使用常常危及许多其他生命,包括人类自己的生命。事实上,有些物种已经濒临灭绝,仅仅是因为人类的外生需求或对奢侈的渴望。但人类利用太阳能,自然界中没有任何生物能与之相比(主要形式或副产品形式)。人类丝毫没有偏离丛林法则;如果有,他会利用精密的外生工具让竞争变得更加无情。人类公然试图消灭任何掠夺其食物或以其为食的物种——狼、兔子、杂草、昆虫、微生物等。

但是,人类与其他物种竞争食物(归根结底,是太阳能),也有一些不引人注目的方面。而且,奇怪的是,除了启发性地反驳共同信念之外,这些方面还具有一些深远的影响。共同信念即人类出于资源经济的担忧,认为每个技术创新都使经济朝正确方向前进。该案例涉及现代农业技术的经济性。

X. 现代农业:能源浪费者

鉴于绿色植物的现有谱系及其在各个时间点的地理分布,地球的生物承载能力是确定的,尽管我们只能艰难地估计大概的数值。人类正是在这种承载范围内与其他生命形式进行斗争以获取食物的。但人类在所有物种中是独一无二的,因为其不仅可以在一定范围内影响自身的食物份额,而且能影响太阳能转化为食物的效率。随着时间的推移,人类学会了深耕轮作、肥料施肥等。在农业活动中,人类也开始从驯养的牲畜中获得巨大的利益。

多年来,有两个进化因素影响着农业技术。最古老的一个因素是人口对现存耕地的持续压力。缓解压力的方式最初是村庄聚集,后来是迁移。增加土地产量的方式也有助于缓解紧张局势。然而,压力释放的主要方法仍然是依靠清理大片的土地。第二个因素是工业革命的副产品,它是农业的延伸,利用矿物源低熵代替生物低熵过程。这一过程在农业中尤为显著。拖拉机和其他农业机械代替了人和牲畜,化肥代替了粪肥和休耕。

然而,机械化农业不适合小型家庭农场,小型家庭农场拥有许多可用劳动力。然而,即使在这种情况下,机械化农业也必然到来。从事有机农业的农民,以牲畜为动力,以粪肥为肥料,不仅要为家人耕种粮食,还要为牲畜种植饲料。因此,日益增长的人口压力迫使几乎所有地方的小型家庭农场放弃牲畜以减少负担,以便将其全部土地用于耕作粮食(Georgescu-Roegen,1969a:526;1971b:302f;1973b:11f)。

毋庸置疑的一点是,鉴于全球大部分地区的人口压力,没有其他办法能拯救营养不足和饥荒,只能通过不断提高农业机械化的程度、增加使用化肥和农药、增加种植高产的新品种谷物,促使耕地产量提高。然而,与普遍和不加区别的共享概念相反,从长远来看,这种现代农业技术是违背人类最基本的生物经济利益的。

第一,用拖拉机代替水牛,用汽车燃料代替饲料,用化肥代替肥料和休耕,用稀缺的元素代替最丰富的太阳辐射。第二,这种替代也意味着对地表低熵的浪费,因为它的回报率在迅速减少。[59]现代农业技术所做的是增加同一块耕地的光合作用量。但这种增加是通过消耗更大比例的地表低熵资源(这是唯一极度稀缺的资源)来实现的(我们应该注意到,用太阳能代替地表能源,回报会下降,但是,会得到一个不错的能源方案)。这意味着,如果现代农业每英亩土地(如种植小麦)需要一半的地表能源投入(从采矿作业中计算),那么在两年内,机械化程度较低的农业将在同一块土地上生产两倍以上的小麦。这种不经济——在机械崇拜者看来是惊人的——在诺曼·E. 勃劳格(Norman E. Borlaug)开发的高产品种中将更加严重,勃劳格曾因发现高产品种而获得诺贝尔奖。

高度机械化和大量施肥的耕作确实能让大量人口 P_i 生存,但代价是人均地表资源 s_i 消耗的增加,在其他条件不变的情况下,这意味着未来生命的存活时间将大比例地减少(第Ⅷ节)。此外,如果以"农工联合"的形式种植粮食成为普遍规律,许多与老式有机农业相关的物种可能会逐渐消失,这可能会驱使人类进入一条无法回头的生态死胡同,且没有任何回报(Georgescu-Roegeu,1973b:12)。

上述评论与地球能养活多少人的长期问题有关。一些人口专家声称,如果在每英亩可耕地上使用最好的耕作方法,即使以 4 500 大卡为标准,400亿人的饮食需求也能得到满足。[60]其逻辑在于可耕地的数量乘以目前爱荷华州的平均产量。该计算可能像吹嘘的那样"小心"——尽管如此,它们仍代表线性思维。显然,无论是这些作者还是那些不那么乐观的人,都没有考虑过一个关键问题,即 400 亿人口,甚至只有 100 万人口,能持续多久?(Georgescu-Roegen,1971b:20,301f;1973b:11)。正是这个问题比大多数其他问题,更能暴露世界机械观中最顽固的残余,即关于最佳人口"可以无限维持"的神话(Various authors,1972a:14;也参见 Meadows et al.,1962:172f,So-low,1973:48)。

Ⅺ.一个小型生物经济计划

《生存蓝图》(Various authors,1972a:13)表达了有一天经济会与生态融合的希望。生态学和物理学已经考虑同样的可能性,大多数观点都认同合并后生态学会吞噬物理学(Georgescu-Roegen,1971b:42)。出于基本相同的原因——生态学所涵盖的现象领域比经济学所涵盖的领域更广泛——如果进行融合,经济学将不得不融入生态学。因为,正如我们在前两节中所看到的那样,每一代人的经济活动都会对后代的经济活动产生一定影响——能量和物质的地表资源被不可逆转地耗尽,污染对环境的危害在不断积累。因此,人类最重要的一个生态问题就是一代人的生活质量与另一代人的关系——更具体地说,是人类资源在各代人之间的分配问题。经济学甚至做梦都不敢想到解决这个问题。正如人们经常解释的那样,经济学的目标是管理稀缺资源。但准确地说,我们应该补充一点,当届政府只关注当代人。原本不应该这样。

经济学有一个基本原理,根据该原理可以给不可再生的东西定价,例如,给达·芬奇的《蒙娜丽莎》定价,唯一的方法就是让每个人都为它竞价。否则,如果只有你和我竞价,我们中的一个人只需要花几美元就能买到它。上述竞价,也就是这个价格显然是狭隘的。[61]这正是不可再生资源发生的情况。每一代人可以使用多少地表资源,以及产生多少污染,取决于他们自己的竞价。后代人不会出现在今天的市场上,原因很简单:他们不可能出现在当今市场上。

可以肯定的是,当代人的需求也反映了保护孩子甚至孙子的利益。供给也可能反映未来几十年的预期价格。但是,无论是当前的需求还是供给,都不能涵盖更远几代人的情况(如公元 3000 年的那些人),哪怕是略微涵盖,更不用说那些可能存在于 10 万年以后的人了。

市场机制在几代人之间分配资源的重要后果,可通过一个非常简单的,实际上高度简化的图表来展示。我们假设每一代人对已经开采的某些矿产资源(如地表上的煤)的需求都是相同的,并且每一代人必须消耗至少一"吨"煤。假设需求方案包含对少数后代利益保护的偏好。在图 1 中,D_1,D_2,…,D_{15} 表示从当前一代开始连续几代的总需求。虚线 $abcdef$ 表示挖掘各种可及资源矿藏的平均成本。总储量为 15 吨。现在,如果我们暂时忽略利率对矿主供应煤炭的影响,那么第一代人的开采数量为 $a'b'$,阴影区域代表较好矿井的级差地租。我们可以放心地将 aa' 视为这些矿井所含煤炭的价格。第二代人的开采数量为 $b'c'$。但由于没有矿井可以赚取差价地租,因此煤炭价格为零。第三代期间,挖矿的边际成本将在 h 水平;开采的数量为 gh,其中数量 $c'c = gg'$ 地租,由阴影区域表示。最后,第四代人获得剩余 hh'(由 $g'd = h'e$ 的条件确定),它将赚取纯稀缺地租,由阴影区域 $hh'i'i$ 表示。没有任何东西留给他的下一代。

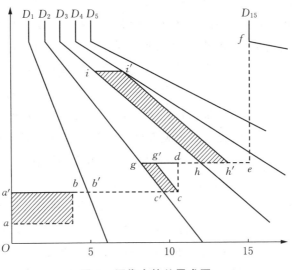

图 1 历代人的总需求图

现在有几件事是显而易见的。首先,市场机制本身会导致前几代人大量消耗资源,也就是说,比他们应消耗的速度更快。事实上,$a'b' \geqslant b'c' > gh > hh'$,这证实了现在对未来的独裁。如果世代代从一开始就竞购总煤炭储量,煤炭价格将被推高至无穷大,这种局面将使人类无路可走,只会加剧人类的熵困境。只有无所不知的计划者才能避免这种情况——只需将一吨原位煤分配给前十五代人中的每一代人,并且每吨煤的质量成分相同。[62]

引入利率在一定程度上改变了情况,使我们能够更清楚地看到市场在防止前几代人过度消耗资源方面的无能。让我们考虑一下富矿时代的情况。具体来说,就是在当前的经济时间范围内,最好使煤矿质量既能满足现在的需求,也能满足子孙后代的需求。那么在这个范围内,任何时候都无需地租,因此也就没有就地为子孙后代节省原位煤的动机了。因此,在当代,原位煤并没有价格。

最近,研究自然资源市场方面的少数经济学家(如 Solow,1974b)忽略了一个问题,为什么即使没有矿主自我强加的限制,原位资源的价格还是为正?答案是,如果目前的资源有价格,那通常不是因为它目前是稀缺的,而是因为在目前的时间范围内预期到的差异性稀缺。为说明这一过程的基本原理,设 C_1,C_2,C_3 是不同质量的煤矿,开采一单位煤的成本分别为 $k_1 < k_2 < k_3$。让我们进一步假设 C_1 将在当代之后的第三代耗尽,届时 C_2 将变得经济高效。让我们还假设 C_2 将在其后的第二代中耗尽,然后 C_3 在剩余时间范围内将是充足的。在未来的第三代中,将证明 C_1 对 C_2 享有级差地租 $r_1 = k_2 - k_1$,再过两代之后,C_2 对 C_3 的级差地租 $r_2 = k_3 - k_2$ 将变得显著。只有 C_3 没有级差租金,因此,正如我们在上一段中看到的,它的价格始终为零。另外,因为 C_2 必须在现在到第五代期间获得地租,所以它现在的价格必须为正,即 $p_2^0 = r_2/(1+i)^5$,其中 i 是利率(假定在整个时间范围内保持不变)。从现在起的第 j 代,价格将是 $p_2^j = r_2/(1+i)^{5-j}$。类似的逻辑决定了 C_1 的当前价格。只是,我们必须观察到,在 C_1 级差租金显现的那一代,C_2 的价格为 $p_2^3 = r_2/(1+i)^2$。因此,地租必须加到这个价格上。因此,C_1 煤炭的当前价格为 $p_1^0 = (r_1 + p_2^3)/(1+i)^3$。

刚得出的公式表明,在煤矿质量不一的情况下,利率对现在良莠不齐的矿藏的影响是,在更多可及资源中扩大煤炭的使用(与图1确定的数量相比)。在某种程度上,我们可以说利率的存在有助于资源经济。但是,我们不要忽视上述分析中更为重要的结论,这在富矿时代尤其引人注目。当前时间范围之外严重的稀缺性将变成现实（这肯定会发生）。这一未来现实绝不会影响我们目前的市场决策；就这些决策而言，未来现实是完全不需要考虑的。

我们不需要其他任何东西来说服，即使我们试图设定"正确"的价格，市场机制也无法保护未来的人类免遭生态危机（更不用说几代人之间优化资源的分配了）。[63] 保护子孙后代的唯一方法，是至少在当前资源丰富时期就避免过度消耗资源，这要通过重新教育我们自己，让我们对未来的人类同胞怀有同情，就像关心我们当代"邻居"的福祉一样。这种平行并不意味着新的伦理取向是一件容易的事。对同时代人的慈善是建立在某种客观基础上的，即个人的自身利益。传播新福音所面临的难题不是"后人为我做了什么？"——正如博尔丁诙谐地指出的那样——而是"我为什么要为后人做一些事？"许多人会问，是什么让你认为一万年后还会有后代？事实上，为一个不存在的受益人牺牲任何东西肯定都是不经济的。这些与新伦理学有关的问题难以得到简单而令人信服的答案。

此外，凯森（Kayson，1972）和西尔克（Silk，1972）公正且坚决地宣扬，硬币的另一面也是道德的，且更为紧迫的。人的本质就是这样，如果我们让所有地方都停止经济增长，现状会被冻结，从而使贫穷国家失去改善命运的机会。这就是为什么环保运动的一个派别坚持认为，人口增长问题只是一个富裕国家为了转移人们对它们滥用环境的注意力的恶作剧。对于这个群体来说，邪恶只有一个——发展不平等。他们说，我们必须朝着在所有国家之间彻底重新分配生产能力的方向前进。另一种观点认为，恰恰相反，人口增长是人类最可怕的恶魔，必须紧急处理并独立于任何其他行动。不出所料，这两种两极分化的观点从未停止过无用甚至激烈的争论——尤其是在 1972 年的斯德哥尔摩会议和最近的布加勒斯特人口会议上。[64] 困难再次根植于人类本性：相互之间根深蒂固的不信任——富人不信任穷人，认为穷人数量不会停止增长；穷人不信任富人，认为富人不会停止变得更加富有。然而，理智让我们认识到，穷国和富国之间的差距本身就是一种弊端，虽然与持续的人口增长密切相关，但也必须得到直接解决。

由于污染是一种表面现象，也会影响制造污染的这一代人，因此我们可以放心，它会比资源枯竭受到更多的官方关注。但是，在这两种情况下，都没有办法消除不可弥补的损害或逆转不可挽回的损耗而不用付出代价，也没有相关价格可以免除后代无法竞价所带来的不便，我们必须坚持量化监管措施来减少污染和资源消耗,尽管大多数经济学家建议通过税收和补贴提高市场配置效率。经济学家的计划只会保护富人或政治利益。不管是不是经济学家,都不要忘记,不负责任地砍伐大量山区森林是因为"价格合适",而且只有在引入数量限制后才会结束。但这种选择的困难性也应该让公众明白——较慢的消耗意味着更少的外生舒适,而更好地控制污染则需要相应地消耗更多资源。否则,只会导致意图相反的混乱和争议。

所有合理的生态平台都不应忽视这样一个基本事实,即从我们所知道的关于生存斗争的大体情况来看,人类在面临自然或后天需求的压力时,很可能不会放过自己的竞争对手(包括未来的人类)。生物学中没有法律规定一个物种必须以牺牲自身的生存为代价来捍卫其他物种的生存。我们最多可以合理地希望,我们可以教育自己避免施加"不必要的"伤害,并通过保护对我们有益的物种来保护人类的未来,即使要付出一些代价。完全保护和绝对减少污染是危险的神话,必须予以揭露(第V节)。

尤斯蒂斯·冯·李比希(Justus von Liebig)评论说"文明是权力的经济"(Georgescu-Roegen,1971b:304)。目前,所有方面的权力经济都需要一个转折点。我们不应继续投机取巧,而应将我们的研究集中在寻找更经济有效的开采矿产能源的方法上——所有矿藏都是有限的,而且都有严重的污染。我们应该把所有的努力都集中在改进太阳能的直接使用上——唯一清洁且基本无限的能源。已获得的技术应毫不拖延地传播给所有人,以便我们都可以从实践中学习并发展相应的行业。

以太阳能流量作为主要能源的经济也将消除(尽管不是完全)现在对后代的垄断,因为即使这样的经济仍然需要利用地表资源,尤其在物质方面。因此,这些关键资源的消耗必须尽可能地小。技术创新肯定会在这个方向发挥作用。但现在是我们停止只强调增加供给的时候了——正如所有平台迄今为止做到的那样。需求也可以发挥作用,在最终分析中甚至会发挥更大且更有效的作用。

提议完全放弃外生进化的工业舒适性是愚蠢的。人类不会回到洞穴,或者更确切地说,不会回到树上。但是有几点可包含在小型生物经济计划中。

第一,应彻底禁止生产一切战争工具,不只是战争本身。如果公开表示没有人打算吸烟,那么继续种植烟草将是完全荒谬的(也是虚伪的)。那些作为军事装备主要生产国的发达国家应该能毫不费力地就这一禁令达成共识,如果真像它们声称的那样,它们拥有引领人类的智慧。停止生产所有战争工具,不仅会消除精妙武器的大规模杀戮,而且会在不降低相应国家生活水平的情况下,为国际援助释放巨大的生产力。

第二,通过运用这些生产力,以及额外的精心计划和真诚政策,帮助欠发达国家尽快过上美好(而不是奢侈)生活。发达国家和欠发达国家都必须有效地参与,并努力使之转变,并接受彻底改变两极化人生观的必要性。⑥

第三,人类应逐渐减少人口,并维持在仅靠有机农业来养活的适当水平。⑥当然,目前正在经历快速人口增长的国家,将不得不朝着这个方向努力,以期尽早实现这一目标。

第四,在直接使用太阳能变得普遍方便或实现可控聚变之前,应谨慎避免所有能源的浪费——如过热、过冷、超速、过亮等,如有必要,加以严格监管。

第五,我们必须摆脱对奢侈小玩意儿的病态渴望,高尔夫球车这样自相矛盾的物品,以及两车库汽车这样的巨型奢侈品,就很好地说明了这一点。一旦我们这样做,制造商将不得不停止制造这类"商品"。

第六,我们还必须摆脱时尚的束缚,摆脱"人类心灵的疾病",正如艾伯特·费尔南多·加利亚尼(Abbot Fernando Galliani)在其著名的《货币之歌》(Della moneta,1750)一书中所描述的那样。在一件外套或一件家具还可以发挥其特定作用的时候扔掉它确实是一种精神疾病。每年买一辆新车,每隔一段时间就改造一次房子,这是一种生物经济学上的犯罪。其他作者已经提出,以更耐用的方式制造商品(如 Hibbard,1968:146)。但更为重要的是,消费者应该重新教育自己鄙视时尚。然后,制造商将不得不关注耐用性。

第七,与前一点密切相关的是,必须将耐用品设计成可修复的,从而使其更加耐用(用塑料打个比方,在当今很多情况下,我们不得不扔掉一双鞋,仅仅是因为一根鞋带断了)。

第八,为了与上述所有想法保持一致,我们应该用我一直叫作"剃须机周边"的东西来治愈自己,即自己剃得更快,从而使我们有更多的时间在剃得更快的机器上工作,如此循环往复,无穷无尽。这种变化将使人类大量放弃所有那些引诱人类陷入空洞且无限倒退的职业。我们必须认识到,美好生活的一个重要前提是以聪明的方式度过大量闲暇时光。

理论上,以抽象的方式加以考虑,对于任何愿意检验他们逻辑的人来说,上述建议似乎总体上是合理的。但自从我对经济过程的熵性质产生兴趣以来,一个想法就在我脑海中挥之不去。人类会采纳这些暗示着限制对外生舒适的成瘾性的建议吗?或许,人类的命运是拥有短暂但火热、令人兴奋的奢侈生活,而不是漫长、平静和植物一样的生活。那就让其他没有精神野心的物种——如变形虫——继承一个仍然沐浴在充足阳光下的地球吧。

注 释

① 恰恰相反,一些经济学家坚持认为,经济世界的不可逆性是其特征(例如,Marshall, 1920, 461, 808; Georgescu-Roegen, 1950a),但这一点尽管从未被否认,却被简单地搁置了。现在有些人试图声称标准均衡分析总考虑负面反馈,这是徒劳的(Beckerman, 1972:334)。标准理论中唯一的反馈是那些负责维持平衡的反馈,而不是进化变化的反馈。

② 对于一个非常重要的样本,请参见 G. L. Bach, *Economics*, 2d ed. Englewood Cliffs, N. J.: Prentice-Hall, 1957, p.60; Paul A. Samuelson, *Economics*, 8th ed. New York: McGraw-Hill, 1970, p.72; Robert L. Heilbroner, *The Economic Problem*, 3rd ed. Englewood Cliffs, N. J.: Prentice-Hall, 1972, p.177。

③ 有关过程分析表示的详细讨论,请参见 Georgescu-Roegen, 1971, Ch.ix。

④ 如果"土地"在一些标准生产函数中作为变量出现,它只代表李嘉图土地,即仅代表空间。从其他同样重要的观点来看,缺乏对经济过程真实性质的关注也是标准生产函数不足的原因。参见 Georgescu-Roegen, 1969a, 1970e, 1972b。

⑤ 可用(不可用)能量的技术定义与自由(束缚)能量的定义不一致。但差异如此之大,以至于我们可以在目前的讨论中安全地忽略它。

⑥ 霍尔德伦(Holdren, 1971:17)对熵定律的讨论证明了这一判断。就连人们熟悉的热概念也引发了一些微妙的问题,结果一些物理学家也可能在这方面出现问题。参见 *Journal of Economic Literature*, X(December 1972), p.1268。

⑦ 我们还要注意,即使是能量也不适用于一个简单、正式的定义。熟悉的说法是,能量是系统做功的能力,这与不可用能量的定义相冲突。然后我们必须解释,只要相应的系统与另一个处于绝对零度的系统接触,所有的能量原则上都可以转化为功。这个解释只有纯外推的价值,因为根据热力学第三定律,这个温度永远无法达到。

⑧ 如果一个系统与其"环境"不交换物质和能量,那么它就是封闭的。显然,在这样的系统中,物质能量的量是恒定的。然而,仅仅这个量的恒定性并

不能保证熵的增加。如果存在交换,熵甚至会降低。

⑨ 因此,在霍尔德伦的观点(Holdren, 1971:17)中,温度测量"热量的有用性"是没有道理的。我们只能说,温度差是较热热量有用性的粗略指标。

⑩ 统计热力学(第六节)支持的一个替代方案是,宇宙某些部分的熵可能会减少,从而使宇宙老化并重新焕发活力。但没有实质性证据证明这种可能性。一组英国天文学家提出的另一个假设是,宇宙是一个永恒的稳定状态,在这种状态下,各个星系不断地诞生和消亡。但事实并不符合他的假设。宇宙真实本质的问题远未得到解决(Georgescu-Roegen, 1971b: 201—210)。

⑪ 为了避免一些错误,我们应该强调一点,即这一趋势的逆转对地球上的生命保护同样不利。

⑫ 鲁道夫・克劳斯(Rudolf Clausius)从希腊语单词中创造了"熵"的概念,意为"转化""进化"。参见 Georgescu-Roegen, 1971b:130。

⑬ 正如我们稍后将看到的,约翰逊(Johnson, 1973)和索洛(Solow, 1974)提供了一些非常有趣的例子。至于索洛起初(1973 年)也拒绝让头发偏离标准位置,但他最近发现,承认"需要经济学和熵定律"来处理资源问题是恰当的(1974b:11)。然而实际上,他仍然坚持他的旧信条。

⑭ 因此,像博尔丁(Boulding, 1966:10)所做的那样,问幸福是流动还是存量似乎是徒劳的。

⑮ 证据充分(Barnett and Morse, 1963, pp.240f; Beckerman, 1972, pp.337f; Kaysen, 1972, pp.663, 665;Various authors, 1972, pp.9f, 14f; Wallich, 1972; Johnson, 1973; Solow, 1973, pp.46f). The Appeal of the Myth Is Seen in that Even Many on the Other Side of the Fence Share It(Maddox, 1972a; Meadows et al., 1972, 65; Various authors, 1972a, 10, 12; and Frank Notestein, quoted in Meadows et al., 1972, 130)。

⑯ 梅兹(Metz, 1972)对目前的技术困难进行了调查。另一方面,我们应该记住,在 1933 年欧内斯特・卢瑟福非常怀疑原子能是否可以被控制(Weinberg, 1972:27)。

⑰ 关键在于,即使是由三个氦原子形成一个碳原子,也需要如此精确的时间,其概率在天文上很小,因此这一事件可能仅在天文上巨大质量的范围内大规模发生。

⑱ 参见卡农(Cannon, 1973:11f)的作品中梅萨比靶场的有趣故事。

⑲ 海洋可能会成为巨大的食物来源,这也是一种巨大的错觉(Brown and Finsterbusch, 1971:59f)。

⑳ 关于回收的数据稀少且不充分;在布朗(Brown, 1970:205)和克劳德(Cloud, 1971a:14)的文献中可以找到一些相关资料。对于钢材,请参见

Cannon, 1973。

㉑ 这一切都证明，尽管熵定律听起来极其简单，但正确解读它却需要格外细心。

㉒ 此外，哈里·约翰逊最终发现，生产过程的完整表示必须包括废物的输出（Johnson, 1973:10）。

㉓ 1968 年 4 月 12 日的《科学》杂志封面照片和 1970 年 12 月的《国家地理》杂志照片在这一点上具有很强的指导意义。温伯格和哈蒙德（Weinberg and Hammond, 1970:415）认为，如果我们必须以人均 6 亿 BTU 的年平均值为 200 亿人提供能源，那么我们将不得不以现在煤炭开采速度的两倍来粉碎岩石。我们仍然会面临如何处理碎石的问题。

㉔ 太阳能（在其所有分支中）是唯一（也是值得注意的）例外（第 IX 节）。

㉕ 大气中二氧化碳的持续积累会产生温室效应，加剧全球变暖。然而，大气中分散颗粒物的增加还有其他不同的影响：以农业为导向的植被变化，对地表水和地下水正常分布的干扰，等等（MacDonald, 1971；Various authors, 1972b）。尽管专家们无法确定这种复杂系统的最终趋势，在这种复杂系统中，一个小扰动可能会产生巨大影响，但问题并不是贝克曼在驳斥它时所说的"老恐慌"（1972:340）。

㉖ 索洛（Solow, 1974:517）还断言，由于发展和技术，现在的社会能够以可承受的成本消除所有污染（辐射垃圾除外）。只是因为我们的价值观有些反常，我们才没有这样做。毫无疑问，我们可以投入更多的精力来处理污染。但是，如果我们相信有了非传统的价值观，我们就能战胜自然法则，这反映出一种对现实的错误看法。

㉗ 哈里·约翰逊提出了一个暗示熵走私的具体建议：他设想"以足够的智慧"重建煤炭和石油储存的可能性（Johnson, 1973:8）。如果他的意思是说能量也足够，那么为什么还要希望通过转变失去大部分能量？

㉘ 雷维尔（Revelle, 1974:169）最近的一项声明证明了能量繁殖的神话拥有多么不可思议的弹性，"农业可以被认为是一种繁殖反应堆，在这种反应堆中产生的能量比消耗的能量多得多"。对支配能量的主要定律的无知确实很普遍。

㉙ 马克思主义经济学家也是这支合唱团的一部分。例如，罗马尼亚对乔治斯库-罗根（Georgescu-Roegen, 1971）的一篇评论就反对说，我们几乎没有触及地球表面。

㉚ 回想一下著名的古老法国四句诗："帕维亚之战中，帕丽斯公爵倒下了。在死前一刻钟，他还活着。"参见 *Grand Dictionnaire Universel du XIX-e Siecle*, Vol. X, p.179。

㉛ 甚至一些自然科学家（如 Abelson, 1972）也采取这一立场。奇怪的是，一

些文明无法"想出一些东西"的历史事实被"相对孤立"（Barnett and Morse，1963：6）的言论所忽视。但人类难道不是一个与任何外部文化传播完全隔绝的共同体吗，也是一个无法迁徙的共同体吗？

㉜ 贝克曼（Beckerman，1972：338）、马多克斯（Maddox，1972：102）和索洛（Solow，1973：45）也有类似的论点。有趣的是，凯森（Kaysen，1972：661）和索洛（Solow，1973：43）虽然认识到人类熵储备的有限性，但却对这一事实嗤之以鼻，因为这并没有"得出任何非常有趣的结论"。所有学生中的经济学家都应该知道，有限而非无限提出了极其有趣的问题。本章希望对此提供证明。

㉝ 即使在这个被引用最多的案例中，替代也没有像我们普遍认为的那样在各个方面都取得成功。最近，人们发现铝制电缆存在火灾隐患。

㉞ 然而，马多克斯（Maddox，1972b：104）提供了关于这个问题的关键："正如现在发达国家的繁荣伴随着面包消费的实际减少一样，因此可以预期，富裕将使社会减少对钢铁等金属的依赖。"

㉟ 这一点涉及资本（以货币计量）和劳动力（以雇佣工人计量）的相加，以及从实际总产出中计算净产出（通过减法）（Barnett and Morse，1963：167f）。

㊱ 关于这些区别，请参见 Georgescu-Roegen，1969a；1970e；1971b：223—225。

㊲ 参见马多克斯（Maddox，1971：416）引用的普雷斯顿・克劳德和罗杰・雷维尔之间的对话。同样的反驳贯穿马多克斯对那些指出人类局限性的人的抱怨中（Maddox，1972b：Ch.6，138—280）。关于马多克斯的"人造人"一章，请参见 Georgescu-Roegen，1971b：348—359。

㊳ 有些人不明白现在的插曲是多么异常，甚至可能是多么反常（*Journal of Economic Literature*，June 1972，pp.459f），他们忽略了煤炭开采始于 800 年前这一事实，尽管看起来不可思议，但过去 30 年利用的煤炭总量中有一半是开采出来的。此外，仅在过去 10 年中，原油总产量就达到一半！（Hubbert，1969：166，238；Lovering，1969：119f；Georgescu-Roegen，1971b：228）

㊴ 索洛还声称，反对污染就是反对经济增长（Solow，1973：49）。然而，如果采取适当措施并减缓纯增长，有害污染可以保持在很低的水平。

㊵ 后来他问："你要多傻才能获准加入（罗马俱乐部）？"（Beckerman，1972：339）。凯森（Kaysen，1972）在某些地方也很严苛。索洛（Solow，1974b：1）只是说，和其他人一样，他"被吸引去阅读《增长的极限》"，而约翰逊（Johnson，1973：1）从一开始就在智力上取消了所有关注的生态学家的资格。在经济学家圈子之外，约翰・马多克斯因试图通过类似的"论点"打动读者而脱颖而出。

㊶ 特别参见 Georgescu-Roegen，1976a：Ch.10，Ch.12；也包括 Georgescu-Roegen，1971b：339—341。最近，从另一个角度来看，列昂惕夫在向美国经济协会（AEA）发表的主席演讲（1971 年）中也谈到这个问题。典型的是，拉格纳·弗里希在 1965 年第一届世界计量经济学会大会演讲中的坦率论断仍有待发表。

㊷ 上述一些反对意见也来自经济学专业以外的人士（Abelson，1972；Various authors，1972：284）。

㊸ 马多克斯（Maddox，1972b）是一个例外。他对《生存蓝图》（"反对歇斯底里的案例"，*Nature*，14 January 1972，pp.63—65）的严厉评论引发了无数抗议（*Nature*，21 January 1972，p.179，18 February 1972，p.405f），但鉴于经济学家在争议中的立场，可以理解为什么贝克曼（Beckerman，1972：341f）无法理解自然科学家为何没有攻击该报告，以及他们为何似乎甚至接受该报告的论点。

㊹ *Financial Times*，3 March 1972，引自 Beckerman，1972：337n。丹尼斯·加博尔判断，"无论细节如何，主要结论都是无可争议的"（引自 Beckerman，1972：342）。

㊺ 约瑟夫·J.斯宾格勒是这一广泛领域的公认权威，他告诉我，他确实不知道有人可能进行了这样的观察。关于 Malthus 和当前人口压力的一些非常深入的讨论，请参见 Spengler，1966：77。

㊻ "极限"这一论点的实质超出米尔斯的论点，这一论点借用了博尔丁（Boulding，1966，1971）和戴利（Daly，1971a，1971b）的研究。

㊼ 例如，在《国际社会科学百科全书》中，这一点只是顺便提及。

㊽ 显然，s_i 的增加通常会导致 L 和 n 的减少。此外，任何一年的承载能力都可能因更多地使用陆地资源而增加。这些基本点应保留以供进一步使用（第 X 节）。

㊾ 这一点让人想起了博尔丁的观点，即自然流入经济过程。他将其称为"吞吐量"，是"应该最小化而不是最大化的东西"，我们应该从流动经济转向存量经济（Boulding，1966：9f；1971：359f）。这个想法比启发性更引人注目。的确，经济学家深受流动情结之苦（Georgescu-Roegen，1966a：55，88）；此外，他们几乎没有意识到，对流程的正确分析描述必须包括流量和资金（Georgescu-Roegen，1970e；1971b：219f，228—234）。就博尔丁的想法而言，企业家们一直致力于将维持资本资金所需的资金流量降至最低。如果目前来自自然的流入与我们物种的安全不相称，那仅仅是因为人口太多，而其中一部分人享受了过度舒适的生活。经济决策总是强制涉及资金流和库存。人类的问题难道不是为了尽可能高的生活质量而节约 S（存量）吗，这意味着为了某些"美好生活"而最小化 s_i（流量）（第 XI 节）。

(50) 我在伊日·泽曼(Jiri Zeman)的一封信中第一次看到这个词。

(51) 过去的奴隶制做法和未来对用于移植的器官的购买都是类似于体外进化的现象。

(52) 一个被严重误解的事实是:李嘉图的土地具有经济价值,原因与渔网一样。李嘉图的土地蕴藏最宝贵的能源,大致与其总面积成比例(Georgescu-Roegen, 1969a:508; 1971b:232)。

(53) 本节中使用的数字是根据丹尼尔斯(Daniels, 1964)和赫伯特(Hubbert, 1969)的数据计算得出的。这些数据,特别是关于储量的数据因作者而异,但并不重要。然而,"世界各地发现的巨大油页岩(将持续)不少于40 000年"(Maddox, 1972b:99)的断言纯属幻想。

(54) 在对批评者的回答中(*American Scientist*, LVIII, No.6, p.619),同一位作者再次线性地证明,宏伟计划的农工业综合体可以很容易地养活这样规模的人口。

(55) 最近关于工业增长的社会影响,特别是大规模使用核能产生的社会问题的讨论,见 Sprout and Sprout, 1974;这是该领域先驱哈罗德和玛格丽特·斯普劳特的专著。

(56) 海洋中只有百分之一的氘可以通过该反应提供10^8库仑,这一数量足以满足数亿年的工业舒适度。氘氚反应成功的可能性更大,因为它需要更低的温度。但由于它涉及少量供应的锂-6,因此总共只能产生约200库仑。

(57) 值得一提的是,在瑞典的第一次世界大战期间,汽车是用燃料箱中的火种加热木炭而获得的劣质气体驱动的!

(58) 一个必要的条件是:如果将能量释放到其他地方而不是收集的地方,即使使用的是太阳能也可能扰乱气候。时间上的差异也是如此,但这种情况不太可能具有任何实际意义。

(59) 1951—1966年,拖拉机的数量增加了63%,磷肥增加了75%,硝酸盐化肥增加了146%,杀虫剂增加了300%。然而,作为一个很好的产量指标,农作物只增长了34%!(Various authors, 1972a:40)

(60) 例如,科林·克拉克在1963年(参见 Georgescu-Roegen, 1971b:20; 1973b:11)和最近由雷维尔(Revelle, 1974)提出了这一观点。

(61) 然而,经济学家关于价格在某种普遍相关的意义上反映价值的神话,现在也被其他行业所认同。例如,梅多斯小组谈到资源枯竭的成本(Meadows et al., 1972:181),巴里·康芒纳谈到环境恶化的成本(Commoner, 1971, pp.253 and passim)。这些都是纯粹的口头表达,因为不存在不可替代的资源成本或不可减少的污染成本。

(62) 在一项开创性的工作中,霍特林(Hotelling, 1931)一劳永逸地证明,除非整个未来的需求是已知的,否则无法谈论资源的最佳分配。

(63) 经济学家对价格机制万能性的特有信心(第Ⅳ节,注释⑮)导致我的许多审计员反驳说,在满足当前需求和未来需求之间的选择,以及通常对推迟消费的奖励,将为资源的最佳使用设定正确的价格。这一论点没有准确地考虑到我们的时间范围的局限性——时间范围不会超过几十年(Bray,1972:10)。即使是索洛,在为标准立场辩护的例证中(Solow, 1973:427),也假设只有三十年的时间跨度。

(64) 关于斯德哥尔摩会议上交叉流的一个非常有趣的描述,见Artin,1973。

(65) 在戴东会议(Stockholm, 1972)上,我建议采取一项措施。在我看来,这似乎比处理各种装置的难度小得多。相反,我的建议是允许人们自由地从任何国家迁移到任何其他国家。这一建议受到认可并不热烈。见Artin(1973:72)。

(66) 为了避免任何误解,我应该补充一点,目前流行的有机食品的热潮与这一提议无关,这一提议仅基于第Ⅹ节中阐述的理由。

3

稳态与生态救援:热力学分析(1977 年)[*]

尼古拉斯·乔治斯库-罗根

> 纷争是万事万物的源头和主宰。
>
> ——赫拉克利特(Heraklitus,*Fragm*,43)

Ⅰ. 稳态:回顾

对实事求是的学生来说,变化是最大的挑战。对构建理想社会的建筑师来说,变化也是最麻烦的因素。难怪缺乏任何相关变化的状态会给学术研究人员提供一个宁静的避风港。柏拉图在他的理想国中规定,不仅人口规模保持不变(必要时通过背信弃义地杀婴),并且任何变化趋势都被扼杀在萌芽状态(*Laws*,740—741,*Republic*,424,546)。即使是亚里士多德,虽然总体上不认同他老师的处理方式,但也教导说,理想国应保持人口规模与土地数量一致,以避免任何可能引发变化的事情(*Politics*,Ⅱ.ⅱ、Ⅴ.ⅲ、ⅵ—ⅶ、Ⅶ.ⅹⅳ)。当然,如果能阻止变化,我们就能确保社会的永久稳定,就如柏拉图梦寐以求的最接近永生的社会(*Law*,739)。

---

* 本文是在作者持有埃尔哈特(Earhart)基金会奖学金并担任范德比尔特大学杰出经济学教授期间完成的。

同样的想法支撑了穆勒（Mill，1920 ed.，Ⅳ.ⅵ）旧时观点的复兴，根据该观点，生态拯救取决于人类的稳态。个人终有一死，但是如果人类下定决心遵循稳态的建议，那么人类这个物种至少可以变得不朽。博尔丁（Boulding，1966），特别是戴利（Daly，1973），均大力维护上述观点。

但是，大多数经济学家总认为稳态经济的到来将引发巨大危机。亚当·斯密（Adam Smith，1937：71—95）担心会出现如下局面，利润下降阻碍所有"进一步的并购"。他认为，正是在增长状态下大部分人才是最幸福的。"在稳态下，人们是艰难的；在衰退状态下，人们是悲惨的……稳态是暗淡的，衰退的状态是忧郁的。"他用中国的例子来说明他的观点，即总福利不仅取决于财富水平，而且取决于财富如何随时间变化。

相反，大卫·李嘉图（David Ricardo，1951 ed.，Ⅰ，pp.109，119—122，Ⅳ，pp.234，Ⅶ，pp.16—17）认为稳态经济只会因人口对食物的压力而出现；届时人口规模将到达顶点。他接着表示希望我们离那不愉快的状况"还很遥远"。

之后，标准经济学家们怀着不安的心情对稳态进行了深入分析（他们将稳态等同于"停滞"）。他们认为财富不仅是可持续增长的，而且是不证自明的。这种异端邪说——埃兹拉·米山（Ezra Mishan，1967）给其贴标签为"增长狂热病"——催生出大量的文献，它们将指数增长视为正常现象。但是，由缺乏变化导致的思想上的解脱，解释了这种哲学与经济学家片面执着于稳态分析的奇怪结合。上述分析的基础组成部分是静止状态（也称为静态或稳态）——在这种经济中，通过恒定的经济单元（不一定是完全相同的），生产和消费以相同速率日复一日地进行着。

稳态分析成为新经济学的建构基础另有其原因。直到19世纪下半叶，机械哲学在科学家和哲学家中一直享有无与伦比的威望，这是新古典经济学被认为是力学的姐妹科学的原因。因此，心照不宣地，人们将稳态视为机械静态平衡的姐妹概念（Georgescu-Roegen，1966a：18—19；1971b：40—42；1976a，Ch.1）。

这种发展使混乱加剧，从亚当·斯密开始，李嘉图，尤其是穆勒，他们都没有说清楚稳态是指什么。这种情况导致罗宾斯（Robbins，1930）认为，"稳态"被如此多的歧义包围，以至于人们应该说清楚稳态的特定水平。而且，他坚持认为应严格区分"稳态"和"状态是静止的"两种情况。"稳态"是演化（或动态演化）过程的最终平衡，这是古典学派的旧用法。"状态是静止的"则是因为它的主要影响因素（人口和资本）不允许变化，这是分析经济学关于分析的假想场景。

很难想象这种区分的必要性。例如,"正方形"的几何概念是同一回事,无论我们指的是一个完全刚体还是一个有动能的弹性四边形。至于任何实际的几何形状能否成为正方形,显然是一个完全不同的问题。人们很可能会否认——正如阿尔弗雷德·马歇尔(Alfred Marshall)(Robbins,1930:200)所做的那样——稳态与现实世界无任何相似之处。所有分析的假想场景都存在这个缺陷。然而,戴利坚持区分"稳态"和"静止",是通过稳态合理化生态救援的中枢。古典经济学家,尤其是穆勒所构想的稳态是如此富有弹性,以至于当争论需要时,它能毫不费力地任意调整。

Ⅱ. 机械钟摆与热力学沙漏

标准经济学采纳机械认识论产生了几个令人遗憾的后果。其中最重要的是完全无视经济过程的演化本质。作为力学的姐妹科学,标准经济学理论与力学一样,没有考虑不可逆性。市场的标准分析都建立在完全可逆的基础上,从一个平衡到另一个平衡。阿尔弗雷德·马歇尔和少数人除外,理论经济家认为事件(如干旱或通货膨胀)完全不会给经济过程留下任何痕迹(Georgescu-Roegen,1966a:64—66, 171—183;1971b:126—127, 338)。其将经济过程视为生产和消费之间的旋转木马,这导致了第二个令人遗憾的缺憾——忽视自然资源在经济过程中的作用。[①]

为了找到这些问题的根源,我们只需要观察到,根据机械认识论,宇宙只是一个巨大的动态系统;因此,它不会朝着特定的方向移动。像钟摆一样,在不违反任何机械原理的情况下,它可以反向移动。死人甚至可以活过来,人一出生就会死去。机械认识论的悲惨命运在一个多世纪前就被封存了,因为热力学迫使我们注意到在宏观层面,不可逆性主导了物理世界。

为了用具体的方式讲述热力学,我们用图1的沙漏代表一个孤立系统,即一个不与外界进行能量或物质交换的系统。沙漏里面的东西代表物质-能量。像所有绝缘性好的沙漏一样,这些东西的数量始终保持不变,这满足热力学第一定律。同样,就像所有沙漏一样,里面的这些东西不断地从上向下倾泻。但是两个重要特征使我们将具体表述与普通沙漏区分开来。

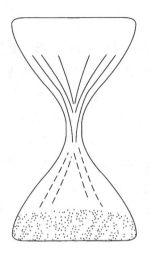

图 1　宇宙沙漏

第一，随着这些东西倾泻而下，它的质量会发生变化。上半部分的东西代表可用的物质-能量，即这种形式的物质-能量能为人类和此星球上的所有其他生命所用。[②]下半部分的东西代表不可用的物质-能量。第二，宇宙沙漏永远不可能颠倒。这两个特征表示热力学第二定律的本质，即在一个孤立系统中可用的物质-能量将持续且不可逆地衰减到不可用状态。当达到热力学平衡时，所有物质-能量最终将变得不可用。如果我们现在注意到熵是度量不可用的物质-能量相对水平的指标，那么我们也可以说，一个孤立系统的熵会不断增加至最大值。

我们现在呼吁两个观点。第一（被传统文献忽略或拒绝），熵是同向变异的，与我们的意识流方向一致，即与我们的生活平行。如果不澄清这点，我们就无法谈论不可用的物质-能量的增加。第二，孤立系统对我们来说只是一小部分兴趣。如果我们撇开整个宇宙不谈，那么孤立系统只有在实验室中才能建立（具有一定程度的容忍度），其余的都是非孤立的宇宙子系统。

Ⅲ. 开放和封闭系统

开放子系统可与环境交换物质和能量。显然，这种系统的熵可能增加，也可能减少。开放稳定系统引起了我们极大的兴趣，因为有机生物似乎就是这样构成的。尽管这个有趣的结论源于 L.昂萨格，并由 I.普里戈金扩展到生物现象的物理方面,但是我们对该领域的理解仍然难以令人满意(Katchalsky and Curran,1965:235)。

将这些结论应用于生态问题时,也必须格外小心。因为著名的昂萨格等式在开放稳态下代表着系统中众多向量之间的细密平衡(相当微妙),开放稳态与可逆系统一样远离现实。还有,主张人类稳态的研究人员会不恰当地援引优美的普里戈金定理,根据该定理,当一个开放系统趋于稳定时,熵达到最小值。然而该定理并没有像他们所说的那样指明,由开放稳态产生的熵一定比非稳态产生的要小。

另外,似乎没有系统性的反对意见反驳这个观点,至少可以想象,如果可用的物质和能量资源同样能够容易地获取(实际上不可能永远如此),那么经济过程就可能是一个稳态。但即使承认这一点,也无法证明通过稳态可以拯救生态的论点是正确的。地球不是一个开放的子系统,而是一个封闭的子系统,即地球是一个只与环境交换能量的系统。[③]该系统可用圆形线圈表示,只与宇宙沙漏交换能量(图 2)。系统内的大量物质,由圆形粗箭头表示,一直保持不变。[④]

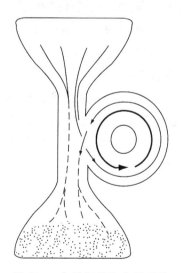

图 2 一个封闭的稳态子系统

Ⅳ.熵的问题

尽管封闭系统构成经典热力学的理论基础,但是关于该系统是否可能是稳态的问题并没有被系统验证过（据我所知）。也许人们普遍认为，只要有足够的可用能源，可作功就没有极限。这个想法现在主导着人类对熵问题的思考。为了证明其合理性，人们很可能参考封闭系统的经典热力学基本公式：$dU = \Delta Q - \Delta W$，其中 dU 是系统的内部能量，Q 是以热量形式接收的能量，W 是系统所做的功。对于稳态来说，$dU = 0$；因此，$\Delta Q = \Delta W$。于是，任何给定的任务都可由相应的能量完成。

常见的热力学手册会利用我们非常熟悉的活塞装置，帮助说明公式 $dU = \Delta Q - \Delta W$。尽管这个论据很经典，但它忽略了一些关键事实。首先，最近西尔弗（Silver, 1971:29—31）指出一个遗漏：并非所有能量都能转化为有效功；部分能量为抵抗摩擦不得不转化为耗散热量。

其次，关于转型的速度。我们当然无法用一根又一根火柴的火焰来加热推进气体从而发射火箭。

最后也是最致命的遗漏是，没有物质支撑，能量转换无法实现，因此摩擦不仅消耗能量而且消耗物质。在一次实验中，大部分仪器的磨损可能难以被察觉，但这不是忽视它的理由。从长远来看，或者以"世界引擎"的巨大规模来看，物质的消耗将达到可以被感知的规模。在我们周围，到处都存在氧化、碎屑、吹气和洗涤等现象。没有永恒的物质结构，因为物质就像能量一样，会被不停地、不可逆地消耗。

然而，我们不能忘记，除了自然熵的衰减之外，所有生物消费者都加剧了物质和能量的消耗，尤其是人类。[5] 各处表层土被冲刷进入海洋，主要是熵定律的直接结果。人类在远离食物或木材产地的地方消费它们，极大地加剧了物质和能量的消耗。

V. 封闭系统中物质的作用显著

既然在封闭系统中，可用物质变得越来越稀缺，为什么不通过爱因斯坦等式 $E = mc^2$ 投入可用能量来生产物质（有人可能会建议）呢？答案是，即使在奇妙的宇宙引擎中，物质都不能由能量单独生产；相反，大量的物质不断转化为能量。[6] 例如，现在地球上的铀少于数百万年前。但是，铜分子或其他此类稳定元素的数量仍和地球形成时一样多。[7]

此外，难道没有其他方式利用可用能源帮助我们解决物质匮乏的问题吗？冰块在水杯中融化了,我们可以用冰箱将热再次从冷中分离。同样,对于破旧的硬币或汽车轮胎,我们可以阻止分子的扩散,并重组分子。

这种完全回收的想法现在非常流行;然而,这是一个危险的谬论。生态学家一直用一些生动的图表描述氧气、二氧化碳、氮气和其他一些重要的化学物质如何通过太阳能驱动的自然过程进行回收,这助长了该谬论。如果这些解释通过了检验,那是因为其涉及的化合物数量如此之多,熵退化只会在很长的一段时间内才变得明显。我们知道,一些二氧化碳最终会在海洋中变成碳酸钙,无数死鱼骨骼中的磷将散落到海洋底部。

考虑到热力学的统计解释,人们可能会争辩说我们一定可以重新组装散落在地上的断掉的珍珠项链。回收不就是这样一种操作吗？为了能看到从摩尔水平推演到分子水平的错误,我们首先假设珍珠溶解在一些酸液中,然后将该溶液散布在海洋中——这个实验描述了一种物质变换到另一种物质的场景。即使我们乐意花费足够多的精力,但我们仍然需要非常长的时间——几乎是无限时间来重组珍珠(Georgescu-Roegen, This Volume, Ch.2)。

这个结论使人想起所有热力学手册序论章节中的一个观点:所有以无限小的速度运动的过程都是可逆的,因为在无限小的速度下几乎不存在摩擦。但是,这个慢动作实际上需要无限时间。这实际上就是分析了现实中为什么可逆是不可能的。这也是物质不能被完全回收的原因。

Ⅵ. 第四定律和经济引擎

上述关于物质的言论的后果之一是,以净能量作为效率的度量标准的概念有问题(Cottrell, 1953; Odum, 1973)。如果仅使用一吨等量能源就可开采十吨煤——我们被告知可以获得九吨的净能量。同样,任何采矿都会产生一些净物质,但也会产生一些负的净能量。另外,发电厂发电则会产生负的净物质。

明显的问题是,由于任何操作都涉及能量和物质,因此唯一适用的概念是全球可及性。一个直接的流量—存量模型(Georgescu-Roegen, 1971b, Ch.9; 1976a, Ch.9)将阐明这一概念,而且将为解释物质在所有物理过程中的对称性作用提供分析基础(Georgescu-Roegen, 1976b)。

图3代表环境与经济过程之间的全球流量循环。后者分为六个加总的

117

子过程:cE,代表生产所需能源(如电力或汽油);cM,代表生产所需物质(如钢锭);K,代表生产资本设备;C,代表生产消费品;R,代表回收产业;Hh,代表住户。主要投入流量是 eE 和 eM(环境中的能量和物质)。上述经济过程的最终产出流量是 dE(耗散能量),dM(耗散物质)和 W(废弃物,如碎石或核垃圾)。

此外,所有经济活动都会产生"可用垃圾",即 rGJ,它既不是耗散物质也不是废弃物,而是可用但需加工处理后才能为人们所用的物质。它包括诸如破瓶子、旧报纸、破旧的汽车或衣服等。应着重强调的一点是,我们只能回收可用垃圾;耗散物质是不可回收的。R 会回收所有的可用垃圾,包括它自己的可用垃圾,因此它没有这样的产出流量。

图3说明了几个重要的点。第一,没有经济系统能在没有能量和物质持续投入的情况下生存;封闭稳态尤其如此。即使所有 W 都能被回收⑧,物质

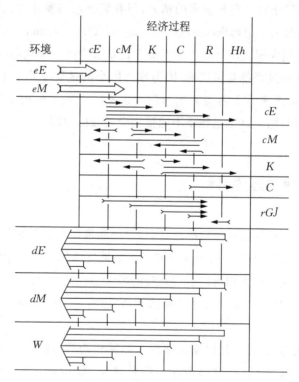

图3　环境与经济过程之间的全球流量循环(不考虑等级)

注:cE=生产所需能源;cM=生产所需物质;K=生产资本设备;C=生产消费品;R=回收产业;Hh=住户;eE=环境能量;eM=环境物质;dE=耗散能量;dM=耗散物质;W=废弃物;rGJ=可用垃圾。具体解释见正文。

消耗问题仍难以使资本储备保持不变。的确,维持暂时性储备——人口和人们的操作工具(资本设备)——是系统唯一的物质目标,尽管整个活动的真正产物是神秘的、非物质的生活享受。

上述分析可得出两个重要结论。第一个结论是经济学家主要感兴趣的;就是能量和物质不能归纳成同一特性,因此我们不能基于纯粹的物理判断来决定执行相同任务的两个过程哪个更有效;如果这两个过程中一个使用更多能量,而另一个使用更多物质。这个决定仍然是经济问题。我们更不要想把经济价值降低到物理维度了。经济价值均与物质和能量的低熵有关,但并不等价于它(Georgescu-Roegen,1966a:93—94;1971b:282—283)。经济价值的根源在于低熵和繁重的工作(另一种非物质流动)。

由于其更广泛的相关性,第二个结论可以表述为热力学第四定律(Georgescu-Roegen,1976b):在封闭系统中,物质熵最终将达到最大值。[9]

乔纳森·斯威夫特(Jonathan Swift)曾争辩说:"谁能种出两棵玉米或两片草叶……在以前只能种出一棵玉米和一片草叶的地方……应该比所有政治人物,得到人类更好的待遇。"(Swift,1914 ed.,XII,p.176)。上述定律告诉我们,在同一个地方年复一年只生长一片草叶,那将是一个奇迹(Georgescu-Roegen,1971b:302)。

VII. 从热力学到生态学和伦理学

现在几乎所有人都能尽情讲述热力学和生态学之间的联系。但是,正如我们在许多情况中看到的,仅宣扬教科书的教义还不足以说明世界引擎发生了什么,更不用说探究来自四面八方的各种生态方法。穆勒的论文就是一个很好的例子。

戴利(Daly,1973:14,153)定义,如果经济体有"恒定的物质财富(资本)和恒定的人口(人口)存量",那么它就是稳态经济体,它可以是封闭的或开放的。封闭状态被上述定律排除在外。如果经济体是开放的,状态只能是准稳态的,因为不能完全满足昂萨格关系式。它进一步预设了自然资源是准恒定且可及的。

在历史很长的一段时期内,人类实际上一直生活在这样一种状态中,传统村落社区尚未完全灭绝。然而,工业社会不断面临可用物质-能量越来越少的状况。如果物质-能量的减少没有被技术创新抵消,那么资本必然增加;如果人口规模不变,那么人们就要更加努力地工作。在这一方面,人的工作能力是有限的;同样的,人对食物和舒适的需求也是有限的。如果创新能够弥补这种减少,那么资本在某种意义上就无法保持不变。最大的困难在于,这样的创新不可能在封闭系统中永远持续下去。

这个时代被高估和过度吹嘘的科技发展不应使我们盲目。地表资源经济是人类生活工业模式的基础,从它的角度来看,大多数创新都代表低熵浪费。剃须刀变钝时刀片被扔掉,堆积如山的影印资料被丢弃,与机械化农业和多元化高产作物相比,这些都显得微不足道了(Georgescu-Roegen,1971b:302;1976a,Ch.1,3)。"更大更好"的汽车、高尔夫球车、割草机等;必然意味着"更大更好"的资源消耗和污染。

归根结底,穆勒和现代稳态的倡导者们想要阻止的正是这种增长狂热。但他们的推理却好像否定了增长似乎就会产生稳态。也许,作为经济学家,他们没法考虑衰退状态。奇怪的是,大多数讨论认为稳态比衰退好(Georgescu-Roegen,1976a,Ch.1)。

戴利自己承认(Daly,1973:154—155),关于稳态的论文既没有提及人口规模,也没有提及生活水平。热力学分析再次清楚地表明,理想的人口规模是仅靠有机农业养活的人口规模。

尽管如此,穆勒的论文还是给了我们一个很好的教训。"努力往上爬……践踏、碾压、肘击、踩对方的脚后跟,这些构成目前的社会生活。"用他的话来说,应该停歇了。

为实现这个梦想,我们可以从一个很小的生物经济计划开始,该计划不仅应该考虑我们当代同胞的命运,而且也应该考虑后代的命运。我们应该最大化当前收益,这一说法已经被经济学家们鼓吹太久了。是时候让人们意识到最理性的行为是尽量减少遗憾。任何一件武器或双车库汽车对今天的饥荒者而言都意味着更少的食物,对未来某些人来说则意味着更少的犁头(无论多么遥远)(Georgescu-Roegen,1971b:304;1976a,Ch.1,3)。

世界急需新的伦理。如果我们的价值观是正确的,那么其他一切——价格、生产、分配,甚至污染——必然是正确的。首先,人类应该听从(至少在很大程度上)戒条——"不杀生"以及"爱人如己"。这个时代的戒条是"像爱自己一样爱其他物种"。

然而,即使有这个戒条,也不会终结人类与环境、与自己的斗争。学术界的职责是帮助减缓这场斗争,而不是用超出人类科学力量的观点欺骗他人。这是谦虚的责任——范·伦塞勒·波特(Van Rensselaer Potter)的生命伦理学(1971)。

注 释

① 标准生产理论中出现的唯一环境因素是李嘉图意义上的土地,即不可摧毁的空间。穆勒(Mill,1920 ed.,p.22)似乎是最后一位明确认同威廉·配第旧观点的著名经济学家,即劳动是财富之父,自然是财富之母(Georgescu-Roegen,1966a:22)。

② 由于明显的拟人化支架,热力学构成一门独特的科学(见注释⑤)。但热力学也是一个谜,因为它仍然不能告诉我们其定律是否适用于外星生命形式。有必要指出的是,麦克斯韦(Maxwell)著名的恶魔熊悖论与这个问题有关;因此,声称已经解决这一问题的论点必然是无效的(Georgescu-Roegen,1966a:80—81;1971b:187—189)。

③ 当然有陨石坠落。但是,尽管其数量看起来相当可观(每年 15 万吨),但相对而言,这是微不足道的;大部分只是灰尘。偶尔会逃脱引力的物质颗粒就更不重要了。

④ 第四种情况是,只与外界交换物质的系统实际上是不可能的,因为任何运动中的物质都携带动能。

⑤ 现在我们都知道,只有在热力学中,在物理化学的所有分支中,生命才是重要的。绿色植物减慢了速度,动物加快了熵退化。但即使是植物也不能将所有的太阳辐射转化为有效能量;这将击溃熵定律。

⑥ 在核反应堆中,钚-239 是由一种以铀-238 或铀-235 为基础的物质和一些能量产生的。

⑦ 见注释③。

⑧ 可以减少一些浪费。可以想象,伴随页岩油产生的碎石可以被压回原位。然而,一些石油可能无法再获得。那些鼓吹我们可以根据自己的意愿调整环境的人完全忽视了这些生活事实(Johnson,1973)。

⑨ 单一化学元素的情况让人想起吉布斯的著名悖论。

4

从生物经济学角度看不平等、限制和增长 (1978 年)[*]

尼古拉斯·乔治斯库-罗根

I

个体之间或群体之间的差异不仅是生物世界中正常的现象,而且也是无法避免的现象。但是从历史的曙光开始照耀起,我们只在人类物种内部发现不同性质的不平等——社会不平等——这些不平等与生物差异几乎没有关系。作为最早的社会哲学家,柏拉图和亚里士多德发现这些差异是社会动荡的根源,历史以完美的规律性证实了这一点。是的,所有时代的社会冲突都取决于社会阶层之间的经济不平等,即使战斗口号中没有公开的经济口号。其他物种,如白蚁、蚂蚁和蜜蜂,是群居社会的常见例子,但奇怪的是,它们没有任何社会冲突。

在本文中,我将解释这种差异的根本原因,这种差异是人类物种特有的;并利用这一结果揭示出困扰所有旨在消除社

* 本文是在作者持有埃尔哈特基金会奖学金并担任范德比尔特大学杰出经济学教授期间完成的。

会阶层之间或国家之间经济不平等的经济项目的真正困难。我还认为,要解决目前世界上存在的各种紧张局势,以及在不久的将来我们将面临的那些仍具有普遍性质的紧张局势,需要一种与标准经济学完全不同的方法,而后者坚持完全依靠价格机制和金融转移。新的方法,我提议称之为:生物经济学(Georgescu-Roegen,1976a)。这个词旨在让我们牢记经济进程的生物学起源,从而关注人类在有限的可及资源储备、不均衡的位置和分配情况下的生存问题。

我之所以说"可接近",是因为虽然我们的宇宙飞船漂浮在一片能量和物质的海洋中,这些能量和物质可以转化为生活必需品,但是我们只能利用其中的一点能量和物质。我们时不时听到的"逃跑"计划似乎忽略了这样一个事实,即我们只能逃到一个气候条件与我们相同的星球。这样的星球只能存在于像我们这样的太阳系中。最近的这样一个系统距离我们大约十光年。乘坐现在的火箭去那里旅行需要一百年的时间(单程)。但是,由于从地球上看不到来自其他太阳系的行星,我们无法知道那个系统是否有任何行星。此外,如果它有行星,那么几乎可以肯定的是,没有任何行星能够维持类地生命的存在。像我们这样的行星在哪里?我们距离它有多少光年?谁会知道呢?如果我们最终能够到达一个能够维持类地生命的星球,那里的生命很可能也会面临像我们想要逃离的地球一样的资源匮乏问题。我们绝不能怀疑,我们的命运与我们作为生物物种在这个星球上的生存息息相关。因为归根结底,我们就是这样的:一个生物物种。

Ⅱ

事实上,所有生物的生命都直接或间接地依赖于以太阳辐射的可用形式到达地球的能量,这是一个相对古老的想法,可以追溯到赫尔曼·赫尔姆霍兹(Herman Helmholtz)。由于最近的生态逆转,这种想法已经变得司空见惯。然而,完整的故事是,生命也需要一种特殊形式的物质,称为(对称的)可用物质。这是一种可以在一个足够有序的结构中用于人类自己的特定目的的物质。例如,它是铜矿石,而不是散布在世界各个角落的铜分子。通过各种地质和生物转化,生命所必需的有效物质现在由陆地表层土壤、水体中的沉积物和溶液中的物质提供。

包括人类在内的所有物种都会通过每个个体天赋的器官来维持、繁衍和保护自己。根据生物学家阿尔弗雷德·洛特卡的说法，我们可以把这些器官叫作内体器官。包括人类在内的所有物种也通过有利的生物突变更好地适应生活。但是这些突变具有偶发性，而且，它们带来的改变相对于人类对时间流逝的感觉来说是非常缓慢的。始新世时期，只有小猎犬大小的始祖马（Eohippus）花了不少于 4 500 万年的时间才进化为我们现在所知的马这种强大的动物。人类物种的独特性在于，人类超越了这种缓慢的内在生存方式的演进——这是一个从根本上改变人类命运的进化阶段。

除了少数具有边缘意义的案例之外，仅人类物种开始使用并且随后产生了外体器官，即可拆卸的肢体，如棍棒、锤子、刀子、船，更确切地说，还有枪、汽车、喷气式飞机等，这一切都始于大约 2 000 万年前，我们的一位原始祖先——原康修尔猿（Proconsul），碰巧从树林里捡起一根棍棒，感觉（我们可以合理地推测）它的手臂因此变得更长且更有力量。结果就是，原康修尔猿从此成了一只携带棍棒的动物。平心而论，如果没有生物进化——人类大脑的发展和凡勃伦式工艺和无聊好奇心的平行发展，这种独特的现象本身并不会产生重大影响。但是，一旦人类物种达到能够产生外体器官的转折点，在这个特定方向上的后续进展就是指数级的，正如一些人现在所描述的那样。

不幸的是，逐渐使部分人类生活在西方世界所获得的舒适环境中的外体进化，并不是一件纯粹的好事。它让人类面临三种困境。

Ⅲ

第一个困境是人类上瘾，不仅是外体器官提供的舒适（在一定程度上是合法的），而且还沉迷于来自奢侈的小玩意和巨大装置带来的"快乐"，如双车库汽车（没有印刷错误）和像机动高尔夫球拍这样的荒谬工具。这种上瘾类似于早期鱼类的上瘾，这些鱼类进化成呼吸空气的爬行动物，因此不可逆转地对空气上瘾，现在这种上瘾已经构成一种困境，因为从某一时刻起，外体器官的生产就依赖于使用储存在地球内部的可用能量和可用物质。

问题在于，地球上可供人类获取的可用能量和物质储量必然是有限的。此外，热力学以历史提供的任意无可辩驳的证据为支持，不仅告诉我们物质能量既不能被创造也不能被破坏，而且告诉我们，可利用的物质能量会不断地、不可撤销地降解为"废物"；对于人类的利益而言，这是一种无用的形式。这些热力学定律才是经济稀缺的根源。事实上，热力学是具有经济价值的物理学，正如萨迪·卡诺在其 1824 年著名的回忆录中所阐述的那样。因为在一个热力学定律不适用的世界里，同样的能量可以反复使用，任何物体都不会磨损。当然，我们所知道的生命也不可能存在于这样的世界中（Georgescu-Roegen，1971b，1976a）。

结论很明确，也是不可避免的。大部分人类现在从事的工业活动越来越加速地球资源的消耗。因此，一定会出现危机。标准经济学家和马克思主义经济学家对"增长"的痴迷迟早会结束。唯一的问题是"什么时候？"在过去十年左右的时间，环境极限的明显症状已经变得显而易见。污染几乎蔓延到所有地方。美国一度是世界上最大的石油生产国，现在已经不能按照目前的需求增加原油产量了。

一直以来都很明显，但却被标准经济学完全忽略的是，自然资源是国家运动的主要因素。自然资源一直是人们在各大洲之间流动的原因，就像在大迁徙时期，或者在过去的两百年里，从旧世界到新世界。对矿产资源的控制总是促使各国相互开战。如今，这个问题的这一方面比以往任何时候都更加明显。相对于相应的人口规模而言，自然资源分配的不平等在某些情况下打破了旧的不平等，而在另一些情况下又加剧了这种不平等。这一趋势不仅为国际社会可能出现的重大复杂问题创造了条件，也使帮助世界上忍受饥饿和病痛的人这一问题变得更加复杂，我现在将回到这个问题上来。

Ⅳ

由外体进化带来的第二个困境是社会冲突（Georgescu-Roegen，1966a，1971b，1796a）。

例如，一只鸟用它自己的翅膀飞行，用它自己的喙，也就是用它的内体器官捕捉昆虫。由于内体器官是个体的自然属性，它们不能成为任何"正常"冲突的对象。唯一明显的例外，也是由人类构成的。首先，奴隶制度允许一个人使用另一个人的内体器官。其次，通过使用各种私人仆人和驯养动物也实现了类似的转变。有些人用鸬鹚的喙捕鱼，有些人用马的腿奔跑。

这些可能性自然会导致冲突，但不一定会导致社会冲突。只要外体器官的生产和使用仅限于一个家庭或一个家族的圈子内，外体器官就不会导致这种冲突。当每个家庭或每个家族都依靠自己的弓箭或者渔网所能获得的东西生活时，这就是马克思所说的"原始共产主义"的时代。由于这些小社区所有成员之间存在密切的联系，"各尽所能，按需分配"的模式可能会运作得相当好。个人冲突是存在的——还记得该隐和亚伯吗？但是社会冲突并不存在，除了那些可能按照年龄划分的阶层之外，并没有其他的社会阶层。

然而，外体器官的生产很快就开始需要更多的人手，而一个家族的人手是不够的。此时，生产必须在多氏族的层面组织起来，换句话说，要成为一种社会活动，而不是一种氏族活动。氏族本身不得不聚集起来，甚至融合成一种更高级的存在形式，也就是我们通常所说的"社会"，与此同时，作为社会组织生产的一个不可分割的要求，劳动不是根据各种类型的技能进行分工，这种分工甚至在一个家庭中已经存在，而是根据组织中的角色进行。自亚当·斯密甚至更早的时候起，人们就知道，这种劳动分工是生产劳动和非生产劳动之间的划分。用一个更全面的术语来描述总体情况，就是"治理者"和"被治理者"。

与此同时，另一个因素也发挥了作用。需要大量人员的配合（如面粉厂、大船或喷气式飞机）的外体器官通常可以服务很多人，但并非所有社会成员。即使是一些大宗商品，也不可能总是生产出足以满足所有人需求的产品。这个事实提出一个全新的问题：哪些成员可以从使用外体器官中受益？答案既不简单也不直接。就其本质而言，外体器官并不是任何特定个体的天然产物。从表面上看，谁该使用某种特定的外体器官（或其产品）的问题似乎只会引起个人冲突。然而，由于组织化生产的需要，在外体器官及其产品配置方面的矛盾始终处于分化状态。

简而言之，通过创造一种社会分工而产生的外体进化引发了第一种类型的冲突，即谁应该下矿井，谁应该指挥煤矿作业的冲突，通常是在办公室的办公桌上。第二个冲突是关于谁应该使用开采出的大部分煤炭，这场冲突也是沿着同样的社会分工形成的，就像州长和政府官员之间的分工一样。

在这个节骨眼上，我们不能不考虑开篇提出的关键问题。除了我们人类之外的其他物种生活在以有组织的生产为基础的社会中，却没有受到任何形式的社会冲突的影响。这个显而易见的谜题的答案是，这些物种是通过内体进化生活在社会中的，这意味着每个成员在出生时就通过其体质确定了在生产中的角色。例如,蚂蚁中的看门蚁生来就有一个扁平的脑袋,而且它的本能是喜欢用脑袋堵住蚁群的入口。在这样一个社会里,一个"社会阶层"和另一个"社会阶层"之间不可能有冲突。工蜂在冬季逼近时杀死大部分雄蜂,并不是内战,而是该物种的正常生物学事件。

人类社会的社会冲突之所以存在,仅仅是因为人类物种生存在社会中是外体进化而不是内体进化的结果。新生儿躯体中的任何东西并不能决定他未来的角色。他可能会成为一名人力车夫,也可能成为一名公务员。问题在于,与蚂蚁中的看门蚁相比,人力车夫更想成为一名公务员,而且作为他日常工作的一部分,他将努力换掉角色。[①]

V

毫无疑问,一个来自另一世界的头脑在理解我们经济进程的许多方面会有很大的困难。最重要的是,它会发现很难理解为什么非生产性劳动力一直是经济精英阶层。因为在争取国民收入份额的过程中,那些提供各种非生产性劳动的人应该处于不利地位。体力劳动者通常可以展示他们铺了多少块砖、制造了多少双鞋、搬了多少方土,等等。相比之下,州长(无论是参议员、法官、作家,还是统计学家)无法以任何明显的方式表明他们付出了多少努力。他们成功的秘诀恰恰就在于这个事实——他们的工作没有客观的衡量标准。当然,人们只能不断地夸大那些无法客观衡量的东西。这就是为什么所有时代的社会精英,从古埃及的大祭司到当代的技术官僚,都通过提出同样的问题来证明自己的优越性:"如果不是我们帮助你们生存,你们作为被统治者,会在哪里呢?"事实上,在所有的历史时期,这个问题都包含大量的真理。古埃及的大祭司确实告诉了农民耕种田地的成熟时机是何时;资本家确实通过他们的冒险创造了新的工作机会;技术官僚确实满足了一种高度复杂的生存模式的合理需求。但同样真实的是,这些合法角色中的每一个都被冠以社会神话,以便为滥用特权的增长提供正当的理由(Georgescu-Roegen, 1971b)。

我们已经一次又一次地改变数学模型,瓦尔拉斯声称通过该模型解释了特定的市场条件如何保证国民收入的最佳分配。但我们忽略了最重要的部分,即瓦尔拉斯均衡假定存在初始收入分配,这个分配是确定的,并按社会阶层划分（Georgescu-Roegen，1966a，1971b）。[②]

从上面的分析可以清楚地看到，只要我们的生活方式依赖于大型外体器官的生产，社会冲突就会不幸地成为人类命运的一部分。与马克思主义的基本信念相反，生产资料的社会化并不能结束社会冲突，现在有董事和总裁的地方，将会有政委和秘书——一个享有同样旧特权的新阶层。

税收、补贴和收入转移的经济模式并不是防止社会不平等可能变得严重的手段——对于这一点，旧时代和现代的历史已经提供足够的证明。经济学家必须确信一个至关重要的事实：社会不平等在我们的外体生存模式中根深蒂固。因此，防止其恶化的唯一手段是政治性的，旨在维护批评的自由，以及在州长人选及其任命中进行投票和弃权的权力。不可否认的是，人口增长对有限且吝啬的环境造成的压力容易打乱这一应用程序。因此，经济学家们就更有理由抛弃过去一百年来不合适的实证主义，开始从辩证的角度以生理学和进化论的观点来看待经济过程了（Georgescu-Roegen，1966a，1971b）。

我们还必须摒弃那种认为增加工业化就能治愈任何邪恶的神话。如果说有什么区别，那就是极端的工业化加剧了社会冲突。柏拉图和亚里士多德都认为，工业化带来的幸福并非没有社会代价。前者坚持认为，在他的共和制典范中，必须抵制变革；后者则建议，只有在一个良好的社会中，重要的物质需求才能得到满足（Georgescu-Roegen, This Volume, Ch.3）。同样的思想已经形成所有肤色的农民的主旋律，如今又随着不断加剧的苦难折磨着人类的危机而复兴。事实上，现在的问题是为了增长而增长，是对越来越大的汽车、冰箱、超级喷气式飞机，甚至更大声的扬声器的病态追求（Georgescu-Roegen，1966a，1971b，1976a）。

尽管如此，增长仍然有一个合理的作用，特别是在目前情况下，还有另一种不平等需要我们立即采取行动。这种不平等是外体进化给人类带来的第三种困境。

VI

生物世界被划分为无数的物种，这是通过生物突变进行的普遍且持久的进化。因为其外体进化，人类发现自己也被划分为不同的外体物种。强调的表达意味着真诚。

人类过去——现在仍然被划分为不同的种族,这意味着任何两个这样的种族,都可以在没有生物障碍的情况下相互结合。但是外体的故事一直以来都是完全不同的。当埃及人正在建造金字塔——即使是今天我们仍然对它赞叹不已——的时候,中欧的人们正生活在克罗马农人的经济时代。这种差异仍然存在,在某些情况下甚至更大。比较一下北美人和卡拉哈里部落布须曼人的生活方式。从外体的角度来看,即使是印度智人(Homo indicus)也和美洲智人(Homo americanus)完全不同。印度智人主要靠徒步旅行,或者充其量只能乘坐一辆驴拉的小车,在原始的木炭上燃烧干粪做饭。美洲智人在没有乘坐飞机的情况下乘坐汽车旅行,并在自动启动、停止和自动清洁的电炉中做饭。这种分离甚至比两个同属生物物种之间的分离更加深刻,也更加难以抵挡,如老虎和狮子之间的分离。对于一名来自另一个世界的知识分子来说,他们可能认为没有理由区分刀和握刀的手,印度智人和美洲智人看出来可能不是两个独立的外体物种,而是两个不同的属,甚至不是一个科。

在过去二十五年里,大量的财政援助,特别是来自美国的援助,被用于改善许多国家的经济。在某些情况下,西欧国家和日本迅速而充分地实现了这一目标。在大多数其他国家,尤其是在最贫穷的国家,尽管援助力度更大,但效果几乎为零。根据上述观察,通过这种令人费解的对比很容易得到解释。西欧国家和日本与美国属于同一个外体物种,美国是恢复所需设备的最终供应商。最欠发达的国家属于,而且仍然属于不同的外体物种。从国外提供的设备——来自美国,之后来自西欧国家——不可能适应欠发达国家的外体结构,就像从鸟身上取下的羽毛不可能成为鱼类更好的鳍一样。

在这里,我们对经济过程内在结构的狭隘(并且必然是肤浅)的理解又一次把我们引入歧途。一个印度智人的驴子掉进沟里,摔断了一条腿,于是他请求帮助。在当局的建议下,美洲智人匆忙带着一个单钢子午线轮胎匆匆忙忙地去修复“汽车”的故障,这不是开玩笑的。西方国家的研发人员只对改进他们已经普遍使用的外体仪器感兴趣——设计一种刮得更快的剃须刀,或者一种具有更多自控功能的微波炉,或者一种更安静的空调,等等。所有这些成就对南亚或热带非洲的人们都没有帮助,原因很简单,这些人是不同的外体物种,也就是说,他们使用完全不同的外生仪器。在孟加拉国,每家每户拥有一个电炉、一台冰箱和一台彩色电视机是一个美丽的梦想。

问题出在那些相信只要几个发展计划就能在短时间实现的人。

VII

只有欠发达国家的研发力量将注意力转向如何改善外部环境时,才能帮助欠发达国家。很遗憾,和平队组织——一个伟大的想法——几乎已经消失了。该兵团本应该扩大成一支和平军(正如我在1965年农业发展委员会举办的檀香山研讨会上所建议的那样),由当地和外国密切合作的"士兵"组成。

在发达国家,增长只会带来增长。但是欠发达国家只有在得到帮助的情况下才能实现增长。发达国家必须接受较低水平的福利,这是发展欠发达国家计划中最困难的问题。在目前新出现的严峻形势下,只有这样,欠发达国家才能摆脱饥荒和苦难。这种论述的原因很简单。

首先,世界人口已经达到惊人的规模,刚刚突破40亿大关。按照目前的速度,每年有8 000万人口——相当于德国东部和西部人口的总和,而且在我们已经拥挤不堪的"宇宙飞船"上,还会增加更多的人口。还应当指出,这8 000万只有一小部分属于新生儿,大部分增长来自新老年龄组之间的差异。这就是人口增长的一般方式。另外,8 000万人(很快可能变成一亿人甚至更多)必须吃饱、穿暖、受教育、受保护和保持健康,这些要求给已经负担过重的人口带来了越来越大的负担。

其次,各国人口在全球的分布并不均匀,而且大多数情况下自然资源分布不均匀。西方人应该试着想象(如果可以)一个像孟加拉国一样人口稠密的美国,在这种情况下,它将拥有不少于50亿人,比全世界的人口多25%!很难相信,即使是像美国这样技术上比较先进的经济体,也很难养活如此庞大的人口。如果可以,现在世界上任何地方都不应该有饥荒。

再次,被过去一百年的矿物学研究所掩盖的稀缺资源,最近才浮出水面。石油禁运只是让我们提前了解形势。当东西变得稀缺时,失败者必然是经济上弱势的人。发达国家由于其巨大的工业能力,也享有巨大的发展动力。例如,在石油市场上,发达国家可以简单地主宰它,实际上把欠发达国家排除在外。可悲的事实是,欠发达国家更迫切地需要石油,不仅仅是为了通过机械化和高产品种来支持其农业生产,而发达国家的大部分石油消费满足了前面提到的那种脆弱需求。鉴于发达国家在自然资源市场的垄断力量，自然资源匮乏的欠发达国家与发达国家之间的差距将越来越大——即使这些国家的经济状况仍保持在原有水平，这也是事实。

发达国家的人均资源消耗量可能是西非某些国家居民的数百倍。美国仅占世界人口的 5％，每年消耗世界上 30％ 的自然资源。为了维持不断增长的人口的稳定福祉，发达国家将不得不在任何市场上将贫穷的国家逼入绝境，因为在这个市场上，真正的稀缺性使供应非常缺乏弹性。

因此，在一个似乎已经达到生态极限的世界中，即使是平庸地解决恶性的不平等问题，所需要的也不是一个基于非人性化市场供求机制指定的方案，而是发达国家和欠发达国家价值观的变化。前者必须在一连串无用的小玩意儿后面重新夺回一切让生活变得空洞的东西；后者必须认识到增长狂热是一种虚幻，并将其人口规模降至比发达的邻国更低的水平。

VIII

增长狂热仍然非常活跃，至少在标准经济学家和自封的技术官僚中是如此。所有人都继续宣称，科技将以指数级增长，正如他们喜欢说的那样。"不管发生什么，科技都会为我们找到出路。"那些持有同样信仰的人选择忽视自然界最基本的原则。例如，他们称赞"增殖反应堆"是人类最无限的能源，反对所有热力学原理，声称该反应堆产生的能量超过其消耗的能量。他们从来不会问，有效地培育和喂养这些繁殖者所付出的努力，是否会在能量和物质方面得到回报。纸笔方程式足以满足他们的信仰。

他们也没有停下来考虑一个简单的事实，即自然资源在人类的外部需求和它们的可用性方面呈现出一定的层次。人们仍然可以听到对从原油中生产蛋白质食品这一技术壮举的胜利呐喊（Georgescu-Roegen，1975f）。恰恰相反，"我找到了！"的口号确实属于一个过程，通过这个过程，可以方便地从"燕麦"或木材中生产出汽车燃料（正如许多国家在第二次世界大战期间所做的那样）。

最后，这些作者忽略了一点，即技术进步往往代表一种与资源经济格格不入的行为。举个例子，自动驾驶、超级汽化器，还有（别忘了）前面提到的高尔夫球车。

但在这一方面最突出的例子是机械化农业和高产品种。两者都是用一种最稀缺的资源——地球能源——代替实际上是免费的太阳辐射。更不用说拖拉机及化学杀虫剂和化肥的使用,造成物质资源的进一步消耗。(Georgescu-Roegen, 1971b, 1976a)然而,集约农业必须继续下去,这不是因为考虑到发达国家盛行的价格下,它是有利可图的,而是因为高产量是养活世界上仍在增加的人口所必需的。

这一点导致了另一个直接的生物经济戒律:全球人口必须减少到全球自然能力所能承载的水平,即仅靠有机农业就能养活的全球人口水平。当然,这个水平是相当低的,因为在有机农业中,人们必须与牲畜分享他们的耕地,必须有食物和草料。"马吃人"是罗马尼亚农民运用想象力将其难以忍受的冲突具体化的方式。

IX

我希望在前面的分析中证明,20世纪末人类面临的多重危机不仅要求停止增长,而且要求扭转人口和物质便利的增长。增长应该只是欠发达国家的目标,而且只能达到最终必须成为所有国家的规则的适度水平。但在很长一段时间内,最紧迫的问题将是饥饿国家的粮食问题。然而这个计划应该基于这样的口号:"工厂,而不是食物,为饥饿的人服务",这些工厂将使他们能够支持机械化的农业,直到人口对土地的压力消失。在这种背景下,要求重新分配工业力量的立场与要求减少人口的立场一样有效。令人遗憾的是,这一真理已经被关于基本生物经济学问题的意识形态上毫无结果的争论所掩盖。

上述帮助欠发达国家项目所需的资源可能来自多个方面。它们可能来自放弃无用的外来工具,放弃刀片变钝时被完全扔掉的剃须刀,放弃电动旗杆,放弃协和式飞机,放弃数以百万计的被伐树木用以保持"无人阅读"的印刷机;最重要的是,完全停止生产武器。首先,它意味着发达国家不再发展。

最后一句话似乎要谨慎一点。我们不能因为发现增长在最需要的时候是一个很难解决的难题,就误以为不发展是一件简单的事情。积累可能是所有规划者最头痛的问题,然而,人口减少是一个更为复杂的过程(Georgescu-Roegen, 1971b, 1976a)。仅举一个例子:如果人口减少得太快,老年人与维持经济进程的群体之间的关系就会变得非常紧张。随之而来的冲突可能会变得如此激烈,以至于以一种生物学上的,而不是社会学上的,制度化安乐死在代与代之间发动战争,以此扰乱社会秩序。

正如标准理论所理解的那样,增长总是用指数曲线来描述,它肯定已经不再流行了,就像过去许多其他著名的经济学专业所关注的问题一样。如果我的直觉是正确的,我们很快就会看到一个新的行业协会出现,即"欠发达"专家协会。

尽管如此,我仍旧希望经济学家最终能够认识到,自然资源问题主要是一个生态问题,而且迄今为止实践中的经济学不能取代生物经济学。无数的经济学家——米尔顿·弗里德曼[3]相信一种奇怪的炼金术,通过这种炼金术,价格机制可以创造能量和物质。价格机制无法阻止生物经济灾难的发生。它也不能帮助自然资源以相当令人满意的方式在连续的世代之间分配,甚至在同时代的世代之间也不能。

所有这些都归结为我们需要改变价值观。过去我们从"不可杀人"变成"爱人如己"《纽约时报》(The Times)呼吁制定一条新的戒律:"你应该像爱自己一样爱你的物种。"这意味着每一代人都必须考虑子孙后代的需求,因为这些后代还不能参与争夺人类可用物质和能源。本文概述了生物经济学的任务,旨在为这个问题建立一个逻辑框架,并为实施新戒律建立一个可行的体系。

现在就详细预测这个项目将如何发展还为时尚早。但无论如何,标准经济学的两大支柱都必须被抛弃,取而代之的是完全不同的——不,相反的——原则。首先,我们必须摒弃贴现未来的原则,这一原则曾经是哈罗德·霍特林(Harold Hotelling)提出的不可替代资源经济学著名理论的基础,并将继续如此(参见 Hotelling, 1931)。人类作为一个准不朽的实体,不能忽视未来,只有凡人才能这样做。然后,我们对待自然资源政策与子孙后代的关系必须尽量最小化遗憾,而不是秉承传统的理性行为原则——"利用率最大化"原则(不管这意味着什么)。从表面上看,正是因为我们总是最大限度地利用资源,我们很快就会对过去的政策感到后悔万分。[4]

注 释

① 农民(农村)和城镇居民(城市)之间潜在但完全有效的对立,证明了不同

的职业角色可能会导致社会冲突。卡尔·马克思认识到这场冲突对社会经济的重要性,他指出,"整个社会经济史都是在这场对立运动中总结出来的"(Marx,1906:Ⅰ,p.387)。

② 事实上,瓦尔拉斯平衡存在的条件(会被系统地忽略)要严格得多。根据普遍的历史标准,社区的每个成员必须从一开始就获得足以维持其生活的永久收入(Georgescu-Roegen,1966a,1971b)。

③ 据媒体报道,费里德曼声称,"能源问题在于政府干预市场的程度,而卡特先生的解决方案是根据需求采取行动,将其降低到供应减少的程度,这意味着进一步干预,并会使能源供应减少"(*The Houston Post*,April 22,1977,Page 9A)。费里德曼似乎认为,即使在这个时候,我们也应该让能源变得更加可得,以便把它花在幸运儿通常沉迷的各种奢侈玩意儿上。事实上,根据他众所周知的立场,正确的价格是由现有收入分配的自由发挥决定的。

④ 1976年6月30日—7月3日,在奥格斯堡举行的停滞和增长中经济体再分配问题研讨会(DFG)上,阅读的是本文的缩减版。该版本是作者在埃尔哈特基金会奖学金期间编写的。

能源分析和经济评估(1979 年)*

尼古拉斯·乔治斯库-罗根

Ⅰ.引言

从 1973—1974 年的石油禁运以来,每个人都在谈论能源危机。无论我们是"乐观主义者"还是"悲观主义者",到目前为止,我们大多数人都承认,这场危机最终会发生什么并不是一个无聊问题。只有经济学家仍然拒绝看到自然资源稀缺性和整个经济过程之间不可分割的联系。例如,作为借口,我们听到自然资源的有限性不会产生任何有趣的结论(Solow,1973:43),就好像稀缺性不是经济系统运转的关键因素。但"官方"立场得到了最具影响力的经济组织决策者们的坚决支持。东京国际经济组织大会上没有任何一篇关于自然资源有限性的论文。正如一份官方通讯所解释的那样,项目委员会"非常挑剔"。最奇怪的是,这次大会的总主题是"经济增长与资源",那一年是 1977 年!因此我们更应该钦佩莫根斯·博

* 作者对让-保罗·费图西(Jean-Paul Fitoussi)、埃贡·马茨纳(Egon Matzner)和威廉·H.米耶尼克(William H. Miernyk)深表感谢,感谢他们对本文总结内容的努力表示同情。同时感谢埃尔哈特基金会及时提供研究奖学金。

塞洛普(Mogen Boserup)在闭幕式上的坦率评判：

> 对自然资源的所有"末日"态度和意见均被拒绝或无视。除了这个问题，意见上的尖锐对立几乎没有出现。
>
> 众所周知，在基本问题上未能产生分歧的经济学家集会是罕见的——有些人甚至会说这是丑闻……因此，一个问题立即浮现在我的脑海中：不仅在国际经济组织的东京会议，而且在整个行业里，为什么经济学家在自然资源问题上会达成如此广泛的共识？
>
> (Boserup, 1979)

在其他领域，情况正好相反。现在越来越多新能源专家对可及能源问题畅所欲言，这往往使学生和政策制定者感到困惑。

然而，一些作家在石油禁运之前就已经有所察觉。早在此之前，他们就以新的见解重新审视可及自然资源供应、人口规模和人民福利之间的旧问题。但最重要的是，这些作者几乎无一例外地认为，能源是经济过程中唯一必要的支撑。因此，这一立场不是石油禁运的产物；它代表人们真正的智力成果。

自然而然地，我们将仅有的能源至上信念称为"能源学"信条，尽管这个含义与过去物理学使用的含义略有不同。起初，"能源学"——威廉·麦夸恩·兰金(William Macquoru Rankine)创造的术语，表示我们现在所称的"热力学"。随后，"能源学"被用来表示一些杰出科学家［如德国的威廉·奥斯特瓦尔德(Wilhelm Ostwald)和乔治·黑尔姆(George Helm)，以及法国的皮埃尔·杜阿姆(Pierre Duhem)］捍卫的一种思想流派，这种思想流派在某种程度上受到欧内斯特·马赫(Ernst Mach)的科学认识哲学的影响(Hiebert, 1971)。反对路德维希·玻尔兹曼(Ludwig Boltzmann)的观点，即能量定律是牛顿力学定律应用于物质粒子运动的直接结果，能源学派则主张物质在最终分析中必须归约为唯一的"物质"，即能量。目前的观点是，对于人类特定的存在方式而言，只有能源是至关重要的，这与该学派的立场并不完全相同，但它们在本质上却十分相似，因此足以正当地使用"能源学"这一术语来标签化该内容。

旧能源学派周围的激烈争论在当时代表了一种纯粹的学术问题。但当前的能源学信条并非如此。作为当前占主导地位的信条，它决定了指导政策制定者关注能源短缺和技术评估的原则。我们中的一些人可能认为这些原则的有效性也只是一个纯粹的学术问题。然而,对于整个人类来说,这确实是一件至关重要的事情。

对于为什么能源学信条是错误的,以及为什么物质也很重要等问题①,本文首先从广义上进行解释。其次,我将用多过程的分析表述来讨论能源分析的一般问题。在此基础上,我将说明最近声称能源分析是经济估值的理性基础的论断是错误的。再次,基于无法将物质归约为能量的事实,我将表明经济选择是纯粹的经济问题,而不是物理化学问题。最后,我将应用这些结果探讨是什么构成了可行技术这一问题,它与可用方法截然不同。作为应用,我将探究目前已知的直接利用太阳辐射的技术的可行性。②尽管当前的能源学倾向可能令人惊讶,但是本章最后的调查结论是,这种技术是不可行的,现在所有的直接使用太阳辐射的方法都是其他能源技术的"寄生虫"。这一结果要求我们彻底重新定位我们目前的技术评估方法。

Ⅱ. 能源学信条

不同的作者以不同的方式,有时甚至是截然不同的方式来证明现代能源学信条。例如,最早的提出者之一弗雷德·科特雷尔(Fred Cottrell)认为人类需要的只是获得净能量(Cottrell, 1953)。这个概念的定义似乎并不困难。例如,如果我们用1吨原油的等价能量来提取10吨页岩油,简单的减法计算告诉我们,将得到等价于9吨油的净能量。二十年后,美国最厉害的生态学家 H.T.奥杜姆(H.T. Odum)复兴了科特雷尔的思想(Odum, 1973),并将其提升为唯一的效率标准:一个过程获得的净能量越多,这个过程就越有效率。③由于该标准简明扼要,它自提出后就被广泛接受,并得到大力支持。事实上,还有什么比用一吨油去获取不到一吨油更无意义的事情了呢?

然而,这个想法也促使我们提出一个问题:"为什么不将效率与净物质联系起来呢?"事实上,在生产铜的过程中,我们使用铜,因此我们也获得一些净物质。但无论我们做什么,都会遭遇新的难题。铜矿开采也意味着负的净能量,而任何发电厂都涉及众多负的净物质。

尽管奥杜姆在这一点上没有像人们希望的那样明确,但我们必须承认他的观点:净能量的计算不仅要从总产出中减去直接消耗的能量,而且还应减去生产或修复过程中磨损的所有物质部件所需的能量(第Ⅵ节)。然而,根据这种解释，能量学偏见错误百出。因为如果没有这种偏见，人们可能会提出一个很好的对称命题，将一切都归纳为净物质，即产出物质超过生产该物质和消耗的能量所需物质的量。这样的提议可以指出，在发电厂中使用物质来产生能量，就像在另一个过程中使用能量来产生物质一样。然而，真相就如同我们之后看到的那样，无论是单独的净能量，还是单独的净物质都不能构成科技评估的普遍原则（第Ⅷ节）。

近年来，能量学的另一种证明方式可追溯到当代经典著作《下一个百年》(The Next Hundred Years)中的一句话，"我们需要做的就是向系统中添加足够的能量，从而获得我们所需的任何材料"(Brown et al.，1957:90，95，114)。这种简明扼要的能量学福音已被无数其他作者传播。但是，哈里森·布朗(Harrison Brown)及其合作者也通过"原则上，物质回收可完全实现"的公理来证明它(Brown et al.，1957:90—92)。有趣的是，他们立即补充说："基本上，可加工矿石的品级无下限"，这显然是该公理的必要推论。④

一些物理学家和化学家似乎也支持能量学。例如，乔治斯库-罗根(Georgescu-Roegen，1976a)引用的阿尔文·温伯格的话说，将能量描述为"终极原材料"，因为"能量可转化为大部分其他生活需求"——这些生活需求都只由物质组成。还有格伦·西博格(Glenn Seaborg)，他认为科学最终将消除所有技术上的低效率，因此凭借丰富的能源，我们将能够"对几乎所有废物进行回收……以可接受的形式、可接受的数量和可接受的地点提取、运输和回归自然，从而使自然环境保持自然状态，支持各种生命形式的持续生长和进化"(Seaborg，1972)。

从表面上看，这是一个非常强有力的能量立场；它近乎声称整个地球可以永远保持完好无损。但是，现代能量学教条更加严格的表述要归功于肯尼斯·博尔丁(Kenneth Boulding，1966)："幸运的是，没有增加物质熵的法则。"⑤这一宣言毫无保留地揭示了该教条的根源：对于人类的经济斗争来说，物质并不重要，只有能量才重要。

上述各种言论似乎涵盖了所有能量学论点。然而，它们都导向一个相同的经济过程与环境关系的分析图景。该图景由流量和储备的多过程矩阵表示，见表1(Georgescu-Roegen，1971b)。⑥为避免不相关的问题，我们将经济过程仅划分为与当前论点相关的合并过程和聚合类别：

P_1:生产"可控"能量 CE，它来自原位能量 ES；

P_2:生产"资本"商品 K；

P_3:生产"消费品"C;

P_4:完全回收所有过程的材料废物 W,并将其转变为再生物质 RM;

P_5:维持人口 H。

表 1　经济过程与环境的关系(根据能量学教条)

产品	(P_1)	(P_2)	(P_3)	(P_4)	(P_5)
			流量坐标		
CE	x_{11}	$-x_{12}$	$-x_{13}$	$-x_{14}$	$-x_{15}$
K	$-x_{21}$	x_{22}	$-x_{23}$	$-x_{24}$	$-x_{25}$
C	$*$	$*$	x_{33}	$*$	$-x_{35}$
RM	$*$	$-x_{42}$	$-x_{43}$	x_{44}	$*$
ES	$-e_1$	$*$	$*$	$*$	$*$
W	w_1	w_2	w_3	$-w_4$	w_5
DE	d_1	d_2	d_3	d_4	d_5
			储备坐标		
资本设备	K_1	K_2	K_3	K_4	K_5
人口	H_1	H_2	H_3	H_4	H_5
李嘉图土地	L_1	L_2	L_3	L_4	L_5

上述图景的特点一定要标注清楚。首先,无论是经济增长还是衰退,都不能为能量学教条提供严峻的考验。物质增长不能仅靠环境能量流动来实现[7],而衰退经济可能根本不需要环境物质的流动。因此,测试案例必须是一个稳态过程,或者用马克思提出的更恰当的术语来说,是一个再生产过程。

但不管实际系统如何,有一点毋庸置疑,即自从凯尔文勋爵一百多年前观察到,能量并没有损失,而只是变得对我们不可用(Thomson,1881:189; Woodwell et al.,1978:236—239)。因此,所有过程必定产生耗散(不可用的)能量 DE,它会返回环境中。然而,在能量学模型中,没有物质会离开经济过程;所有物质都在该过程中被完全回收利用。因此,没有必要将物质从环境带入经济过程。经济过程与环境之间唯一的流动是能量流动,即输入流 e_1 和输出流 $d = \sum d_i$。

其次,表 1 的表述反映了现实的一个基本方面,考虑到"流动复杂体"似乎主导着现代经济思想(Georgescu-Roegen,1966a:88;1971b:219)。像所有实际过程一样,经济过程有物质支撑,由储备要素表示:资本设备 K_i,人口

H_i 和 H，李嘉图土地 L_i。在没有物质杠杆、物质受体或物质传输器的情况下，我们永远无法处理能量。我们自己是物质结构，没有我们就没有生物生存。在将物质储备（实际上是行为主体）纳入分析图时，我已假设——一个完全公平的假设——能量学的立场并未偏激到，认为实际过程并不需要我们在宏观层面所认识的那种与能量并存的物质结构。

再次，资本的输出流量 x_{22}，用于维持资本储备 K_i 在可再生产条件下；它们的磨损得到维修流量 x_{2i} 的补偿。类似地，流量 x_{i5} 保持人口 H"完整"。这些是（P_i）可再生产的基本条件。考虑到如下情况，所有流量都必须以物理单位（如卡路里或摩尔）表示，因此作为宏观层面守恒定律的聚合转换，以下等式必须始终成立：

$$d_1 = e_1 - x_{11}, \qquad d_i = x_{1i} \qquad\qquad (i = 2,\ 3,\ 4,\ 5),$$
$$w_1 = x_{21}, \qquad w_2 = x_{42} - x_{22}, \qquad w_3 = x_{23} + x_{43} - x_{33}, \qquad (1)$$
$$w_4 = x_{44} - x_{24}, \qquad w_5 = x_{25} + x_{35}$$

最后，假设每种方法（P_i）都是可行的，也就是说，只要有特定的储备和投入支持，该种方法就能生产出产品。但每种方法（P_i）的可用性并不一定意味着所有过程技术的可行性（这是一个重要的点，需要进一步参考）。可再生产经济系统技术可行性的必要且充分条件由不等式 $x_{i5} \geqslant x_{i5}^0$ 给定，x_{i5}^0 是最低生活水平所确定的最小值，由众所周知的关系确定：

$$\sum{}' x_{1i} = x_{11}, \quad \sum{}' x_{2i} = x_{22}, \quad x_{35} = x_{33}, \quad \sum{}' x_{4i} = x_{44},$$
$$\sum{}' w_i = w_4 \qquad\qquad (2)$$

其中，代表性的符号 i 表示变量下标是不固定的。[⑧]

Ⅲ. 第三类永动机

现在让我们回顾一下，伊利亚·普里戈金建立的热力学术语，一个只能与周围环境交换能量的系统被称为封闭系统。因此，表 1 所代表的经济过程是一个封闭系统。此外，这个封闭系统是可再生产的——也就是说，它是一个稳态系统，用热力学术语来说。根据能量学教条，只要环境能量 e_1 能恒定注入经济过程，那么该封闭系统可以恒定速率提供内部机械功。出于这种系统对能量论题和其他问题的理论重要性,我建议把它称为第三类永动机。⑨同时,鉴于我的立场是这种永动机是不可能的,类似于第一热力学定律和第二热力学定律否定了其他两类永动机,我们可以将这种不可能性视为热力学第四定律(Georgescu-Roegen,1976b:34—38)。⑩

在探讨与这个命题相关的其他任何事物之前,我们必须先处理一个技术问题,即著名的爱因斯坦质量和能量等价理论:$E=mc^2$。正如诺贝尔奖得主汉尼斯·阿尔文(Hannes Alfvén)所提出的,"物质可以被看作一种能量形式"(Alfvén,1969)。这种说法只是表明对能量的熟悉偏见。爱因斯坦的等价理论并没有证明这种观点,因为物质不只是质量,而是以特定化学元素及其化合物构成的一定数量的质量和能量。我想提出的是,物质和能量之间存在固有的不对称性,这是由质量和能量之间的不对称性产生的。事实上,只要我们不承认爱因斯坦等式中物质和能量之间不可避免的不对称性——如果以正确的单位表示,爱因斯坦等式可以写成完美对称的形式:$E=m$,我们就有正当理由同时谈论"物质危机"和"能量危机"了。

在许多核反应中,能量都会被转化为质量(反之反是),这些反应始于一定的质量,并且以一定的质量结束。以下是我们熟知的能量和质量的关系:

$$质子+反中微子 \Longleftrightarrow 中子+正电子$$
$$中子+中微子 \Longleftrightarrow 质子+电子$$

其中质子、中子、正电子、电子的质量为正。当一个电子和一个正电子通过碰撞变成一个光子时,一对具有正质量的反粒子能完全转化为纯能量。当然,逆反应也是可能发生的。光子能转换成一对电子和正电子,就像在宇宙大爆炸不久后,该反应大规模发生的那样,当时宇宙的温度仍高于 $6×10^9$ 开尔文,这是该反应的阈值。但由于这样的粒子对是极不稳定的(就像所有物质和反物质对一样),它们几乎会瞬间分解成纯能量。这就是为什么正电子只存在于一些强烈的天文现象或高能实验室中。光子分裂成中子和反中子的温度必须高于 10^{13} 开尔文,这比普遍认为的大爆炸后百分之一秒的温度还高出一百倍。最后温度——大约 10^{11} 开尔文——比最热的恒星还要高(Weinberg,1977)。关于在那一特定时刻之前发生了什么,我们无从得知,但我们知道,当时没有产生物质粒子——质子和中子,那么现在它也不能从纯能量中产出。⑪由于没有核子就没有原子,因此也就没有物质,所以目前有关化学元素起源的解释必须假定质子和中子的总和始终与最初的相同

(Tayler，1972；Weinburg，1977）。为了表达宇宙中任何地方都不能用纯能量创造物质的事实，爱因斯坦关系式应写成 $E + mc_2 = E_0 + m_0 c^2$，当 m 包括一些核子质量时，$m_0 > 0$，即存在一些物质（下标表示初始量）。

目前较重的元素由较轻的元素融合而成，但仅在温度达到极高的恒星中才可实现——在 10^7 到 10^{10} 开尔文之间。[12]但在这种温度下，物质仅以等离子态的形式存在，也被称为解离状态。然而，在一个封闭系统中，在如此高的温度下将不可能产生机械能，更不用说维持生命了。

地球上也在发生核反应。例如，放射性元素不断衰变。然而，这些反应通常将质量转化为能量，而不是相反。即使是简单的过程，如我们点燃一根火柴，质量也会转化为能量。由于 c 值很大，因此这种质量损失非常小。我们可以通过普通天平来称量已用的废核芯与其初始重量之间的差异。类似地，在太阳的尺度上，每秒钟约有 4 200 000 吨的质量"损失"并以能量形式释放出来。尽管有可能将能量转化为额外的质量，但仅限于非常特殊的情况（通常是在实验室装置中），并且只涉及相对较小的数量。能量转化为核子（质子或中子）质量的情况并不常见。

在可进行机械工作的温度下，绝大多数化学元素是稳定的。在封闭系统中，每种元素的数量保持不变。能源专家斯莱瑟（Slesser）告诉我们，"物质并没有消失"。"铁矿石中的铁分子在转化为钢或最终成为铁锈时仍然是铁分子"（Slesser，1975）。西博格也认为，"自地球成为一颗稳定的行星以来，我们拥有的物质数量从始至终就没有改变"（Seaborg，1972）。只是，斯莱瑟和西博格之所以提出这些观察，是为了支持能源学，就像布鲁克斯和安德鲁斯声称的"矿物供应耗竭的字面概念是荒谬的。整个地球都是由矿物组成的"一样（Brooks and Andrews，1974）。

揭露布鲁克斯—安德鲁斯论证谬误的最简单方法就是指出，按照同样的逻辑，我们可以认为能源是无穷无尽的，因为整个地球都充满了能源。事实上，仅海水中所含的热能就足以维持未来数十亿年梦寐以求的工业活动。问题在于，这全部（或几乎全部）的巨大能量对于有限尺寸的发动机来说，是无法转化为机械能的，而发动机必须循环运行。事实上，正如普朗克所建议的（Planck，1932，1945），通过无限缓慢地移动无限长的活塞缸体，恒温浴缸的热能可转化为机械能（遵循卡诺循环中气体的等温膨胀原理）。[13]

当然，整个地球都是由物质构成的。但基于此观点的论点忽略了一个事实，就像地球的热能一样，并非所有地球物质都处于可用状态。物质也不断衰减为不可用形式。

有两个因素可以解释为什么这个事实被广泛忽视了。第一个因素是所有机械模型对我们大脑来说都有独特的吸引力。最可能的原因是我们主要通过推拉来作用于物质环境。机械主义信条已经失去拉普拉斯对物理学的控制，在 1894 年的巴尔的摩讲座中，凯尔文勋爵承认，除非用机械模型来表示，否则他无法理解这一现象。正是机械世界观的吸引力，使我们相信物质不能被定义为不可恢复的。事实上，在机械学中，物质只能改变它的位置，而不能改变它的质量。因此，任何系统都可以来回运动而不发生任何变化。[14]

第二个因素是，尽管看起来很奇怪，但热力学的基础是能量学——正如兰金所认为的那样——因为热力学只关心能量发生了什么。当然，物质也会参与进来，但只是作为化学反应的支撑（因为它们总是涉及能量转化）和纯（非化学）混合物的问题（因为分解需要做功）。这两个方面都被 J. 威拉德·吉布斯（J. Willard Gibbs）引入热力学理论中，他因此被认为是"化学能量学"的创始人（Seeger，1974）。

以非常熟悉的活塞-汽缸装置为例，该装置通常用于描述和证明热力学的基本定律，以及证明卡诺的基本命题：只有完全可逆的发动机才能获得最大效率。为了回避不可否认的事实，即由于摩擦，没有运动是可逆的，热力学理论假设任何运动只要速度无限慢，就都是可逆的。[15]这样的速度确实消除了摩擦，但它却引入一个更重要的障碍。以无限慢的速度，活塞需要无限时间才能移动有限距离。一次又一次，无限性使我们凡人无法做到。[16]因为可逆引擎只存在于纸上，没有任何现实发动机能够以最高的效率运行。

最后，热力学不得不承认摩擦的存在，以及其他一些密切相关的因素，这些因素不仅解释了自然界的不可逆性，而且还解释了可用能量无法完全转化为有用功的事实。其中一部分能量总是被转化为无法恢复的热量。

摩擦因此成为热力学装置的幕后"幽灵"，这个幽灵夺走了我们可利用的能量。事实上，热力学并没有进一步认识和分析摩擦也夺走了我们的可用物质的基本事实。热力学甚至没有涉及因摩擦而降解的具体能量定律。这项任务留给了工程师，但即使他们也只建立了最常用材料的摩擦力表。借助这些表，我们可以确定摩擦 W_f 耗损的功，用于（仍然不完整的）转化公式：

$$Q_a = W_u + W_f \tag{3}$$

其中 Q_a 是可用能量，W_u 是有用功（假设系统的内部能量保持不变）。[17]

关于摩擦耗散物质，我们几乎仍然一无所知。对这种明显缺陷的一种可能解释是难以解释摩擦现象。粒子的力学定律无法解释它。该定律有纯粹的经验基础，经过越来越仔细的检验，通常会发现该定律"越来越假"（Feyman et al.，1968）。一位精通该问题的学生得出结论，摩擦"仍然是一个极具争议的主题，在这个问题上，几乎没有定论，也没有反对意见"（Rabinowicz，1855）。

但摩擦不仅仅是大块物质的"不完美"，它同时剥夺了我们的能量和物质。既没有完全刚性的材料，也没有完全弹性的材料；既没有完美的绝缘体，也没有完美的导体；更没有摩擦力无限大的材料（无摩擦材料的相反情况）。正是由于诸多缺陷存在（不一一列举），能量和物质的偷盗者，也是唯一偷盗者，就是物质本身。

在整个物质世界中，摩擦会导致物体磨损，温度变化或蒸发会引起脆裂和分裂，有管道和膜的堵塞，也有金属生锈和自燃。因此物质不断地被置换、改变和分散到世界各地。因此，对于我们自己而言，它变得越来越少。

能量学教条声称，只要有足够的可用能量，这种耗散就可以完全逆转。但这个过程必然涉及一些物质工具。由于没有永久的物质结构，这些工具必然会磨损。它们将不得不被其他工具替换，而这些工具也会磨损，且需要被替换，如此循环不已。这种循环是否定完全循环利用可能性的充分理由，就像在热力学中常常因为这种循环而否定通过自然过程完全抹消能量结构中变化的可能性一样（Denbigh，1971：24）。

最后，我们需要考虑支持完全回收的另一个可能（也很重要）的想法。它与约翰·冯·诺依曼的证明有关，即如果将通用图灵机与大量的其他通用图灵机的基本部件一起放置在浮动介质中，则通用图灵机就可自我再生产。那么，表1所代表的过程储备要素难道不能构成这样的"机器"吗？这台机器确实"漂浮"在介质中，虽然它是封闭的，但它包含了再生产的所有必要元素，即过程（P_i）的废弃物。然而，将经济过程视为通用图灵机的思想必须被否决。诺伊曼的证明是一个基于必要条件的非常巧妙的理论逻辑分析，没有该必要条件，项目在实践中就无法实现。对通用图灵机的麻烦要求是它的指令容量必须是无限的（Georgescu-Roegen，1971b：86—93）。即使我们软化这个条件为"几乎无限"，机器仍然需要一个几乎无限的时间间隔序列来再生产自身，因为机器的每个"动作"都需要一段时间。因此，完全回收的最后一个理由与所有其他理想方案一样，都遭遇了无法达到的无穷大障碍。

但是，还可以从其他分析角度来检验能量学论点。

Ⅳ. 物质的耗散与普朗克定律

我已经提及一些能量与质量之间,以及能量与物质之间的不对称性。还有另一种不对称性。质量和能量都是同质的"物质"。无论是涉及光子还是涉及风力,能量都是相同的。这就是为什么将一切都转化为能量的想法具有如此强的吸引力。但是质子的质量和任何其他基本粒子的质量之间也没有任何质的区别。然而,最后这个事实对于经济过程和环境之间的关系没有任何价值。在经济过程中,重要的不是质量本身,而是大块物质(当然还有能量)。问题在于,与质量和能量不同,物质是一个高度异质的范畴。每种化学元素都至少具有一种属性,这使它完全不同于其他元素,因此对于某些技术方法来说是必不可少的。

所以,我们必须预料到,与能量的一般理论(热力学)相反,对大块物质转化的研究应该很难进行,正如我们刚才在摩擦中看到的那样。理解能量如何随着热量从较热系统散发到较冷系统而衰减,是一个相当简单的问题;因为这样,能量变得越来越难以转化为机械功。请记住著名的卡诺原理:我们必须在锅炉和冷凝器之间产生温差,这样才能通过循环发动机获得机械功。在不涉及技术迷宫的情况下,人们可以看到为什么能量耗散的增加可以用热力学熵公式来衡量:

$$\Delta s = (\Delta Q / T)_{reversible} \tag{4}$$

其中,ΔQ 是在绝对温度 T 下传导的热量。[18]

对于相同压力 P 和温度 T 的两种截然不同的理想气体的简单混合物的熵,我们有吉布斯的著名公式:

$$S = -R[m_1 \ln(m_1/m) + m_2 \ln(m_2/m)] + (c_1 m_1 + c_2 m_2) \ln T \\ + (a_1 m_1 + a_2 m_2) - Rm \ln P \tag{5}$$

其中 $m_1 + m_2 = m$ 是相应的摩尔数,R 是气体常数,a_i,c_i 是气体的物理特性。因此,混合相同压力和温度的两种气体,熵增加了。[19]

$$\Delta S = -R[m_1 \ln(m_1/m) + m_2 \ln(m_2/m)] \tag{6}$$

一个非常熟悉的公式,如今被合理地或不合理地使用了。

　　通常,这个公式与吉布斯本人指出的一个悖论有关。如果两种气体完全相同,式(6)仍然是正的,尽管混合物不会引起任何熵变。但是式(6)的另一个方面,源于马克斯·普朗克(Max Planck)的观察(Planck,1945:104),与目前的论点有关。普朗克指出,在式(6)的情况下,"用物质耗散而不是能量耗散来描述更加准确"。[20]

　　根据式(6)或式(5),对于给定的 m,当 $m_1=m_2$ 时,耗散最大。但是让我们考虑一下 $m_1=1$ 和 $m_2=10^{100}$ 的情况,则 ΔS 完全可以忽略不计。然而,根据直观的耗散概念,从特定的人类视角来看,如果气体 1 是贵重气体,那么后者的耗散比前者要大得多。在后一种情况下,我们可以恰当地说,一摩尔气体 1 对我们来说已变得难以获取了。实际上,重新组装这些分子将是一项艰巨的任务,就像重新组装散布在大西洋中的少量墨水分子一样!

　　毫无疑问,只要我们准备好花费足够多的时间、足够的精力,且在此过程中磨损无数物品,我们就可以重新组装在房间、剧院甚至曼哈顿某处从断裂项链上散落的珍珠。将这种宏观方法扩展到物质分子甚至微小物质的微观层面显然是站不住脚的。就我们所知,我们能相信重新组装(不是全部,但几乎是全部)我们磨损的轮胎上所有的橡胶分子、通过排气管散失的全部的铅,或者通过使用铜币上散失的所有的铜的可能性吗?并且其可以在一个相对有限的时间内完成吗?这一教训是,在微观层面,能成功重新组装断裂项链上的珍珠的相同方法需要无限的时间,以及其他难以想象的条件。因此,这一操作与不可逆发动机和普朗克利用海洋热量的计划同属于一个类别。普朗克甚至得出结论,因为 $\Delta S>0$,"扩散是一个不可逆的过程,如摩擦和热传导"(Planck 1932:113;1945:78)。

　　然而,前面的分析表明,式(6)逆向衡量扩散强度的公式,在我们实际处理物质的过程中具有意义。根据该公式,完全回收或开采任何岩石是不切实际的。虽然我们可以轻易从丰富的矿石中提取金属,但随着金属含量的降低,这项任务变得越来越困难,当金属含量达到 10^{-100} 时,这项任务就变得不可能了。

　　然而,式(6)的热力学解释仍然存在问题。为此,我们可以回想一下,在热力学理论中,$T\Delta S$ 代表将相应系统恢复到其原始状态所必需的功。在本例中,这意味着再次完全分离两种气体。雅各布斯·亨里克斯·范特霍夫(第一位诺贝尔化学奖得主)设想了一个执行这一分离的理论蓝图。该装置——范特霍夫箱——是一个完全隔离的气缸,有两个反向工作的活塞。每个活塞都由一个半透膜组成,气体 1 可渗透一个气缸,气体 2 可渗透另一个气缸。混合气体放置在两个活塞之间,这两个活塞起初相距很远。当无限缓慢地朝彼此推进活塞时,气体被分离,因为每种气体都进入各自活塞的半透膜后面。可以轻易地证明,推动所需的功确实等于式(6)与 T 的乘积(Planck,1925:78)。这个结果似乎为最纯粹的能量学教条提供了强有力的支持。如果我们有足够的能量(至少等于 $T\Delta S$),我们就可以从任意混合物中提取任何气体的全部量。然而,实际实现这个想法面临几个问题。

第一,正如现实中不存在完全无摩擦、完全弹性及其他完美材料一样,现实中也不存在完美的半透膜。因此,分离是无法完全实现的。[21] 第二,所有半透膜在使用过程中都可能被堵塞(Planck,1932,1945)。它们会磨损,就像任何其他机械部件一样;最后它们必须被更换,从而开始前面提到的无尽循环。[22]

范特霍夫箱至少构成了一种理想的气体分离程序,但对其他混合物而言,则不存在类似装置。在实践中,每种混合物的分离都是通过某种特定程序、化学反应、离心力或磁力等来实现的。确实,即使没有整体构想,也并不能证明对单个特定的混合物而言,不存在理想的分离方法。但是,有几个论点反对这种想法。

让我们回想一下麦克斯韦妖(Maxwells demon),它预先假定将气体中快速运动的分子与慢速运动的分子分离。现在普遍认为,这个神奇的妖已被"驱除",因此,与任何其他生物一样,相比"热""冷"分子分离,它必须消耗更多的可用能量。现在,为分离氮气和氧气的混合物,我们需要一个比麦克斯韦妖更神奇的妖。事实上,麦克斯韦妖不必将每个分子都送回其初始容器中。此外,它可能会将一些"热"或"冷"分子安全地留在错误容器中;只有平均速度才重要。相反,我们的新妖绝不会留下一个分子混合在另一种分子中。要驱除它,不仅要给它提供足够的能量,还要赋予它物质存在。由于物质会不断消散,现在的问题归结为我们的妖是否可以在完全回收气体混合物的同时完全回收自身。表 1 的系统实际上描绘了这样一个妖。难怪许多关于物质资源无限可再生的想法都暗含妖的神奇特征。

布朗(Brown,1954)提出了一种利用放射性元素能量开采整个地壳的想法。这种神奇技术只会在开采完所有岩石后才结束。令人遗憾的是,没有任何构想描述这项技术的实现方式。相反,几乎所有地质学家都认为这个想法是真正的幻想,他们普遍支持彼得·弗劳恩(Peter Flawn)的观点,即"即使是普通岩石也永远不会被开采"(Flawn,1966;Skinner,1969;Cloud,1974)。正如普雷斯顿·克劳德(Preston Cloud)曾试图向外行人解释,他以权威的态度反对一切采矿学的幻想,他说:"使岩石成为开采候选的是其不寻常的特征!"这就是为什么几乎可以肯定你的后院不是一个潜在的矿井。

布鲁克斯和安德鲁斯援引事实谴责了弗劳恩的名言:钛也可能是从低于平均等级的地方作为副产品开采出来的。还有一些作者也宣称"世界不会耗尽地质资源",并向我们保证只有能源限制才可能阻止普通岩石的开采(Cook,1974)。但大多数人在面对这样的事实时很难保持一致,例如,地球化学屏障的存在阻断了铜矿资源的开采,其丰度达到平均值的 16 倍(COM-RATE,1975:129)。

我们必须观察到,即使可以开采普通岩石,也并不意味着地壳的全部矿物质都是可获取的。等级分布具有特殊的双峰形状,因此其非常偏斜(Skinner,1976)。因此,绝大多数岩石的含矿量远低于平均等级。一种矿物是否可以从给定的岩石中开采,取决于该种矿物和该类型岩石的特定理论截止值,而不是其平均地壳丰度。回想一下,物质是异质的,因此对于每种物质和岩石,都有特定的开采程序。这就是为什么几乎不可能建立一个通用公式来确定某种物质是否可以从给定的混合物中获取。因为通过一般分析公式定义物质的不可用形态面临理论困难(如前文所述)。

对于岩石破碎量和能量使用量如何随岩石金属含量的变化而变化的描述在文献中很容易找到。它们都渐近于纵轴(Page and Creasey,1975)。能量的曲线实际上应该渐近于该轴的平行线,以揭示存在着一个理论界限值,无论这种可能性多么小。

作为最后一个论点,我们可以提到普朗克的一句话,尽管这句话非常重要,但似乎并未引起注意。详尽讨论所有的混合物类型后,他得出一个公式,进而得出结论:"无论是气体、液体还是固体,都无法完全摆脱最后的微量杂质"(Planck,1932:125;1945:238)。当然也有例外,但只在绝对零度的情况下发生(Planck,1945:239;Kirkwood and Oppenheim,1961:46)。

现在,根据 W.能斯特(W. Nernst)阐明的热力学第三定律,实际上不可能达到绝对零度。因此,能斯特和普朗克的否定是相互约束的。它们还形成一个双重束缚。前者说大量物质不能净化热能,后者说大量物质不能净化任何杂质。

值得强调的是,与熵定律相反,这些定律的真实性不受任何工具约束。它们在绝对意义上是正确的。理论上,如果有一定量的能量和一些特定设备可供我们使用,我们可以将部分系统恢复到其原始状态。然而,无论是能斯特定律还是普朗克定律所肯定的不可能性,都是无法回避的。

　　物质的普朗克定律为我们提供了一个非常重要的分析论据来反对能量学教条,后者必然意味着完全回收是可能的,任何岩石都是可以开采的。

V. 物质也很重要

　　完全回收是不可能的,即使在稳态下,经济过程与环境之间的"交易"也必然包含一些可用物质,以弥补持续且不可避免的物质耗散。正如哈里森·布朗所观察到的,如果 1870—1950 年美国生产的所有铁(约 20 亿吨)在 1950 年仍在使用,那么人均产量将达到 13.5 吨,这一数值几乎是实际数字的两倍(Brown,1954)。如果建立在过去整个生产的基础上,上述差异会更大。我们都知道差异在哪里。"空气氧化、液体腐蚀和其他普通磨损(由于摩擦和金属生锈)都会造成很大的损耗"(Brown,1954)。与此同时,一些铁也在生产过程中"丢失"。尽管无法估计"已经丢失且永远无法恢复"的铁量,但布朗(Brown et al.,1957)估计用于钢铁生产的铁约有 10% 永久损失,而在一百年后,剩余的铁将变成不可用物质。为了维持 1954 年的铁设备(不考虑任何经济增长),每人每年必须开采约 0.3 吨的铁矿石。

　　当然,需要的矿石量因物质而异,不仅取决于不断变化的技术,还取决于过程中所需存量的大小。以黄金为例,由于其化学稳定性、用途特殊及相对较小的存量,这种流量自然很小。然而,很难准确断言"迄今为止开采的大多数黄金仍然可用"(Skinner,1969)。过去数以百万计的手镯、项链、硬币等并没有全部保存在诺克斯堡中。

　　耗散物质的补充随着物质存量的增大而增大,这一事实必须作为本文论证的重要一环而得到认可。一方面,因为它解释了,为什么即使某些临界值可能如此之低以至于几乎不可能通过实验室实验来验证它们,它们在整个地球范围内的长远影响却不容忽视。另一方面,它又解释了为什么我们倾向于相信所谓的氧、碳、氮等自然循环的永恒性。[23]

　　就经济过程本身而言,我们绝不能忽视大量物质耗散不是由纯自然现象导致的,而是由一些生物活动,尤其是人类的某些活动导致的。人类在远离农场和森林的地方消费食物和木材,导致一些重要元素的耗散。这种做法——世界各地城市化水平不断提高的结果——也浪费了可用能源。最奇怪的是,我们意识到这种浪费,却没有意识到可用物质的浪费。这种差异导致森林可提供"无穷无尽木材供应"的谬论，因为太阳能几乎是无穷无尽的（Nash，1978）。然而，森林和地表土壤都不可能永久存在，除非进行外部干预（Georgescu-Roegen，1971b：302）。[24]

上述分析的结论是，对于环境交易，我们必须分开记录物质和能量——因为在宏观层面，几乎不存在将能量转化为物质，或者任何形式的物质转化为能量的现实程序。物质和能量的关系不像美元和日元之间的关系，甚至不像土地和农业生产中劳动工具之间的关系（第Ⅶ节）。

因此，一个新的多过程矩阵必须替换表1的矩阵。在这个新矩阵中（表2），有一个额外的过程（P_0），将原位物质 MS 转化为可控物质 CM。像之前一样，所有其他过程都有相同的作用，并由相同的符号标识。但有几个重要的变化。

第一，一个新流量 s_i，代表耗散物质 DM，它在每一个过程中产生并传递到环境中。第二，回收过程（P_4），不再像能量学模型假设的那样，回收所有的材料废物。因为耗散物质是不可恢复的损失，（P_4）只能回收仍然可用但不处于对我们而言有用的形态的物质：破碎的瓶子、破碎的管道、耗尽的电池、磨损的马达等。因为可回收材料在垃圾桶或垃圾场，为了简便，我们称它们为"垃圾"，GJ。[25]第三，经济过程的另一个内在方面表示为一系列物质的流量，这些物质同样回到环境中，在这里被标记为"拒绝"，记作 R。这种流量包含大部分可用物质和可用能量，但其形式目前对我们而言并没有潜在的用处。露天铜矿碎石、大多数城市垃圾和核垃圾都属于这一类别。[26]

表2 经济过程与环境的实际关系

产品	（P_0）	（P_1）	（P_2）	（P_3）	（P_4）	（P_5）
			流量坐标			
CM	x_{00}	$*$	$-x_{02}$	$-x_{03}$	$-x_{04}$	$*$
CE	$-x_{10}$	x_{11}	$-x_{12}$	$-x_{13}$	$-x_{14}$	$-x_{15}$
K	$-x_{20}$	$-x_{21}$	x_{22}	$-x_{23}$	$-x_{24}$	$-x_{25}$
C	$*$	$*$	$*$	x_{33}	$*$	$-x_{35}$
RM	$*$	$*$	$-x_{42}$	$-x_{43}$	x_{44}	$*$
ES	$*$	$-e_1$	$*$	$*$	$*$	$*$
MS	$-M_0$	$*$	$*$	$*$	$*$	$*$
GJ	w_0	w_1	w_2	w_3	$-w_4$	w_5
DE	d_0	d_1	d_2	d_3	d_4	d_5
DM	s_0	s_1	s_2	s_3	s_4	s_5
R	r_0	r_1	r_2	r_3	r_4	r_5

如表 1 所示,关系式为:

$$\sum{}'x_{0i} = x_{00}, \quad \sum{}'x_{1i} = x_{11}, \quad \sum{}'x_{2i} = x_{22}, \quad x_{35} = x_{33}, \quad (7)$$

$$\sum{}'x_{4i} = x_{44}, \quad \sum{}'w_i = w_4$$

上述关系式代表稳态的可行性。然而,由于 R 可能同时包含能量和物质,我们不再分开写这些物质的守恒关系式,如式(1)中所示。

Ⅵ. 能源分析和经济学

我的立场是(现在仍然是)熵定律是经济稀缺的根源。总之,在该定律不能运转的世界里,同样的能量可以以任意的循环速度被反复使用,物质永远不会耗尽。但生命肯定也不会存在。[27]在我们的世界里,所有对我们有用的东西都是由低熵构成的。正是由于这些原因,所有物质的经济过程都是熵性的(Georgescu-Roegen, 1966a, 1971b, 1976a)。但我也坚持认为(并不总是被正确解读),虽然低熵是一个有用的必要条件,但它并不是充分条件(就像有用性是经济价值的必要但不充分条件一样),如毒蘑菇就含有低熵(Georgescu-Roegen, 1966a:94; 1971b:282)。

经济的熵性质使人们犯下一个巨大的错误,即认为热力学方程可以描述经济行为——尽管里维茨(Lichnerowicz, 1971)如此认为。熵过程是通过一个复杂的拟人化类别网络进行的,最重要的是效用和劳动。它真正的产物不是耗散物质和能量的物理流动,而是生活享受——当然劳动也是辛苦的(Georgescu-Roegen, 1971b, Ch. x.)。而且,尽管有些人持相反的意见,但快乐与低熵消费并没有明确的定量法则。劳动的"负效用"与低熵消耗也没有这样的法则。威廉·配第的教导是正确的,他认为自然是财富之母,劳动是财富之父,只是他应该说"自然是我们的生存之母,劳动是我们的生存之父"。因此,即使我们接受能源学的观点,即整个经济过程仅靠环境能源流量 e_1 来维持,经济价值仍然不能转化为能量。[28]

然而,自从石油禁运促使人们思考能源并试图分析其在人类活动中的循环以来,采用能量单位(Btu)而不是美元计价的可能性一直备受关注。吉利兰(Gilliland, 1975, 1976)甚至认为,能量分析是消除经济学家必须进行的"苹果加橙子"难题的自然方式。斯莱瑟(Slesser, 1975)和 R.S.贝里(由斯莱瑟引用)提出这一教条的最强形式：用货币衡量事物的成本，"这毕竟只是一种高度复杂的价值判断"，无法为经济估值提供坚实的基础。实际上，如果经济学家以更全面的方式看待稀缺性，他们的"估计将越来越接近热力学家的估计"。这只不过意味着废除经济学并用热力学取而代之。[29] 这一立场被普遍接受，以至于净能量分析现在构成美国技术评估和能源政策评估的官方标准（ERDA，1975）。

令人惊讶的是，甚至在经验丰富的能量分析从业者中仍然普遍存在严重的混乱。首先，奥杜姆的净能量分析与总能量分析的差异存在争议，1974年国际高级研究机构联合会（IFIAS）会议针对总能量制定了一些原则（注释②）。后一学派的代表斯莱瑟声称，"我们还没有看到一个严格的净能源定义"（Slesser，1977）。的确，即使在奥杜姆的最新著作中，在许多重要问题上他也没有阐述清楚，如是否应该考虑劳动能源。而且，他提出的一些必要条件经常使读者感到困惑，例如，即使货币也必须包括在总流量中（Odum，1977）。然而，另一阵营的情况也不容乐观，这可以从一系列高度批判的信件和未能解决问题的小注解中得到证实。[30] 一位批评家指责说，因为"能量分析师在基本原则上存在分歧"，所以能量分析可用来"证明你选择的任何情况"（Kenward，1975）。甚至一位著名的能量分析师P.F.查普曼（P. F. Chapman）也承认"（分析）方法几乎与该领域的工作者一样多"，能量分析可以遵循四个不同的目标，并采用三种不同的方法（Chapman，1974）。正如他所展示的，结果甚至可能是相互矛盾的。甚至在如何测量能量方面也存在一些争议（我们将很快看到）。

最近，大卫·休特纳（David Huettner）对能量分析能否为价格体系提供等价基础进行了思考（Huettner，1976）。然而，他的文章引发的编辑来信表明，他也未能明确阐明他的观点。[31] 在推导其价格方程时，休特纳遵循了标准经济学中的错误做法，即忽略了流量（由生产过程改变的物质要素）和储备（执行变化的主体）之间的本质差异（Georgescu-Roegen，1976a，1976b）。结果，他的价格方程与他假定的能量等价方程具有完全相同的形式。由于这种一致性没能揭示经济估值和能量计算之间的真正差异，从而无法解决由普赖斯提出的"为什么能源分析与经济分析给出的答案不同"这一问题（Price，1974）。我使用的流量储备模型将毫不费力地解决这个问题。

让我们首先考虑表1中最简单的情况，从净能量分析开始。我们首先必须确定该结构中的净能量是什么。我认为，基于科特雷尔—奥杜姆的概念，我们可以安全地假设净能量旨在确定最终消费者可获得多少各种形式的可控能量 CM。然而,现在需要进行一些额外观察。首先,对于净能量的概念,我们不必区分各种环境能量 ES。换句话说,净能量是来自化石燃料还是来自风能并不重要。其次,耗散的热量一定不能计入净能量。也就是说,我们不能将 d_1 加到能量 x_{11} 的净产出中,或者从总投入 x_{1i} 中减去 d_i。最后,我们也不能以任何方式计算人们在工作或消费商品上所消耗的能量。这样做将混淆经济学和能量分析。能量分析会因重复计算而产生错误,因为在稳态中——这仍然是我们的测试基础,任何环境元素的总投入量刚好等于相应的总产出量。

有四种净能量定义似乎值得关注:(a)x_{11};(b)x_{11} 与 x_{21} 的等价能量之差;(c)x_{15};(d)x_{15} 加上 x_{25} 和 x_{35} 的等价能量。第一个定义可以轻易排除。如果 x_{11} 是由原位化石燃料产生的电力,那么即使就过程(P_1)而言,该电力也不是净能量。因为一部分电力已在间接过程中用于生产物质流量 x_{21},以补偿在开采 e_1 并将其用于热电厂期间 K_1 的磨损。

定义(b)可得:

$$Net\ energy = x_{11} - (x_{21})_e \tag{8}$$

其中 $(x)_e$ 表示 x 的等价能量。这个定义提出了一个棘手问题:钢梁的等价能量是多少?

在这里,各种想法再次发挥作用。一种简单的方法是只考虑过程中直接使用的能量,因为这些数据很容易从官方统计中获得。这种方法得到:

$$(x_{21})_e = x_{21}(x_{12}/x_{22}) \tag{9}$$

和

$$Net\ energy = (x_{11}x_{22} - x_{12}x_{21})/x_{22} \tag{10}$$

显然,这显示存在严重的低估,因为生产 x_{22} 也需要 x_{42} 单位的 RM。因此,我们还必须找出 $(x_{42})_e$。因此,我们采用另一种算法,该算法为每种类型的产品建立了等价当量。[32]这样可得到一个方程组,类似于列昂惕夫方程组(Chapman et al., 1974;Wright, 1974)。[33]让我们用 a_i 表示(P_i)的每单位流量产品的等价能量。从表 1 可得:

$$Net\ energy = x_{11} - a_2 x_{21},$$

$$-x_{12} + a_2 x_{22} - a_4 x_{42} = 0,$$

$$-x_{13} - a_2 x_{23} - a_4 x_{43} + a_3 x_{33} = 0, \tag{11}$$

$$-x_{14} - a_2 x_{24} + a_4 x_{44} = 0$$

通过式（2）得到：

$$Net\ energy = x_{15} + a_2 x_{25} + a_3 x_{35} \tag{12}$$

这个关系式表明定义（b）等价于定义（d），而不是定义（c）。这个关系式还表明，以可控能量（净能量）为单位的 K 的平均成本为 a_2。

由式（11）定义的净能量也可以单独表示为流量坐标的函数：

$$Net\ energy = \begin{vmatrix} x_1 & -x_{21} & 0 \\ -x_{12} & x_{22} & -x_{42} \\ -x_{14} & -x_{24} & x_{44} \end{vmatrix} \div \begin{vmatrix} x_{22} & -x_{42} \\ -x_{24} & x_{44} \end{vmatrix} \tag{13}$$

这个公式证明了一个非常奇怪的结果，即在能量系统中，净能量不依赖于消费品行业的流量。

是否应将等价能量归因于 W，能量分析师们远未达成一致意见。与经济学给联合产品确定成本的难度类似。但是，如果我们在式（11）中引入 w_i，并表示为新等价能量的最大值，并用 z'_w 表示 w 的等价能量，通过式（2）我们得到：

$$a'_i - a'_w = a_i \tag{14}$$

这意味着新的等价物尚未完全确定。可以预见，这个结果在一些争论中可能相当麻烦。

接下来我们转向总能量分析。该分析的目标是确定"直接或间接地确定向最终消费者提供商品或服务所需的原位能量"（Leach，1975；Slesser，1977）。然而，如何精确度量仍处于"混乱的泥潭"中（Leach，1975）。总能量分析主要考虑化石燃料。因此，我们采用的能量单位是热值，它表示燃烧定量化石燃料可获得的能量（Chapman et al.，1974；Price，1974）。[34] 对于核燃料，由于没有公认的热值，因此难以分析。对于水力发电厂的能量投入，也没人知道它的热值。太阳能不应该算作投入，因为它是"免费商品"（CED，1977），该立场有其不利之处（但不影响净能量分析）。一位作者认为，劳动力甚至利润"也是能量投入"（Wright，1974）。然而，大多数总能量分析师都遵守劳动力和废物都不纳入计算（Slesser，1977）的规则（包括以上规则）。还有一些问题涉及这两种方法，但没有从业者明确说明，如资本成本 x_{2i} 中应该包含哪些确切内容。

现在让 X 表示表 1 的前四行和前四列的转置矩阵。让 e 表示列向量 $(e_1, 0, 0, 0)$；令 $b=(b_1, b_2, b_3, b_4)$ 为等价能量的列向量，以 ES 为单位，我们有：

$$Xb=e \tag{15}$$

从这里和式（1）我们得到：

$$e_1=b_1 x_{15}+b_2 x_{25}+b_3 x_{35} \tag{16}$$

这显示了家庭消耗一单位商品需要多少原位能量 b_i。[35]

比较式（12）和式（15）产量可得到：

$$Net\ energy=e_1/b_1 \tag{17}$$

或者，等价地，

$$b_i=b_1 a_i, \quad i=2, 3, 4 \tag{18}$$

这些结果首先表明，为什么总能量分析中的主要问题集中在合适的能量单位上。如果 e_1 由化石燃料组成，那么查普曼（Chapman，1974）则是正确的，他认为 1 千瓦时的电应计为大约 4 千瓦时的热量，这意味着 $b_1=4$。

这两组等能量都是通过关系式（18）相关联的，因此促使人们想知道为什么所有争论都围绕哪种方法是正确的展开。实际上，虽然从 b 可以推导出 a，但 a 无法推导出 b。然而，这并不意味着总能量分析就是更好的方法。根据前面提到的规则，在太阳能 $e_1=0$ 的情况下，$b=0$[36]且净能量趋于无穷。简而言之，在其自身范围内，总能量无法区分两种仅依赖太阳能的技术（如本章第Ⅷ节所述）。另外，净能量分析完全忽略了将原位资源转化为可控能量的技术效率。就净能量分析而言，为获得一吨净油，无论是消耗两吨还是一百万吨原油都无所谓。

在表 1 的基础上继续推理，我们转向经济评估，简单评估一下在这样一个经济世界中正常的价格是多少。需强调的一点是，在任何经济系统中，流量要素所代表的数量和参与主体提供的服务都具有价值。令 $p=(p_1, p_2, p_3, p_4)$ 为流量要素价格的列向量，令 P_K, P_H, P_L 为特定时期内服务的价格。经济方程是：

$$Xp = B \tag{19}$$

其中 B 是列向量(B_1，B_2，B_3，B_4)，

$$B_i = P_K K_i + P_H H_i + P_L L_i \tag{20}$$

我们进一步得到：

$$p_1 x_{15} + p_2 x_{25} + p_3 x_{35} = \sum B_i \tag{21}$$

上述方程式是国家预算方程。

只有在非常不切实际的情况下，只包括劳动服务的预算 B_i，式(19)才能确定所有的相对价格。[37]实际上，不确定性被纯经济性质的其他因素所消除，如品位和收入分配。[38]

显然，在任何情况下，能量等价量都不可能代表经济估值。尽管价格体系式(19)的矩阵与能量等价体系式(11)和式(15)的矩阵相同，但前者不能等同于任一后者。实际上，将经济价值概括为能量是比纯劳动价值理论更极端的立场。简单地说，根据能量学内容，如果生产一盎司黑鱼子酱(主要是蛋白质)和一盎司意大利面(主要是碳水化合物)消耗的总能量或净能量相同，那么一盎司黑鱼子酱和一盎司意大利面的价格应该相等。这种等价将永远不会起作用。

Ⅶ. 全球分析与经济选择

能量和物质的分析方式与广义列昂惕夫系统的分析方式相同，在该系统中有多个但截然不同的主要生产要素(如统一的劳动和统一的土地)。这意味着可以通过假设其他要素是无限供应的，来建立一个与要素有关的关系式(Georgescu-Roegen，1966a，Ch.10)。

我们先从 MS 开始。令 Y 表示表 2 前五行和前五列的转置矩阵，令 f 表示新的总等价能量的列向量(f_0，f_1，f_2，f_3，f_4)，e 表示列向量(0，e_1，0，0，0)，与前面一样，我们有：

$$Yf = e \tag{22}$$

这可得到：

$$e_1 = f_1 x_{15} + f_2 x_{25} + f_3 x_{35} \tag{23}$$

和

$$f_1 = e_1 \Delta_{i1} / \Delta \tag{24}$$

其中 Δ 是 Y 的行列式,Δ_{i1} 是下标$(i, 1)$的次要元素。

对于总物质等价量,我们从 ES 中抽取。如果 g 表示这些等价物的列向量,m 表示列向量$(M_0, 0, 0, 0, 0)$,则有:

$$Yg = m \tag{25}$$

从这里我们得到:

$$M_0 = g_1 x_{15} + g_2 x_{25} + g_3 x_{35} \tag{26}$$

和

$$g_i = M_0 \Delta_{i0} / \Delta \tag{27}$$

净能量的相应方程如下:

$$Net\ energy = e_1 / f_1, \qquad Net\ matter = M_0 / g_0 \tag{28}$$

结论是要向最终消费者提供一个边际单位的 C,我们必须消耗 f_2 单位的原位能量和 g_2 单位的原位物质。

上述考虑的结果是,无论能量的来源是太阳能还是地球能源,我们都不能忽视任何生产过程导致的地球可用物质的耗竭。实际上,尽管存在陨石坠落和偶尔逃脱引力的物质粒子,但是地球是一个封闭的热力学系统。因此,从长远来看,对于现行工业系统而言,某些物质元素将变得比能源更重要(Georgescu-Roegen,1971b,1976a)。越来越多的自然科学家最近深信这一点,甚至坚持认为一些重要元素已接近迫切的稀缺极限(Chynoweth,1976;Skinner,1976)。可悲的是,我们并没有遵循旧的诫命"把剑打成犁头",而是继续将后代的犁头锻造成我们现在可怕的"剑"。

我们得记住,能量和物质是不能相互转换的(第Ⅵ节),即不存在 $F(M, e) =$ const 的等式。因此,我们没有等量线网格,无法将自然资源的经济选择转化为物理化学计算。以两种技术 $T_1(M_0^1, e_1^1)$ 和 $T_2(M_0^2, e_1^2)$ 为例,它们产生的结果相同,即 $M_0^1 > M_0^2$,$e_1^1 < e_1^2$。如果它们都使用地球资源,任何物理原理或化学原理都无法告诉我们哪种技术在经济上更加可取。该问题的性质纯属于经济

性质,因为它涉及众多具有不同历史不确定因素和不可估计的量的问题。

由于物质也很重要的,因此将经济选择仅归结为能量是一种误导。实际上,在某些情况下,只有物质才是关键。假设上述技术使用"免费"的太阳能。现在的选择必须考虑净能量 NE,而不是总能量。当 $M_0^1 > M_0^2$ 且 $NE^1 < NE^2$ 时,如何在 $T_1(M_0^1, NE^1)$ 和 $T_2(M_0^2, NE^2)$ 之间进行选择仍是一个经济问题,而不是纯技术问题。但是,如果 $NE^1 = NE^2$,物质将起决定性作用,无论它使用多少总能量,T_2 都是更可取的。

为什么物质被现代熵转化分析所忽略的一个因素是(除了前面提到的那些因素),自两百年前开始人类不断发现丰富的化石燃料矿藏。丰富的矿藏具有巨大的双重优势。只需相对较少的物质就能从地球内部提取化石燃料,并消耗更少的物质将其转化为工业热能。核能则不同,它需要大型装置进行精炼、浓缩和转化。目前直接使用太阳能的阻碍也在于太阳能技术需要消耗大量物质。从我们现在所了解的全部情况来看,一项技术消耗的物质会根据所使用能源强度的不同而不同。对于弱强度能量(如地表太阳辐射)来说,其所消耗的物质极多,因为如果要支撑密集的工业生产(像化石燃料那样),就必须将太阳能集中到更高强度。对于高强度能量来说,其所需的物质很多,因为高强度能量必须能被控制(除了首先被"筛选"之外)。

Ⅷ. 全球分析和技术评估

如今,我们一遍又一遍地听到,没有什么可以阻止我们使用太阳能技术,因为太阳能"毕竟是免费的"(CED,1977)。然而,每种环境能源都是完全免费的,因为大自然没有收银台让我们支付原位资源费用。货币是人类而不是大自然创造的。也许我们会说太阳能是免费的——简单认为它是"极其丰富"的。而且它确实很丰富:它每年到达高层大气的流量大约是世界目前所有能源消耗量的一万二千倍。遗憾的是,丰富的原位能源并不一定是一种优势。太阳能的缺点就是当它到达地表时非常微弱。

现在,直接利用太阳能是一个充满希望的话题[39],因此根据本文提出的想法评估这种技术具有指导意义。我们首先回顾一下"方法"和"技术"之间的必要区别,以及可用方法不一定构成可行技术这一事实(第Ⅱ节)。大量成功的实验表明一些可用方法还不能成为可行技术。一个著名例子就是月球采矿目前还不可能取代地球采矿。我们将讨论限制在目前已知的可有效直接利用太阳能的方法技术上。[40]我们用"收集器"一词表示所有使用这些方法的设备。

为简单起见,我们可以将整个系统分为三个单独的过程:(P_1)利用收集器 CL 和资本设备 K 收集太阳能 SE;(P_2)借助 SE 和 K 生产收集器;(P_3)利用 SE(表 3)从矿藏中生产 K。[41]显然:

$$x_{21} = x_{22} \tag{29}$$

因为收集器在过程(P_1)外没有用处。

假设所有方法(P_i)都是可行的(P_1)。收集器目前由其他能源生产——主要是化石燃料能源 FE,K 也是如此。由于能量是同质的,收集的太阳辐射能可替代化石燃料能源。唯一可能的障碍与太阳的辐射强度有关。遗憾的是,除了物质之外,能量强度(用 dQ/dt 表示)是热力学忽略的另一个问题,对该问题它没有给出任何见解。[42]然而,我们不应该忽视一个事实,即存在成功的方法可将收集到的太阳辐射温度提高到相当高的程度。奥代洛(Odeillo)太阳炉(位于比利牛斯山脉)产生的温度接近 4 000 摄氏度,功率约为 65 kW。如果我们想要更大的功率,我们可以建造尽可能多的奥代洛太阳炉。然而,太阳能发电厂需要一个巨大而复杂的装置。美国能源研究开发署在巴斯顿(加利福尼亚州)设计的工厂包括至少 1 700 面抛光镜,每面抛光镜的面积为 400 平方英尺——总共约 18 英亩,由一个非常复杂的机械移动它们,让它们跟着太阳转动,同时将太阳光线准确、持续地聚焦于锅炉。然而它的功率只有 10 兆瓦。

为了使表 3 所描述的技术可行,我们必须有:

$$y_1 = x_{11} - x_{12} - x_{13} > 0, \quad y_3 = -x_{31} - x_{32} + x_{33} > 0 \tag{30}$$

其中 y_1 和 y_2 表示维持相应储备要素(人员和固定资本)所需的流量。

表 3　基于太阳能的技术

产品	(P_1)	(P_2)	(P_3)	净流动
SE	x_{11}	$-x_{12}$	$-x_{13}$	y_1
C	$-x_{21}$	x_{22}	$*$	$*$
K	$-x_{31}$	$-x_{32}$	x_{33}	y_3

可行技术就像一个可行物种,也就是说,一旦从以前的技术中发展出来,它所要做的就是维持自己。换句话说,最初的青铜锤是用石锤敲打出来

的，但在随后的时代里，所有的青铜锤都是用青铜锤敲打出来的。毫无疑问，用石锤敲打出青铜锤比敲打出石锤要求更高。只有按照旧价格增加成本才能跨越从旧技术到新技术的门槛。如果忽略这一点，我们就看不到太阳能技术可行性论点的缺陷；要看到这一点唯一需要做的就是，找到如何有利可图地生产集热器这一方法的薄弱之处。正如青铜时代的例子所示，不管怎样，一项技术的可行性只要求其材料支架是自给自足的。

现在让我们考虑价格问题。如果式（30）的条件是满足的，则存在一个使该系统正常工作的价格系统。也就是说，如果 X 现在表示表 3 的转置矩阵，并且 p 是列向量（p_1，p_2，p_3），则系统有一个正解：

$$Xp = B$$

其中，B 在式（20）中定义。因此，如果 $B > 0$ 时没有解，则该技术不可行。但奇怪的是，相反情况却并非如此。一方面，没有可行技术，式（30）也可能有一个正解。[43]另一方面，现实是我们还没有生活在依靠太阳辐射的技术时代，所以不能证明这种技术是不可行的。就目前的财力或人力成本而言，该技术的效率很可能低于化石燃料技术。这个问题牵涉甚广。但是，相比于这个不完善的观点，其他观点的缺陷更多。

关于太阳能为什么尚未取代其他能源的最普遍被接受的解释是收集器的成本太高。除了这个问题之外，维持现代工业活动的太阳能技术实际上是可行的。难点是"成本问题，而不是物质问题"（Rose，1975：17）。但是，如果唯一的障碍是太阳能技术会造成资金赤字，那么这个问题就需要一个答案。在过去的五年中，我们至少已经花费数亿美元去研发更高效的方法。尤其是能源研究开发署，在本国布置了无数的样板房和实验风车。然而，它在增强人们对可行太阳能技术的信心方面并没有取得突破。没有一个资金雄厚的研究机构想出了（P_1）和（P_2）相结合的、相互支持的可行实验方案，更不用说低成本且成熟的、可行的太阳能技术实验方案。因为要证明一个技术想法是可行的，不必考虑成本。否则，我们将无法成功证明我们可以将人送上月球。

显而易见，目前我们不可能仅通过收集太阳能来生产收集器。因此，任何基于太阳能收集器的可行方法都是当前技术的寄生虫。而且，像任何寄生虫一样，离开宿主，它就无法存活（Georgescu-Roegen，1978；1979b；1978v；1980a）。

这意味着除了式(30)之外,我们还有[44]:

$$x_{11} < x_{12}, \ x_{11} < x_{13} \tag{31}$$

即使我们削弱其他条件,仍有:

$$-x_{31} - x_{32} + x_{33} = 0 \tag{32}$$

为了对现有太阳能利用方式进行全局分析,我们必须考虑表 4 的流量矩阵,假设式(29)和式(31)是成立的。现在在(P_2)生产收集器所必需的能量来自非太阳能(化石燃料)发电厂(P_4^0),该发电厂还通过新工艺(P_3^0)为生产资本设备提供能量。如果我们假设唯一的净流量是 x_{11},那么这个论点将更具启发性。

表 4　目前的混合技术

产品	(P_1)	(P_2)	(P_3^0)	(P_4^0)	净流量
SE	x_{11}	*	*	*	x_{11}
CL	$-x_{21}$	x_{22}	*	*	*
K	$-x_{31}$	$-x_{32}$	y_{33}	$-y_{34}$	*
FE	*	$-x_{12}$	$-y_{43}$	y_{44}	*

根据 $y_{33} > x_{33} = x_{31} + x_{22}$ 这一事实,可以合理地得出 $y_{43} > x_{13}$。因此,$y_{44} = x_{12} + y_{43} > x_{12} + x_{13}$。并且由式(31),可得出:

$$y_{44} > 2x_{11} \tag{33}$$

这证明了不仅(P_1)是化石燃料的寄生虫,而且在全球范围内,该方法消耗的其他能量是其净产出的两倍。[45]

进一步分析将阐明非盈利成本的真正含义。由于表 4 表示混合技术有效地产生了净产出,因此存在一个正价格的系统。如果我们合并(P_1)和(P_2)的预算方程,将得到:

$$B_1 + B_2 + p_3(x_{31} + x_{32}) = p_1 x_1 - p_4 x_2 \tag{34}$$

由第一个不等式(31),可得出 $p_1 > p_4$。换言之,在混合技术中,从太阳能获得一单位热量的价格要高于从化石燃料中获得的价格。[46] 由此可见,目前用太阳能生产一单位热量是无利可图的,这并不是因为价格;而是因为它反映了太阳能方法的隐性浪费。

仅需要外部物质(P_1)和(P_2)的成功试点组合将构成一项重大成就,但仍不能完全确定。这种组合仍然需要经历(P_3^0)和(P_4^0)这样的过程,如表5所示。除了式(31)之外,我们还有:

$$x_{11} > x_{12}, \ x_{11} < x_{13} \tag{35}$$

因为,即使在这种情况$(y_{33} > x_{33})$下,与之前一样,我们可得到:

$$y_{44} > x_{13} > x_{11} - x_{12} \tag{36}$$

得到同样的结果,仍涉及全球能源赤字(Georgescu-Roegen,1978v)。然而,在这种情况下,这种缺陷似乎不一定导致 $p_1 > p_4$。[47]

表 5　利用太阳能生产的集热器

产品	(P_1)	(P_2)	(P_3^0)	(P_4^0)	净流量
SE	x_{11}	$-x_{12}$	*	*	$x_{11} - x_{12}$
CL	$-x_{21}$	x_{22}	*	*	*
K	$-x_{31}$	$-x_{32}$	y_{33}	$-y_{34}$	*
FE	*	*	$-y_{43}$	y_{44}	*

丹尼斯·海耶斯(Denis Hayes)声称"我们现在可以使用太阳能了,(因为)技术就在这里"(Hayes,1978),这可能反映了一个敏锐学生对能源稀缺问题的过度热情。事实是,这里只有可用的方法,就像无数其他方法一样;但并没有可行的技术。发现更有效的方法可从根本上改变问题状况。然而,就像四十年前和平利用核能的情况一样,利用太阳辐射并不是我们最近才面临的问题。那时,使用新发现的能源很容易出错;而卢瑟福勋爵却做到了,没人能与之媲美。但是太阳能集热器已经大规模使用近一百年,在此期间几乎没有真正的突破(Butti and Perlin,1977)。毫无疑问,无论是对于新的"木材时代"还是其他的太阳时代,太阳都是唯一稳定且完全健康的能源。然而,目前人类无法利用太阳能驾驶喷气式飞机、住在摩天大楼里,或者以每小时 100 公里的速度驾驶汽车。

坚持不懈地寻找更高效的方法不仅合法,而且势在必行。但是,宣称太阳能技术已经成熟,或者宣扬"无论发生什么,我们都会找到解决办法",只会掩盖公众对自然资源紧迫问题的认识,使得制定适当的政策来应对这个问题,变得比它实际上更加困难。

Ⅸ. 数学注释

令 X 为表 3 的矩阵,重音符号表示矩阵转置。根据式(30),存在系统:

$$Xs' = w \tag{37}$$

对于 $w = y \geqslant 0$,式(37)所表示的系统有一个正解 $s = (1, 1, 1)$。[48]根据定理 5(Georgescu-Roegen, 1966a:324—325),对于任何 $w > 0$,它都有一个解 $s > 0$。因此 $|X| = 0$,[49]根据定理 4(Georgescu-Roegen, 1966a:323),存在系统:

$$X'p' = B' \tag{38}$$

式(38)中 $B = (B_1, B_2, B_3) > 0$,该系统有一个解 $p > 0$。这证明,对于任何可行技术和任何储备价格,都存在一组流动要素的价格为正。

让我们假设式(38)有一个正解。根据定理 4,可得:

$$X\lambda' = z'$$

对于任意 $z > 0$,上式都有一个解 $\lambda > 0$。因此,$\Omega \in \Gamma$,当 Ω 为非负象限时,Γ 是由 (P_1),(P_2) 和 (P_3) 确定的传输锥。除非 $X = I$,否则必须存在某个 w,不仅满足 $w \in \Gamma$,而且满足 $w \in \Omega$。不能保证 y 也如此。一个简单的例子是:

$$X = \begin{bmatrix} 4 & -2 & -3 \\ -1 & +1 & 0 \\ -1 & -2 & 5 \end{bmatrix}$$

注　释

① 我可以解释一下,从我对经济过程熵性质的第一次分析中,我坚持认为能量和物质都不可能从可用状态退化为不可用状态(Georgescu-Roegen, 1966a:75, 93—96; 1971b:142, 277—280)。当时,我相信我的论文内容至少在自然科学家中是常识,所以没有深入分析技术细节。但石油禁运后,我的积极立场更加突出,这让我相信我的信念是错误的;然后,我开始提出具体的论点来支持我的论文(Georgescu-Roegen, 1976; 1976a, 1976b, 1976h, 1976m; 1977b, 1977c, 1977f; 1979p)。

② 尽管另一份官方信函确认技术评估并不是公认的专业领域的当务之急,

但我对本章中处理的问题不抱有任何歉意。

③ 另一种方法侧重于总能量(第Ⅵ节)。

④ 在布朗早期的著作中,能量学也贯穿其立场(Brown,1954)。但奇怪的是,这两卷书都引用了与能量学教条直接相悖的事实(第Ⅴ节)。

⑤ 在采取这一立场多年后,博尔丁(Boulding,1976)认为熵定律和经济过程之间存在密切的关系,转而认为熵是一个"负潜力土地",因此不适合解释进化发展的概念。但是最近(1977年)他意识到材料也是重要的环境元素。

⑥ 这种分析表示既简单又安全。它消除了生态学家和能源分析师使用的令人困惑的流程图(其中忽略了资金),并避免了"等待投入产出表用户的内部流程"的分析陷阱(Georgescu-Roegen,1971b:253—262)。此外,流动资金模型不应与约翰·希克斯爵士在市场不平衡理论中引入的流动股票模型相混淆。股票的功能是积累资金流,并将其转化为资金流。基金参与了一个过程,但并不发生改变。

⑦ 尽管这一点看起来很明显,但它需要一些技术上的理由,稍后将提供这些理由(第Ⅲ节)。

⑧ 在这种情况下,所有的 w_i 都是空的,这消除了任何回收的需要,符合博尔丁的原则。

⑨ 据我所知,只有泽曼斯基(Zemansky,1968:193)对一个密切相关的系统使用了相同的术语——也就是说,这个系统不会因为摩擦、黏度等而消耗功。我认为,我的定义在分析上更具相关性。

⑩ 这一定律不应被视为熵定律的推论(这一点经常被证明是可能的)。根据这一定律,一个孤立的系统——如果一个系统在该定律的规则下包含物质,既不能与周围环境交换物质也不能交换能量,那这个系统就会趋向于热死亡或者趋向于混沌(Georgescu-Roegen,1966a:75;1971b:142;1976a:8)。这种混淆可能源于使用"封闭"而不是"孤立"的松散做法,如赫特(Huetther,1976)的研究。

这里不妨回顾一下,一个既能交换物质又能交换能量的系统是开放的。第四个逻辑范畴,一个只能交换物质的系统实际上是不存在的,因为任何物质的运输都涉及能量。

⑪ 在当时只有被证明有效的东西才会有一个合法的地位去发展这类论点。投机没有价值,甚至可能是危险的。例如,如果科学的仆人不断地宣扬我们一定会学会如何用"卡弗来石"("cavorite",卡弗先生在 H.G.威尔斯的幻想中发现的一种材料)来阻挡引力,那么人们在建造没有楼梯和电梯的房子时就会被误导。

⑫ 尽管物质世界非常庞大,但根据一些估计,物质宇宙仍然主要由氢组成,

其占 92.06%，氦占 7.82%(Allen，1973)。

⑬ 像这样独特的热力学思想让人想起德克·特尔·哈尔(Dirk ter Haar)的说法，即熵的概念"即使是物理学家也不容易理解"(Georgescu-Roegen，1971b)，这似乎是一个领域权威的典型判断。然而，如今大多数物理学家对热力学(如果有)只有肤浅的了解，因此有些人甚至在热的概念上也可能出错(见 *Journal of Economic Literature*，December 1972，p.1268，以及接下来的注释⑭)。

⑭ 我们机械地倾向于一个著名观点，即路德维希·玻尔兹曼可以努力通过牛顿力学可逆定律的完美决定论与概率相结合去解释不可逆现象。对于经济学家来说，研究这种混合结构展示一个至关重要的兴趣。概率理论的提出者坚持认为，不可用能量的再生是极不可能的，而不是不可能的。他们相信，在熵博弈中可能会作弊(就像我们可能会在任何机会博弈中作弊一样)，或者，正如五十年前布里奇曼嘲笑的那样，"偷取熵"(Georgescu-Roegen，1966a，1971b，1976a)。因此，令人遗憾的是，并非所有物理学家都知道玻尔兹曼的构造遭到一些最伟大物理学家的无可辩驳的批评，对此，请参见 Ehrenfest，1959；Georgescu-Roegen，1971b。更可悲的是，他们不知道伊利亚·普里戈金通过他的开创性贡献表明，玻尔兹曼关于物质演化的"机械理论"是基于直觉论证的，尽管经常有相反的说法，但该计划从未实现(Prigogine，1971，1973；Prigogine et al.，1973)。如果你还没有超越玻尔兹曼，那么你就倾向于宣称(正如奥尔所做的那样)熵定律不会阻碍经济的无限增长(Auer，1977)。

⑮ 也许可以很好地解释，在热力学中，只有当运动及其周围的其他一切都能恢复到原始状态时，运动才是可逆的(Planck，1932；Zemansky，1968)。

⑯ 回想一下前面普朗克提到的无限活塞。

⑰ 传统的公式是 $Q=W$，因为在热力学中，只有在没有摩擦的情况下才能定义功(Denbigh，1971)。式(3)最近由西尔弗(Silver，1971)提出。但他也没有提到摩擦的物质效应。此外，为了涵盖所有的能量浪费，公式应为 $Q_a=W_u+W_f+Q_i$，其中 Q_i 是热能的损耗量——总是在不做功的情况下降低温度梯度的热能量。

⑱ 尽管"热"是最常见的感觉之一，但热的流动(严格按照热力学的概念)并没有直接的物理意义，也没有直接的操作来测量它(Bridgman，1927:24)。

⑲ 因为同样的技术细节稍后将在第Ⅵ节介绍，所以最好在这里补充焓 H 不会改变(Planck，1932，1945；Kirkwood and Oppenhein，1961)。焓，与热含量相对应的直观概念，是在压力保持恒定的情况下，使物质从绝对零度达到其温度状态所需的热含量。在实践中，焓是燃料的热值，即燃烧燃料所能获得的最大热能。

⑳ 可以理解的是，普朗克没有说"质量耗散"。

㉑ 另一个缺陷是，事实上，无论活塞相互挤压多少，一些混合气体始终保留在膜之间。

㉒ 与本文主题高度相关的是最近发现太阳能收集器也逐渐堵塞（由位于克利夫兰的美国国家航空航天局的 R. K.诺尔和 S. M.约翰逊发现）。

㉓ 正是由于每一种股票的数量巨大，因此在短期内连续离开周期的数量并不明显。一个令人信服的事实是，几乎所有以碳酸钙形式沉积在海底的碳都不会重新进入所谓的碳循环。这只是全球环境碳循环的一个小麻烦因素（Woodwell et al.，1978）。

㉔ 很有可能，在获得环境低熵严重困难的情况下，运输消耗的能源浪费将更加明显，而且会导致大量的去城市化（Georgescu-Roegen，1976b）。

㉕ 回收垃圾的可能性标志着能量和物质之间的第二次不对称。物质的循环利用是可能的，因为一些物质物体是"耐用"的；与能量相比，它们不会通过参与生产机械或其他类型的工作而瞬间退化。这一点与重复使用和瞬时消费之间的旧经济争论有关。

㉖ 为了节省空间，表 2 中未明确表示基金坐标。

㉗ 我们经常将熵定律与无序联系起来，但如果没有它，实际现象中就没有秩序。事实是熵定律是有序继承的定律。一个有趣的观察：如果没有熵定律，你就不敢洗澡，一半的水可能会热到烫伤你的脖子，另一半会冷到冻伤你的脚趾。

㉘ 我自己也坚持认为，价格是经济体系的狭隘因素，而且市场机制本身无法防止环境灾难。但我并不否认市场机制在同一代成员之间分配资源和分配收入的必要性（Georgescu-Roegen，1976a，1976m）。

㉙ 基思·王尔德（Keith Wilde）最近提醒我，哈耶克（Hayek，1952:51）很久以前就抗议"各种形式的社会'能量学'〔如欧内斯特·索尔维（Ernest Solvay）、威廉·奥斯特瓦尔德和费雷德里克·索迪（Frederick Soddy）所提出的那样〕"。然而，这些作者中没有一位与现代能源学家持有相同的立场。他们声称，无论经济价值如何建立，经济过程都不能违反任何自然规律，包括热力学定律。事实上，哈耶克是第一位观察到从人类存在之初起，技术进步就一直存在于增强我们生物器官的力量。与哈耶克的指控相反，奥斯特瓦尔德（Ostwald，1908:164）明确指出，"如果我们只测量与自由能成比例的值，那么我们就会出错"。只有索迪投身于经济事务，并致力于解决信贷创造带来的不稳定。戴利（Daly，1978）最近发表的一篇有趣的论文旨在恢复索迪的名誉。

㉚ *New Scientist*，9，16，and 23 January 1975。

㉛ *Science*，15 April 1977，259—262，特别是 M.斯莱塞。另见 *Science*，2 April 1976，8—12。

㉜ 不妨强调一下,术语"能量等价物"并不意味着物理等价物,例如,一磅铜可以转化为其能量等价物,反之亦然。

㉝ 即使有详细的实际投入产出表,这对分析师来说几乎也是无法完成的任务。但这一困难与目前正在审议的问题完全无关。然而,查普曼坚持认为,在这种方法中,原则上应该考虑一个子系统,而不是整个国民经济(1974 年)。此外,在将该方法应用于能源部门的示例中,不清楚如何计算非能源项目的能量当量(Chapman et al.，1974)。从对这一问题的反复评论中,我们可以推断,在这些项目中,使用了与美元相当的能量,这一程序与能量分析完全不兼容。

㉞ 在更复杂的形式中,我们解释说,应该只考虑自由能,它决定了在正常压力和温度下可获得的最大机械功。具体来说,这就是吉布斯自由能,$G = H - TS$,这就是它的含义(Price, 1974; Slesser, 1975)。然而,改用焓 H(前面的注释⑲),因为在正常条件下燃烧燃料时,ΔG 与 ΔH 没有实质性差异(Denbigh，1971:73)。

㉟ 很容易看出,只有 b_3 受(P_3)的流动坐标的影响。此外,引入 W 的能量当量 b_w 将导致与式(15)相同的系统,其中 b 被 b' 替换,$b'_1 = b_1$，$b'_i = b_i - b_w$，$i \neq 1$。

㊱ 这是因为如果 $|X| = 0$,则式(15)没有解。

㊲ 在实际经济中,$P_k = 0$。此外,在制度 $P_L = 0$ 的情况下,差别租金仍然会导致收入转移(自然是非法的)。

㊳ 如果将 W 归属于市场价格 p_w,则新价格 p' 将满足与注释㉟类似的关系。

㊴ 例如,*Congressional Record*：*Senate*，31 July 1975 and 10 December 1975；Sylvia Potter，"We Stand on Threshold of Solar Energy Era," *News and Observer*(Raleigh，NC)，16 September 1975；"European Common Market Heats Up on Solar Energy," *International Herald Tribune*，25 July 1977。

㊵ 因此,我们不考虑在外层空间收集太阳辐射并将收集的能量传输到地面的建议。该配方仍未经证实。

㊶ 让我们注意到,(P_1)必须包括 CL 基金和 K 基金。

㊷ 根据标准公式 $Q=W$,一个人应该能够通过将所需的 Q 随时间的推移分散得如此之薄,点燃一根又一根火柴,从而将火箭送上月球。这一遗漏解释了为什么许多作家对这样一个悖论感到困惑:太阳能虽然非常丰富,但似乎很难直接用于我们当前的工业需求。

㊸ 请参见第Ⅸ节"数学注释"。

㊹ 考虑到从矿石中生产金属所需的大量热量,不等式 $x_{11} < x_{13}$ 是其他不等式的必然结果。

㊺ 即使我们认为，由于 FE 的强度较高，y_{43} 可能不一定大于 x_{13}，式(33)也会被一个较弱但仍然相关的不等式取代。

㊻ 尽管如此，人们还是会购买家用太阳能装置，这一事实并不让我们感到惊讶。例如，尽管这种方式比使用煤炭消耗更多的能量，但人们还是会用电为家里供暖。此外，人们购买电子设备时，不一定会从中获得与生产这些设备时所使用能量相当的能量。

㊼ 也许这个结果经不起进一步的探究。因为对于一个间接依赖化石燃料的太阳能 BTU 来说，其成本低于一个输入 BTU，这确实非常奇怪。

㊽ 矢量符号 $a \geqslant b$ 排除了 $a = b$ 的情况。

㊾ 直接计算得出 $|X| = x_{22} y_1 (x_{31} + x_{32}) + x_{22} y_3 (x_{11} - x_{12}) > 0$。顺便说一句，定理 7(Georgescu-Roegen, 1966a: 326—336)的条件数量可以进一步减少一个单位；如果三阶小调——在前一种情况下，为 $|X|$——是正的，那么二阶小调也必须是正的。

生物经济与伦理道德（1983 年）*

尼古拉斯·乔治斯库-罗根

首次关于人们在经济交换中相互对待方式的分析不是在色诺芬（Xenophon）的《经济学》（*Oeconomicus*）或亚里士多德的《经济学》（*Oeconomica*）（基本上是伪造的）中，而是在亚里士多德的《尼科马切伦理学》中。亚里士多德的动机是展示如何通过交换来尊重公平。他那久负盛名的公正交换原则被基督教伦理道德延续了几个世纪，基督教伦理坚持认为交换不应该成为伤害邻居的机会。几个世纪以来，政治经济学一直保留着这种本土观点。主要是在启蒙运动之后，我们开始以个人的快乐和自身利益为出发点来看待我们的经济活动。经济学由此演变成一种重商主义学科，而市场上的竞价从那时起就一直是其主要的关注点。不可避免地，苏格拉底式传统伦理也受到挑战，根据这种伦理，人类有可能通过辩证法区分"善"和"恶"。新的观点是，（交换中的公正交易原则）"应该"要么由知性（知性即人类的智力力量，启蒙运动通过降格理性将其提升到第一位）建立，要么被完全抛弃。随着大门的打开，道德成为所有智力活动中最广泛采用的一项原则标准。

现在有自然主义者、反自然主义者、客观主义者、主观主

* 本文来自作者于 1983 年 10 月 6 日至 9 日应邀在费城举行的第十六届大西洋经济会议上发表的演讲。

义者、关系主义者、实用主义者和存在主义伦理学,只列出那些被阐述得淋漓尽致的伦理。但由于伦理与政治经济学的分离,变化对经济思想没有任何影响。偶尔出现抗议活动,像卡莱尔这样一些人,在经济重商主义的喧嚣中迷失了方向;另一些人,如卡尔·马克思,转向一个强有力的世界呼吁,但没有成功削弱传统经济学观念。实际上,经济学日渐成为一门不道德的学科,这一点可以从断然否认比较个人效用(即幸福或痛苦)的可能性上得到证明。

几乎所有的反对意见都集中在对将经济活动比拟成鲁宾逊漂流记式的(不需要任何道德约束)生活模式的批判上。但是,反对正统经济学的不道德本质本应更加尖锐。

的确,鲁宾逊·克鲁索(Robinsin Crusoe)不需要任何道德规范;他甚至无法理解什么是道德。道德问题出现在社会到来之后,在家庭或宗族解体之后,生活变成一种社会组织的生产和分配。然而,在没有任何道德规范的情况下,社会性组织的存在模式也可能几乎完美地发挥着作用。明显的证据是蚂蚁、蜜蜂和白蚁的生命。为什么它们在这一方面与我们不同,对于这场危机来说这是一个很有启发性的问题。这个危机——或者生物性痉挛/惊厥是一个更合适的术语——是指人类正在被一种由傲慢和不负责任的技术统治论主义所培育的巨大力量拽着急速堕落。

这个问题的答案是,群居昆虫通过生物进化,即通过体内器官的突变进化成群居生活。因此,从它诞生之日起,每个个体都注定要扮演一个特殊的社会角色,这是它们唯一想要扮演的角色。我们可以很好地假设,促使蜜蜂冒着生命危险保卫蜂巢的是"快乐",而不是外在的强迫,尽管它无法意识到这种风险(就像我们在类似情况下一样)。而人类以一种完全不同的方式生活在社会中,即通过外体进化。

包括我们在内的所有物种都受到内体进化的影响,这种进化使生物器官、个体的生活更加容易(有时甚至更困难)。许多物种,不仅仅是我们这个物种,会使用不属于个体的外体器官。例如,我们用刀子比用指甲或牙齿切肉更容易。海狸筑坝,一些猿类和猴子使用石头和棍棒,鸟类用树叶和树枝筑巢。但只有人类物种达到熊彼特所描述的"我们制造工具来制造(更多)工具"的阶段,即基于资本设备的生产活动。

由于人类独特的外体进化,我们现在不仅能够比没有它们(身体器官)时做得更好——比用指甲切得更好,比用腿跑得更快——而且还可以做很多单靠内体器官做不到的事情。我们（甚至）可以飞到月球，看看地球另一边此刻正在发生什么。但这种奇迹般的发展并不是一种纯粹的福祉。社会化的组织生产带来了社会角色的分工及其副产品：产生于计划、组织、监督和控制生产的新阶级和那些简单参与生产过程的阶级之间的社会冲突/矛盾。这是"管理者"和"被管理者"之间的冲突/矛盾，然而，一个更为严重的困境是我们对特殊资源无法降低的依赖，这些资源对体外器官的生产至关重要。这些资源不仅包括该领域的新手所认为的能源，还包括广泛的材料。很难想象人类能够回到一种原始的生命形式，在这种形式中，地球内部的矿产资源尚未开发。

因为进化过程与机械过程的区别在于前者的不可逆性和后者的可逆性。

因此，经济活动只是生物活动的延伸。产生的器官被使用和消蚀是为了支持和适应一种新的生活方式。从这个角度来看，经济学本质上是生物经济学，因为它涉及人类作为一个物种的进化和生存，而不是作为一个仅仅追求效用或利润最大化的个体。

即使是对历史的肤浅解读也足以揭示我们这个天性吝啬的物种在生物经济上的斗争。人们从一个大洲搬到另一个大洲，是因为当地的一种或另一种资源在经过几个世纪的使用（即转化为废物）后逐渐减少。在这场斗争中，我们发明了无数的工艺，这些工艺数不胜数，以至于可能需要一辈子才能把它们——一一列举出来。它们是我们智力力量中的最大骄傲。

然而，在所有这些技术创新中，只有两项代表了基本的生物经济突变。首先是对火的掌握，其次是蒸汽机。我之所以将其称为"普罗米修斯式创新"，是因为蒸汽机与火具有相同的特性：只要为它们提供"燃料"，它们都是能自我维持的，并且这样的自给过程会导致它们的基础（即燃料）被迅速耗尽。

以木材为燃料导致大规模的森林砍伐，这在 17 世纪末造成了以木材为基础的技术危机。这是一场与当前技术的危机完全类似的危机，即通过蒸汽机将热量转化为发动机动力。现在，就像在 17 世纪一样，当今技术的主要动力储备——化石燃料——的储量正在迅速接近完全耗尽。

人类面临的问题是，普罗米修斯三世"是否以及何时"能够解决当前的生物经济危机，就像普罗米修斯二世（实际上是两个谦逊的凡人）的礼物解决前一个危机一样。没有人能回答这个问题。人类将会像伯里克利时代那样继续扩大其生物经济的繁荣，这种观点只是空谈。"不管怎样，我们都会找到一条出路。"这句话是一种激发热情的廉价策略,宣布到公元 2000 年,能源将和今天未计量的空气一样免费,则更便宜,更能赢得掌声。任何反对这种不敬预测的人很可能会遭遇索福克勒斯的《安提戈涅》(Antigone)中卫兵的命运:人们宁愿不听他说的话,因为"没有人喜欢带来坏消息的人"。

但我带来的消息是坏的,只是因为我们有意这样做。今天,还没有明确的迹象表明普罗米修斯的礼物即将出现。使用核能的风险,尤其是增殖反应堆的风险,仍然没有得到解决。控制热核反应仍然毫无希望可言。尽管商人和许多形形色色的研究人员都在销售太阳能中获利,但太阳能并不能自我维持,毫无疑问,这种情况可能会在一夜之间发生改变,就像在 17 世纪那样,当时最伟大的人物——伽利略、惠更斯或波伊耳——都没有提前预感到这一点。在这种情况下,我们显然需要时间,尽可能多的时间来增加普罗米修斯三世带来新礼物的机会,一种新的自我维持的能量转换。这种利用时间的策略不会导致任何损失,因为如果普罗米修斯三世没有出现,时间的领先将允许人类滑入一个更疲软的技术(时代)——进入另一个木器时代,而不会发生难以想象的肯定会发生的灾难。

结论是,一种新的道德伦理摆在我们面前,而这种伦理不会给想要游离其外的想法留下任何余地。基于人类物种(作为一个不可逆的外体物种)存在的最重要因素,新的伦理不需要任何其他理由来加以合法化。

尽可能长的提前期策略意味着尽可能严格地保护可消耗资源。这一政策即意味着两个平行的行动。首先,我们必须消除各种军备造成的浪费。在后院继续制造武器的同时大声疾呼没有人会发动战争,完全是一种虚伪的行为。当然,我们也必须摆脱那种让我们渴望奢侈、更大、更好的小玩意儿的心理疾病。甚至一些便利也应该逐渐被抛弃。这些戒律不仅适用于大国或富饶之地;(因为)喜好豪华和奢靡的行为会在所有土地上发生。其次,对于现在以明显异常速度增长的人口必须立即采取补救政策,因为令人惊讶的事实是,即使采用简单的替代出生率也无法阻止人口数量的增长。如果没有这第二项政策,就不可能有消除外来不平等问题的解决方案,这必须是一个基本目标,即使是保护政策也是如此。

但我们不应该忽视保护政策存在的巨大困难。我相信它的基础对任何愿意研究我的论点的人来说,都是完全合理的。然而,最大的困难在于,保护环境不是某些人的任务,也不是一个国家的任务,甚至不是某一些国家的任务;它是全人类的工作,这意味着彻底合作、摒弃一切军备、所有的奢侈享受以及所有的外源性差异。

在我看来,我们正面临能源危机,这是毫无疑问的。但更大的危机是智慧危机。我们物种的名字是智人。我们可能知识渊博,但不够聪明。我们的命运更多地取决于我们的智慧,而不是我们的知识。我们也许还记得1973—1974年石油禁运期间,一些人意识到他们无法在泵关闭之前获得天然气,于是他们用枪在其他人之前抢到了泵。我们不能回避这个问题:如果一个拥有核弹头的大国没有足够的能量来维持其外体系统的运转,它会做些什么?

亚里士多德认为,经济学最初是从伦理学发展而来的。现在形势似乎发生了转变:一种新的伦理学从生物经济学中诞生。它精简的命令是"像爱你自己一样爱你的物种"。当然,许多人会因为我是乌托邦主义者而贬低我。如果有人这样做,我会非常自豪地承认。我知道对人类来说,没有一个伟大的援助曾经不是一个粗略的乌托邦思想。

我们现在有无数机构在忙于借助或不借助计算机来一遍遍提炼生物经济危机——正如人们所说的能源危机——的各个方面。如今,这种普遍努力的任何发现都无助于解决这个问题,至少无助于从根本上缓解危机。只有持续、有力地宣传新道德的戒律可能才有所帮助。那么,就让我们从安逸静止的生态转向一种激进的生态,它将寻求触及人类智慧的神经丛,而不是沉溺于从1990年、2000年或2300年开始的对未来世界的无休止"预测"中。当我被邀请向20世纪80年代总统委员会提交我对该委员会应该做什么的意见时,我当然不喜欢的建议是,它不应该忽视世界不会在1990年就结束。

可用方法与可行技术(1983 年)*

尼古拉斯·乔治斯库-罗根

Ⅰ.引言:对称性突破

　　我们协会在美国众多协会中已经有许多第一次。又一个这样的"第一次",是选择"面向未来"作为第十六届经济学会议的主题,这是非常与众不同的一次。为突出这个主题,我决定把我的演讲深入面向未来的核心话题。我不会占用您的时间来预测公元 1990 年、公元 2000 年或其他未来年份的石油或其他化石燃料的供给和需求,也不会用另一个计量经济学模型计算这些因素的弹性。这些信息都可以在大量书籍中找到,这些书籍现在占满了学术图书馆的全部缝隙。相反,我将向您展示一个生产过程的新分析表述,即一个新的生产函数,它与其他事情一起,让我们不仅能发现当前危机的真实本质,而且能发现它可能的发展趋势。

　　你可能会对我的设想目瞪口呆。还能有什么新思想可融入经受住时间考验的生产过程分析表述中呢?难道生产概念

*　本文来自作者于 1983 年 10 月 6 日至 9 日应邀在费城举行的第十六届大西洋经济会议上发表的演讲。

不是从自然科学中清楚地传递给我们了吗？这些是物理化学转化问题的最后描述吗？从经济学诞生之初起,经济学家们确实是以量化科学的方式思考经济学。但是,对称性突破——借用现代物理学的一个时髦用语来讲——已影响经济思想的演变。

在经济专业内部概念冲突的历史中,唯一的争论焦点一直是个人行为是否能用数学函数来恰当描述。人们认为在数学函数的帮助下,个人经济行为和整体经济行为能预测某些重要未来。①

简短翻阅一下经济思想史(我或许应该说"思想们"),就可以清楚地看到,经济学家们对人类的本质及其在经济过程中扮演角色的看法各不相同,并形成不同智力上的敌对阵营。但就在分析经济学开始获得一些实质内容时,又有一些人大声抗议经济学沦为"快乐和痛苦的力学",它否认了个人作为社会人的本质。"令人沮丧的科学"是托马斯·卡莱尔对它的著名抨击:鲜为人知的"猪的哲学"(Carlyle, 1899)。约翰·拉斯金(John Ruskin)说"政治经济学科学是一个谎言……最顽固的、最让人无语的、麻痹人的瘟疫,还尚未触及人类的大脑"(Ruskin, 1903—1912, xvii)。然而,牛津历史学家托马斯·阿诺德(Thomas Arnold)有一个更古老的、更明智的判定,即"独眼"的努力(Stanley, 1846:66)。这一比喻恰如其分,因而自那时起便流传至今。标准经济学家们(例如,参见 Coats, 1964)确实不愿承认经济学用途远不只有市场机制。

关于经济学是否应是"社会中人的科学"[如卡普(Kapp)所说],"生命科学"(如赫尔曼·戴利所设想),而不是原子个人的"自利和效用力学"(如斯坦利·杰文斯讲道),上述争论最终脱离了激烈的论战语气。但从一开始,争论就集中在数学的使用上。②甚至在亚当·斯密征服英国经济学家之前,埃德蒙·伯克(Edmund Burke)就曾警告道,"数学与形而上学的卓越之处在于你面前只有一件事;但在所有道德专题论文中,谁的观点考虑最多、最全面,谁就能作出最好的判断。"F.Y.埃奇沃斯(F.Y. Edgeworth)利用此引文(Pigou, 1925:66)来比喻阿尔弗雷德·马歇尔反对肆意将人类事务抽象理论化。记得马歇尔曾评判杰文斯的讲稿"如果省略数学,保留图表,就会有所改进"(Pigou, 1925:99)。回顾起来,可以说马歇尔的梦想是想实现两个思想学派的和谐联盟。但最终,标准经济学家们拒绝了他。正如熊彼特(1951:92)所悲叹的,马歇尔"经济过程的思想、他的方法和结论,不再属于我们"。

最后,尽管许多伟大的思想家不断逆流而上,包括托尔斯坦·凡勃伦(Thorstein Veblen)、克拉伦斯·艾尔斯(Clareuce Ayres)、弗里德里希·冯·

哈耶克和贡纳·米达尔（Gunnar Myrdal），在此只提及我们这个时代在这方面最成功的人。[3]但是，数理还原论还是取得了胜利。然而，胜利者并不觉得足够安全，这就是为什么他们大部分人都聚焦于捍卫他们对人类经济行为数学表述的信念。效用理论因此成为标准经济学中发展最好的章节（尽管存在一些出乎意料的漏洞）。对生产过程进行更仔细的分析也不是完全没有必要。为什么不用数学术语表述物理和化学的自然规律呢？

Ⅱ. 生产函数和过程分析表述

这就是都由狄利克雷函数组成的效用描述与生产过程描述之间的对称性被打破的原因。与大量研究效用函数的文献形成鲜明对照，菲利普·H. 威克斯蒂德（Philip H. Wicksteed）大约在一百年前通过取巧的同义反复引入生产函数 $U=U(x, y, \cdots, z)$（Wicksteed, 1894），该函数从此不再有批判性分析：

"产品是生产要素的函数，我们有 $P=f(a, b, c, \cdots)$。"

这种对生产函数漫不经心的定义只能在经济学教科书和特殊文献中找到。[4]最近，这个定义已被简化为"产出是投入的函数"，因此现在是词源学而不是现象学提供了必要的解释。至少，更小心一些的经济分析人员确实试图阐明所涉及变量的维度性质。一些人认为，生产函数与相对于时间的流速有关：

$$q=f(x, y, \cdots, z) \tag{1}$$

其他人的生产函数与不受时间影响的数量有关：[5]

$$Q=F(X, Y, \cdots, Z) \tag{2}$$

拉格纳·弗里希（Ragnar Frisch）在同一页使用了上述两个概念（Frisch, 1965:43），这是经济学家们坚定信念的重要征兆，他们坚信"方程"是威克斯蒂德观点中唯一的关键词。

多年前，我想到我们应该尝试看看这两个公式是否等价，如果不是，那么哪一个（如果有）是有效的分析表述。因为如果它们是等价的，那么我们就可通过纯逻辑运算从一个公式推导到另一个公式。我研究的结论是它们不能等价，除非荒谬地假设所有生产过程都与规模无关（Georgescu-Roegen, 1976a, Ch.4, 5, 10）。但这仍使我们无法确定，这两个公式能否充分表述生产过程。⑥因此,新的问题是要了解生产过程如何被分析表述——如果可能的话。

"过程"是科学中被滥用最多的术语。我们努力搜索,但无法在科学文献中找到"过程"的定义。由于这个概念很难与变化区分开来,而变化是我们在现实中看到的最原始的特征之一,"过程"一词一直被使用却没有任何详尽的阐述。哲学文献也无济于事。⑦毫无疑问,没有其他概念像过程那样充满认识论的荆棘,如果不与变化紧密关联,那么过程则无法表述。自赫拉克利特——"晦涩者"——教导人们"人不能两次踏进同一条河流"起,这一问题就让他同时代的人感到困惑,存在与变成之间在分析上不可避免地产生了对立,折磨着每一位伟大哲学家的心灵。

然而,科学必须拥抱二元分析论,即存在与变成同时存在:水变成冰。科学也只关心整个变成中的一小部分,即部分过程。说到这样的过程,我们首先必须确定时间和各种实体的过程界限。在分析中,没有界限,就没有过程。此外,通过假设,界限必须是空的,否则就不会有部分过程和环境(也是部分过程),而且我们将有发生在界限内的第三个过程。除了这个难题之外,我们将会被吞没在无尽的回归中,新的界限介于先前的界限中。⑧有了空的界限,我们总是知道,例如,汽车 A 在时间 t 是过程 P 或其环境的一部分。

但界限仅能识别过程。它不会告诉我们最重要的东西,即过程做了什么。众所周知,界限内某些事情几乎无时无刻不在发生。但要识别那些过程中发生的事情,就要采取辩证的观点。分析要求我们再迈出英勇的一步,并忽略眼前结果。一旦我们通过界限识别了一个过程,我们就已经含蓄地表示放弃对界限内的观察了。因此,过程发生了什么只能通过界限上发生的事情来描述。如果想要了解内部发生的事情,我们别无他法,只能绘制其他界限,将初始过程分为几个其他过程(Georgescu-Roegen, 1971b, Ch. IX)。

因此,过程发生了什么的分析表述被简化为界限上发生的事件,而这些事件只能是以一种或另一种方式穿越过程的物品。一些虚构的海关官员会报告到时间 t 为止,有多少物品越过边境,$0 \leqslant t \leqslant T$,其中 T 是过程的持续时间,假设该持续时间从 $t=0$ 开始。因此,过程(不一定是生产过程)的整个分析描述是函数向量而不是数字向量,就像标准表述一样:

$$\left[E_{i0}^{T}(t)\,;\;I_{i0}^{T}(t)\right] \tag{3}$$

定义函数 E_i 和 I_i 在 $[0, T]$ 时间内表示"出口"——产出和"进口"——物品 i 的投入。约定俗成,投入坐标总是带有减号。⑨

根据式(3),对一个过程发生了什么的分析描述只需要流量,该节点的流量指以一种或另一种方式穿过界限的任何物质实体。所以,和之前一样,我们可以说没有界限,就没有流量(在这个意义上)。因此,标准经济学家的流量复合体(参见 Georgescu-Roegen, 1966a:55—88)是合理的。但是生产过程结构还具有其他特征。

首先,进入任何经济过程的李嘉图土地(即一些纯陆地区域),从过程出来时不会发生任何改变,催化剂也是如此。其他投入,虽然出来时发生了变化,但仍可认为是同一物品。以铁锹为例,它可能会进入削尖某物的过程,出来时必然变钝。但我们仍能看得出它是铁锹。

现在,为适应经济分析表述的需要,我们将引入一个关于生产过程的大胆创新假设。即我们将考虑一个过程,持续投入劳动力和材料,以维持在恒定效率过程中正常磨损的物品。因此,前面例子中的铲子出来时会和它进入时一样锋利。这种假设是大胆的,但与现实并不太遥远。每个企业、每家每户投入大量劳动时间和材料,不断使建筑物、机器、耐用品保持在一种有用、可工作的状态。⑩

这个想法的障碍来自另一个方向。为使一件固定资本保持在不变状态,我们需要其他的固定资本。反过来,维护其他固定资本又需要另外其他固定资本,等等。过程将不得不延长,直到它几乎包括经济过程的整个生产部门(如后续的情况)。在假定过程中,如果我们忽略这个缺陷,资本设备就与李嘉图土地一样,会展示相同的特性。通过另一种分析方法,我们可认为工人也属于这一类。毫无疑问,当工人离开某个过程时,他是个疲惫的个体。但当该工人第二天返回工作时,他又是一个在附近家里得到很好休息的工人。

迫使(就像我刚才所做的那样)李嘉图土地、资本设备和劳动力归入同一分析类别有很大的优势。所有这些元素都是生产主体,是古典学派严格意义上的生产要素。对于它们的显著特性,建议称它们为储备(Georgescu-Roegen, 1971b:224—230; 1976a, Ch.2, 4, 5)。⑪所有其他要素要么是从外部越界但从未出来的要素,要么是没有进入过程就从内部越界出来的要素。面粉和木柴对应于烘焙过程的前者,而面包和灰烬(废弃物)则对应后者。我们称这些要素为流动要素(该词不能与之前的"流量"一词混淆)。⑫

下一个强有力的分析概念是基本过程,它由一个单位界限定义,或者一个普通生产线生产界限定义。最具启发性的例证是在装配线上生产汽车的操作顺序。

有一系列突出的后果,这里只能简单提一下。我们不应忽视一点,即就任何基本过程中的事物本质而言,都必然会有一些储备是闲置的,这就产生了资本闲置问题。所有生产过程都是由基本过程组成的。基本过程有三种典型模型。独立过程 P:(1)是被连续安排的[图 1(a)];(2)是被并行安排的[图 1(b)];(3)是被直线安排的[图 1(c)]。连续安排描绘了工匠独自工作的情况,因为在时间间隔 T 内需求强度不大于一个单位。它解释了亚当·斯密的思想,即市场扩展带来了更多的劳动分工。并行安排显然代表了农业生活的现状,固定的气候规律使倍增的闲置成为不可避免的负担。直线安排是唯一完全消除技术闲置的安排。[13]它是工厂制度,与货币一同代表两项最伟大的经济(不是技术!)发明。

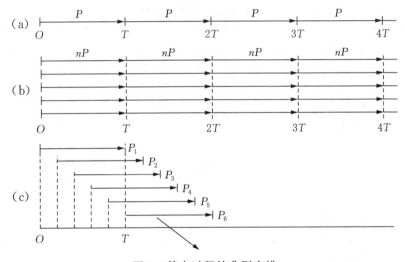

图 1　基本过程的典型安排

由于过程是按直线排列的(以适当的方式),流量从一个主体移动到另一个主体,而不浪费任何时间;因此,主体永远不会闲置(Georgescu-Roegen,1971b, Ch.Ⅸ;1976a, Ch.4, 5)。[14]这就是制造过程和农业过程之间的本质区别。在农业中,基本过程不能从一年中的任何时候开始,但在制造业中却常常如此。养鸡厂是一个显著例外,它取代了老的养鸡场,降低了养鸡成本,正是因为它消除了资本闲置。当然,例如,稻米可通过工厂体系种植在气候几乎不变的地方(如巴厘岛)(Georgescu-Roegen,1976a:68—69)。

工厂过程作为可再生产过程(静止或稳态的),所有要素都以相对时间恒定的速率进行。但是,这些坐标(如表 1 中 A 列所示)无法揭示,在选定的

时间间隔 t 内该过程可能发生了什么或可以做什么。它们只会显示过程可以做什么,如果储备到位,然后投入以必要速率进入过程的话。在时间 t 内活动过程由 B 列的坐标显示。这些是数量,具体而言,对于流量来说,它们代表物质量;对于储备来说,它们代表服务量。这要求 A 列中的 H,K 和 L 是不随时间变化的:它们测度相对于时间的服务率。[⑮]一个工厂使用 100 名工人的劳动服务时间率是 100 名工人。

回想一下,所有过程(如建金门大桥或在工厂生产一双鞋)的分析表示都是函数(3)。但在稳态过程的特殊情况下(并且仅在这种情况下),该功能退化为 B 列的简单向量。因此,只有在这种特殊情况下,我们才能得到与威克斯蒂德相同形式的生成函数。

表 1 可重复过程的分析表示

因素	A	B
	流动	
来自大自然的流入	$-r$	$-R = rt$
其他流程的流入	$-i$	$-I = it$
产品流出	$+q$	$+Q = qt$
废物流出	$+w$	$+W = wt$
	现金	
劳动力	H	$H = Ht$
所有的资本	K	$K = Kt$
李嘉图土地	L	$L = Lt$

生产函数可以被视为生产产品所有已知配方的分析"目录"(参见 Samuelson,1948:57)。让我们想象一下,通过某种工厂工艺生产给定产品的配方都写在单独的卡片上。该行业的专家只需要查看资金坐标,就可以确定相应的工厂可以做什么。这意味着我们有关系:

$$q = F(H, K, L) \tag{4}$$

此外,对于生产,代理商需要一组精确的输入流,它们的技术性质也决定了废物的流速。因此,还有另一个功能:

$$q = f(r, i, w) \tag{5}$$

这完成了一个或另一个工厂如何生产所考虑的产品的分析画面。重要的结论是，正确的生产函数显示了拉格纳·弗里希所说的限制性：在质量不变的流量和资金因素之间没有替代性（这一点需要保留以供稍后讨论）。[⑯]

结果是，稳态过程的正确分析描述是方程式（1），而不是方程式（2）。当然，在 B 列的量之间一定存在一些类似于式（4）和式（5）的关系。但由于这些量是 t 的函数，也就是说，它们相对于时间不是常数，时间必须作为参数输入新公式中。因此，我们有：

$$Q = G(H, K, L; t) \tag{6}$$

正如马克思（Marx，1959，I，p.202）很久以前所论证的那样，一个可重复的过程在两周内产生的量是一周内的两倍，因此 G 是一阶齐次函数，因此，由式（6）得出：

$$q = G(H, K, L; 1) = F(H, K, L) \tag{4a}$$

一个又一个的作者声称 F 是齐次函数，这是一个灾难性错误。函数 F 显示过程的等级，正如我们从亚里士多德、达芬奇、赫伯特·斯宾塞，以及当代的爱德华·张伯伦（Edward Chamberlin，1948，App.B）那里学到的一样，人类不能以蚂蚁的等级运转，蚂蚁也不能以人类的等级运转。但是，对应于式（5）的函数：

$$Q = g(R, I; W) \tag{7}$$

对于既不能被创造也不能被消灭的能量和宏观物质来说，必然是一阶同质的。因此，如果我们加倍投入能量和物质，那么废弃物和产品数量也必将翻倍。因此，式（7）除以 t 会得到式（5），即得到一个一阶齐次函数。[⑰]

Ⅲ. 稳态经济过程的分析表述

到目前为止，无需为以稳态开始进行过程分析而道歉。稳态为所有其他过程提供了不可或缺的参考点。其实，除非关联稳态，否则有些关键问题无法被确定。我们不坚持本文所考虑的稳态过程是一种分析抽象。稳态实际上并不存在，因为一切都在不断变化。

对于本节采用的概括视角，全球界限将经济过程与环境分开，并且经济过程被内部界限分为六个子过程。结果见表 2 中的矩阵。[⑱]

子过程具有以下目标：

P_0:将原位物质 MS 转化为可控物质 CM；

P_1:将原位能量 ES 转换为可控能量 CE；

P_2:生产维修资本 MK；

P_3:生产消费品 C；

P_4:回收垃圾 GJ；[19]

P_5:维持人口 H。

几个点应被显著标记出来。我们知道,能量和宏观物质(即大块物质)既不能被创造,也不能被消灭。但它们处于两种根本不同的状态:一是可用(如果它们可为我们所用);二是不可用(如果他们不能为我们所用)。而且,可用能源和可用物质会持续且不可逆转地衰减为不可用状态,这即是扩展到物质的经典熵定律。所有伟大的物理学家都认为这条定律"永远不会被推翻",包括阿尔伯特·爱因斯坦(Schilpp, 1970)。尽管如此,有些人试图通过提出相反观点来引起关注,这是一个诱人的乐观主义希望。确实,如果我们用废气中的能量来驾驶一辆汽车,并且从破旧轮胎中回收橡胶分子,那么我们的生活将多么美好!

表 2 经济过程与环境的关系

要素	(P_0)	(P_1)	(P_2)	(P_3)	(P_4)	(P_5)
			流量坐标			
CM	x_{00}	$*$	$-x_{02}$	$-x_{03}$	$*$	$*$
CE	$-x_{10}$	x_{11}	$-x_{12}$	$-x_{13}$	$-x_{14}$	$-x_{15}$
MK	$-x_{20}$	$-x_{21}$	x_{22}	$-x_{23}$	$-x_{24}$	$-x_{25}$
C	$*$	$*$	$*$	x_{33}	$*$	$-x_{35}$
RM	$*$	$*$	$-x_{42}$	$-x_{43}$	x_{44}	$*$
ES	$*$	$-e_1$	$*$	$*$	$*$	$*$
MS	$-M_0$	$*$	$*$	$*$	$*$	$*$
GJ	w_0	w_1	w_2	w_3	$-w_4$	w_5
DE	d_0	d_1	d_2	d_3	d_4	d_5
DM	s_0	s_1	s_2	s_3	s_4	s_5
R	r_0	r_1	r_2	r_3	r_4	r_5
			储备坐标			
资本储备	K_0	K_1	K_2	K_3	K_4	K_5
人口	H_0	H_1	H_2	H_3	H_4	H_5
李嘉图土地	L_0	L_1	L_2	L_3	L_4	L_5

表 2 的每一列是表 1 中对应讨论的分析表述。简单看一下这张表,它表明所有物质纤维的经济过程都是熵的。物质上,它将环境能量和物质(分别为 e_1 和 M_0)衰减为"废弃物"[20],即耗散能量 DE、耗散物质 DM 和垃圾 R。出于技术或经济的原因,虽然废弃物是包含可用能量和物质的产出,但经济过程却完全没有考虑(如核垃圾或露天矿的碎石)。

一般熵原理是我们不仅不能两次使用同一能量或物质,而且在所有过程中能量和物质必定衰减。这解释了耗散能量和耗散物质不可避免的外流。它还解释了一个更重要的事实。在表 2 中,对于资本产业 P_2 的理由是,流量 x_{22} 是维护储备 K_i 所必须的。[21] 以同样的方式,流量 x_{i5} 维持了整个人口 H_5(大于 $\sum H_i$,$i < 5$)。 [22]

结尾推论:我们科技的普罗米修斯命运

如今,解决来势汹汹的能源危机的主要希望寄托在技术进步上。显然,任何解决我们当前工业高烧危机的办法只能来自科技。然而,我们似乎不了解能够解决危机的技术进步的本质。错误立场的缩影是,现在投稿给可耗尽资源经济学研讨会的论文大幅缩水。[23] 建立在极其熟悉的科布—道格拉斯生产函数上,标准经济学家的一般论点为:

$$Q = CK^a H^b R^c,\ a+b+c=1 \tag{8}$$

其中 K 代表资本,H 代表劳动力,R 代表自然资源。显而易见的数学结论是,随着资本和劳动力的增加,我们甚至可以用尽可能少的自然资源投入来增加全球产量,正如我们所希望的那样。从分析的角度来看(唯一可与纯数理经济学家的立场相匹配的观点),这个论点违背了本文前面提到的既定原则,即流量和储备是不可替代的。我们不可能仅通过增加织机就能用更少的纱线织出更多的布。如果我们辩证地看待关系式(8),也即作为一般真理的表述,采用更优质的储备(资本和熟练劳动力),通过相同的流量投入,我们可获得更多产出(通过减少废弃物流出),而定量比率则不适用。一个特殊绊脚石因此浮出水面:据我们所知,为开发利用自然宝藏(石化燃料甚至瀑布),必须使用越来越大的"工具"。更高效的机器需要更多的物质和能量贯穿整个经济过程。[24] 热核反应堆可能和整个曼哈顿一样大。

一个实质性方法需要一些新的基本概念。我将参考表 2 的一个矩阵,其中每个过程的每个必要投入都是从自然界中获取的,或者是通过某种可行工艺技术生产出来的。在讨论时,如果我们了解它所有的具体流量和储备坐标。那么显然这一过程(或方法)就是可行的。因此,烤面包、用电磁波传递信息、冶炼铁矿石,都是可行方法。但要控制热核能或阻止地震,则并非如此。而且,虽然所有过程包括的所有技术都必须是可行的,但并非每项技术都是必然可行的。

特此说明,一项技术是可行的,当且仅当它能够维持相应的结构,并且是人类物种所必须的时。关于生存能力属性的启发性说明是在活的有机体或生物物种中发现的。似乎有必要强调的是,每一项可行技术均由燃料、环境资源支撑,没有任何技术可以创造它自己的"燃料"。

一个不可行技术的简单例子如下。想象一种技术中唯一的资本工具是锤子,通过锤打相同类型的锤子可获得石头。用同样的锤子可敲碎一些非常坚硬的坚果,坚果是人们唯一的食物。如果一把锤子不能持续足够长的时间来捶打另一把锤子,并敲碎一定量的坚果以维持人口,那么该技术就是不可行的。这说明直接利用太阳能的缺陷。一位非常谨慎的学者丹尼斯·海斯(Denis Hayes)在几年前声称,"太阳能技术就在这里……我们现在可以使用它"(《华盛顿邮报》,1978 年 2 月 26 日)。现在在这里只有几个直接利用太阳能的可行方法——太阳能电池和各种太阳能集热器。但基于太阳能的可行技术还没有出现。事实证明,尽管 ERDA 和其他机构花费了大额资金来宣传太阳是化石燃料的替代品,但至少没有人想过建造一个飞地工厂,专门使用其收集的太阳能再生产太阳能收集器。(Georgescu-Roegen,1978v)。现在这个刻薄测试的必要性甚至得到了一些最坚定的太阳能宣传者的认可。太阳能的基本缺点是其达到地表的强度低,并且不能自我收集(这一点被忽略了)。降雨也以非常弱的平均强度到达地球,但它能慢慢自我积累,直到我们获得一些尼亚加拉大瀑布强劲的自由能量。

我们的科技史充满各种各样的发明,将它们全部列出来似乎是一个不可能实现的任务。然而,近几十年壮观的创新已给我们留下深刻印象,以至于它们与过去的联系不再吸引我们的好奇心。否则,尽管看起来令人惊讶,我们会发现只有两项发明产生了可行技术。也许更令人惊讶的是,第一个关键发明是对火的掌握,目前已是最普通的现象。

掌握火是一项非凡的发明,因为首先,火实现了定性能量的转换,可燃物的化学能转化为热量。其次，火会导致连锁反应：只要一个小火焰，我们就可以烧毁整个森林，不，是所有森林。火不仅使人类保暖、烹饪食物，而且最重要的是，火还能锻造金属和烘烤砖、陶瓷及石灰。难怪古希腊人认为是普罗米修斯———一个神圣的泰坦神，而不是凡人——将火带给了人类。我们将普罗米修斯一世开启的科技时代称为（的确应该称为）木材时代。几个世纪以来，木材一直是热量的唯一来源，因此，随着工业的不断发展，森林开始以越来越快的速度消失。17 世纪后半叶，无论是在英格兰还是大陆，砍伐树木都受到监管，甚至限制。

我们已知煤炭是一种热量来源，但在工业中煤炭无法替代木材，这是一个主要障碍。煤矿迅速泛滥。当时挖煤使用的人力、畜力、风力和水力不能充分满足挖煤的能源需求。英格兰的许多矿山使用数百匹马转动轮子，以此将洪水升到地面。

迫在眉睫的危机与目前的僵局完全相似：以木材为基础的技术，它的支撑燃料快用完了。该问题通过第二个关键发明得到及时解决，即天才的、不可预测的普罗米修斯礼物：普罗米修斯二世［实际上是两个凡人，托马斯·萨维里（Thomas Savery）和托马斯·纽科门（Thomas Newcomen）］带来的热力发动机。这个发动机，就像火一样，使我们能够实现一种全新的特性转换——将热量转换为动能。像火一样，热力发动机产生了连锁反应。只需要一点煤炭和一台热力发动机，我们就可以开采更多的煤炭和其他矿物，然后生产更多的热力发动机，用它们我们可以制造更多这样的发动机。普罗米修斯二世的礼物使我们能够从新的、更集约的资源中获得动能，即由矿物燃料供给的火。我们仍然生活在主要依靠热量获得功的时代。

现在的问题是，新的普罗米修斯能否解决当前危机，正如普罗米修斯二世解决了木材时代的问题一样。但是，我们不能悲观地指出，没有人能确定普罗米修斯礼物的方式方法，也没有人能确定未来普罗米修斯礼物的性质（如果它真的被发明出来了）。无论是伽利略，还是惠更斯都没能想出解决木材时代危机的办法。我们也不能命令普罗米修斯三世为人类提供新的可行技术。㉕

注　释

①　在这一方面，可以强调一个通常被忽视的点。使我们能够预测未来的唯

一函数是分析函数。这些非常特殊的功能有一个和谐结构,可以将其比作活体的结构。正如通常可以根据一个生物体某一(例如)椎骨的知识对其进行重组一样,即使我们只知道其值在任意小区间范围内,分析函数也可以外推(延长)(Georgescu-Roegen, 1966a:123)。

② 经济科学被设想为包括具有经济基础的社会坐标,偶尔会因为认为内省是一个有效的指南而受到谴责,因为它坚持认为并非所有相关现象都一定是可复制的,也并非所有科学定律都必须被投射在数学矩阵中。我要花很长时间才能在这里说明为什么这些反对意见毫无道理。但请参阅Gcorgescu-Roegen, 1966a, Part Ⅰ和我1979年在 *JEL* 上的文章。

③ 以前的反对者已经被轻易地披上致命的沉默外衣。即使在《国际社会科学百科全书》的十六卷中,也没有提到卡莱尔(Carlyle)或罗斯金(Ruskin),甚至没有提到理查德·琼斯(Richard Jones),他是最早的评论家,于1831年发表的《财富分配与税收来源论》对年轻的阿尔弗雷德·马歇尔的取向产生了重大影响。

④ 代表性样本,请参阅我的理查德·埃利演讲中的参考文献,转载于Georgescu-Roegen, 1976a。

⑤ 这两种方法的参考文献见 Georgescu-Roegen, 1976a:61—62,注释。

⑥ 有关举例说明问题。物体 X 由 A 定义为对边相等的四边形。同一物体由 B 定义为关于一条对角线对称的四边形。显然,这两个定义并不等同:第一个定义了平行四边形,第二个定义了风筝的形状。当且仅当所有对象 Y 都是菱形时,它们将是等价的。此外,由于这些定义并不等价,因此最多只有一个定义正确(如当 X 是平行四边形时)。但如果 X 是一个正方形,则这两个定义都不能描述它。

⑦ 即使是伟大哲学著作《过程与现实》(*Process and Reality*)的作者阿尔弗雷德·诺斯·怀特海,也没有给出"适合科学的过程"的定义,例如,"过程原则"是指存在是由它的"形成"构成的(Georgescu-Roegen, 1976a:34—35),或者说(也作为一个例子)过程"是我们经验中的一个基本事实"(Whitehead, 1958:73)。

⑧ 这一点让人想起一种谬论,即在逻辑上的"偏好"和"非偏好"之间必然存在"冷漠"。按照同样的逻辑,在"冷漠"和"偏爱"之间必然存在另一种心态,如此类推。

⑨ 当两个流程合并时,例如,当公共边界被移除时,流程间交易从合并的(3)中消失,这一事实证明了该惯例的合理性。输入和输出通过简单地添加初始坐标来消除。

⑩ 到目前为止,保持资本不变的想法已成为各方面公认的分析手段。但是卡尔·马克思却在一个明显不一致的章节(Marx, 1959:Ⅱ, 171—176)

中暗示了这一点，这为他简单复制图作了准备。

⑪ 当找到实现这一概念的方法时，我使用了"股票因素"一词，而不是"基金因素"（Georgescu-Roegen，1966a：399）。这是一个不幸的术语选择，因为基金是一种特殊的股票——一种在过程中活跃，但在质量和数量上保持恒定的股票。"股票"应当保留一些给可能减少或增加的流量。尽管我随后进行了澄清（Georgescu-Roegen，1971b：226—227），但"基金"和"股票"之间的本质区别并不总能被理解。

⑫ 并非所有设备都是资金，如炮弹或太空火箭。在战争过程中，人的因素在一定程度上是流动因素。

⑬ 技术闲置不应与机构闲置（或经济闲置）相混淆：例如，在 24 小时内只有一个班次的工厂。

⑭ 戈登·C.温斯顿（Gordon C. Winston）（特别是在其 1982 年的著作中），以及罗杰·R.贝当古（Roger R. Betancourt）和古里斯托弗·K.克拉格（Christopher K. Clague，1981）对这个一般性主题进行了进一步的重要发展。

⑮ K_i 还包含我称之为"过程基金"的特殊基金（Georgescu-Roegen，1976a，Ch.4）。它包括通常被理解为"正在处理的货物"的内容。该项目实际上是对过程所执行的更改的静态描述。如果没有它，流程就不会启动，就将需要等待一段时间。

⑯ 式（4）的前提是所有资金的可测量性（至少是序数）。如果它们发生了质的变化，所有配方目录就不再通向因子空间中的适当子空间。以价格为基础，认为一辆汽车相当于四辆摩托车，这无疑是本末倒置，相信它仍会移动。关于质量问题，请参见 Georgescu-Roegen（1976a，Ch.11）。

⑰ "输入加倍，输出加倍"是一句教科书式的重复语。这一原则是正确的，但前提是适用于适当的条件——将生产时间加倍或将所有材料流量加倍（上述情况）时。关于同质性问题，另见 Samuelson，1948：84。

⑱ 这种模式或在分析上表示多过程类似于列昂惕夫设计的输入-输出矩阵，但它避免了"内部流动"这一分析上不一致的概念（见 Georgescu-Roegen，1971b，Ch.9）。这也比生态学家使用以箭头表示水流的折线图能更清楚地描述一个多过程了。

⑲ 由于磨损而消散的物质处于不可用状态，即无法回收状态，我们只能回收对我们以不再有用的形式存在的可用物质：碎玻璃、旧纸、破旧的电机等，以及垃圾或垃圾中发现的物品。见注释㉑。

⑳ 可以肯定的是，经济过程的适当产物不是废物的流出，而是非物质的流动，即生活的享受（Georgescu-Roegen，1966a）。

㉑ 关于所使用的有效能和由此产生的无效能之间的关系，请参见 Georgescu-

Roegen(1979c)。同一篇文章讨论了传统熵定律从能量到宏观物质的扩展——从技术上讲,我将其称为热力学第四定律。与第一定律和第二定律一样,该定律宣告了永动机的不可能性,即第三种情况——以恒定速率无限期地执行机械功,但只与其环境交换能量的系统。由此得出一个推论:并非所有物质都可以循环利用。

㉒ 顺便说一下,我可以观察到 x_{22} 和 K_i 是两个不同的经济元素。例如,Ki 是一座桥,x_{22} 是桥梁维护的流程。正如卡尔·马克思所指出的,没有人能够在没有鱼的情况下从湖中捕鱼,所以我们应该观察到,没有人能依靠维护项目的流动来成功。

㉓ *Review of Economic Studies*,1974。

㉔ 计算机似乎是引用规则的唯一例外。

㉕ 我的同事加纳特·默西(Ranganath Murthy)在准备最后的手稿时帮了大忙。

智者,你要去哪里?(1989 年)

尼古拉斯·乔治斯库-罗根

1979 年 12 月 30 日,我与《纽约时报》杂志的其他二十名经济学家一起接受采访时,过去几个月波斯湾发生的事件再次使我产生了与十一年前相同的想法,当时我的回答是一个真正独特的声明。我说过,对我们的经济来说,最危险的问题不是通货膨胀或失业造成的经济灾难。像今天一样,当时的通货膨胀或失业问题垄断了标准经济学家的注意力,然而真正的问题是化石燃料的加速消耗,尤其是石油,它是现代最有效的能源。最后,我说,"如果不尽快采取严肃一致的行动(使化石燃料的生产和分配合理化的),核弹头就很可能会飞过拥有最后一滴石油的地方"(这里用楷体表示)。

这是一个对宽泛主题的恰当结论——经济过程中几乎在每个方面都是生物性的,这也将成为我的人生信条。捷克斯洛伐克科学院的吉里·泽曼(Jiri Zeman)被它迷住了,并且给它贴上生物经济学的标签,我对此表示完全同意。为了这一主题及其生态推论,我在过去二十年里投入自己所有的研究精力。这是一个生物经济学项目,旨在缓和不可避免的生态灾难,该灾难会使人类物种成为地球上最短命的物种。可悲的是,自从 1973—1974 年石油禁运发生以来,我的斗争一直没有对围绕自然资源问题的喧嚣骚动产生任何实质性影响。造成我对看待自然资源稀缺问题的方式缺乏回应的因素有几个(随着交流的进行,这一问题将被曝光)。

由于中东可能爆发新的战争,我对自己的生物经济战没有取得成功的遗憾心态更加强烈,因此我觉得有必要和我信任的人交换对这件事的看法。我毫不犹豫地决定联系莱纳德·西尔克(Leonard Silk),他一直赞同我的观点,并主张历史、社会和政治经济学,提正确的经济学。

在我于 1990 年 12 月 6 日写信给他之后,西尔克在《纽约时报》(1990 年 12 月 14 日)的一篇富有启发性的专栏文章《控制石油的两大威胁》(Controlling Oil's Two Great Threats)中谈到这个问题。在这次通信之后,这篇文章的题目比以往任何时候都更强烈地印在我的脑海里。然后,我认为我应该回顾一下历史,为什么最近在中东发生的事件(预示着导弹的飞行)反映出来的对我的生物经济计划要点的反对意见,比以往任何时候都更加严格。

从其对象的性质来看,历史恰好提供了两个值得学者们特别关注的因素。第一,我的观点在新生态学家团队和经济专业的一个特殊分支中如何表现的故事,为科学家的社会学提供了极好的见解。(顺便说一句,我无法想象为什么备受尊敬的作家会谈论科学社会学;科学在任何意义上都不是一个社会)。第二,它驳斥了穆罕默德的名言:山不来就我,我就去就山。但是,在反复观察人们在各种压力条件下的表现后,我发现尽管现在我们几乎可以把任何一座山带到我们身边,但通常是不可能说服人们到大山那里去的,即使这样可以挽救他们的生命。这也适用于石油禁运后的大批环保人士。

生物经济学的概念在我脑海中缓慢但持续地形成了一段时间。我的生物经济愿景的第一个暗示出现在 1960 年的一篇论文中,该论文是《牛津经济论文》(Oxford Economics Papers,1960a)的一篇主要文章。在我努力寻求协调一致的代表性时,这些有机部分被纳入三篇论文中,其中两篇被邀请参加经济界的重要论坛:1965 年国际经济学会会议(1969a),我的 1969 年理查德·T.伊利讲座(1970e),以及 1967 年为爱德华·H.钱柏林(Eduard H. Chamberlin)举办的节日(1967a)。

我首次展示我的生物经济学的完整蓝图,包括我的生物经济学计划,是在 1970 年 12 月 3 日(1971a)的阿拉巴马大学第一届杰出讲座中。正是在那次演讲中,我阐述了:(1)经济过程和生物领域之间存在强烈的现象学亲缘关系;(2)这一过程是特定人类生物学的进化演变;(3)认识到这样一个事实——生物和经济领域与自然的其他领域有一个共同特征,即它们都受特殊的熵定律支配,没有熵定律就不能完全解释它们。

最后一点需要说明一下,因为它可能被视为旧观念的另一种形式,即生命不能仅由化学和物理定律来解释,这一立场在当时和现在都是对暴躁还原论的诅咒。但是,在讲述熵定律支配生物和经济的过程中,我并没有以任何方式暗示(正如我一再坚持的那样),这两种现象可能与任何物理化学定律相矛盾。然而,还原论者坚持认为,绝对没有其他必要,物理和化学定律可以解释一切。诚然,有几种生物现象已在体外逐步复制,但正如我们从初等集合论所知的那样,连续积累并不一定要达到有效的极限。仍然有一些生命现象是如此特殊,以至于在隧道的尽头没有明确的减少迹象。某些例证在我的书中提到过。首先,如果还原论是真的,那么它也应该反过来起作用。然后,还原论的祭司应该告诉我们,我们可以通过什么方法来推断,如一头大象的行为,仅仅从它身体所组成的所有化学元素的知识(这在今天的还原论教条中应该是充分的)。以微生物学的基本原理为例:第一,正如詹姆斯·D.沃森(James D. Watson)在美国艺术与科学院最近一次会议(1990年2月14日)上重申的那样,"DNA提供了构建(一个有生命的)生物所需的所有信息"。第二,通过有丝分裂,每个细胞总是分裂成两个与其母细胞完全相同的子细胞。我认为,这两个原则与从胚胎发育成完整的有机体相矛盾,而胚胎是由异常的细胞分化组成的。即使是在萨尔瓦多·E.卢里亚(Salvador E. Luria)、斯蒂芬·J.古尔德(Stephen J. Gould)和山姆·辛格(Sam Singer)的权威著作《人生观》(A View of Life)中,对这个奇怪问题的解释也是如此模糊,以至于我和其他读者都大概率不相信这一点。

沿着这条思路,有一点特别值得强调:无论是物理还是化学都不能解释经济上的稀缺性。熵定律是稀缺性的根源,李嘉图式土地(净土空间)虽然没有枯竭,但两者所定义的稀缺性的意义不同。熵的稀缺性源于可利用能量和物质通过生命结构的流动对该结构意味着什么。当然,任何这样的结构都在追求这种流动,否则它就无法生存。因此,我真诚地怀疑,即使是最基本的生命结构,当它们将可利用能量和物质转化为不可用的——这是生命必不可少的过程——时,它们也会"感受"到一种熵流,人类将其称为生命的结合。

我最初的出发点包括几个想法,今天只有年纪大一点的学生才会意识到。可以肯定的是,在我的脑海中,阿尔弗雷德·马歇尔的著名信条仍然是令人震惊的,即经济学"是广泛解释的生物学的一个分支",我将这一信条引申为经济过程是人类生物学领域的重要组成部分这一观点。阿尔弗雷德·洛特卡的开创性观察也给我留下了深刻印象,他认为人类由两种器官维持生命,一种是每个正常人出生时所拥有的内体器官,而另一种是外体器官,即人类使用和生产的工具。想想看,一个来自另一个世界的灵魂可能会看不出手掰面包和刀切面包之间的区别。古生物学家充分阐述了当一些人类开始从石头、木头和骨头中产生外体器官时,人类是如何超越一般的内体进化的。事实上,我们的外体本能一定是从一些早期灵长类动物身上遗传下来的,这些灵长类动物偶然从树林中捡起一根棍子,从此便开始携带棍子;因为我们可以推测,有了棍子,它就觉得自己的手臂更长且更有力了。在这里,拉马克(Lamarck)将在文化进化方面发挥了他最好的作用。

但是,我对经济学和生物学彻底亲密关系的想象的有效火花来自我杰出的导师约瑟夫·A.熊彼特,他在1911年出版的《经济发展理论》(The Theory of Economic Development)一书中指出经济发展进化包括不断涌现的不连续创新。正如他在一个令人难忘的比喻中所解释的那样,"你可以随心所欲地连续增加邮车,这样你就永远不会拥有铁路(引擎)。"换句话说,有效的创新是非达尔文式的经济突变。同时,发现的问题已成为"科学社会学"中世界各国热烈讨论的对象,这里有一个真正有趣的例子:两个同时独立的发现,在不同的时间和不同的领域,一个属于社会科学,另一个则属于自然科学。在熊彼特的理论提出三十年后,一名著名的生物学家理查德·戈德施密特的观点令他的同事感到震惊,他认为生物进化不是达尔文式的物种进化,即从类似变形虫的第一个生命有机体到现在人类的潜移默化的变化,而是伴随"充满希望的怪物"出现的。从这个意义上讲,与邮车相比,铁路引擎是一个怪物,一个非常成功的怪物。几乎找不到比这更真实的证据来支持我的生物经济学观点了。

讲述我是如何碰巧(就是这个词)形成我的构思的,可能会很有启发性。我的大部分新奇想法都源于一些个人经历。这一点尤其适用于熵定律的运行与经济过程之间不可分割的关系。作为1927—1930年索邦大学埃米尔·博雷尔的学生,我自然想阅读这位伟大思想家的大部分专著。因此,我开始阅读他那令人着迷的统计学著作,其向我介绍了热力学,也就是熵的概念。然而,我必须说,统计力学是热力学的一种非常正式和抽象的表述,如果不是后来在罗马尼亚的经历,我可能只对后来在该领域迅速兴起的深奥数学深入研究感兴趣,这一经历突然向我揭示了熵定律在经济,实际上是生物经济过程中所起到的基本作用。

有一次，我碰巧去了一个山村，那里有一些社会学家朋友正在进行实地调查。由于在早春，暴雨冲走了肥沃的土壤，对辛勤耕耘的人们造成巨大的伤害，我们花费一些时间讨论这场灾难的经济后果。当这个问题还在我脑海中浮现时，我走开了。当我登上罗马尼亚最大河流之一奥尔特河上的一座桥时，我不停凝视着它深巧克力色的河水，奔向它们的最终目的地。从那张简单的全景图中，我产生了一个明确的想法：我对自己说，这就是我们明天的面包！当我快速回忆起从博雷尔的书中学到的东西时，我的生物经济学框架就在那一刻在脑海中清晰地勾勒出来。不久，我发现了另一个更值得公众关注的令人振奋的事实：在 20 世纪初，罗马尼亚是世界上第三大产油国，但到 1960 年，它已经变成一个石油进口国。因为，一旦石油燃烧成热气和烟雾，它就永远消失了！这也适用于表层土壤的养分。具体来说，一个引人注目的生物经济例证是第一个千年的大迁徙，当时一个又一个部落从中亚跋涉到欧洲，因为它们无法再从一片曾经被放牧和过度放牧的土地上种植粮食。它们无法做到从地球内部获取食物，就像我们现在可以做的那样，虽然不是永远，因为我们的矿物储备也是有限的。

熵，曾经是一个深奥的词，现在却往往被用来炫耀。熵定律本身有一段混乱的历史。它起源于一个近乎神秘的想法，即使在今天，它也不像牛顿力学定律那样透明，牛顿力学定律可以归结为我们对外部的唯一作用："推和拉。"对它的解释和使用也是各种各样、相当扭曲的，现在它的含义似乎比以往任何时候都更加混乱和矛盾。根据当代的基调，对它的机械性解释应该是唯一有效的解释，但尚未被所有人接受。诉诸概率论只会导致对该理论的严重误解，从而引发这种尝试的失败。

当我通过实际的、未经证实的经验来理解熵定律的重要性时，我很自然地继续用现象学的方法来研究这个领域，我认为这种方法也比流行的机械论方法更为可靠。

在与熵的意义的斗争中，我发现为了更清楚地理解熵定律及其在我们对自然的一般概念中的地位，我们必须从两种本质并不同的能量之间的区分开始，按照开尔文勋爵所使用的术语表达，即可用能和不可用能。这是自然科学史上独一无二的奇特案例，这些概念的根源不是物理上的，而是强烈拟人化的。可用能是我们人类可以——"可以"这个词在这里可能用错了——用于我们特定的目的的能量状态：保持温暖、做饭、烧砖或者飞往月球。不可用能是那种我们不可能使用的能量。开尔文勋爵的经典例子是海水中蕴含的能量虽然巨大，却不能使用，如用于驾驶一艘船，或者其他任何事情。

但这里需要一个注释，以避免对这些概念的可能误解。地球漂浮在一个宇宙海洋上，海洋中蕴藏着我们无法使用的可用能（如太阳的炽热等离子体），因为我们无法获取这些能量。因此，我们能够有效利用的能量必须是既可用又可获得的，这是能源分析专家尚未真正意识到的一个基本条件。

如果我们记住前面的话，熵定律本质上说的是，无论我们是否有意识地使用可用能，可用能都会不断且不可逆转地退化为不可用状态。因为熵是孤立系统中不可用能的一个指数（相对于温度），所以熵定律的等价表达式是流行形式：无论我们做什么或不做什么，这样一个系统中的熵不能减少（当然，这在逻辑上相当于说它既可以保持不变，就像在一个热力学平衡的系统中，什么都没有发生一样；也可以增加，就像最常见的情况一样）。

有一点我怎么强调都不过分，因为它被完全忽略了，那就是当熵定律说系统的熵增加时，我们必须明白，在涉及的比较中，"后来"只能由人类意识确定，这是该法则拟人化本质的另一个证据。如果不理解这种独特的平行性，我们就无法理解阿瑟·S.艾丁顿（Arthur S. Eddington）的惊人观点，即熵定律显示了"时间之箭"。

熵定律终有一天会被驳斥，就像历史上发生的许多定律一样，这是许多生态学家最喜欢的一句话，目的是培养那些无法以批判的眼光看清其颜色的人的乐观情绪。事实上，历史是站在熵定律的永久性这一边的：每当一个人的手碰到一个热的炉子时，被烧焦的都是人的手，而不是炉子。因此这无疑证实了鲁道夫·克劳修斯所恰当表述的熵定律：热量永远不能从一个较冷的物体自行传递到一个较热的物体。阿尔伯特·爱因斯坦在他的自传中甚至用他的定律证明了熵不可能自行减少，他的定律还将光速作为任何速度的上限。

到目前为止，熵定律的结果应该是清楚的。生命承载结构的斯塔克预测是它们对可用能的绝对依赖性（我后来也加入了可用物质），再加上持续且不可撤销的熵退化。因此，我们发现过去几位伟大的经济学家表达了对自然资源的担忧，在托马斯·马尔萨斯之前有 M.梅赛斯（M. Messance），之后有斯坦利·杰文斯。

由于熵定律的另一个方面，自然资源的稀缺性构成一个复杂的问题。这条定律是唯一与时钟时间无关的物理定律：它只说明一些可用的能量和物质会随着时间的推移而退化，而不是给定时钟时间的退化程度。事实上，生命结构加速了熵退化，这是时钟时间不确定性的必然结果。每个人现在都应该很好地留心这个独特的案例，在这个案例中，生命的存在或缺失对自然法则具有重大的意义。它由内而外的形式表明，如果没有可用能，也就没有生命。因此，我们可以选择增加可用能源和物质的使用，就像在一定程度上减少它一样。正是由于熵定律这一自然规律的独特之处，如我所做的那样，我们有理由提出一个保护计划，以实现我们这个物种在这个星球上尽可能长的延续。这样一个项目确实应该是任何科学生态学的主要目标，因为没有保护，谈论最大限度地提高生存率是没有意义的。

在 1973—1974 年石油禁运的前三年及《增长的极限》出版的前一年，我提出一个具体的生物经济计划，该计划实际上是可以建立的。但我们不应忽视它的具体性，因为这是一种独特的品质，从那时起便一直如此。在这一点上，我与我的反对者们有本质的不同；我坚信，任何旨在维持全人类未来可容忍的生活的计划都必须解决需求方面的问题，而不是供给方面的问题，正如现在最流行的解决办法那样：(1)我们渴望巨大的发明，如协和式飞机或双车库汽车，它们也可以在点烟器变热之前加速到每小时 100 英里；(2)我们对时尚的迷恋，这是现代男女精神上的疾病；(3)我们喜欢使用互相矛盾的装置，如电动高尔夫球车；(4)我们超速、过冷、过热和许多其他过度的疯狂行为。

简而言之，我的生物经济计划要求放弃所有奢侈品，甚至一些便利设施。正如我明确承认的那样，这不是一个容易被我的同龄人接受的项目。因此，为了满足需求，我的演讲小册子不得不重印两次（总共 1 500 本），这不仅让我感到兴奋，而且也让我感到惊讶。第二年，哈佛大学出版社给予我这份荣幸，其出版了一本关于生物经济学概念、熵定律与经济过程不可分割的联系及其后果的专著。这本专著获得了极高的评价，经过几次再版后，它仍然可以在出版社买到，但从未出现在销售清单上（我这么说并不是出于谦虚，而是为了随后的使用）。

这一切是否意味着我的生物经济项目取得了不同寻常的成功？奇怪又不幸的是，事实并非如此。虽然它得到了许多知识界专家的赞扬，但却很少得到普通民众的支持或关注，没有明确的赞同或异议，只是一种礼貌的沉默，或者正如我真正的朋友斯特凡诺·扎玛尼（Stefano Zamagni）所说的那样，一种终结。原因有很多，大部分是科学家的社会学观点。

首先,罗马俱乐部推出《增长的极限》时大张旗鼓的宣传,决定了今后如何看待自然资源稀缺性问题。稀缺性问题首次作为新闻报道出现,这让人们相信,任何人都可以像对待任何政治问题一样,表达自己的观点。因此,正如维也纳人所说的,环境问题成了咖啡馆的话题,而且由于任何一个从分析角度探讨这个问题的人都会暴露生态学家的无能,这些人不得不阻止这样的学生在任何地方发言。

那些总是渴望找到一个新话题(而不是技术话题)以实现自己宣传抱负的人群,进入了以前一直是无人区的领域,并开始一场奇妙的运动。跑步仍然在继续。今天美国的图书馆里挤满了涉及各种生态问题的书籍。那些表现出更多乐观情绪的书,自然会卖得更好。

按照固定的模式,初学者们聚集到许多阵营中。一些人认识到资源稀缺的现实,但却鼓吹"不管发生什么,我们都会找到出路",这是一些最高级别大学教席所捍卫的教条。另一些人则坚持认为,没有理由再提出新的担忧,因为我们一直都知道自然资源是可耗尽的,并通过所谓的替代技术提供各种各样的生态拯救计划,这些替代技术的基础是太阳能,他们坚持认为太阳能指日可待,不对,应该是我们现在就可以使用它们。任何人,像我一样,认为这些解决方法是不负责任的、一厢情愿的想法,都被称为"厄运预言者"。菲利普·埃布尔森在他的一篇科学社论的标题中写道:"够了,悲观主义。"仿佛一切事物都是世界上最好的东西。即使是科学也不能在悲观中生存,否则,期刊找不到订户,讲师也没有预约。

真正的悲观主义者痛惜乐观主义者的立场,因为乐观主义者对针对无法估量的危机前景的有效政策不感兴趣。乐观主义者相信,我们随时都可能面临不屈不挠的危机。那些被认为是厄运预言者的人实际上是精神上的乐观主义者,因为他们通常相信,只要一个人进行尝试,就会有出路,至少有一种方法可以在相当程度上缓和危机。当然,正如大多数乐观主义者所做的那样,我们无法相信可持续发展,甚至是稳态能够永远持续下去,因为我们有克服任何熵危机的内在力量。但正如生物学专家 J. B. S. 霍尔丹向我们保证的那样,人类未来唯一确定的事件就是灭绝。整个宇宙的熵演化是这一点的保证。

然而,因为乐观的生活态度比悲观的生活态度更令人愉快,大多数人,尤其是文人学士(他们必然宣称自己完全相信科学的无限力量)是乐观的。即使是深思熟虑的悲观主义者也会被看作坏消息的传递者,就像索福克勒斯的《安提戈涅》（*Antigone*）中著名的卫兵一样，从来都不受欢迎——我有时会微妙地感觉到这一点。他们好像在说，就是这个人，把你的时速限制在55英里，现在又想把你和你亲爱的保时捷、玛莎拉蒂分开。在我的阿拉巴马演讲中，我强调在任何历史时期，人类都会把后代的铲子和犁头融化成某辆凯迪拉克或某艘豪华巡洋舰。但正如布谷鸟为我们歌唱的那样，"子孙后代为我做了什么？"

作为一个乐观主义者，"我们"要相信没有什么灾难性事情是无法挽回的；而且，受过教育的人们可能会发现学术上的成果，是在一厢情愿的想法主导下提出建议，并构建在撰写的论文之外没有任何相关性的模型上的。这种幻想模型最荒谬的例子就是罗伯特·科斯坦萨的"定理"，一美元总是能买到相同数量的内含能量，不管是鱼子酱还是土豆。卡尔·马克思的劳动价值论立场要更加坚定。

然而，尽管出现这些令人困惑的发展，一个以盲目乐观为特征并不断扩大的职业还是形成了，这仅仅是因为人类通常意识到生命的短暂，并不愿面对严酷的现实。毕竟，"不要担心"可能是一个很好的生活准则。

《增长的极限》比我在阿拉巴马州的演讲更能引起人们对这些作品刚刚提出的问题产生真正的兴趣。当时的文学界也非常喧嚣，甚至在评论中出现人身侮辱的字眼。然而，1973—1974年石油禁运的不祥之兆激励了所有人，培养了无数新的"生态专家"，而且人数还在不断增加。不过，这种恐慌是短暂的：美国对驾驶实行的限速很快就被遗忘了，庞大数量的汽车重新侵入市场。这场骚乱虽然短暂，但也让一些经济学家对自然资源产生了迟来的兴趣。在美国，几乎所有人都向国会和媒体提供了自由且快乐的乐观演讲者，用于任何政治宣传："选我，因为我将努力引进著名生态学家A或B设计的惊人技术。"

然而，经济学家把自己列为对自然资源稀缺性问题最漠不关心的专业人士，而杰出的经济学家则坚持聚宝盆式的信条。一些最优秀的学者甚至试图说服我们，不存在任何的熵问题，正如威尔弗雷德·贝克曼在他大学学院的就职演讲中，以及在他后来的著作中所使用的专业修辞那样。卡尔·凯森（Carl Kaysen）似乎想阻止人们进入经济学这门关于稀缺性的科学领域，他对资源稀缺性的兴趣嗤之以鼻，他宣称，稀缺性不会带来任何有趣的结论。罗伯特·索洛在他的理查德·T.伊利演讲（1974年）中宣布，自然资源不是经济过程中不可或缺的因素。他们显然想为标准经济学完全忽视自然资源的经济作用开脱。

对乐观主义的迷恋是如此专横,以至于即使是我们本以为会作出辨别判断的人也加入了乐观主义行列,格伦·西博格以其巨大的权威向我们保证,科学必将使人类能够在不以任何方式破坏地球的情况下利用地球。因此,保罗·萨缪尔森不应该因为声称科学将找到一种方法来阻止能量和物质的所有熵退化而被起诉,尽管他不是诺贝尔物理学奖得主。另一位著名的物理学家阿尔文·温伯格(用他自己的话说)有一个浮士德式的长期拯救方案:3.2万个增殖反应堆分布在4 000个人工创造的岛屿上,正如他所断言的那样,能够以两倍于美国技术标准的技术维持200亿世界人口。

正是由于上述的流动和回流,许多机构开始公开关注生态问题,从而关注自然资源。任何清单都必须从"未来资源"开始,这是一个令人尊敬的机构,始于1952年,迫于关键金属(而非能源)匮乏的压力而建立的,也是威廉·佩利报告的产物。1975年才出现的《世界观察》,也是同一品牌。然而,特别是在20世纪80年代,许多规模较小但类似的组织和富裕的大学研究所如雨后春笋般涌现。这些组织刚刚在只能是"全球性"的会议上吹嘘,提炼和再提炼替代技术肯定会在短时间内拯救生态。关于它们的成就,我们可以套用萧伯纳的一句话,即说得很多,但没有结果。这些组织和大学研究所的一项主要活动是通过定期发送传单为宣传者做广告。在这样的传单上总是有一张总统的照片,他的腰带上挂着一个照相机。

所有这些杂乱无章的活动都有一个危险,那就是热情洋溢的广告食谱中没有一个是建立在彻底的能量分析之上的,这是对事实的严重扭曲。例如,那些狂热鼓吹通过太阳能来拯救人类的人忽视了苏拉勒克斯公司精心策划的一项实验,该公司是太阳能领域最权威的企业,通过使用数千块硅电池阵列,它发现,即使所有必要的材料都已免费提供,这种电池组所利用的太阳能也不足以复制该过程中使用的电池。目前还没有硅电池培育器,这意味着救赎不能来自硅电池,尽管在某些条件下它们在技术上非常有用。

在这个塞塞窣窣但无关紧要的漩涡中,赫尔曼·戴利——范德比尔特大学的博士,成功地炮制出一个广受欢迎的救市公式,正因为如此,它对我们本应采取的应对徘徊不前的能源危机的方式造成了最大伤害。从"增长不可能是一种永久的制度"的观点出发,这是一种早在我开始谈论它之前就已经存在很久的观点,戴利得出结论,"因此,稳态经济是一种必然。"这是一个明显的基本逻辑错误,因为与增长相反的不仅是恒定性(这是一个与熵定律有关的问题）。约翰·斯图尔特·穆勒与亚当·斯密针锋相对，坚持认为静态经济具有许多社会学优势，通过将这一错误观点与穆勒的一条著名信条结合起来，戴利坚持认为（在我之后的一次阿拉巴马州杰出演讲中），生态拯救取决于这样一种经济。然而，除了资本和人口必须保持不变之外，他从未以分析的方式具体说明他所说的静止状态是什么意思，这是一个无法解释的特征。他的听众坚持认为，静止状态只能是一种冻结的、不变的经济体，这剥夺了戴利的发明的所有吸引力。因此，他很快就用"稳态"取代了这个标志，这个词来自自然科学。由于对这一术语的困惑持续存在，在 1981 年，他用整个附录再次作了解释，稳态并不是指静止状态。

但在 20 世纪 70 年代，尤其是开始的十年，人们仍然受到石油禁运的影响，尽管如此，他们还是接受了戴利的想法，这一想法至少存在非技术性优势。他在几部作品中以非凡的文学才华阐释了他的论点，因此不久之后，他的名字就意味着"稳态"。

由于稳态的信条包含大量的乐观主义精神，它很快就成为一种占主导地位的信仰。当然，进入稳态的想法在发达国家受到极大欢迎；事实上，这些人会很乐意继续住在同样的住宅里，开同样类型的汽车，吃同样美味的食物。但他们没有意识到自己是一个巨大幻觉的受害者。非常奇怪的是，没有一个稳态信条的倡导者会想到，对于来自贫瘠之地的人们——如来自孟加拉国的人们——而言，稳态的解决方案无疑意味着痛苦的终身监禁。

然而，最终赫尔曼·戴利意识到这个可怕的缺陷，正如他在曼尼托巴大学的一次研讨会（1989 年 9 月 22 日）上公开承认的那样，为了逃避现实，他把会众的标志变成一个真正迷人的标志：可持续发展，这很可能是他从莱斯特·布朗（Lester Brown）那里借来的。事实上，谁能发现这个新项目有什么问题？对于孟加拉国人民，以及住在纽约顶层公寓的人来说，这一项目都是非常适宜的。《增长的极限》的作者们希望"一种在遥远的未来可持续生态和经济稳定条件"能够建立起来。但正如"稳态"不能脱离"定态"一样，"可持续发展"也不能脱离"经济增长"，对于一个经济学家来说，这不禁让人想起沃尔特·罗斯托（Walt Rostow）著名的"起飞"，其导致了可持续增长。谁会真的认为发展并不一定意味着某种增长？

可以理解的是，这两个口号"稳态，尤其是可持续发展"的浮夸乐观态度吸引了大批信徒，他们相继聚集在一个又一个"全球"论坛上，以提高该法案倡导者的声誉，由于许多大公司通过建立这类活动来谋求一种与众不同的地位，因此在这种煽动中，一定会有一些特殊的装饰性利益。人们可以从这种企业家风格中看到科学社会学的一个方面，自罗马俱乐部以来，财团已经在自然资源的话题中看到一种宣传自己是社会捐助者的好方法了。那些声称对生态问题感兴趣的组织提供的资金总是很容易流动。世界银行提供了一个很好但很有趣的例子，它为几个具有独特乐观幽默感的全球会议提供了充足的资金，因此，考虑解决迫在眉睫的危机已成为当务之急。

为了捍卫他们的口号所赖以生存的流沙，那些容易出卖的教条的倡导者诉诸文学上的暗中打击，并在所有场合狡猾地处理他们在学术上无法反驳的任何相反观点或学术论文。

让我们回顾一下，承诺中的耶路撒冷将通过替代技术来维持，推动者声称不久之后就可以实现——"下周"太阳能专家 P. D. 梅科克（P. D. Maycock）和 E. N. 斯蒂尔沃尔特（E. N. Stirewalt）在十年前如是说，然而，这些说法并没有常规证据的支持。由于对物质世界中的真理有这样的概念，没有一个专家能看到他们信条中的绊脚石；也就是说，任何一种技术，任何一种强度的可行技术，以及因此而解决问题的技术，必须满足一种特殊的条件，我第一次认识到它时，将其称为普罗米修斯。我之所以使用这个术语，是因为这种技术与火的技术相同，为了解释清楚，普罗米修斯技术必须能够提供比工作中使用的能量更多的可及能量。"可及"一词是这里的关键词，表明这种技术根本不会产生人们可能认为的能量，因为它不能违背热力学第一定律。但是，可以肯定的是，必须有一些可用的资源，以便这种技术或任何其他技术发挥作用。

首先，我们要考虑一个基本事实，仅仅从一根火柴的可用能开始，我们可以燃烧整个森林，不，是世界上所有的森林，让我们能够接触到这些树木中蕴含的巨大能量。再想想蒸汽机吧，我们可以用它开采更多的煤炭，而不是用它来工作。因此，普罗米修斯技术必须产生多余的可及能量。

在任何可行的技术中，普罗米修斯技术所扮演的不可或缺的角色都如此清晰。这就是说，只要能够获得特殊形式的可及能量，普罗米修斯技术就能像生物一样自我维持。

现在我们应该回顾一下，几千年来，我们工业活动——人类特有的活动——的唯一稳定能量来源主要来自木材。但任何普罗米修斯技术都是自掘坟墓，因为一旦被发现，人类就会越来越快地使用它，以至于它的特殊燃料很快就会耗尽。因此，到 17 世纪末，森林迅速消失也就不足为奇了。英国，甚至斯堪的纳维亚国家，必须对砍伐森林实行法律限制。由于开采和使用煤炭仍然是一项麻烦的工作，因此煤炭不能有效地替代木材。众所周知，煤矿很快就会被地下水淹没，一些企业养了几百匹马来转动轮子，用轮子带动牵引袋把水运出去。没有热量就不能熔化、不能熔炼、不能烘焙。

因此，与今天的发展完全相似的一场能源危机迫在眉睫。由于彼时没有生态学专家，因此没有太多关于替代技术的争论。但人们求助于那个时代最伟大的科学家：惠更斯和伽利略。要记住，即使是伽利略，当被问及如何促进矿井排水时也给出了错误建议：继续用气泵从矿井中把水抽上来，因为大自然讨厌真空。后来，当伽利略得知水的上升高度不超过 10 米时，他纠正了自己的说法：大自然可能讨厌 10 米以下的真空。

托马斯·萨弗里和托马斯·纽科门发明了蒸汽机，从而解决了这场危机。我们仍然生活在这两个普罗米修斯发明的可行技术中。

从我已经说过的来看，毫无疑问，人类现在需要的是一种新的普罗米修斯技术，任何我们现在应该知道的超级广告替代品，根本不会有用。也就是说，由于硅电池利用太阳能，并不能提供比它开始时更多的能量，因此这不是一种独创的技术。完全没有意识到这个关键技术的可行性问题是目前生态学派最严重的失败。

我们现在需要普罗米修斯三世。他或者她可能明天会到来。但不幸的是，我们根本无法确定这笔巨大的财富。发现是最不可预知的事情。我们也没有看到任何其他的外体生物，也就是说，依赖外体生物器官的生物，从它诞生到灭绝，一直进化到知道我们宇宙命运的类型，就像我们知道其他地球生物的命运一样。因此，我们只能等待和希望，但我们不应该只是等待。正确的等待时间是最长的，所以普罗米修斯最有可能找到解决办法。这意味着尽可能地保护资源。为此，资源应当被世界化（如国有化和社会化），并由一个世界性机构进行伦理管理。

这个计划必然需要一种世界政府，这是一个极其复杂的问题，然而，这个问题已经引起政治学家，甚至一些政治家的关注，没有一位现代性情的生态学家将他的思想引向那个方向，至少在我接受《纽约时报》的采访之前是这样的，也就是在本次交流开始时提到的。

结论：从生物经济学到去增长

马乌罗·博纳尤蒂

本文第一部分回顾了复杂系统的一些基本特征，这些特征在从实体组织到人类社会文化组织的过程中，显示了标准经济科学的还原论特征。

第二部分试图确定几个基本的长期过程（在经济、生态、社会和文化层面），其中增长是共同的分母，并可能解释我们面临多层面危机的原因。分析从增长/积累/创新过程开始，此过程首先表现为工业资本主义，然后是金融资本主义，指出了其自我追求的多尺度特征及其对生态平衡的主要影响。第二部分还研究了增长对不平等的影响（Latouche，1991；Amin，2002）、对消费模式的转变（Hirsch，1976）、社会关系的逐步解体（Polanyi，1944；Godbout and Caillé，1998；Bauman，2005，2007）及其对集体想象碎片化的影响（Lyotard，1979；Castoriadis，2005；Harvey，1990），以期对这些过程之间的关系提供系统解释。这个框架也可以为当代社会揭示的幸福悖论提供一个一般性解释（Easterlin，1974，2001）。此外，这些过程也可以被认为是对"去增长"不同维度的介绍。

第一部分：关于复杂系统的八篇论文

经济过程具有熵性质

正如我们所看到的，乔治斯库-罗根的生物经济理论代表了对新古典理论的激进批判。他指出经济增长过程所受到的限制基本上是具有熵性质的限制。根据熵定律，每一项生产活动都涉及不可逆转能量的退化，在某些条件下还涉及物质的退化。由于生物圈是一个封闭的系统，与环境交换能量而不是物质，因此就经济学而言，可以得出两个重要结论。

第一个结论是，经济过程的基本目标——即生产和消费的无限增长，是建立在使用不可再生物质能源的基础上的，其与热力学基本定律相矛盾，因此必须从根本上重新考虑这一目标。此外，过去三十年来积累的关于无限增长效应的经验证明是有充分依据的，也是一致的。毫无疑问，数据总是有争议的，但从整体上公正地看，它们很明显表明了生物圈已经无法维持全球生产体系。

第二个结论具有方法论性质：经济过程的钟摆式表现形式，在任何一本经济学手册的扉页都能见到；根据这种表现形式，需求刺激生产，而后者提供创造新需求所需的收入，这个可逆过程显然能够无限复制自己；这种观点必须被一种进化论观点所取代，在进化论观点中经济过程被视为跟随时间之箭，因此是不可逆转的。总的来说，这种生物经济学观点回顾了每一个经济过程中不可避免的客观存在的本质，将经济科学从数学的稀薄氛围中带回现实世界。

复杂系统表现出反馈关系

反馈关系在复杂系统中非常常见，这一点极其重要。根据反馈是否具有增强或削弱原始输入的效果，我们将分别具有正反馈系统或负反馈系统。众所周知，这两种类型的进化动力学是对立的，当负反馈系统可以自动校正时，系统正反馈呈现自增加/指数趋势。未受干扰的生物和生态系统是自动校正（顺势疗法）系统的例子，温血动物的生物体也会发生类似的情况，由于其他几个参数的变化，它们的体温保持恒定。在负反馈系统中，为了确保某些基本函数的恒定性，变化总是会发生的，如"物种的生存"。也许值得注意的是,复杂的组织结构,如企业、教堂或环保协会,也可能存在非常相似的行为方式。外部环境的变化,如新的法规或技术创新,将导致内部结构的变化,以确保实现复杂目标——"组织的生存"。

相反,正反馈系统具有爆发性特征。人口的指数式增长或暴力的螺旋式上升是正反馈的好例子,这种类型的循环在经济系统中运行。最近的全球化进程所维持和延长的长期经济增长态势可能是最引人注目的例子,正反馈似乎是当今无可争议的现象的根源,即富人越来越富,穷人越来越穷。

自我增长型的过程可以用两种截然不同的方式来缓解,这必须加以仔细考虑。第一种方式是通过激活系统内部的均稳态过程(负反馈),在这种情况下,系统在没有破坏性影响的情况下逐渐收敛于某些平衡点。第二种方式称为超调,通过施加在其他系统上的压力来限制流程的增长,而其他系统无法提供必要的资源,或者更普遍地达到临界状态,从而限制主系统的进一步发展。在后一种情况下,系统的基本变量将显示出特征性的钟形趋势,指数增长之后会出现同样突然的下降或崩溃。总的来说,逐步向"可持续模式"过渡的过程显然需要第一类负反馈的干预。

标准经济科学不考虑反馈关系,因为它倾向于通过基于因果原理的线性链来机械地解释现象。然而,如果我们要解释社会经济系统和生物圈之间的长期演化动态,尤其要认识到经济增长的潜在自我毁灭结果,就必须看到这些循环关系的存在。

合适的尺度:规模问题与涌现原则

虽然生物之间最明显的差异是大小,但即使是自然科学家自己也很少关注它们。然而,不难证明,老鼠不可能像河马那么大,鲸鱼也不可能像鲱鱼那么小。在 19 世纪初,博物学家达西·W.汤普森(D'Arcy W. Thompson)在一篇引人注目的文章中明确表达了一个必须在这里回顾的观点:大小的变化通常涉及结构的变化,也就是说,就生物结构而言,大小的变化涉及生物体形态的改变。[1]

笼罩在经济科学规模问题上的沉默更令人震惊,虽然在经济世界中,既有由一个人组成的微型企业,也有能够赚取超过各国 GDP 的利润的巨型企业,但在经济学教科书中,对企业结构的描述却似乎与它们的规模无关。尽管乔治斯库-罗根提出了批评[2],但对于标准经济学而言,这并不构成问题:"为了使产量翻番,将投入量翻倍就足够了"。[3]

　　尽管有影响力的学者已经指出，即使是生态学家也没有对规模问题给予足够的关注。20 世纪 70 年代，伊凡·伊里奇（Ivan Illich，1973）、恩斯特·熊彼特（Ernest Schumacher，1973）和格雷戈里·贝特森（Gregory Bateson，1979）等明确指出，一旦跨过某一门槛，社会结构通常也会发生结构性变化，由此可能产生无法预见的负面后果。④伟大的生物学家和遗传学家 J.B.S.霍尔丹（1892—1964 年）的直觉是，体型的增长可能涉及生物体形态的改变，这一原则也可以转移到社会组织层面。在两次战争之间撰写的一篇短文中，霍尔丹（Haldane，1956）得出一个清晰的结论，即自然界中每一种动物都有正确的尺寸，而且他还认为，就像鲸鱼没有鲱鱼那样的结构一样，公平和解放的社会主义理想也不可能与大英帝国的规模相协调。⑤

　　然而，只有随着复杂性科学的发展，这一概念（更普遍地被定义为"涌现原理"）才得到更严格的表述，并在许多不同的研究领域承认其广泛的诠释学后果（Holland，1998）。

　　物理学家菲尔·安德森（Phil Anderson）在 1972 年发表于《科学》杂志的一篇经典文章中明确提出这个问题："更多是不同的。"安德森首先肯定没有一个严肃的科学家会质疑这样一个事实，即"同一套基本定律"对于整个物质领域都是有效的，无论是生物的还是非生物的。然而重要的问题是另一个：从这些基本定律出发，是否有可能重建宇宙？安德森的答案显然是不能："基础粒子物理学家告诉我们的基本定律的性质越多，它们与其他科学的关联性就越小，与社会的关联性也就越小。"⑥每一个新的"复杂性水平"都会出现一种新的性质，这些新的性质"与其他性质一样重要"。由此我们可以得出结论，物理定律适用于物质的所有领域，因此也适用于涉及物质和能量的社会过程（如生产过程），但是总的来说，在更高复杂程度上出现的规律恰恰是"新规律"，不能从上一层次的"基本规律"中推导出来。

　　运用同样的方式，今天大多数生物学家认为，生物虽然是由遵循化学和物理规律的结构形成的，但却呈现出定性特征，即分子的特定关联及由于这些分子而可能发生的特定反应的结果（代谢），这就是为什么生物学不能简化为物理或化学的一个分支，也是为什么一个活的有机体不能等同于任何人造机器。随着原子、分子、基因、细胞、生物体组织和种群的层次结构的复杂性水平缓慢上升，每一个新层次上的相互作用和相互联系都会产生新的特性（Gould，1985）。

　　涌现原则在社会科学领域可能产生的非凡的解释性影响尚未得到承认，

因为后者仍然受方法论个人主义范式的支配,根据该理论,集合体的行为基本上可以追溯到单个个体的行为(Godbout and Caillé, 1998)。这在经济学中尤其如此,整个微观经济学理论都是基于主体原子行为的假设。相反,正如我们将看到的那样,对我们解释目前所经历的多维危机至关重要的一些现象来自集合的特定属性,一旦超过某些阈值,这些集合就会成为主体之间特定的相互作用方式的结果。因此,在本分析过程中这一点必须牢记。

现在让我们更仔细地考虑一下生物和生态系统相关的一些基本特征。

生物系统往往不会使任何变量最大化

在生物体中生长总是受到限制。在复杂的生物体中,它通常是自我调节的:它们达到一定的大小,之后生物体内的某些化学信号会阻碍其生长。一般来说,任何变量的值过高或过低都会对生物体造成危险:氧气过多会导致组织燃烧,而氧气过少则会导致窒息。沉浸在宇宙辐射中的生物圈生命,在我们所知的 40 个电磁频率中仅四个半八度音阶的电磁频率范围内发展。正如 V.I.维尔纳德茨基(V. I. Vernadsky, 1945)在其杰作中所强调的那样,在生物界中,到处都有阈值,无论它们多么灵活和难以确定,它们都无法逾越其阈值。

这一原则与标准微观经济学理论的假设严重冲突,根据该理论,经济主体的行为属于最大化类型。数量越多的商品总是比数量越少的商品更好(不饱腹感假说)。在宏观经济层面,没有任何东西反对收入和消费的持续增长;相反,它被认为是每一项经济政策的首要和基本目标。

生物系统有多个目标

如果我们排除物种生存的一般变量,那么我们就不能断言生物系统追求单一目标的最大化,所有其他变量都服从于此。在生物世界中,哺乳动物尤其呈现出多维价值体系特征(Bateson, 1972)。

这一特征也与标准经济学理论的假设相反。引入一些特定假设,目的是确保消费任何种类的商品所产生的幸福感可以根据相同的一维指数—效用——来排序。正如已经证明的那样[7],"当我们考虑'词典—图形'性质的偏好时,即当各种商品不能相互替代时,根据单一的一维索引订购各种商品篮子的可能性就消失了"。日常生活表明这是一种普遍情况:对人们来说,上网并不能很好地替代喝水,正如人道主义团体分发的面包不能满足那些拼命寻求正义和尊严的人一样。来自不同研究领域的贡献,从生物学到人类学,从社会科学到心理学,都告诉我们真正的福利包含在多个维度中,每个维度对于其他维度来说都是不可还原的。⑧正如我们将看到的那样,多维概念的引入告诉我们,幸福为新古典消费者理论陷入的一个基本悖论提供了可能的解释:所谓的幸福悖论。

生物系统表现出竞争行为和合作行为的结合

对于新古典主义经济学家来说,社会和经济体系的特点是存在完全竞争的行为形式。对进化论的一种还原主义解释导致一种完全由"奋力求生的斗争"主导的生命宇宙的表现,并且这一概念已经扩展到社会和经济系统(社会达尔文主义)。另外,有趣的是,在苏联对生物学的解释中,物种之间共生关系盛行,几乎没有竞争,自然成为普遍合作的隐喻。现在是超越这些工具性解释的时候了:如今生物学家们很清楚,在生态系统中,竞争型和合作型都是物种保护的关键。同样,经济主体之间存在竞争性和合作性关系;事实上,我们将看到,后者对于弥补竞争(资本主义)体系特有的一些自毁性螺旋运动来说至关重要。

在扩张的环境中,通常是竞争行为形式促进物种的成功和发展,而在非扩张的环境(平衡模式)中,合作行为形式通常有利于成功

根据肯尼思·博尔丁(Kenneth Boulding,1981)的说法,生态系统内的相互作用基本上可以假设为两种模式:一种是基本扩张的(殖民模式),另一种是不扩张的(平衡模式)。前者的特点是资源丰富,在这种模式下,生物向新的生态系统扩张,即向非殖民生态位扩张。相反,在后一种模式中,由于缺乏新的自由领土或开发不足的领土,生物体处于平衡状态。生物学为我们提供了一个基本教训,也就是说,没有一种行为形式适合所有季节,但如果环境发生变化,那么有利于物种发展的策略也会发生变化。

与标准理论所主张的相反,经济主体之间的"完美"竞争并不一定产生最佳结果。在不断扩张的环境中,特别是竞争行为很可能占据上风。智人的进化不只是偶然,更是通过殖民和不断征服新领土从而与其他物种竞争的结果。因此,侵略性和竞争态度深深地铭刻在其进化道路上。在最近的时代,现代性的冒险(以其个人主义和竞争文化)是在一个不断扩大的背景下产生和发展的,其特点是征服了新大陆(美洲、印度等)和新的知识领域

（科学、技术等）。最后,美国的经济精神（本身尤其是个人主义和竞争精神）是在向西方扩张的过程中形成的,这一点也绝非偶然。然而,在非扩张条件下,例如,由于地球上的生态系统几乎完全殖民化,现在人类物种不可避免地要接近一些物种,盛行的将是合作行为形式。中国古典文化就是这一点的反证:它是在非扩张的环境中形成的（以长城为例）,事实上它呈现出强烈的、非个人主义的和非竞争性的特征。

这一切都导致对当今社会和经济体系中竞争压力的不同评价:竞争水平过高,或者竞争水平过低,通常都必须被视为对该体系是危险的。生物组织告诉我们,通过竞争来追求效率是经济活动的唯一目标,不仅是人类还原概念的结果,而且很容易导致自我毁灭行为,正如我们将看到的那样。新形式的奴隶制、对环境的破坏和日益广泛的金融腐败,只是这些毁灭性影响的一些例子。

社会系统的特点是能够形成它们生活其中的宇宙的共享表征

生物和社会系统的特征,以及它们与物理系统的区别,是它们形成其所生活的宇宙的"表征"的能力。动物当然能够形成它们生活环境的概念,并在面临某些刺激（信号）时作出决定。即使是单细胞动物,也能够监测自己的环境,估量某种化合物的存在,并可能向化合物更多的区域移动。然而,人类社会文化组织的特点是它们能够协商这种表征,从而产生共享表征。与生物系统（信号）领域的同源活动不同,在协商中语义是重要的。信息的形式可能是全新的,但发送信息的人希望接收者能够领会信息。为了实现这一点,社会文化组织应共享基于"归因"和"叙事形式"的信息,这一点极为重要（Lane et al.，2009）。

换句话说,在更普遍的情况下,共享表征的形成是共同行动的必要前提。正如我们将看到的,如果我们要探讨社会想象和制度变迁之间的（循环）关系问题,这种考虑是非常重要的（Castoriadis，1987，2005）。

第二部分:进化动力学

成长、积累和创新是一个不断增长的过程

图 1 显示了安格斯·麦迪逊（Angus Maddison，2005，2009）关于长期经济增长的数据。尽管 1870 年之前的 GDP 计算必须非常谨慎,麦迪逊的计算

仍然表明,从罗马帝国灭亡到 10 世纪欧洲经济基本处于稳定状态(或略有下降);随后直到 1820 年,这一增长缓慢而又渐进,在八个世纪中,这一比例达到约 30%。然而从工业革命开始,这条曲线明显呈现出不连续性特征,显示出一种明显的增长趋势,在不到两个世纪的时间里,产量增长了 50 倍。更准确地说,从工业进程开始(1820 年)直到今天(2001 年),欧洲经济增长了 47 倍,北美经济实际增长了 678 倍,全球经济增长了 53 倍,人口的历史也遵循同样的趋势。[9]

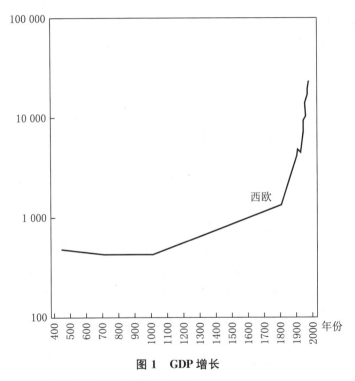

图 1 GDP 增长

资料来源:Maddison,1995,2001,2003。

事实是应该将企业利润的一部分再投资,从而增加其资本禀赋,成为制造新产品和新利润的基础,这是现代资本主义经济的基本特征。然而,很少有人注意到这种关系在控制论方面的本质:我们无疑面临一个正反馈的过程。我们认为,正是这种动态,以及这些世纪以来其发生的非凡变革持续存在,解释了自工业革命以来这些经济体的指数级经济增长态势,而工业革命是以前所有经济和社会组织形式所不知道的。

古典经济学家,特别是亚当·斯密和马克思,非常理解这种利润、新投资和新利润(用马克思的术语称为货币—商品—货币循环)的循环、递归过程是现代/资本主义经济体系的基本特征。相反,新古典主义的解释虽然用了数百页篇幅赞扬(推定的)市场的自我监管性质,但几乎没有强调积累过程的演化性质,从而支持一种基本不符合历史的一般均衡观点。显然增长是不可否认的,但在新古典主义模型中,增长主要归因于生产力的提高,也就是说技术进步被认为是外生的。[⑩]

如今,复杂性科学使我们能够以一种截然不同且更具前景的视角来解释增长、积累和创新之间的关系。首先,正如熊彼特所察觉的,创新是一个"不连续变化"的过程,它既改变了生产的商品,也改变了生产过程。换言之,增长意味着质变的出现,正如乔治斯库-罗根所声称的,质变很难植入新古典理论的算术形态。此外,在这种情况下,特别是在竞争情况下,增长、积累和创新是同一个自我增长过程的一部分,在这个过程中,技术进步不仅能够维持增长,而且增长也成为进一步创新的源泉,这正是一个递归、自我扩张的螺旋。

简单来说,在遵循复杂性科学的过程中,我们可以说,增长曲线的指数趋势揭示了两个基本过程的存在:

(1)增长、积累和创新之间的长期正反馈;

(2)与多尺度增长过程相关的新结构/机构的出现。

正如我们所看到的,增长曲线的指数趋势证实了长期正反馈的存在。就第二点而言,在现代就是指与经济增长相关的各种结构变化过程。以下三个简短例子说明了什么类型的变化过程与规模增长有关。

卡尔·波兰尼在《大转型》(*The Great Trausformation*)一书中对第一种情况进行了令人难忘的描述,它特别涉及从以农业为基础的经济体系向以工业为基础的经济体系过渡的阶段。波兰尼描述了从圈地到劳动力市场的建立,一些结构性变化的过程是如何开始积累过程的。劳动力可以像任何其他商品一样买卖,这一简单事实是任何以前形式的社会组织都不知道的,并不是偶然发生的。劳动力(和自然)成为一种商品,受制于自我调节市场的规则,涉及如此深刻的社会变革,因此完全可以理解,这一过程的结果不仅是另一个经济体的出现,也是另一个社会的出现。因为这种转变的后果首先影响到所有的社会问题,我们将在稍后谈到增长的社会限制时再回到这一点。

　　正如巴兰和斯威齐(Baran and Sweezy,1968)所说,第二个巨大的结构变化过程,我们将其称为垄断资本主义的出现。增长的动力涉及生产结构的深刻变化,也就是企业的变化。这一过程在 20 世纪初首次完全成熟,当时美国经济实现强大的生产集中,得益于福特式大规模生产的规模经济,能够获得最大利润的企业合并较弱的企业,朝着生产集中在少数大公司的方向发展。这种规模增长增强了它们的规模经济,通过降低成本使利润进一步增加。这样,也启动了一个正反馈过程。

　　在后来的阶段,由于工会运动(特别是在欧洲)力量的增强,福特主义背景下的劳动力组织发生了深刻变革,提高了劳动力成本,降低了利润(和储蓄),从而降低了较发达国家的增长率,促使企业将其大部分生产转移到劳动力成本较低的国家(这一过程即外包)。这一过程导致大型跨国集团放弃对生产过程的直接管理,同时增加对金融活动的控制,从而使金融活动具有战略意义。这一过程使金融组织发挥主导作用,并提高了其对实体经济的主导地位(Dore,2008)。这种新型经济结构的出现使得金融机构能够绕过国家层面的监管机制。

　　经济和体制结构的这种转变在理论层面和社会经济现实层面都产生了非常重大的后果。在理论层面,它们展示了,基于可逆性假设和方法论个人主义的新古典经济学的方法论,即整体行为可以追溯到个人行为的总和这一理论在处理上述以存在长期的正反馈和新兴过程为特征的现象时,是如何显得力不从心的。

　　在社会经济层面,尽管历史、地理和政治形式千差万别,但是这些"巨型机器"(跨国公司、官僚机构、通信系统、运输系统、医疗系统等)经常表现出维持或进一步提高其实力地位的能力,这是通过对某些资源的垄断控制而获得的(Amin,2002),或者仅仅由于其合适的规模,其已经成为"成熟"资本主义社会经济体系的永久特征。因此,结构转型伴随这些规模的变化,使得这些社会组织(如跨国公司)如今所代表的"另一种"东西不同于工业革命初期的特征。

　　由此我们可以得出结论,在工业革命之后的形势下,增长/积累/创新的过程在世界体系的动态中扮演着核心角色。这既是因为其不容置疑的力量和普遍性,也是因为我们将看到,其他最重要的自我毁灭过程——从生态危机的螺旋式发展到各种形式的社会危机,都与前者密切相关。

增长、创新与生态危机

新企业进入竞争市场,加上成熟行业产品生命周期的自然枯竭,导致长期利润率下降。李嘉图已经意识到这一现象,新古典主义经济学家也承认这一现象在某种意义上构成了任何竞争性市场经济都要服从的基本同质化过程。这种负反馈的影响会抑制经济增长,因为它会抵消资本积累的基本过程。因此,如果一个社会希望鼓励一个维持几代人增长的过程,那么就有必要找到使这种补偿过程无效的方法。企业可以通过两种基本方式确保自己获得持久的额外利润。第一种是为其他公司进入市场制造某种障碍。通常是凭借行使某种垄断权力,正如我们所看到的那样,这正是 20 世纪初美国(集中过程)和后来其他资本主义经济体所做的。第二种是解决它们的生产问题,不断更新产品和新市场。产品的持续差异化,以及最终创造出真正新的商品/服务/市场(换言之,通常指的是"创新"一词),这是生产系统在一个多世纪以来避免边际收益减少,从而导致利润率下降的第二个基本过程。

然而,这种持续的向进竞争并没有逃脱热力学定律:一种新产品只是物质能量/信息的"新"组合,因此其生产不仅涉及一定量能量的不可逆降解,而且涉及一定量可用物质的"损失",事实上,这些物质在过程结束时无法回收。我们可以在这种动态中总结生态危机的根本原因(Georgescu-Roegen,1971a)。这种"生物经济批判"是去增长的第一支柱。

在这方面,过去三十年积累的经验证据证实了乔治斯库-罗根的说法。众所周知,乔治斯库-罗根特别强调了化石燃料耗尽将发挥的作用。三十多年后,据世界领先的耗竭问题分析师之一科林·坎贝尔(Colin Campbell)(1998 年《科学美国人》所载文章《廉价石油的终结》的合著者)称,数据似乎证实了乔治斯库-罗根的预测。坎贝尔坚持认为,石油产量的峰值是在 2008年;顺便说一句,这也可以解释当年原油价格飙升至每桶 140 美元以上的原因(Hamilton,2009)。关于总体峰值的确切日期人们展开了激烈争论,但他们忽略了一点,即重要的是廉价能源的长期衰退。[11]

当然,这里不可能提供关于生态危机的详尽数据调查。然而,我们不应感到惊讶的是,所描述的加速增长过程迟早会遇到地球的生物物理限制。自 20 世纪 70 年代以来,麻省理工学院的学者对基本经济和生态变量(资源可用性、人口、预期寿命、工业生产等)进行的所有模拟研究表明,首先是边际收益下降,然后是绝对值真正下降,呈现出特有的"钟形"趋势(Meadows et al.，2004)。

　　另一个在全面评估经济活动对生物圈的影响方面相当有效的指标,是众所周知的生态足迹。这里只需提及全球经济的生态足迹,即生产资源和消化废物所需的土地和水生态系统面积,超过再生能力约 30%。欧洲的数值是平均再生能力的三倍,美国约五倍。这意味着,如果美国人的生活方式要在全球范围内推广,我们大约需要五颗行星来维持(Chambers et al.，2000)。

　　更不用说其他更具体的指标了,如物质能量流和净初级生产的人力分配(the human appropriation of net primary production，HANPP),就更具体或地方项目而言,总指标必须与之相辅相成。在生态经济学和政治生态学之间的边界上,生产和消费的持续增长涉及通常来自最贫穷国家的物质和能源流动的增加,在这些资源被开采的土地上产生社会冲突。胡安·马丁内斯-阿利尔的学派特别分析了这种“穷人的环境主义”,这是一个重要过程,因为它对当地居民的文化产生了重大影响,也因为世界生产系统所需的许多资源的价格与这些因素的结果息息相关(Martinez-Alier，2002),资源成本的增加可以在调节长期情景方面发挥重要作用。

增长的社会限制

　　关于经济增长对社会系统的影响(我们可以称之为社会可持续性)的分析肯定比生态系统的分析更为复杂和有争议性。必须承认我们对社会系统动态的理解仍然极其有限。然而,无论多么不确定,如果我们不打算放弃预测未来不/可持续性的最终情景的任何机会,那么在许多方面,与这一复杂程度有关的问题是不可避免的。作为一个整体,对增长的社会限制的分析是去增长的第二个支柱。

　　1. 对发展的批评

　　一般来说,我们可以认为直到今天,社会可持续性的问题基本上还是在公平方面(Sachs and Tilman，2007)。人们普遍认为由于社会系统对差异很敏感,更大的不平等被认为是冲突和社会不稳定的原因(Wilkinson and Pickett，2009)。基本上,这种可持续方法的根本问题是,是否可以像新古典趋同理论所主张的那样,将增长和发展视为财富在不同国家之间更公平分配的载体,或者相反。

　　直到 20 世纪 70 年代中期,关于发展政策的共识几乎是一致的,这也是促进更公平的再分配的一种手段,这是经济繁荣、大规模生产,以及资本和劳动力之间凯恩斯主义契约的年代。在国际层面,从杜鲁门总统 1949 年著名的"国情咨文"开始,发展成为定义西方与世界其他国家关系的关键词(这些国家后来被称为"发展中国家"绝非偶然)。在这个框架下,西方的霸权主义政策被伪装成一个实现普遍解放的具有里程碑意义的计划:全世界都被邀请追随西方走向其宏伟而进步的增长和发展的命运(Rist, 1996)。

毋庸置疑,至少在西方世界,这一时期(特别是 1955—1975 年)的物质生活条件得到了改善。然而,自 20 世纪 80 年代以来越来越明显的是,尽管有西方世界的普遍主义主张,然而发展的配方不可能惠及所有人(Latouche, 1991;2009)。

我们在这方面掌握的数据不言自明:今天整个非洲大陆的 GDP 仍占全球 GDP 的 3% 左右。现在很明显,非洲以及亚洲的许多国家和地区已经远远落后了,没有任何追赶的趋势。此外,在世界范围内,富人和穷人之间的收入差距正在急剧扩大。有一个数据足以说明这一点:地球上最富有的 1% 的人的年收入超过世界上 57% 最贫穷人口的年收入总和。20% 最富有的人和 20% 最贫穷的人之间的收入差距,从 1960 年的 30∶1 增加到 1997 年的 74∶1(UNDP, 2002)。[12]

全球范围内,财富和福祉与那些被排除在消费社会盛宴之外的广大群体并存的现象越来越多。无论用什么数字来戏剧化这一现实(27 亿每天生活费不到 2 美元的人,或每五秒就有一个孩子死亡),它们都证明了这样一个事实:宏伟的发展计划不仅未能消除贫困的困扰,而且还意味着富人和穷人的命运正变得越来越遥远。即使在富裕国家,人们也以各种方式被边缘化,他们不得不面对困难,从而加入已经被彻底排斥的行列,欧洲和美国有一亿多"新贫困"人口(Latouche, 1991)。

考虑到西方世界为全人类提供不断改善的物质福利条件的伟大梦想如何没有实现,以及为什么没有实现,是否有可能使一种基本的动力个性化呢?

根据"发展评论家"所言,如伊凡·伊里奇(Ivan Illich, 1973)、F.帕坦特(F. Partant, 1982)、G.里斯特(G. Rist, 1996)、V.希瓦(V. Shiva, 1988)和拉图什(S. Latouche, 2004),尽管情况无疑是复杂的,并受到各种历史和政治条件的制约,但必须在声称要找到解决方案的地方,即增长和发展政策中,找到应对贫困和排斥负责的主要因素。

然而,这一明显悖论可以用系统的方法加以澄清:正如我们所看到的,增长和积累的过程具有自我增长的性质。自工业化初期以来,西方国家不断增加的投资,带来了越来越快的技术进步,这既带来了生产力的提高,也带来了持续的创新。鉴于国际市场的竞争框架,那些未能成功跟上创新和技术进步步伐的领域发现自己面临着越来越难以弥合的技术差距。很明显,如今生产力已经达到这样的水平,少数人能够生产世界经济所需的一切。其他人,那些"因发展而遭难"的人(Latouche,1991)(无论是个人还是整个国家),都无法参加这场比赛,因为其效率和竞争力不够。

随着时间的推移,这种竞争优势在军事、金融、运输和媒体等机构中不断积累,这些机构往往会保持并增加其所获得的地位优势。如果这一潜在的动态已经拥有迄今为止发展的抛物线的特征,那么我们面对的会是一个两极分化的世界,中心和边缘之间的对比越来越明显,也就不足为奇了(Latouche,1991;Amin,2002)。联合国开发计划署的数据显示,一方面,20%最富有人口消费了82.7%的世界产量;另一方面,中间的60%人口只消耗了15.9%的世界产量,剩下的20%人口依靠1.4%的世界产量生存。

不可否认,除了这种自我强化的动态之外,还有自我纠正性质的过程,这些过程在文章通常被称为涓滴效应。财富分配的这种效应与各种过程有关:在国家层面,它主要与福利国家的再分配政策有关;在国际层面,它与外国投资的重新平衡效应有关,最后与外围地区的模仿和学习过程有关。它们可以解释财富和物质福祉如何在富裕国家内部传播,并随后扩展到一些国家(特别是中国和印度),从而形成一个新的全球"中产阶层",然而,负反馈过程似乎无法补偿增长过程本身的自我增强的两极分化性质,直到今天,增长过程一直是主要过程。此外,增长的自我增强的动力越不受任何监管干预,两极分化就越大。正如我们所知的,这正是在过去二十五年不受控制的全球化中得到国际组织(WTO、IMF等)支持的政策。

2. 地位性竞争的系统动力学

在 20 世纪 70 年代中期,弗雷德·赫希(Fred Hirsch)在一篇远远超前于时代的创新文章中明确提出以下问题:除了生态限制(他确实认为这是"不确定的和遥远的未来")之外,增长是否存在社会限制(Hirsch,1976)?让我们来看看他的意思:首先,赫希凭直觉认为,当个人的平均产量增长时,他们的偏好结构会发生质的变化。从我们的角度来看,这是非常有趣的,因为它预见了与过程规模相关的新类型行为的出现。观察消费者的行为可以发现,随着消费规模的增长,一个家庭越来越多的开支是如何从"基本商品"

(生活、吃饭、穿衣等所需)的消费转向地位商品的消费的。"纯"地位商品的特点是,它们所获得的福祉与其"使用价值"(如食品)无关,而与其相对稀缺性有关。换言之,对于地位商品来说,重要的是每个人所拥有的东西和其他人所拥有的东西之间的差异。所有那些被称为"地位象征"的商品或服务(可以是有影响力的物品、专属服务,也可以是领导的职业角色等)都是地位商品的良好例子,如果教育仅仅被认为是一种获取梦寐以求工作的手段,那么它也是地位商品的一个可能例子:随着毕业生数量的增加,拥有大学学位的好处也会减少。当然,存在各种各样的细微差别,每种类型的商品都可能提供不同的地位内涵(幸福感与拥有一辆比其他人更有名气、速度更快的汽车这一事实相关),以及与物品本身相关的价值(如乘车出行的便利性)。

必须记住地位互动的系统性:尽管我们可以忽略与其他人的互动,但就商品而言(例如,我们喝一杯水所获得的快乐可以被合理地认为是独立于他人的行为),与地位商品消费相关的幸福感取决于他人的行为。在这种情况下,随着尺度的增加,不连续效应也会出现。一旦跨过某个门槛,个人就会对于"邻居"的互动变得"敏感",例如,在物理拥堵(交通堵塞)的情况下;也可以看到,当共享某个社交场所(街道、海滩、俱乐部)的人数随着消费的增长而增加时,跨过一定的门槛,个人的幸福感会迅速降低,其结果是个人和群体会向其他物体、地点或符号移动。换言之,尽管准确衡量对总体幸福感的影响是不可能的,但在任何情况下,地位竞争通常都是零和博弈。

我们在这里感兴趣的不是分析个人行为,而是认识到,隐藏在地位竞争的动态背后,是否会出现具有长期自我增长后果的总体效应。正如我们所看到的,根据赫希的推理,经济增长增加了地位拥挤/竞争。然而我们可能会认为,地位竞争促进了增长也是事实。在这里有可能产生一种动态,这种动态在许多方面通过持续创新所制定的动态与企业相辅相成:渴望拥有"独特"的物品(即使生产出数以百万计的同类产品),追逐"最新的模式"或追随最新的时尚潮流,而其中营销专家既是口译员,也是建模者(通过媒体的扬声器),他们不断刺激新物品和符号的产生,从而抑制经济增长。以这种方式自我增长的循环是封闭的,但重要的是,与基本商品的消费不同,地位商品的需求本质上是无限的。

在这一点上,出现了一些历史的且涉及人类学性质的问题,涵盖每个社会中地位消费的延伸、建立和演变,解释这些问题还需要进一步澄清消费模式与社会和经济等级之间的联系(Dumont,1970;1986)。这些问题使情况变得比我们在这里所能调查的更为复杂，并且大部分问题仍有待进一步研究。然而，我们可以概述几个足以得出一些初步结论的步骤。

区分的需要似乎深深植根于人类心中，并且存在于高度不同的文化中（Bourdieu，1984），即使是最古老且最简单的文化也不例外：因此，不能将其视为负面的。因此，我们必须看到当今工业社会中地位消费的特殊性。自古以来，地位消费一直与一种社会地位联系在一起，而这种社会地位通常来自经济领域之外。不用说，随着市场社会和大众消费的到来，情况发生了变化。我们再次发现，问题的根源在于对规模的敏感。很明显，只有在市场经济出现之后，特别是在被称为"消费主义"的结构转型之后，很大一部分消费才转变成大众地位消费。

正是在这种规模上，增长和地位消费之间的循环关系从生态角度来看，变得不可持续。众所周知，约 20％ 的世界人口消耗了 82.7％ 的世界产量。到目前为止，有很大一部分人被排除在地位竞争之外，但他们正在敲门，希望参与竞争。如今，"世界上 60％ 的中间人口只消费了 15.9％ 的世界产量"。不需要复杂的计算就可以得出结论，即不可能将最富有的 20％ 人口的生活方式延伸到"中间的 60％ 人口"，即使考虑到以目前的消费率将剩余的 20％ 完全排除在外，生态足迹也已经超过地球再生能力的 30％，由此，我们可以得出结论，与赫希的观点相反，社会极限的存在不仅不会削弱生态极限与增长的相关性，而且在全球范围内，社会危机与生态危机之间存在密切的关系。

此外，在地位竞争的循环中不断有新的参与者加入，这会导致个人期望的系统性挫折过程反映在幸福感的丧失上。在上班路上遇到交通堵塞，花费大量金钱和时间去购买很快就被证明是与其他物品相同的商品，或者学习多年却发现自己失业了，这些都是生活质量下降的简单日常事例。

然而，在国民经济核算指数中，我们所描述的单个主体的开支是相加的，因此其显示的是消费和 GDP 持续增长。这还不是全部：所遭受的挫折，加上其他生态和社会问题的原因（将在下文看到），导致了一系列防御性开支（如安全措施、保险、健康预防措施等的成本），这些开支虽然没有带来福祉的任何改善，但有助于 GDP 进一步增长。这有助于解释地位竞争的过程是幸福悖论中的一个重要因素。近年来，越来越多的经济学家正将注意力集中在幸福悖论上，我们将回到这一点。[13]

总结下来，这只是关于赫希分析的一些评论。正如我们所看到的，地位竞争本身并不构成"增长的社会限制",因为这不仅不是增长本身的障碍,反而是持续扩张的刺激因素(不同于"生态限制")。然而正如我们所看到的,这一过程会导致一种普遍的挫折感,因此更确切地说,这确实构成了一种"社会福利的限制"。然而,毫无疑问,通过消费的增加,地位竞争间接地推动系统走向生态极限。这一过程无疑是具有系统性意义的,原因在于,地位竞争不仅在个人层面爆发,如上文所述,还在群体、地区,尤其是国家之间爆发。

"军备竞赛"是随后最明显的例子,一些国家仍在投入大量资金,以使其经济变得"有竞争力",并达到西方世界的标准。总的来说,如果考虑到组织在不同程度上为了获得或捍卫实力、威望或领导地位而采取的所有经济和社会措施,我们可以看到地位动态的影响及其在现代辩证法中的决定性作用。

3. 增长和社会关系的解除

如果说社会不可持续性问题在贫困和排斥中找到第一个基本立足点,那么在当代社会人类学分析中,我们可以清楚地看到,不可能仅仅局限于公平问题。马克思本人在他对商品拜物教的生动描述中,已经很好地理解了商品交换背后隐藏着一种特殊的社会关系结构。

延续这种解释,20 世纪早期人类学对"原始社会"和更普遍的前工业化社会的开创性研究丰富了这种解释,"从 Mauss 到 MAUSS"的思潮,通过卡尔·波兰尼的基础贡献,我们能够将马克思主义课程置于更广泛的社会人类学背景中,最重要的是在不平等的同时,阐述我们可能认为的长期基本社会动态。这种动态与人类组织社会的过程有关,因此,用一个简化公式来说,它与社会关系的建立和解除有关。

对卡尔·波兰尼来说,伴随工业革命而来的资本主义过程意味着一个双重的商业化过程:生产要素、人类和自然必须被简化为商品。正是"巨型机器"需要这一点:如果生产过程要定期进行,最重要的是巨额资本要找到足够、相对安全的回报,那么工作和自然资源的持续供应实际上是必不可少的。因此,在 18 世纪和 19 世纪,开发自然资源和劳动力市场的条件被创造出来了。

这一过程类似于一种社会蜕变,从系统的角度来看,这是出现了一种新的社会组织形式,而不是一种自然发展的渐进过程,这是波兰尼本人所强调的:在早期的经济社会组织中,从来没有像 19 世纪初英国那样买卖劳动力。

一系列由法律和习俗严格执行的规则组成的体制机制起到负反馈系统的作用，阻止劳动力及其所涉及的重要社会关系和象征关系在市场上买卖。这一重组过程意味着传统社会经济体系所基于的互惠关系被解散，取而代之的是商品交换关系。用这位伟大经济学家的话来说，经济是在社会荒漠化的基础上发展的。

根据波兰尼的说法，这种转变不仅涉及一种新型经济的出现，还涉及一个新型社会的出现。在第一阶段，它要求解散以前类型的社会组织的规则和关系，以及确保其稳定的同质化进程。与此同时，一个几乎自主的经济关系领域的兴起，以及这一领域复杂性（劳动力专业化等）的不断增加，最终导致对这些领域的支配和塑造。

重要的是要理解，随着转型进程逐渐走向完全成熟，市场经济在新的国家和新的社会蔓延，这一进程如何涉及社会关系的逐步解体。

正如马塞尔·莫斯［Marcel Mauss，1990；1922（first edition）］的开创性工作，以及他所启发的反科学社会功利主义运动（MAUSS）的研究所表明的那样［特别是参见 A.卡耶（A. Caillé）、J.T.戈德布特（J. T. Godbout）和 S.拉图什的著作］，传统社会的特点是三重义务：给予、接受和回报（Godbout and Caillé，1998）。换句话说，正是通过给予和索取的倍增，社会关系才得以维持和加强。

相比之下，市场关系的特点是其非个人性质。市场关系建立在经济学家所说的"等价物交换"的基础上。交换物的等价性使得市场关系在交换发生的同时停止，不会因此形成任何个人关系。正如芝加哥学派新自由主义思想家米尔顿·费里德曼所言："在这个巨大的全球市场上，不需要相互了解，更不需要相互同情。"市场的这种基本特征提供了显著的优势。首先，它允许交换的商品数量和种类成倍增加：据统计，在纽约市的消费者可以在 10 亿种不同类型的商品中进行选择。随着传统社会关系的破裂，这对许多人来说，意味着个人自由的增加。然而通常没有提到的是，硬币还有另一面：市场关系的扩散伴随着社会关系的逐步解体。

正如许多社会学研究所认识到的那样，自 20 世纪 80 年代初以来，随着新自由主义兴起和市场全球化推进，这一进程进一步加快。在鲍曼的解释（Bauman，2005，2007）中，当今社会关系的解体可以通过社会流动性的形式来体现。这不仅仅是偶然的，流动社会是"一个消费社会"，也就是说在这个社会中，所有东西、商品和人都被视为消费品，并且这些消费品很快就失去效用、吸引力和最终价值。因此,流动社会是一个流动的、短暂的、不稳定的社会,任何有价值的东西都会很快变成没价值的东西,包括人和他们的关系。根据鲍曼的描述,现代社会的社会关系达到前所未有的解体程度。

这并不是否认,即使是现代的、流动的社会,伴随着这种基本的、长期的过程,也会呈现出补偿性动态(负反馈)。即使是流动的社会也会呈现出新的社会化形式,但在这种情况下,我们相信与市场无处不在的特性相关的"初级"过程,正朝着更大的社会流动性方向发展。

总之,通过我们所描述的过程,我们可以对它与其他对我们有重要意义的社会过程之间的关系提出一些假设。

首先,社会关系逐渐解体的过程可以被视为不同类型社会问题的共同框架:失去令人满意的人际关系,失去安全感(Beck,1988,2009),生活和工作条件不稳定,与移民和药物滥用有关的问题只是社会科学家划分为不同类别问题中的几个例子,但这些问题可能与同一个长期历史进程有关。

社会关系逐步解体的动力可能反过来:

(1)对当代社会所表现出的福祉损失负有重大责任;

(2)当面临外部压力(如经济或生态危机)时,社会组织会丧失韧性;

(3)为我们提供了第一条线索,让我们了解为什么当代社会在面对我们所面临的多重危机时似乎反应甚微。[14]

第一点值得一些具体思考。

幸福的悖论

基本上,研究人员遇到了这样一种情况:面对人均收入的增长,甚至是大幅增长,主观幸福感并没有增长,甚至有所下降。更准确地说,1946—1991年,在美国以这种方式计算的指数从 2.4 下降到 2.2,而同期人均收入增加了 250%。日本的结果更加引人注目,1958—1991 年,日本人均收入增长了 600%,表示"非常幸福"的人数基本保持不变。如果考虑十个最发达的国家,我们可以得出结论,人均收入与主观幸福指数之间没有呈现正相关关系,而其中两个国家——美国和比利时,甚至呈现出显著的负相关关系(Diener and Suh,1997;Kenny,1999;Diener et al.,2006)。

一方面,标准经济学理论似乎无法涵盖这一悖论;而另一方面,这一悖论可能很容易用复杂的方法来解释。只要经济进程处于发展的初始阶段,当对生态系统的压力较低、基本(私人)商品的消费和地位互动总体上较弱时,通常可以假设收入的增长意味着更高的主观幸福感。

然而,当超过一定的规模阈值,系统进入我们可能称之为"充裕世界"时,由于经济和人口的增长,生态系统承受的压力降低了其支持生活和经济活动的能力,社会联系的解体会进一步推进,地位竞争也会变得更加激烈,进一步的增长与较低的主观幸福感相关也就不足为奇了。换言之,生态、经济和社会结构(乔治斯库-罗根所理解的资金)的重大变化可能会对生态、经济、社会流动/服务,甚至对某个社会组织的生活享受,产生不可逆转的变化,是不足为奇的。这至少是我们在这里提出的假设。

从系统的角度来看,尽管事实是从这个角度进行的研究才刚刚开始,但到目前为止,标准理论似乎不足以在至少两个方面处理这个问题。

一方面,它假设幸福感与商品和服务的数量相关,而现在人们很清楚,生活的享受取决于复杂的适应动态(享乐适应症),而不是基于消耗物品的绝对数量(Kahneman and Tversky, 2000; Diener et al., 2006)。

另一方面,事情可能比这复杂得多,因为生活的享受是表征(或偏好/价值观)结构变化与经济、生态和社会性质的商品以及服务流动变化之间复杂互动的结果。

与标准理论所假设的不同,偏好系统,或者更准确地说,表示/想象的系统,在任何情况下都不能被认为在时间的过程中保持不变。毫无疑问,这是一个研究较少的领域(至少对经济学家而言),相反,它在可持续发展游戏中扮演着至关重要的角色。

后现代碎片化与中介殖民之间的想象

正如我们之前所看到的,生物和社会系统的特征及它们与物理系统的区别,是它们形成生活其间的宇宙"表现形式"的能力。特别是,人类社会文化组织的特点是他们能够就这种表现形式进行协商,从而产生共同的表现形式(Lane et al., 2009)。换句话说,共同想象的形成是任何共同行动的必要前提。

然而,根据利奥塔(Lyotard, 1979)的说法,随着伟大叙事的结束和后现代社会的到来,任何意义共享的可能性都已丧失。只要宗教(西方世界的基督教),提供了一个共同的意义范围,以及人们可以认同的英雄和神话,就不难形成一种立场,并从他们的所作所为中看到意义。至少从 20 世纪 70 年代开始,这一切都已经消失了,或者在某种程度上失去了对社会想象的影响。

后现代的想象是多形态的、碎片化的，语录取代了伟大的叙事，代码和形式的多样性取代了现代伟大解放工程的普遍性。无论后现代条件的特点是不可否认的自由还是多样化的表达，它都同时掩盖了分裂和依赖的深层原因（Mattelart，2000，2003）。让我们尝试勾勒出一些可能对这一转变过程负责的动态。

关于上述长期过程，我们可以提出这样一种假设，即想象的分裂首先与社会关系的解体有关，而社会关系是从传统社会向市场社会过渡的特征。换言之，传统性质的社会联系及其所具有的象征机制的解体，构成现代性及其象征进步不可或缺的基础，这是可行的。

进一步地，有必要澄清的是，正如哈维（Harvey，1990）敏锐地指出的，后现代状态似乎并不意味着与现代性的决裂，而是现代性本身的"内部革命"，并最终强调其最深刻和最具特色的特征。如果不是不确定性、碎片化、短暂性和混乱变化的感觉，那么什么标志着所有现代性中的共同体验呢？用其最伟大的拥护者之一的话来说，成为现代意味着发现自己身处一个充满冒险、力量、欢乐、成长以及自我和世界变革的环境中，但同时也有可能摧毁我们所拥有的一切（Berman，1982）。基本上，进入后现代的过程只会加剧这一趋势。

至少在新马克思主义的解释中，现代化的共同经验与基础经济和社会结构的变革之间有密切联系。马克思并不只是强调资本主义经济的一个基本特征是对不断创新的谴责。哈维更进一步，他清楚地展示了标志着后现代想象的转变，是如何与从福特主义社会经济组织过渡到后福特主义社会经济组织联系起来的。已成定论的结论是，后福特主义和福特主义一样，对哈维来说，这不仅仅意味着一种劳动组织关系，更是一种新的经济和社会组织体系，在这种体系中，公共机构和民间社会能够适应"灵活积累"所需的变化条件，劳动力市场的灵活性（兼职、临时或分包工作）、服务（营销、保险、地产、信息学）所承担的核心角色、产品之间的巨大差异以及消费品轮换的加速，都与我们所称的后现代社会中的特定思维、感觉和生活方式密不可分。

如果说有什么最令人惊讶的事实是，人们完全接受后现代主义的流动性和碎片化特征，即"在混乱的变革潮流中飘浮和飞溅，好像没有其他东西一样"，后现代建筑是其"刻意的肤浅"，将这一判断扩展到许多其他领域并不困难，特别是时尚、娱乐和文化行业（Jameson，1984，1990，1991）。

因此，想象的碎片化（递归地）与消费社会特征的人工制品的增殖有关。

我们必须意识到,由于我们为此花费了大量时间,我们周围的事物对我们每个人来说都是意义和身份的来源,无论它们多么有限和零碎。毫无疑问,在不详细讨论这个问题的情况下,企业会使用许多资源来支持这个过程。与营销和宣传相关的预算仅低于军费开支,而且正如该领域的专家所知,媒体系统的力量是如此强大,"战役"的效力从未受到质疑。与许多后现代主义知识分子所宣称的相反,媒体系统对想象的殖民能力是无限的(Brune,2005),所有这一切是否因此导致我们得出结论:在一个流动的社会中没有共享的想象? 正如塞尔日·拉图什警告我们的那样,这将是一个轻率的错误(Latouche,2006,2009)。

在伟大叙事终结了的社会中,消费者想象是唯一的共享想象。然而如果我们认为,缺乏理智和伟大叙事解体正是主导想象传播的基础,那么这种明显的悖论就可以理解了。

当然,一些复杂系统的学者也提醒我们,一些补偿过程是可能的,他们将新的功能归因于资本主义聚宝盆中的文物。[15]例如,可以使用最初计划用于军事目的的信息技术来促进社会或团结网络的形成,或者仅举两个极端的例子,使用广告来对抗广告(例如,*Adbuster*,*Casseur de Pub*)。然而,这些反应无法抵消碎片化和殖民化进程的威力。

毫无疑问,人类消费者拥有令人难以置信的自由选择权,然而消费者公民只能在预定义的框架内作出选择(Goffmann,1974;Lakoff,2008),并且无法事先确定选择的对象(Bauman,2007)。毫无疑问,在这一套中可以找到技术。这意味着在什么样的社会和生态条件下,在某一地区"如何"生产和"生产什么",这些决定不受社区、领土甚至国家的控制。换言之,市场体系承诺了自由(在微观层面),但分散了依赖(在更大层面)。

我们现在来到一个基本的方面:想象的问题显然与自主权问题密切相关(Castoriadis,1987,2005),而自主权与规模问题密切相关。[16]不幸的是,在主流传统和马克思主义传统中,很少有人注意到依赖性和自主权与进程的规模密切相关这一事实:基本上,在全球经济的漫长链条中,没有自主权,也就没有机会真正参与和自我决定。

朝着去增长的角度

毫无疑问,在经济增长与自主权之间的冲突中,人类选择了增长。这是西方现代公民化的历史,这不仅仅是少数掌权者的选择,他们的自我利益驱使他们朝着这个方向前进;而是一种选择,尽管通常并不明确,但却已经被广泛认同(企业、国家、官僚机构、工会和普通民众自己)——拉图什说得很对。

然而这并不是说,在未来几十年我们必须面对的新形势下,这一决定仍毫无疑问。

尽管阐述未来情景远远超出本文的目的,但仍可以合理地想象,面对资源成本的增加(石油峰值、气候变化、社会冲突等),更不用说许多关键组织的边际收益递减框架的临近(Tainter, 1988;Beinstein, 2009;Wallerstein, 2009),资本主义体系很可能无法重新启动另一个长期的增长和全球扩张阶段。[17] 在这一关键背景下,必须理解那些完全适应长期增长环境的机构,将不得不面对日益严峻的形势。

更准确地说,如果基于竞争力和大规模经济进程(跨国公司、基于自由贸易的全球机构等)的经济结构,在不断扩大的经济环境中被证明"非常有效",其主要的共同目标是物质生产的增长;那么,当框架发生变化时,正如复杂性科学告诉我们的那样,将出现其他更适合新形势的经济和社会组织。特别是在全球危机甚至增长停滞的背景下,分散的、规模较小的经济组织之间的合作将提供更大的成功机会。这些组织可以引导系统朝向生态可持续、更加社会公平的方向发展,并且通过让公民和地区参与进来,甚至可以提高民主水平。

很明显,生态可持续性的目标也可以通过一个截然相反的过程实现:集权化、社会两极分化加剧和民主缺失。在这两种情况下,目前的体制框架都不可能保持不变。

总之,尽管我们所回顾的生物经济关系在某种意义上构成了未来选择的物质框架,但社会动态,尤其是想象中的代表,将在决定人类在各种可能情景中选择哪条道路方面发挥关键作用。现在可以肯定的是,如果这里提出的分析是正确的,那么任何与可持续发展政策相关的温和改革都不足以客服危机;相反,有必要设想一下对财富生产的生态、社会和文化条件进行深刻修正。换言之,有必要冒着向可持续的去增长社会过渡的风险。

注　释

① D'Arcy W. Thompson, *On Growth and Form*, Cambridge University Press,

1961；1st edition，1917.

② 关于在这一点上对新古典主义言论的批评，请参见：Georgescu-Roegen，1971:105—107。

③ 如果说经济学家对规模问题有任何提及，那就只有所谓的规模经济学了。根据这一原则，可以通过增加产量来降低平均成本。众所周知，平均成本的"U"形曲线无疑反映了边际生产率的下降趋势。然而，从新古典主义的观点来看，边际生产率下降的问题通常是通过技术进步解决的，技术进步"将生产功能转移到更高的水平上"，从而导致成本功能向下转移。因此，一般来说，无法真正确定与规模相关的结构变化。

④ 伊凡·伊里奇（Ivan Illich，1973）强调这一概念的重要性，特别是就社会制度而言。这是他许多著作的支点，尤其是在《欢乐工具》(Tools of Conviviality)一开始提出的"两个变化阈值"理论中。伊里奇从达西·汤普森的形态学、霍尔丹的《论正确尺寸》(On being the right size)以及熊彼特的老师利奥波德·科尔（Leopold Kohr）的作品中获得灵感，这不仅仅是偶然的。

⑤ 参见：J. B. S. Haldane，"On Being the Right Size"，in J. R. Newman，*The World of Mathematics*，Vol.2，Simon and Schuster，New York，1956.

⑥ 引用于 D. Lane，*Hierarchy*，*Complexity*，*Society*，2006。

⑦ 参见：Georgescu-Roegen，*Analytical Economics*：*Issues and Problems*，Harvard University Press，Cambridge，MA，1966；and K. Mayumi，*The Origins of Ecological Economics*，Routledge，London，2001，pp.8—20.

⑧ 参见：Georgescu-Roegen，*Analytical Economics*：*Issues and Problems*，Harvard University Press，Cambridge，MA，1966；A. H. Maslow，*Motivation and Personality*，Harper and Row，New York，1970；I. Illich，*Tools for Conviviality*，Harper and Row，New York，1973.

⑨ 同时期，欧洲人口增长了 2.9 倍（居民从 1.33 亿增至 3.92 亿），北美人口增长了 30.9 倍（从 1 100 万增至 3.4 亿），全球人口增长了 6.1 倍（从 10 亿增至 61 亿）。尽管人口大幅增长，但自 1820 年以来，人均收入平均每年增长 1.2 倍，与 1000—1820 年的估计相比，增长速度快了 24 倍（Maddison，2005）。

⑩ 考虑到人力资本和知识在解释增长中的作用，最近的模型（关于内生增长）试图弥补这一主要缺陷。然而，在这些模型中，新古典主义学派也谨慎地避免考虑增长、积累、创新和作为其特征的新兴礼仪之间的循环关系。

⑪ ASPO 的研究人员根据 15 种不同的模型（Bakhtiari、Smith、Staniford、Loglets、Shock 模型、GBM、ASPO、Robelius Low/High、HSM、Duncan &

Youngquist)95％的预测认为在 2008—2010 年的产量峰值为 7 750—8 500 万桶/日。具体请访问 www.theoildrum.com。

⑫ 参见：United Nations Development Program：Human Developmant Report 2002，*Deepening Democracy in a Fragmented World*，available at http：// hdr.undp.org/en/reports/global/hdr2002/.

⑬ 参见：B. S. Frey，A. Stutzer，*Happiness and Economics*，*How the Economy and Institutions Affect Well-Being*，Princeton University Press，Princeton，NJ，2002；E. Diener，R. Biswas-Diener，Will Money Increase Subjective Well-being?，*Social Indicator Research*，Vol.57，No.2，pp.119—169，2002.

⑭ 这种类型的解释无疑需要进一步研究，必须被认为是对基于人口物质条件的传统解释的补充。当然，与 20 世纪 30 年代的危机相比，尽管在过去三十年里，相对而言，西方国家的下层阶级状况明显恶化，但与 20 世纪前几十年相比，情况仍要好得多。这并不意味着社交网络的解体以及社会想象中的转变，在解释当前危机所造成的社会反应减弱方面起不到重要作用。

⑮ D.莱恩等人在这方面谈到了自我引导，同本书第 1 章。

⑯ 自主权本质上意味着自己制定自己的法律（在体制和经济层面）、拥有自决权和明确的社会发展计划。伊凡·伊里奇（Ivan Illich, 1973）在拉图什的思想中扮演了重要角色，与许多其他退化思想家一样，他更喜欢"欢乐"一词，但基本思想是一样的：一个欢乐的社会是一个对自己的工具保持控制的社会，换句话说，一个人可以自己决定节目和制作内容，而不用将决定权委托给专家或代表。

⑰ 即使是简洁地考虑这些问题，也会引发一场非常漫长的辩论，这远远超出当前工作的范围。

往来书信

J.A.熊彼特教授

哈佛大学经济学系

马萨诸塞州，剑桥

1936 年(?)4 月 27 日

感谢您的来信。之前没有把我们的书稿发给您，我必须为此道歉。但我已经完成了初稿。这是一份非常"粗略"的草稿，我将在排版后尽快发给您。在您离开之前，我无论如何都想见您一面。如果您没空，我将于 4 号，也就是星期一来纽约；我将 1 点后出发，5 点后到达。我会直接到您的公寓拜访，这样我们就有时间可以聊到晚上 10 点，回波士顿的火车上，我在车厢再好好休息。这样您方便吗？

我对您提到的论文十分感兴趣。

向乔治斯库夫人致敬！

急待回信

约瑟夫·熊彼特

哈佛大学

马萨诸塞州，剑桥 38 号

经济系

1948 年 5 月 26 日

尼克拉斯·乔治斯库-罗根博士
利陶尔中心哈佛大学
马萨诸塞州，剑桥 38 号

尊敬的乔治斯库博士：

　　想到我可能在您来之前已离开，因此给您写下这封信。您参与我们研究项目的起始时间是 7 月 1 日，或者是您安顿好个人事务后可开始工作的最早日期。

　　我们的项目将于 10 月 1 日即秋季开学时全面启动。在此期间，您一定想看看您近几年没有接触的最新文献。我将它们放在 324 办公室的桌上，您可以在暑假期间浏览，其中有一些文章和报告与我们的研究项目直接相关。

　　然而，我写这封信主要是向您提供一个建议，该想法在您离开伊斯坦布尔之后就有了。自今年年初以来，我们在哈佛建立了两个俄罗斯研究中心，专门研究俄罗斯和东欧。克莱德·克鲁克霍恩（Clyde Kluckhohn）教授是该中心的主任，我本人和其他一些教职员工为这个新研究项目提供帮助。我们意识到，由于缺乏有关巴尔干国家状况和发展的信息，这些信息已经渗入铁幕。而您见证了战争结束以来罗马尼亚的发展，是一个见闻丰富和足够资格的见证者，也许可以准备一本关于"战后罗马尼亚经济发展"的小书，或者说一本大册子，重点关注苏俄的就业政策。您十分熟悉这一议题，因此您无疑最有资格做这项工作。我觉得在您找到新的兴趣点和职位之前，如果能接受这个提议，就再好不过了。

　　无需多言。我们想要的不是一本政治小册子，而是一份冷静的学术分析报告。我非常理解，鉴于您所经历的事情，这不是一项简单的任务。因此如果您不接受，我也不会惊讶。然而，另一方面，您能帮助我们理解战争结束以来罗马尼亚的重要发展，其中的贡献有多大，您肯定明白。我们在美国只能通过第二手或第三手报告来跟踪这些发展，其中大多数报告都偏向某一个方向。这份初稿用几个月的时间就能完成，您可将时间分配在两个项目上，这样的话，您将得到这两份工作的报酬。

　　虽然我 9 月底就会从欧洲回来，但克鲁克霍恩教授将在 7 月到这里，他将很高兴与您详细讨论此事。您可以去剑桥昆西街 38 号俄罗斯研究中心找他。

　　致上

瓦西里·列昂惕夫

1948 年 6 月 14 日

亲爱的乔治斯库：

非常遗憾，我无法为您返回哈佛接风洗尘，在投入繁忙的新工作之前，您现在有时间休息和调整。

我们为您准备了弗罗伊欧尔·勒·科比勒的公寓，在秋季开学之前，他十分乐意让您入住。请您去经济系办公室找哈金斯小姐，她会乐意告知您公寓地址，也会告诉您苏美尔会议期间您在利陶尔中心的房间。自 12 月 12 日我给您写信后，我们的研究项目发生了很大变化，我们很快会收到一份政府研究合同，这将要求我们在未来的一年里加大工作力度。我也希望，这个合同里额外的我们可支配的资金将使我们在不久的将来给您提供更高的薪水。

我在经济系办公室为您准备了一些复印报告（您看完后将其放回到我办公室），这样您就能了解我们正在研究的经济问题的大致情况了。我最近的研究工作主要关注经济问题的动态方面，但大部分还是初稿，所以没留给您阅读。

您可以有空去一下我们的计算机实验室，熟悉一下我们正在那里开展的工作。实验室主任艾肯教授是一位非常有趣和有能力的人，我和他合作非常密切。有人觉得他很难相处，我希望您不会成为他们中的一员。无论如何，一个友情提醒：运用您的机智。

夏天，梅森教授会在这里待一段时间，您可以顺便拜访他，系办公室有我夏天的住址。请给我写信，告诉我事情的进展。向您致以最诚挚的问候。

致上

瓦西里·列昂惕夫

1973 年 11 月 19 日

约翰·塞根萨尔先生，出版人

田纳西州报

百老汇 1100 号

田纳西州，纳什维尔

尊敬的塞根萨尔先生：

知道您对环境问题及其最合理的解决方法有浓厚兴趣，因此我给您发送此封邮件，并附上经济学家弗里德曼教授在资源严重稀缺时期对重要商品实行配给的反对观点。这篇文章在文末附件中,用双空格打印,因为我打算将其作为"致编辑的信",我希望您会采纳它。

致上

尼古拉斯·乔治斯库-罗根

经济学特聘教授

附件:

像世界上大多数其他经济学家一样,我非常尊重米尔顿·弗里德曼教授的学术成就。但是,由于经济学是一门令人绝望的复杂学科,即使是弗里德曼教授也不太熟悉。不幸的是,他的错误之一是他特有的经济哲学基石,这体现在一些不符合一般常识的表述中。例如,在最近访问纳什维尔时,他坚持认为汽油配给是政府能做的最"荒谬"的事情(《田纳西州报》,1973 年 11 月 16 日)。

弗里德曼教授的信条是,自由市场机制总能为任何经济问题提供最佳解决方案。在这一点上,他忽略了一个关键事实,即建立在此信条上的标准经济理论是一种"资源丰饶"理论,它既不是一种封建主义理论,也不是一种以自给自足的农民农业为主导的经济理论,更不是一种面临严重短缺社会的经济理论。作为一种"资源丰饶"理论,标准经济学忽视了一个事实,即一些需求是至关重要的,而另一些需求则是便利的或奢侈的,前者具有绝对的紧迫性,而后者只有相对的紧迫性。

当彩色电视机的某个金属部件供应量减少时,任何政策制定者都会同意弗里德曼教授的意见,由市场决定哪部分人应该有一台这样的彩色电视机。就需求而言,而不是金钱而言,电视机是一种奢侈品。但与弗里德曼教授的主张相反,在一场大地震后,让自由市场照顾无家可归者不仅是荒谬的,而且是彻头彻尾的犯罪行为(如对住房实行配给而对住房短缺却无所作为肯定是愚蠢的一样)。在满足重要需求的商品真正短缺的情况下,除了配给之外,没有其他解决办法。

当然,正如弗里德曼教授所指出的那样,配给有缺陷。但什么样的社会措施是完美的呢?自由市场机制就没有缺点吗?例如,我们能做的是在牛奶短缺的情况下,保护儿童和病人;或者在饥荒情况下保护穷人,在这样的必要性和缺陷之间进行权衡。

现在美国的经济结构是这样的,汽油不仅能提供一些便利性或奢侈需求,还能满足重要需求,其他国家也类似。我们现在离工作地点太远了,不可能走路来回上班。我们也不能指望像大多数欧洲城市一样,迅速发展密集的公共交通网络。将农业从拖拉机倒退回牲畜牵引需要很长时间。与此同时,世界人口在不断增加。另外,我们正在以惊人的速度耗尽有限的能源矿产资源。自然科学家的普遍共识是,未来二三十年的前景极其黯淡,奇怪的是,标准经济学家没有此共识。让汽油市场决定每天应该运输哪些货物、哪些工人应该每天工作的时刻似乎并不遥远。

权威地谴责配给是荒谬的,这不是让我们自己、经济学家和外行,为这种可能性作好准备的正确方式。

尼古拉斯·乔治斯库-罗根

经济学特聘教授

范德比尔特大学

1973 年 12 月 4 日

米尔顿·弗里德曼教授

芝加哥大学经济系

伊利诺伊州,芝加哥 60637

亲爱的米尔顿:

我很早就打算写信告诉您,上次很高兴见到您,也很高兴与您有一段令人耳目一新的谈话。您的话确实令人耳目一新,但我并不完全同意您的观点。这难道不是对一个善于分析的人的最大赞美吗?(在附给编辑的信中,我试图表达您和我的立场之间的差异。)

我随信附上一份关于拉丁美洲通货膨胀的论文。我今天要补充的附言是,即使工资和薪金随着物价的上涨而调整,在这个国家也是如此,有合同收入的人仍然会因为人寿保险和退休计划的福利贬值而失去实际收入。如果他们受损了,某些人一定会受益。正如我在您的公开讲座后所建议的,我倾向于相信,这个国家受益的是那些依靠福利的队伍庞大的公务员(依靠变相福利)。

……

致上

尼古拉斯·乔治斯库-罗根

1973 年 12 月 10 日

尼古拉斯·乔治斯库-罗根教授

范德比尔特大学经济系

田纳西州，纳什维尔 37235

尊敬的尼古拉斯教授：

非常感谢您 12 月 4 日的来信。您给我写了这么多关于巴西的有用信息，真是太周到了。正如您所知的，环境会随着它们的发展而改变，所以我不知道自己能遵循多少您的良好建议，但我很高兴听到所有这些建议，我也很高兴收到您关于通货膨胀的文章。

关于"致编辑的信"，我认为它揭示了人们对问题的严重性和案件事实缺乏根本认识这一情况。短期内我们的原油消耗量可能将下降 15%、能源消耗量可能将下降 8%。能源或原油消耗下降会造成这种影响的确超出了我的认知，这一点足以证明您在论文中的立场是正确的；事实上，情况正好相反。

汽油消费也并非无关紧要，尽管我不太确定这方面的数据，但我相信总能源消费在低收入阶层的收入占比比高收入阶层要低得多。几乎没有一种产品的价格上涨会对高收入群体产生相对更严重的影响，而对低收入群体则产生相对较轻的影响。

我的关于石油消费大幅减少会影响关键需求的说法，是不够严谨的。但如果认真推理，那就更应该使用价格体系去确保如此重要的资源不会被浪费和挥霍。就收入分配而言，让我们根据其本身的优点来解决，用它做您想做的事。如果石油价格升高导致了特殊困难情况，那就让我们采取特殊紧急措施来处理这些困难情况。我不知道您如何构想出，为了处理 5% 的特殊情况，对 100% 的人施加浪费、腐败和扭曲是合理的。

不用说，这种意见分歧是我们交流的生命，是享受的源泉，而不是相反，所以我希望您不要介意我的热情回复。

我非常享受在纳什维尔的日子。

谨上

米尔顿·弗里德曼

1972 年 11 月 14 日

丹尼斯·L.梅多斯教授
麻省理工学院
剑桥，弥撒 02139

亲爱的梅多斯教授：

在我耶鲁系列的讲座中，我批评了大多数用标准经济学论点来谴责《增长的极限》的人，其中一些人散布了学术生涯史上最恶毒的污蔑言论。在准备最终版本时，我想考虑一下经济学家提出的所有批评。目前，我只知道《经济学人》、卡尔·凯森和贝克曼（贝克曼的批评将发表在 11 月出版的《牛津经济论文》上。我碰巧提前有一份）。我写信是希望您能寄给我一份其他所有经济学家（无论他们是否接受或拒绝《增长的极限》的论点）发表的批评性评论清单。我不会占用您太多时间，如果您需要，我会寄一份我的论文给您。

致上

尼古拉斯·乔治斯库-罗根
经济学特聘教授

达特茅斯学院
新罕布什尔州，汉诺威

1972 年 11 月 27 日

亲爱的乔治斯库-罗根教授：

您对资源熵属性的分析对我小组成员的思想产生了重大影响。所以，如果您在《增长的极限》中找到了有用的东西，我会很高兴。我附上了一份我们接触到的材料清单。虽然缺少重要材料，但您应该对其中几份材料感兴趣。我已经标注其中有趣的文章。如果您无法从源头获得这些材料，我很乐意发送复印件给您。我还附上了在美国无法获取的科丁顿和布雷对贝克曼论文的评论副本。

我缺少麻省理工学院埃弗雷特·哈根教授在《国际发展评论》发表的一篇评论。它应该列在给您的列表中。

我们的第二卷和第三卷即将出版。后者有望对我们模型中实际包含的关系信息不那么充分陈述进行补充说明。卡尔·凯森对《大喊狼来了的计算机》的评论，实际上包含了几个关于模型人口生育决定因素的现实错误。

致上

丹尼斯·梅多斯

1972 年 12 月 4 日

丹尼斯·梅多斯教授

达特茅斯学院，汉诺威工程学院

新罕布什尔州，汉诺威 03755

亲爱的梅多斯教授：

　　我刚收到您寄给我的资料。它比我希望的还要完整得多。我非常感谢您的好意，也感谢您在回应我请求时承担的额外麻烦。十分感谢您提供关于您工作中各种回应的完整信息。

　　谨致问候

尼古拉斯·乔治斯库-罗根
经济学特聘教授

理论与应用经济学办公室

斯特拉斯堡，1977 年 11 月 23 日

伊利亚·普里戈金教授

统计研究所所长

力学和热力学

得克萨斯大学

亲爱的普里戈金教授：

　　看到英国零售商协会 1977 年 11 月 2 日在得克萨斯州休斯敦举办的"第二次熵经济学研讨会"的与会者名单，我希望能在那里与您见面，并亲自向您传达我对瑞典学院献身工作所取得的卓越科研成果的欣慰。凭借我对力学和热力学的微薄知识，每当发现您的新科研成果时，我都会关注（尽管我人在美国，不是很容易）。最近，我看到了您的综合论述"熵与动力"（《熵》，1974，第 57 页）。

　　在《熵定律与经济过程》（Harvard，1971）一书中，我以自己有限的手段论证了玻尔兹曼的框架在逻辑上和认识论上都不严谨。为了表述清楚，我在洛施密特、策梅洛、庞加莱的论证中添加了一些细节，并反对最近基于遍历定理（及其度量和传递性条件）的辩护。其中一位物理学家评论了我的书，他指责我没有理解统计原理和力学确定性定律的结合体。您可以想象得到，当我能得到现存最伟大的热力学权威观点的支持时，我有多高兴。后

来我也提出了一个反对"统计假设"的论点（似乎既新颖又简单），所以我附上了该论点的复印本。希望您能抽空查阅，因为我不认为这是无价值的结果。致以最良好的祝愿。

　　谨致问候

尼古拉斯·乔治斯库-罗根教授

布鲁塞尔，1977 年 12 月 23 日

尊敬的乔治斯库-罗根教授：

　　谢谢您 1977 年 11 月 23 日的来信。

　　当然，在几年前我就已经读过您的专著《熵定律与经济过程》。我记得我赞同了您关于玻尔兹曼框架的大部分结论。

　　我寄给您一篇最近与我的同事格雷科斯教授合作的论文，该论文就是探讨这个问题的。我想很多人还不明白玻尔兹曼方法是一种直观的方法。幸运的是，这种方法肯定取得了一点新的进展。

　　我刚写完一本略通俗的书：《从存在到演化》，稍后我会寄给您。它将由《科学美国人》杂志出版。

　　致以我诚挚的问候和最美好的新年祝福。

伊利亚·普里戈金

日内瓦大学

法律与政治学说学院

N.乔治斯库-罗根教授

区域研究所

西弗吉尼亚大学

摩根敦，W. V. 26506 USA

1978 年 1 月 20 日，日内瓦

亲爱的朋友：

　　就像您和伊沃一样，我希望并期待克里斯蒂安·施密特的积极回应。我们有一个共同的朋友，一个皮亚杰的学生，一个认识论者，目前在蒙特利尔与马里奥·邦奇合作。需要等等……不过不会太久。

　　雅克·阿塔利又出版了一本被大肆宣传的书：《法国新经济》。没有

评论。

我今天的信是要向您推荐一本极好的书,它虽然没有从熵定律中得出所有的结论,但对熵定律的解释是相当正确的。它是理查德·N.亚当斯1975年写的关于能源结构,在得克萨斯大学出版社出版的353页平装书——《社会权力理论》。他重复了莱斯利·怀特在1943年提出的问题,并用阿尔弗雷德·洛特卡的著作纠正了这个问题。不幸的是,他只知道您的"熵定律和经济问题",但他很好地利用了它。

最近,我有机会在巴黎与普里戈金的《认识论》合作者萨贝尔·斯坦格斯公司交谈。很明显,她和普里戈金的团队被弗朗索瓦·佩鲁或亨利·吉顿的评论欺骗了,这些评论对您来说几乎是不公正的。此外,普里戈金并不反对核能,这在今天是一种重要的态度。我的论文导师,雅克·梅洛-庞蒂(我已经提到他的优秀著作《20世纪宇宙学》(Gallimard, 1965;其中包含一个关于宇宙命运的完整热力学讨论)仍然宣称自己不被普里戈金的热力学事业所说服,在这一方面,他似乎很少看到一场认识论革命。我不像他那样怀疑,因为对热力学的更好理解是从本世纪平衡的热力学的过于狭隘的框架中衍生出来的。

想问一下您,您的《生物经济学》快完成了吗?还是由普林斯顿大学出版社出版吗?

祝您好运,身体健康

您忠实的卡诺蒂安朋友

雅克

后续附言:

我们还没有施密特的答复;我们开始相信他对此不感兴趣。

我和伊沃一起采取了其他步骤,特别是在瑞士。在洛桑,"人类时代"的版本非常出色,但我也在寻找对生态问题感兴趣的出版社,因为似乎大多数生态学家现在都能听到您的声音。

出于所有意图和目的,也因为我们个人对此感兴趣,特别是因为普里戈金的思想取得了成功,而您的批评是有价值的,伊沃和我正式请求您允许翻译《生物科学》上的《稳态与生态拯救:热力学分析》一文。

如果施密特最终拒绝了这个项目(您的一个未发表的),另一家出版社可能会想要第三篇文章,这样您就不用再写一篇了,因为我想写《生物经济学》,这要花您很多时间和精力。非常感谢。

乔治斯库-罗根教授

经济系

巴塞罗那自治大学

（没有日期）

尊敬的乔治斯库-罗根教授：

　　我写信给您，地址用的是在 1978 年 5 月 12 日您在《国际先驱论坛报》信中留下的地址。我希望这个地址仍然有效。与其他地方一样，在这里，人们对处理能源问题的经济理论的缺陷越来越感兴趣（尽管有些迟了）。一些经济学家（甚至包括一些物理学家和生物学家）会对您的演讲非常感兴趣。此外，您的出现将有助于增加课程改革的压力，从而为能源问题提供更大的空间。因此，我想知道您是否有空接受邀请，最好是在 2—3 月，实在不行，4—5 月也可（不包括 4 月的第一周），来巴塞罗那做一次公开演讲，然后为一小部分感兴趣的人举办一次为期一天的研讨会，他们大多数都是在美国或欧洲大学拥有博士学位的年轻大学讲师。请告诉我您哪天比较方便。我们希望您能待个两三天。我自己也写过关于农业问题的书（我在牛津圣安东尼学院担任研究员期间出版过关于西班牙南部、古巴和秘鲁的书，分别于 1971 年和 1977 年，伦敦）。我关注皮门特尔、利奇等对农业能源流的研究，同时对本世纪初奥斯瓦尔德·索迪等人的著作感兴趣。我写了一篇短文，探讨了马克思和恩格斯关于能源问题的观点，马克思和恩格斯在信中贬低了谢尔盖·波多利斯基的有趣想法，他于 1882 年发表在《新时代》上一篇名为《人类工作与权力的统一》的文章，试图揭示克劳修斯第二原则对马克思主义理论的影响。我还没有用英文发表这篇文章。

　　致上

马丁内斯·阿利尔

J.马丁内斯·阿利尔教授

巴塞罗那自治大学

经济学院

西班牙，巴塞罗那贝拉泰拉

1982 年 4 月 5 日

尊敬的胡安：

　　我很欣慰，终于收到您关于波多利斯基的论文的最终版本。不必重复，我很遗憾，您没有把它寄给《经济问题杂志》（但见下文）。

这个新版本相比于我看到的早期版本有很大改进。关于这篇论文，我有几句评述。首先，您没有预测到最近波多利斯基成果对热力经济学的其他贡献，我发表在《南方经济》的文章研究过热力经济学，您应该有复印件。

文中有一处，您说没有马克思主义经济学家研究这个问题。我在罗马尼亚的朋友认为我是一个深受马克思影响的经济学家，这是真的。当然，我并不总是同意他的观点，我也不是正式马克思主义者。

还有，我不知道您为什么不提及恩格斯在《自然辩证法》中对能源经济学的赤裸裸嘲笑，《自然辩证法》比波多利斯基的文章更先发表。总的来说，我认为既然您的文章是英文的，要在英文期刊上发表，那么建议您尽可能参考英文文献，这样方便读者查阅。例如，注释5、13、15、20、22（?）、27、28、33（奥斯特瓦尔德的一些文章是英文的）、37。

我建议您应该就同一话题写一篇更短的但适用于经济学的文章（删掉关于太阳辐射和食物的细节部分），因为波多利斯基是开路先锋；几年前，一些不懂经济学和热力学的学者重新研究他的理论（最后一个是R.科斯坦扎，如果您决定采纳我的建议，我将把参考资料发给您）。

……

向您、您的妻子和您的女儿致以热烈的祝福。

尼古拉斯·乔治斯库-罗根
经济学名誉特聘教授

乔治斯库-罗根教授
高等研究所
奥地利，维也纳

1982年5月17日

尊敬的乔治斯库：

……

我现在明白您对恩格斯的评论了。事实上，恩格斯和波多利斯基于1872年在伦敦见过面，我们对他们会谈的主题一无所知。我认为恩格斯之所以反对"能量学教条"，是因为他错误地相信劳动—价值理论，认为不同形式的劳动可以被简化为"抽象劳动"的等价物。我想这就是为什么马克思在

《哥达纲领批判》中提到将根据工作的"数量和质量"为劳动支付报酬。我一直不明白不同"质量"的劳动为何能进行比较。恩格斯反对能源—价值理论,因为他们相信劳动—价值理论,就像沃尔拉斯反对赫尔曼·洛朗提出的能源—价值理论一样(参见沃尔拉斯的信件),因为他相信边际"效用"(无论它是什么)。反对能源—价值理论同时也反对任何其他价值理论(正如我认为您超越了一种模糊且契合实际的立场,此立场认为东西是为了人们享受生活而生产的,或者应该是这样的),这完全不同于,一个人因为持有另一种价值理论(劳动—价值或价值=价格等),就反对能源—价值理论。用恩格斯的言论作为您对"能量学教条"严格要求的支持,可能有点牵强。恩格斯不仅认为"物质也很重要",而且认为"能量并不重要",这在《自然辩证法》和《给马克思的关于波多利斯基的信》中都很清楚。

我读过您关于科斯坦扎的文章。我同意您的观点,但如果我们不考虑所有家庭的能源消耗,而只考虑工人家庭的能源消耗,可能会得到不同的结果。然而,您的观点在一个简单的社会中是完全有说服力的,如拉斐特或李所研究的社会,如果所有的能量输出都被认为是维持劳动力(包括儿童和老人,以及休息、仪式舞蹈等)所必需的,那么净能量显然是零,能量投入产出比总是等于1。然而,我怀疑科斯坦扎(撇开他是不是能量学教条的信徒这一点不谈),即一个经济体仅仅通过将资源和劳动力从一个部门(如工业,甚至水泥或铝)转移到另一个部门(如教学或银行业)来节约能源,可能是有道理的。如果有一个学生(在银行工作)正在写一篇关于银行业能源成本的论文,他想表明,考虑到工作条件(空调等)和相对较高的工资,银行业是一个能源密集型行业。当然,他们可以减少报酬(因此花费更少的能源,如步行上班等)。我认为,您自己观点的主要"敌人"不是那些仍然提出"能量学教条"的人,而是那些正统经济学家(达斯古塔和赫尔的《自然资源经济学》,由剑桥大学出版社出版;伊登等人的《能源经济学》,由剑桥大学出版社出版)。他们根本不引用您的论文,他们认为,这完全是一个给予自然资源"适当"价格以确保"最佳消耗路径"的问题,您真的应该写写霍特林规则(再写一遍,明确讨论它,以及上面提到的书)。

不过,我对科斯坦扎的想法还不够全面。

您永远的朋友

胡安

胡安·马丁内斯·阿利尔教授
霍斯特韦格 32,柏林 19
西德

1982 年 9 月 7 日

尊敬的胡安:

我从欧洲回来,发现积压了大量的各种工作事宜。此外,我不得不为政府机构准备一份关于生物经济学的长篇书面报告,这是很早之前承诺过的。相信我,我只有吃快餐的空闲时间。这就是为什么我这么晚才回您 7 月 6 日从柏林寄来的信。给您带来不便,我深表歉意。对您失去妹妹深表同情,我曾在战争中失去了唯一的兄弟,我知道这样的悲剧意味着什么。

我已经参考了 P. 的法语文章,有一份此论文的复印件,这篇论文对我帮助很大,因为我不懂德语。在我的《熵定律与经济过程》一书中,我从历史和热力学的角度提到杰文斯的煤炭问题(也批评了韦纳德·斯基)。索迪在能源经济学方面并没有深入研究;他主要关注信用创造[见戴利在《政治经济史》(1980 年)中的前言]。哈耶克在经济文献中首先提到奥斯特瓦尔德,后来 1979 年我发表在《南方经济杂志》上的一篇文章为他辩护,反对哈耶克指责他将经济学简化为“能量学”。(我记得我给了您这篇论文以及其他论文的副本)。从您上一封信中的一些评论来看,您坚持认为,经济价值必须简化到单一元素,正如马克思所说的“劳动”,必须是一个同质的“物质”(在哲学意义上),这意味着一个基本可测量的元素,我表示质疑(见我的《能源与经济神话》的第 7 章)。马克思之后取得的进步,正是在于认识到任何对价值的“物理主义者”(我创造的一个术语)的解释是不够的。任何商品的物理坐标,无论是劳动、时间还是能量,都不能作为经济价值的衡量。我对能量经济学荒谬性的第一个分析证明是南欧共体。我在世界化学家大会(多伦多,1978 年)的一篇特邀论文中重复了这一点(Pergamon Press, 1981),发表于 1980 年的 AAAS 论文(见 Daly and Umana, 1981),在一篇为普里戈金的节日(Schieve and Allen, 1982)撰写的论文中,发表于目前正在出版的一卷中(相关页面校样的副本和其他参考文献在此附上),最后一篇即将发表于《经济季刊》杂志上。

......

尼古拉斯·乔治斯库-罗根

N.乔治斯库-罗根教授
经济学系
范德比尔特大学
田纳西州，纳什维尔

1982 年 10 月 12 日

尊敬的乔治斯库：

　　非常感谢您 9 月 7 日的来信和校样。不用费心回复，我想您一定很忙。与此同时，我也看了乌玛娜/戴利编辑的 *AAAS* 论文，我发现非常有趣。除了您的文章之外，最后几页戴利写得非常清楚，且具有启发性，他关于"贴现未来"的想法很好。

　　我在柏林读了很多书。其中最有趣的是，一位物理学家普范德勒（奥地利人）的一篇文章《从物理学的角度看经济》（1902 年）和约瑟夫·波普尔-林克乌斯的书，以及 1912 年出版的《吃的义务》，这本书提出了一项为德国人提供最低生活水平的计划，包括详细的能源计算，还包括考虑用土豆中的酒精替代煤炭的想法，波普尔反对这一想法，理由是土豆更适合作为食物，还包括批评克罗波特金对温室农业的热情，理由是温室需要煤来取暖（在北欧），而且事实上，这几乎不会有什么实际收获。就净能源而言，这可能是继波多利斯基之后，第二次对农业进行能源投入/产出分析。

　　……

　　波普尔是马赫的朋友。哈耶克（我想）在《反科学革命》中没有提到，尽管波普尔·林克乌斯也是奥地利人。

　　今年冬天我应该写一篇长文来阐述这一切。

　　……

　　希望您身体健康，非常感谢您的来信和读书建议。有一本 P.达斯·古普塔 1982 年的新书，我还没有拿到，他在书中明确讨论了您对时间偏好的看法，并给出了一个微弱的回复。这是在经济学分支"资源经济学"或"能源经济学"的名义下进行的。但我认为您的观点即将取得突破。今年夏天，我还看到了这本法语书，其中有您三篇由格林瓦尔德出版的文章。

　　您永远的朋友

胡安

范德比尔特大学
田纳西州，纳什维尔
经济和工商管理系

斯特凡诺·扎马尼教授
费内利大街 1 号
意大利，博洛尼亚

1981 年 11 月 6 日

亲爱的斯特凡诺：

我怎样才能向您表达我的感激之情，感谢您一直以来对我知识探索的支持，您用自己的学识引导我，并不断给予我最善意的个人想法。也许对我来说，唯一的办法就是向您深切而谦卑地坦诚，您的友谊对我而言是多么重要。

我看了您的介绍，手拿着铅笔，您对我作品的介绍和褒奖使我欢欣鼓舞。既然您请我发表意见，我就直言了。

……

如果您现在允许，我想提出一些非常私人的建议。这些想法源于我的工作，实际上是相当谦虚的（我没有错误幻想其优点），它需要我们尽可能"冷静"。正是抱着这个想法，我才着手处理这件事。

首先，我非常希望您解释一下，回顾历史，我几乎一直在与主流经济学的做法背道而驰。朱塞佩·帕隆巴对我是异端的判断是对的。但是，由于与传统潮流背道而驰，我受到了惩罚；"依令而行"，我遭受了巨大的智力困扰和职业烦恼（您知道为什么您和少数佛罗伦萨人的友谊对我来说是一种巨大的精神慰藉了吧）。作为一名受训的数学家进入经济学是我的命运（这是我无法改变的）。我在 1936 年证明了帕累托—沃尔泰拉悖论（*Analytical Economics*，p.164），即"从不可缺少的变种中，我们无法推断认为这些代表了常数效用的核心"……

"这两个（变种）的混淆解释了不可积性的悖论。"您可以引用 Zamagni，pp.6，144f。因此，建立在萨缪尔森"显性偏好"公理之上的巨大大厦是一个骗局。但是，尽管我就同一主题写了另一篇文章（1954 年），他们还是继续玩着空的数学弹珠来自娱自乐。

我的命运让我又面临一个经济现实，那就是我的国家的起源。在我的国家，不应用标准经济学的纯形式结果的可能性比在西方任何地方都要明显得多。通过证明瓦尔拉斯体系并不是在所有情况下都成立的（后来我证明了它在任何情况下都是无效的），我不可避免地引起整个美国学术界对我的敌意，其他受美国学术影响深重的国家也是如此。正是农业经济学（不同于农业企业）的问题，让我产生了许多其他"令人恼火"的想法。农业和制造业之间令人困惑（但被否认）的区别，让我得到一种过程分析表述方法，其本质上不同于标准理论单调无色的生产函数。然而，流量和存量之间的区别，仍然是一个"谁都最好不谈"的问题。甚至失业的基本理论也继续混淆工人数和总工作时数（正如您在第12页指出的那样）。那么，不妨让读者参考我与菲图西合著的一篇文章的附录，该文章发表在《西方国家的失业》（International Economic Association, Macmillan 1981）。

正是对事实的仔细观察，使我在描绘现实时，坚持质量相对于数量的重要性。关于"度量、质量和最佳规模"的文章，尤其是关于"动态模型"的文章，已讲述得很清楚。变化，真正的变化只能通过质量变化来实现（参见熊彼特关于铁路的引擎和邮车的著名评论）。然而，提到质量，就是要冒犯那些企图通过拉格朗日乘数的数学机器来进行一次又一次空洞练习的人。

罗马尼亚普洛埃斯提油田的历史，以及大片丘陵地区被雨水冲走的大量土壤，让我认识到自然资源对人类的经济命运起到至关重要的作用。因此，我的主题是，经济过程的每一种物质纤维都是熵的，熵定律是稀缺性的根源。但我并没有只停留在这个想法上。首先，我坚持认为，如果我们不把生活的享受——一种纯粹的精神涌动（不是流量！）——以及它的效用倾向、负效应倾向和面对未来不确定性的倾向纳入视野，我们就不身处于经济世界。其次，也是更重要的一点，我将经济事实引入热力学，热力学从一开始就只考虑了能量的变化。与许多自然科学家的观点相反，我证明了物质也会以熵的方式不可逆转地退化。我将其称为第四定律——形式定律，并将其发表在多个科学期刊上，而没有遭到反对（我相信您有所有的复印件）。然而，它的结论总是被忽视。

我对经济过程的熵描述导致一些人认为，商品的经济价值是由其"内含"的能量来衡量的。我的反驳是，他们的证据因无视纯粹经济坐标而失效，这一点再次被忽视，以至于在没有任何解释的情况下，《科学》杂志就这个问题，甚至没有发表我的一封简短信件。他们一群人仍在玩弄空弹珠。

最后，通过将我的流量—存量模型应用于太阳能技术评估，我证明了目前所有可行的操控太阳能的方法都是当前技术（主要基于化石燃料）的寄生虫。自然而然，太阳能集热器的生产商以及许多拥有这种技术的"研究人员"都讨厌听到我的名字。

我不知道这本书是否也包含我的文章《能源分析和经济评估》，费列罗博士同意把这篇文章放进去,以便给这本出版于 1976 年的书增加一种现代风味,此书中的有些文章更久远。前两段提到了那篇论文的观点(我相信您一定有我邮寄的原版复印件)。

……

这封信特别长。人们可能会对这样一封信失去耐心,但既然您对我这么好,我相信您不会的。

向您和扎马尼家族女性成员致以我们最温暖的思念和友好的爱。

一如既往

尼古拉斯·乔治斯库-罗根

经济学名誉特聘教授

从传真号 81.75.761.2437 至传真号 615.6651870

真弓浩三先生

日本京都大学应用数学与物理系

1992 年 7 月 18 日

亲爱的科佐:

非常高兴收到您 1992 年 7 月 16 日从京都大学应用数学与物理系发来的传真。当然,我会尽自己最大的努力阅读您关于克劳修斯的论文,但您必须考虑到我年事已高、缺点百出,这些缺点使我无法完成小出先生等了一年多的关于日文翻译的介绍。然而,令我失望的是,在您的信中没有提到任何关于您学术地位提升的消息,我认为,如果您能集中精力,以您所有的卓越才能和力量为之奋斗,您的学术地位将会得到提升。

从您的信中,我看到您与国际生态经济协会联系紧密,该协会持有两个不好的观点。其中一个即稳态可拯救我们的熵困境,这对孟加拉国来说,意味着目前的悲剧将持久存在。第二个是生态学领域最伟大的运算者科斯坦扎,他从荒谬的"定理"得出许多错误的结论,即无论您把一美元花在伏尔加鱼子酱上还是土豆上,您从一美元中获得的能量都是相同的。他与我以前的学生赫尔曼·戴利串通一气,在他控制的期刊上发表了一篇可怕的文章,在这篇文章中,粗鲁的作者哈利勒甚至对我进行人身攻击。这一花招在近代学术文献史上都将是一个臭名昭著的例子。有谁会相信,他们在寄给印刷厂之前,竟然没有将文章寄给我征求我的意见,这不是诚信出版社的第一义务吗？我希望，您能理解和那类人交往并不是一件值得骄傲的事。

事实上，那个国际协会最大的罪过是，他们用过多的资金推销有史以来最危险的万金油——可持续发展！如果您熟悉我对现代生态学家这种魔法诡计的论点驳斥，您可能会记得，几乎所有的生态学家都宣称，熵定律很快就会遭到驳斥，到那时我们所有人都将永远安全。在美国机械工程师协会会议(1991年)上，我宣读的一篇论文，证明了在一个无熵的世界里，仿生生命是不可能存在的。是不是令人惊讶？请你查一下德米特雷斯库和德拉甘的《新范式》第二版。

亲爱的科佐，人生从来都不是一帆风顺的，如果我们肯停下来想一想，在不久的将来所发生的事情会让我们不寒而栗。我曾发表过具有重大影响的数学论点，但我最看重的是1979年12月发表在《纽约时报》杂志上的一个简单想法：如果对自然资源的开发和利用不受某种总体规划的支配，"弹头将会为了占有阿拉伯的最后一滴石油而飞起来"。科佐，当您专注于您的数学把戏时，想想这个事实，伊拉克战争只是我1979年设想的一次全套彩排。

照顾好您的身体和心理。

您的尼古拉斯·乔治斯库-罗根

尼古拉斯·乔治斯库-罗根教授
范德比尔特大学
经济系

1992年7月21日

尊敬的尼古拉斯·乔治斯库-罗根教授：

我今天在办公室收到您7月18日的传真，非常感谢。昨天我给您寄去了几张便条和一份今年5月我在米兰发表的论文。我还没有得到这里的永久职位，但我希望很快就能得到。关于我的好消息是，京都大学今年将授予我工学博士学位。整整两年，我在日本都找不到发表论文的地方。但幸运的是，我在日本以外的地方用英文发表了十篇论文，因为您的研究范式正在引起全世界人们的注意。我将担任E.A.B.S的日本代表。我期待着今年10月或11月在纳什维尔与您见面。请您多保重。谢谢。

谨致问候

科佐·马尤姆

科佐·马尤姆教授
日本京都大学工程学院
应用数学和物理系

1992 年 9 月 9 日

亲爱的科佐：

　　为完成约翰·希克斯爵士纪念文集的一篇论文，好几个月以来，我从白天忙到晚上，又从夜晚忙到白天。约翰·希克斯爵士的名字将留在经济思想史上，并不是因为他刚刚获得诺贝尔奖。对我来说，这是一项艰巨而又精妙的任务，我不得不发挥所有微薄的才能。尽管我已辛苦工作了好长时间，但仍不能休假：我的史密斯·科伦兹文字处理机停止工作了。我没法阅读磁盘里的论文，因为配套的电脑才能读取磁盘，而本地销售员根本没有这种电脑。我几乎每天都要和欧洲的编辑（斯图加特的一位教授）进行一次复杂的沟通，直到昨天才结束。现在他有了正确的版本，我可以松一口气了，我希望未来不会再出什么意外。这么长时间以来，我完全把其他事情搁在一边，我不能违背我的承诺而损害这本书的质量。在被搁置的信件中，还有您2 月 28 日的来信，我现在才得以翻阅，谨向您致以深深的歉意，相信您会理解。

　　我认为这封信里寄来的两篇论文不值得引起多大注意。这两篇论文到处充斥着作者的拙劣不足。蒂齐是一个混合型生物学家，他是在学习了我的《熵定律》之后才对生态学产生兴趣的。他还是锡耶纳附近乡下一座罕见封建宅邸的主人。几年前，他邀请几个同事去那座宅邸，他们都批评过我的第四定理。正如我在一篇论文（如果您没有这篇论文，可以向我要）中所解释的那样，有人说我的定律是错误的，而另一些人说，它的真理早已为人所知很多年了。还有一种坚持不懈的反驳论点，是建立在完美仪器之上的，完美而没有任何错误的仪器！这些仪器可以测量精确项与求和项，如 10 亿项求和之间的差异。一个认识论如此独特、草率，以至于它的实践者可能会因为自己的天赋而感到光荣。
　　……

尼古拉斯·乔治库斯-罗根

乔治库斯-罗根教授
范德比尔特大学
经济系

1992 年 11 月 4 日

尊敬的乔治库斯-罗根教授:

您近来好吗?我很好。我不得不推迟去纳什维尔的旅行,因为我明年可能会换一所大学,所以在 11 月或 12 月我有三所大学的面试。一旦我处理完这个问题,我一定会去纳什维尔看您,希望明年 2 月能见到您。顺便说一下,两天前我收到了加布里埃尔·洛萨达教授的来信。恐怕他和我一样在美国找工作遇到了麻烦。如果有什么您能帮得上忙的,我希望您能帮他一下。随信附上他的信副本一份,供您参考。但请不要告诉他我曾就此事给您写过信。我期待能尽快见到您。

　　谨上

科佐·马尤姆

尼古拉斯·乔治库斯-罗根教授
海明威大道
纳什维尔,TN37215

1990 年 12 月 19 日

亲爱的乔治库斯-罗根教授:

我想向您介绍一下我自己。我是德州农工大学经济系的助理教授,在斯坦福大学获得了博士学位,并且从路易斯安那州立大学获得了物理学学士学位和经济学学士学位,在那里赫尔曼·戴利向我介绍了您的研究工作。我认为您关于熵定律和经济过程的著作是研究经济增长的基础,我在教学中使用了您的一些文章。

今年夏天,当我读到伊莱亚斯·哈利勒在《生态经济学》的那篇点评您研究的糟糕论文时,我感到惊讶,或许更准确地说是震惊。我想过要写一篇反驳它的文章,但我猜想赫尔曼·戴利是那本杂志的副主编,他不会让这样一篇文章发表。几周后,令我惊讶的是,戴利教授给我打电话,解释说罗伯特·科斯坦扎(杂志编辑)没有告诉他任何关于哈利勒那篇文章的事,并让我写一篇反驳的文章。我的第一次尝试显然没有采用适当的形式,所以现在我写了两篇论文:一篇是专门针对哈利勒的简短评论,题为"为尼古拉

247

斯·乔治库斯-罗根的范式辩护";另一篇是较长的文章,没有点名攻击哈利勒,而是回顾了统计力学的所有陷阱,题为"乔治斯库-罗根的统计力学批判"。我希望以尽可能简单的方式传达为什么您的观点是正确的。如果您能对这两篇论文提出意见,我将非常感谢。我特别想知道自己是否犯错;哈利勒已经把问题搞得够混乱了,我不能再犯错了。赫尔曼·戴利一直鼓励我的研究(我想关于哈利勒的文章,他对自己的疏忽感到内疚)。我希望《生态经济学》能发表我的文章,尽管现在还言之过早,因为我现在才提交。

祝您节日快乐。

谨致问候

加布里埃尔·A.洛萨达

1991 年 12 月 17 日

亲爱的乔治库斯-罗根教授:

从罗马的(EABS)会议回来后,我得了流感,所以我才这么迟联系您。我认为这次会议是成功的,因为很多演讲者都讨论了您的研究,并且给我们很多人很大的启发。人们常常试图理解和应用您的方法。和往常一样,有些结果比其他结果更成功,但对您的想法的热情标志着这些研究并不太成功的实践。

相当多的与会者都是年轻学者。他们现在默默无闻,但他们在课堂上的宣讲和通过出版物宣传将在未来几十年继续下去。在我对这次会议的所有印象中,看到这么多年轻的学者是最让我高兴的,因为这意味着,尽管当代经济学家忽视您的研究,但后代经济学家会阅读您的著作,并将他们的专长应用到他们那个时代的经济问题上。随函附上我在会议上发表的论文,该论文受到好评。祝新年万事如意!

谨致问候

加布里埃尔·A.洛萨达

致詹姆斯·贝瑞先生
第二定律反思中心,茶花路 8420 号
北卡罗来纳州罗利市 27613

1991 年 5 月 20 日

我亲爱的老朋友吉姆·贝瑞:

在我的一篇论文中,我认为罗马尼亚农民以及所有拥挤不堪的农民所面临的困境是,他们面临太多的任务,每个人都不知道该先做哪一个。在我这个年纪,八十五岁,我只能从我的桌子爬到打字机前,或者爬到我必须不时休息的扶手椅上,即使为数不多的任务对我来说,似乎也是难以忍受的。我的前雇主范德比尔特大学已经不愿意再给我分配研究助理了。我甚至不得不自己做很多打字工作。您肯定不会相信竟然会发生这种事情,我已经不能走楼梯了,但我竟然被禁止使用电梯,理由是那样我就会绕过公文包的检查,这意味着他们认为我会偷书。结果就是:我进不了图书馆!

我在全世界免费义务宣传范德比尔特大学这么多年,从拉丁美洲到非洲,再到亚洲和西欧,我想知道我现在为什么会受到这种待遇。难道是我的命运女神让我生活急转直下,以至于无论我做什么都不被认可吗?难道不是二十多年前的1969年,在《增长的极限》问世和石油禁运之前,我就敲响了人类面临巨大困境的警钟吗?难道对这一警告的所有思考都被一个又一个喧闹又咄咄逼人的"全球大会"系统性地堵住了吗?这些全球大会只是兜售骗人的万灵油,假装拯救我们的生态罢了。

在这些兜售的配方中,第一种是"稳态"。这确实是一个愚蠢的承诺,因为可怜的孟加拉人和其他国家的人,在这次灾难之前,就已经开始抗议。当然,那些不惜一切代价努力保持在聚光灯下的人终于意识到这种不道德行为,并决定选择一个新的代名词:可持续发展(赫尔曼·戴利在去年一个研讨会上公开宣称)。当然,这是一种比稳态更有诱惑力的万灵油。它的潜在意思是"可持续增长",这个著名的术语在很早以前由罗斯托引入之后,早已众所周知了。这是过去二十年生态变迁的标志,那些从稳态转向可持续发展的人没有看到,后一种方式从根本上比前一种方式更具灾难性。

因为,正如你们的一些来信使我相信的那样,你们已经被兜售这些处方的小贩们征服了,所以我认为我应该重温一下我的生态立场和我的文献研究进展,这些进展应该对第二定律反思中心有些意义。此外,我推测,该中心的档案极有可能最终被存放在杜克大学的特殊机构或其他类似的学院里。我已经安排好了。然而,如果我的文件存放在杜克大学,中心的档案无疑会比我的论文更吸引那些对目前的发展感兴趣的学生。

我最好从赫尔曼·戴利开始,他是我以前的学生,您认识他,而且似乎非常重视他。在我的论文《能源与经济神话》(1975年)中,我说明并证明了"稳态(是)一个话题幻影",戴利当然不高兴。他在这一观点的基础上建立了非凡的科学声誉:稳态已经成为他的第二个名字。然而在我的下一篇文献,我在 1977 年的《生物科学》上发表的论文《稳态和生态拯救:热力学分析》中提出热力学第四定律,大概意思是说完全回收是不可能的,因为我们只能回收那些没有被任何收集工具消耗掉的物质。这一明显的推论是,即使化石燃料可以完全被太阳能所取代,也不可能得到稳态,这一定使戴利非常不安。从那时起,他就试图用从未触及争论核心的间接手段来严厉批评我的立场。他最简单的策略就是根本不提我反对稳态处方的基本论点。

从我多年来与戴利的接触中,我始终有这样一个印象:他的特长不在于分析推理,从他所有的学术贡献中也能看得出这一点。我还要说我非常钦佩他处理另一种问题的才能。

戴利会非常乐意与一些分析论证方面的专家打交道,这是一种合理的猜测。碰巧,他在路易斯安那州立大学找到了这样一个合适的伙伴罗伯特·科斯坦扎,他会一些数学运算,论证了一个命题,该命题声称,每种商品的价格与该商品所蕴含的能量成正比。这意味着,无论你花 1 美元买什么,鱼子酱还是土豆,你都能获得完全相同的能量。尽管这个想法在任何停下来思考一秒钟的人看来都是非常荒谬的,但它发表在《科学》上。正如菲利普·阿贝尔森给我的信中所说的,有许多人给《编辑》写了抗议信(包括给我的)。然而,尽管他承诺要发表一些,但最终一个也没有发表。结果是,被那个权威期刊认可之后,科斯坦扎的主张得到了广泛支持。因此,对戴利来说,科斯坦扎是一个理想的盟友(后面的情节将会说明这一点)。

下一个上场的是来自哥斯达黎加的充满活力的生态学家和致力于和平的活动家阿尔瓦罗·乌马纳。他说服美国科学促进会的执行官员们策划了一个关于能源和经济学的研讨会,并与戴利一起参加这个研讨会。研讨会的论文集《能源、经济学和环境》(1981 年)自然是由乌马纳和戴利编辑的。乌马纳撰写了"导言",戴利写了"后记"。当然,他只是老调重弹,说我是一个悲观主义者。我确实是一个悲观主义者,因为我不相信稳态会从生态上拯救我们。

这也是科斯坦扎支持他的伟大热力学定理的机会。"因此,乔治斯库的反对是对一种能量的有效批评,而不是对一种蕴藏能量价值论的有效批评"。这是否意味着,蕴藏能源本质上是一种不同的能量?我无法理解这种扭曲的解释。

但科斯坦扎在没有理解我的热力学第四定律的情况下,也不会让这个机会溜走。他当然不赞成科学论证中的"纯粹断言",因为他把热力学第四定律定性为"纯粹断言"。但是,尽管这似乎令人难以置信,科斯坦扎在下一行中宣称,即使是"热力学第二定律……也是一种论断"。所以,看来我的第四定律和熵定律的地位是一样的。另一方面,它是一个纯粹的断言。在这一段的其余部分,当我们被引入他一个又一个论断中,并且这些观点被当作他有利的反方观点时,这个谜就解开了。

在将第四定律作为"纯粹断言"批评时,科斯坦扎展示了两个错误。第一,他要么无视,要么选择无视我所有的论文,在这些论文中,我根据学术规范对第四定律进行了论证。他会看到(如果他不持相反观点),一些最优秀的物理学家和化学家并不认为我的定律只是一种断言。我曾受邀在"美国和加拿大化学学会"(1978年)主办的"世界会议"上演讲一篇关于这条定律的论文。他不可能知道,在其他的背书中,有洛斯阿拉莫斯实验室工作人员的背书,正如他们的报纸《监控》1978年3月第15卷所报道的那样。科斯坦扎的第二个错误是,他忽视了所有表达不可能的定律,如阿尔伯特·爱因斯坦所承认的光速极限和克劳休斯熵定律,都是在所有试图击败它们的努力都失败之后才被接受的。我应该在这里回忆一下,第一种永动机的不可能性现在成为牢不可破的命题,是因为多个方案如史蒂维努斯研究的那些著名方案都被证明是不可行的。但在1979年发表在《南方经济杂志》上的文章中,我做了完全相同的事情。我提出一个实质性的论点,说明为什么自然科学中唯一提出的完全回收方案,即著名的范特霍夫盒子,不能起作用的原因。

在过去几年里,科斯坦扎、戴利等人成功地扩大了他们神秘处方的销售渠道。他们成立了国际生态经济学会(不止于此)。当然,这个学会必须有它的臂膀和锤子,那就是《生态经济学》综述。起初,它计划有四位编辑,罗伯特·科斯坦扎、赫尔曼·戴利、安·马里·詹森和大卫·皮尔斯。还有一长串与之接洽的学者可供担任编辑顾问。

这里面包含我的名字,但我拒绝了戴利的邀请,因为已经有许多其他类似的"全球"学会只谈不做,甚至谈的都是错的了。当一切就绪时,科斯坦扎仍然是唯一的编辑,其他计划在同一办公室工作的人都被调到二级助理编辑的位置。顾问的最终名单列出了四十个名字,其中只有大约十个是生态或经济领域的专家。科斯坦扎作为那份期刊的编辑,很早就把它当锤子用了。

前段时间我收到一份打字稿《熵定律与自然资源枯竭:尼古拉斯·乔治

库斯-罗根的范式站得住脚吗?》,它的作者伊莱亚斯·哈利勒问我对它的看法。读完之后,我想哈利勒一定是那种对自己的智力有夸大看法的人。我写信给他,说我无法理解他的观点。

当人们开始胡扯时,他们往往会做任何有利于他们目的的事。哈利勒把他的论文寄给《生态经济学》期刊发表一点也不奇怪:这本期刊是一个新问题的尝试,必须保持较低的学术标准。令人难以置信的是,科斯坦扎并没有告诉我他的计划。"他应该先弄清楚我是否愿意写一篇反驳文章,毕竟我的全名在那篇文章的标题中占据很大一部分。

我从戴利的信中得知科斯坦扎的欺骗行为,戴利在信中试图为自己辩解说,虽然他是《评论》的副主编,但科斯坦扎完全没有征求他的意见就采取了行动。后来,戴利给我寄来一篇很好的论文为我辩护,《伊莱亚斯·哈利勒和对尼古拉斯·乔治斯库-罗根范式的另一种看法》,作者是一位年轻的经济学家加布里埃尔·A.洛扎达,他问我是否愿意对此发表评论。那篇论文还没有发表,所以我一直在想为什么他不让我评论哈利勒那篇已经发表的"杰作"。为了表明他是一个多么优秀的欺骗大师,哈利勒在他的论文中说感谢罗伯特·海尔布隆纳教授和我对他论文的评价,这样就给人们一种印象,我们都认为该论文的成果值得关注。最近,我得知海尔布隆纳教授已收到好几封信,质疑他怎么可能认真对待那篇论文。

关于人类的巨大困境,我一直试图从两个方面分析并梳理出这个问题,一个是自然环境的问题,一个是我们自身能力的问题,或者更确切地说,是我们自身能力不足的问题。我也极力反对那些处方,它们和许多医学领域的处方一样,不仅无效,而且有毒,因为它们会缩短我们在这个星球上的寿命,比核战好不了多少。毫无疑问,"可持续发展"是最有毒的处方之一。难道还不清楚吗?由于四处兜售安抚人心的万灵油,我们自石油禁运以来就一直奉行熵政策,最终为海湾战争铺平道路。在这个关键时代,最成功的环保主义者所持的愚蠢而又有利可图的乐观态度,欺骗了我们几乎所有人,使我们完全忽视永久的石油短缺所引发的日益加剧的冲突。关于这一发展,我在 1979 年 12 月 29 日《纽约时报杂志》上发表的评论(见附件)中提到,海湾战争是对未来几代人仍能得到的东西的一次全面彩排(见我在《范德比尔特公报》上的采访,附件)。在后一份杂志中,我还解释说,在我看来,生态学科及生态协会都应该合并成一个生态民兵组织。为什么医学博士 C.埃弗雷特·库普在担任卫生部长时,没有提出一个"可持续吸烟"的公式,让吸烟者和烟草都"感到幸福";而是在当时和之后都竭尽全力宣扬,吸烟危害我们的健康。

在我们面临的所有紧迫问题中,在我看来,必不可少的熵定律研究似乎是所有生态学科中最具决定性的,这些学科必须立即清除那些幻想的理论所推演的圣殿,以及清除那些推销太阳能技术、可控核聚变反应堆、伊利亚·普里戈金发现的熵定律中充斥的低熵、黑洞中的绝对自由能量的推销员或者推销其他同样坚固的商品的推销员。现在的大多数生态学家都宣扬,人类总是可以指望找到合适的普罗米修斯技术来拯救他们免于任何能源危机,这难道不是荒谬到极点吗?正如我几年前指出的那样,到目前为止,只有两种技术是普罗米修斯式的,对火的掌握和蒸汽机的使用。这是我们所知的唯一两种技术,通过它们,我们可以获得比操作该技术所消耗的能量更多的可用能。生态学家们现在不断宣扬,即将有一种或另一种技术面世,把我们从日益逼近的熵危机中解救出来。这绝对是一个错误的想法。事实上如果要引入一种新的可行技术,这些专家们可能想到的任何技术都应该具有普罗米修斯的特性。因此,如果任何设备真的具有这些特性(在这种情况下很容易确定),那么该设备就已经是普罗米修斯的新礼物了。

我们面临的问题是非常复杂的。但是,我们并没有正视它,以便得到一个适当的生态政策导引,并启示一些积极的环境保护主义学生。我们更喜欢表达快乐的乐观主义,在每一次(全球)销售宣传后鞠躬和接受掌声,并成为津贴丰厚的生态专家。

尼古拉斯·乔治库斯-罗根

尼古拉斯·乔治斯库-罗根的书和论文

    以下是乔治斯库-罗根根据他亲自编辑的打印文件（杜克大学特别收藏图书馆）所列出的出版作品的最详尽书目。这份书目收录截至 1990 年（包括 1990 年）的所有年份有关他的作品的书籍、文章和译本，而我则编辑了 1990 年以后的书目。我在他的论文中还发现了一些关于他最后几年作品的文章，但无法追溯到任何出版地，这些作品列于参考书目的末尾。

(1930a)　　Sur un problème de calcul des probabilités avec application à la recherche des périodes inconnues d'un phénomène cyclique, *Comptes Rendue de l'Académie des Sciences*, CXCI, pp. 15–17.

(1930b)　　Le problème de la recherche des composantes cycliques d'un phénomène (Dissertation), *Journal de la Société de Statistique de Paris*, pp. 5–52.

(1930c)　　Asupra triunghiurilor cu laturile, în progresie geometrică, *Revista Matematică din Timisoara* X, pp. 89–90.

(1932a)　　Further contributions to the sampling problem, *Biometrika*, XXIV, pp. 65–107.

(1932b)　　Sur la meilleure valeur a posteriori d'une variable aléatoire, *Bulletin de la Société Roumaine des Sciences*, No. 33–34, pp. 32–8.

(1932c)　　Technica numerelor indice pentru nivelul general al preturilor, *Buletinul Statistic al României*, No. 4.

(1933)　　*Metoda Statistică*, Bucharest, Biblioteca Institutului Central de Statistică, pp. XIV + 506.

(1935a)　　Note on a proposition of Pareto, *Quarterly Journal of Economics*, XLIX, pp. 706–14.

(1935b)　　Fixed coefficients of production and the marginal productivity, *Review of Economic Studies*, pp. 40–9. (Also in 1966a.)

(1936a)　　Marginal utility of money and elasticities of demand, *Quarterly Journal of Economics*, L, pp. 533–9.

(1936b) The pure theory of consumers' behavior, *Quarterly Journal of Economics*, pp. 545–93. (Also in 1966a.)

(1937) (with Turpin R. and Caratzali A.), *L'influence de l'Âge Maternel, du Rang de Naissance, et de l'Ordre des Naissances sur la Mortinatalité*, Premier Congrès Latin d'Eugénique, Paris, pp. 271–7.

(1939) *Inventarul Agricol al României*, Enciclopedia României, Bucharest, Asociatia stiintifica pentru Enciclopedia României, Vol. 111, pp. 334–43.

(1940) La corrélation entre l'âge maternel et le sexe de l'enfant dans les naissances simples et gèmelaires, (Communication at the Congrès Internation d'Eugénique, Bucharest, 1938), *Analele Institutului de Statisticã*, pp. 51–8.

(1943a) Comertul exterior al României, *Enciclopedia României*, Bucharest, Asociatia stiintifica pentru Enciclopedia României, Vol. VI, pp. 458–60; pp. 472–95.

(1943b) Venturile individuale în România, ibid., pp. 891–903.

(1943c) Preturile în România, ibid., pp. 928–33.

(1943d) Costul vietii în România, ibid., pp. 934–38.

(1943e) Avutia nationala a României, ibid., pp. 967–72.

(1945a) Rezolvarea în numere intregi a ecuatiei omogene de gradul al doilea, *Gazeta Matematicã*, L (1944), pp. 274–78, L, pp. 305–11.

(1945b) Probabilitatea vazuta de un statistican, *Analele Institutului Statistic al României*, II, pp. 11–21.

(1946) Modificãri structurale în venitul national al României în urma celui de al doilea rãzboi mondial, *Analele Institutului Statistic al României*, III, pp. 3–27.

(1947a) Further contributions to the scatter analysis, *Proceedings of the International Statistical Conference*, V, pp. 39–43.

(1947b) Asupra Problemei 5527, *Gazeta Matematicã* (commemorative issue), LII, pp. 126–33.

(1948) Further contributions to the scatter analysis, *Econometrica*, XVI, pp. 40–3 (reprint of 1947a).

(1950a) The theory of choice and the constancy of economic laws, *Quarterly Journal of Economics*, LXIV, pp. 125–138. (Also in 1966a.)

(1950b) Leontief's system in the light of recent results, *Review of Economics and Statistics*, XXXII, pp. 214–22.

(1951a) *Activity analysis of Production and Allocation*, co-editor with Koopmans T. C., et al., John H. Wiley and Sons, New York, pp. XIV + 404.

(1951b) The aggregate linear production function and its applications to von Neumann's economic model, Chapter IV of *Activity Analysis of Production and Allocation*, John Wiley & Sons, New York, pp. 98–115.

(1951c) Relaxation phenomena in linear dynamic models, ibid., Chapter V,

p. 116. (Also in 1966a.)

(1951d)   Some properties of a generalized Leontief model, ibid., Chapter X, p. 165. (Also in 1966a.)

(1951e)   Review of W. W. Leontief, *The Structure of American Economy*, in *Econometrica*, XIX, pp. 351–3.

(1952a)   A diagrammatic analysis of complementarity, *Southern Economic Journal*, XIX, pp. 1–20.

(1952b)   Toward partial redirection of econometrics, *Review of Economics and Statistics*, XXXIV, pp. 206–11.

(1953a)   Note on Holley's dynamic model, *Econometrica*, XXI, pp. 457–9.

(1953b)   Multi-part economic models: Discussion, *Econometrica*, XXI, pp. 469–70.

(1954a)   Note on the economic equilibrium for nonlinear models, *Econometrica*, XXII, pp. 54–7.

(1954b)   The end of the probability syllogism?, *Philosophical Studies*, V, pp. 31–2.

(1954c)   Choice and revealed preference, *Southern Economic Journal*, XXI, pp. 119–30. (Also in 1966a.)

(1954d)   Choice, expectations and measurability, *Quarterly Journal of Economics*, LXVIII, pp. 503–34. (Also in 1966a.)

(1955)   Limitationality, limitativeness, and economic equilibrium, in *Proceedings of the Second Symposium in Linear Programming*, National Bureau of Standards, Washington, D.C., Vol. 1, pp. 295–330. (Also in 1966a.)

(1956a)   Review of Maurice Allais, *Traite d'Économie Pure*, in *American Economic Review*, XLVI, pp. 163–6.

(1956b)   Economic activity analysis (review article), *Southern Economic Journal*, XXII, pp. 468–75.

(1958a)   The nature of expectation and uncertainty, Chapter I in Bowman J. M. (ed.), *Expectations, Uncertainty and Business Behavior*, Social Science Research Council, New York, pp. 11–29. (Also in 1966a.)

(1958b)   Threshold in choice and the theory of demand, *Econometrica*, XXIX, pp. 157–68. (Also in 1966a.)

(1959)   On the extrema of some statistical coefficients, *Metron*, XIX, pp. 1–10.

(1960a)   Economic theory and agrarian economics, *Oxford Economic Papers*, XII, pp. 1–40.

(1960b)   Mathematical proofs of the breakdown of capitalism, *Econometrica*, a special issue of essays in honor of Ragnar Frisch, XXVIII, pp. 225–43. (Also in 1966a.)

(1962)   Review of E. Levy, *Analyse Structurale et Méthodologie Économique*, in *American Economic Review*, LII, pp. 1123–4.

(1963)   Some thoughts on growth models: a reply, *Econometrica*, XXXI, 239, pp. 230–6.

(1964a) Measure, quality, and optimum scale, in Rao C. R. (ed.), *Essays on Econometrics and Planning*. Presented to Professor P. C. Mahalanobis. Pergamon Press, Oxford, pp. 231–56.

(1964b) Economic theory and agrarian economics, reprint of (1960a), in Eicher C., Witt L. (eds), *Agriculture in Economic Development*, McGraw-Hill, New York, pp. 144–69.

(1965a) Measure, quality, and optimum scale, reprint of (1964a), in *Sankhya*, Series A, XXVII, Part I, pp. 39–64.

(1965b) Review of Michio Morishima, *Equilibrium, Stability and Growth: A Multi-Sectoral Analysis*, in *American Economic Review*, LV, pp. 194–8.

(1966a) *Analytical Economics: Issues and Problems*, Harvard University Press, Cambridge, MA, pp. XIV + 434.

(1966b) Further thoughts on Corrado Gini's Delusioni dell'econometria, an invited paper for the International Statistical Symposium in Honor of Corrado Gini, Rome, *Metron*, XXV (December 1966), pp. 265–79.

(1967a) Chamberlin's new economics and the unit of production, an invited contribution for Kuenne R. E. (ed.), *Monopolistic Competition: Studies in Impact, Essays in Honor of Edward H. Chamberlin*, John Wiley and Sons, New York, Chapter Two, pp. 31–62.

(1967b) Teoría económica y economía agraria, Spanish translation of Economic theory and agrarian economics (1960a), followed by a 1966 Postscript, *El Trimestre Económico*, XXXIV, pp. 589–638.

(1967c) Théorie économique et économie politique agraire, French translation of Economic theory and agrarian economics (1960a), followed by a 1966 Postscript, *Economie Rurale*, No. 71, pp. 51–76.

(1967d) An epistemological analysis of statistics as the science of rational guessing, *Acta Logica*, X, pp. 61–91.

(1968a) O estrangulamento: inflacao estrutural e o crescimento econômico, *Revista Brasileira de Economia*, XXII, pp. 5–14.

(1968b) *Utility*, International Encyclopedia of Social Sciences, Macmillan and Free Press, New York, Vol. XVI, pp. 236–67.

(1968c) Revisiting Marshall's Constancy of Marginal Utility of Money, *Southern Economic Journal*, XXXV, pp. 176–81.

(1969a) *Process in farming versus process in manufacturing: a problem of balanced development*, in Papi U., Nunn C. (eds), *Economic Problems of Agriculture in Industrial Societies*, Proceedings of a Conference of the International Economic Association, Rome, 1965, Macmillan, London, pp. 497–528.

(1969b) Economic theory and agrarian economics, reprint of 1960a with a 1966 Postscript, in Shukla T. (ed.), *Economics of Underdeveloped*

257

Agriculture, Vora and Co., Bombay, pp. 318–73.

(1969c)   *Economie, Matematică si Cunoastere*, Viata Economică, Bucharest, VII, No. 27, pp. 21–2.

(1969d)   *A critique of statistical principles in relation to social phenomena*, Sociological Abstracts, XVII, No. V, Suppl. 6, p. 9.

(1969e)   *Relations between binary and multiple choices: some comments and further results*, Econometrica, XXXVII, pp. 726–8.

(1969f)   The institutional aspects of peasant communities: an analytical view, Chapter 4 in Wharton C. R. Jr. (ed.), *Subsistence Agriculture and Economic Development*, Proceedings of an International Seminar, Honolulu, 1965, Aldine Publishing Company, Chicago, pp. 61–99.

(1969g)   A critique of statistical principles in relation to social phenomena, *Revue Internationale de Sociologie, Actes du XXII Congres de l'Institut International de Sociologie*, Series II, V, No. 3, pp. 347–70.

(1970a)   *La Science Économique: Ses Problèmes et Ses Difficultés*, Paris, Dunod, pp. XVI + 300.

(1970b)   Economia productiei, progresele stiintei (Bucharest), VI, pp. 12–16. (Invited lecture delivered before the Romanian Academy.)

(1970c)   Structural inflation-lock and balanced growth, *Economies et société, Cahiers de 'Institut de Science Économique Appliquée*, IV, No. 3, pp. 557–605.

(1970d)   *Uma Análise Critica da Função de Produção Neoclássica*, Revista de Teoria e Pesquisa Econômica, Instituto de Pesquisas Econômicas da Faculdade de Economia e Administração da Universidade de São Paulo, Vol. I, No. 1, pp. 11–35.

(1970e)   *The Economics of Production* (Richard T. Ely Lecture, 1969), *American Economic Review, Papers and Proceedings of the Eighty-second Annual Meeting*, LX, pp, 1–9.

(1970f)   On the case of catalytic labor, *International Economic Review*, XI, pp. 315–17.

(1970g)   Economic theory and agrarian economics, in Meier G. M. (ed.), *Leading Issues in Economic Development: Studies in International Poverty*, Oxford University Press, New York, pp. 68–72. (Reprint of 1960a.)

(1970h)   Dimostrazioni matematiche del crollo del capitalismo, in Sweezy P. M., et al. (eds), *La Teoria dello Sviluppo Capitalistico*, Boringhieri, Torino, pp. 497–521. (Italian translation of 1960b.)

(1970i)   Amintiri despre *Gazeta Matematică*, *Gazeta Matematică*, LXXV, No. 10, pp. 389–90.

(1970m)   Letter to the Editor, *Vanderbilt Hustler*, 2 October 1970, p. 4.

(1971a)   The Entropy Law and the economic problem, Distinguished Lecture Series, No. 1, University of Alabama, 1971.

(1971b)   *The Entropy Law and the Economic Process*, Harvard University

Press, Cambridge, MA, pp. XVIII + 450.

(1971c) *The Measure of Information: A Critique*, Abstracts, IVth International Congress of Logic, Methodology and Philosophy of Science, Bucharest, pp. 139–40.

(1972a) Analysis versus dialectics in economics, in Buescu M. (ed.), *Ensaios Econômicos, homenagem a Octavio Gouvêa de Bulhões*, APED, Rio de Janeiro, pp. 251–78.

(1972b) Process analysis and the neoclassical theory of production, *American Journal of Agricultural Economics*, LIV, pp. 279–94.

(1972c) Economics and Entropy, *The Ecologist*, pp. 13–18. (Reprint of 1971a.)

(1972d) O impasse da inflação estrutural e desenvolvimento equilibrado, *Revista Brasileira de Economia*, XXVI pp. 109–46. (Portuguese translation of 1970c.)

(1972e) Was geschieht mit der Materie im Wirtschaftsprozess?, in *Recycling: Losung der Umweltkreise? Brennpunkte*, publication of the Gottlieb Duttweile Institut, Vol. V, No. 2, pp. 17–28. (German translation of 1971a.)

(1973a) Utility and value in economic thought, *Dictionary of the History of Ideas*, 4 Vols., Scribner's, New York, Vol. IV, pp. 450–8.

(1973b) The Entropy Law and the economic problem, Chapter I. in Daly H. E. (ed.), *Toward a Steady-State Economy*, W. H. Freeman, San Francisco, pp. 37–49. (Reprint of 1971a.)

(1973c) Review of John S, Chipman, Leonid Hurwicz, Marcel K. Richter and Hugo F. Sonnenschein, Preferences, utility and demand, in *Journal of Economic Literature*, XI, pp. 528–32.

(1973d) The economics of production, in Neel R. E. (ed.), *Readings in Price Theory*, South-Western Publishing Co., Cincinnati, pp. 192–207. (Reprint of 1970e.)

(1973e) Land of plenty and rationing, *The Tennessean*, December 5 1973.

(1973f) Teoria econômica e economia agrária, in Pelaez C. (ed.), *Ensaios Sobre Café e Desenvolvimento Econômico*, Instituto Brasileiro do Cafè, Rio de Janeiro, pp. 379–420. (Portuguese translation of 1960a and of 1966 Postscript.)

(1973g) Letter to Senator Frank Church, 7 December 1973, Hearing Before the Subcommittee on Consumer Interests of the Elderly, Special Committee on Aging, United States Senate, U.S. Government Printing Office, Washington, D.C, Part II, pp. 363–5.

(1973h) Economic theory and agrarian economics (1960a), reprinted in Pelaez C. (ed.), *Essays on Coffee and Economic Development*, Instituto Brasileiro do Café, Rio de Janeiro, pp. 359–99.

(1973i) *Analisi Economica e Processo Economico* (Italian translation of 1960a, 1966a, 1970c, 1971a), Sansoni, Florence.

(1974a)   Economy of power lesson from crisis, *The Tennessean*, Business and Industry Section, Special Issue.

(1974b)   Fisiologia do desenvolvimento econômico, in *Plaineis Internacionais sobre Desenvolvimento Socioeconômico* (International Colloquium for the 21st Anniversary of BNDE), APEC Editora, Rio de Janeiro, pp. 335–47.

(1974c)   Toward a human economics, *American Economic Review*, LXIY, No. 2, pp. 449–50.

(1974d)   L'economia politica come estensione della biologia (Lecture delivered in Aula Magna of the Faculty of Economy, University of Florence, May 14, 1974), in *Note Economiche* (Monte dei Paschi di Siena), No. 2, pp. 5–20. (Italian translation of a version of 1975b.)

(1974e)   Mechanistic dogma and economics, *Methodology and Science*, VII, No. 3, pp. 174–84.

(1974f)   Dynamic models and economic growth (paper read at the International Colloquium on Equilibrium and Disequilibrium in Economic Theory, Institute of Advanced Studies, Vienna), *Economie Appliquée*, XXVII, No. 4, pp. 529–63.

(1975a)   Energy and economic myths (lecture delivered on 8 November 1972, at the School of Forestry and Environmental Studies, Yale University, in the Series "Limits to Growth: The Equilibrium State and Human Society"), *Southern Economic Journal*, XLI, pp. 347–81.

(1975b)   Bio-economic aspects of entropy, in Zeman J. (ed.), *Entropy and Information in Science and Philosophy*, Elsevier, Amsterdam, pp. 125–42.

(1975c)   Energy and economic myths, in *The Ecologist* (London), V, pp. 164–74. (Reprint of 1972.)

(1975d)   A critique of the measure of information (abstract of a keynote address to Section 5, Third International Congress of Cybernetics and Systems, Bucharest, August 1975), *Summaries of Papers*, pp. 75–76.

(1975e)   Energía y los mitos económicos (Spanish translation of Energy and economic myths), *El Trimestre Económico*, XLII, pp. 779–836.

(1975f)   Technology and economic policy, in Hartman H. L. (ed.), *Proceedings of Centennial Symposium on Technology and Public Policy*, Vanderbilt University, pp. 43–50.

(1975g)   Dynamic models and economic growth (reprint of 1974f), *World Development*, III, pp. 765–83.

(1975h)   Vilfredo Pareto and his Theory of Ophelimity, in *Convegno Internazionale Vilfredo Pareto* (Rome, 25–27 October 1973), Accademia Nazionale dei Lincei, pp. 223–65.

(1975i)   Economics or bioeconomics? (paper read at the AEA Meetings, Dallas).

(1976a)   *Energy and Economic Myths: Institutional and Analytical Economics Essays*, Pergamon Press, Oxford, pp. XXVIII + 380.

(1976b)   A different economic perspective (paper read at the AAAS Meeting, Boston, 21 February 1976.

(1976c)   Economic growth and its representation by models, *Atlantic Economic Journal*, IV, pp. 1–8.

(1976d)   A economia política como extensão da biologia (Portuguese translation of 1974c) in Buescu M. (ed.), *A Moderna Historia Econômica*, APED, Rio de Janeiro.

(1976e)   Economics and educational development, *Journal of Education Finance*, II, pp. 1–15.

(1976f)   Discussion, in *Sadi Carnot et l'Essor de la Thermodynamique* (Colloquium CNRS, Ecole Polytechnique, 11–13 June 1974), Editions du CNRS, Paris, pp. 349–355.

(1976g)   Despre economie si entropie, *Revista Economica (Bucharest)*, pp. 23–4.

(1976h)   Is perpetual movement of the third kind possible? Paper read at the Colloquium ENST, University of Paris (Dauphine).

(1976i)   Mechanistisches Dogma und Nationalökonomie, *Der Öffentliche Sektor, Forschungs-Memoranden*, II, No. 4, pp. 4–17.

(1976m)   Economics and mankind's ecological problem, in *U.S. Economic Growth from 1976 to 1986: Prospects, Problems, and Patterns, Vol. 7, The Limits to Growth*, Joint Economic Committee, Congress of the United States, U.S. Government Printing Office, pp. 62–91.

(1976n)   Georgescu talks about: an interview with Nicholas Georgescu-Roegen, *The Journal of Undergraduate Economics*, Vanderbilt University, Spring, pp. 1–9.

(1977a)   Music and economics, Letter to the Editor, *Time*, 21 March 1977.

(1977b)   Matter matters, too, in Wilson K. D. (ed.), *Prospects for Growth: Changing Expectations for the Future*, Praeger Press, New York, pp. 293–313.

(1977c)   *Discours de Clôture*, Colloque International d'Économétrie Appliquée, Strasbourg, Bulletin No. 1, May 1977, pp. 23–7.

(1977d)   What thermodynamics and biology can teach economists (Luncheon Address at the Atlantic Economic Association, Washington, D.C., 15 October 1976), *Atlantic Economic Journal*, V, pp. 13–21.

(1977e)   The steady state and ecological salvation: a thermodynamic analysis, *Bioscience*, Vol. XXVII, pp. 266–70.

(1977f)   Bioeconomics: a new look at the nature of economic activity, in Louis Junker (ed.), (a colloquium, 24 March 1976), *The Political Economy of Food and Energy*, University of Michigan, Ann Arbor, pp. 105–34.

(1977g)   *Human Species at a Crossroad*, Zahin Husain Memorial Lecture Series, No. 3, State Bank of Pakistan (Pamphlet, pp. 19).

(1977h)   A new wood age for mankind? Opening Address at the Third Annual

General Meeting and Conference of the Solar Energy Society of Canada, Edmonton, Alberta.

(1977i)   Letter to the Editor, *Bioscience*, Vol. XXVII, pp. 646–7.

(1977m)   Inequality, limits and growth from a bioeconomics viewpoint, *Review of Social Economy*, XXXV, pp. 361–75.

(1977n)   Letter to the Editor, *BioScience*, Vol. XXVII, p. 771.

(1978a)   Energy and economic myths (Japanese translation), *Oriental Economist*, No. 43, pp. 108–46.

(1978b)   La Ley de la Entropia y el problema económico (Spanish translation of 1971a), *Ciencia y desarrollo*, No. 18, pp. 64–70.

(1978c)   Energy, technology, and society. Paper read at the First Seminar on Energy Planning, Caraballeda, Venezuela.

(1978d)   Solar shading (Letter to the Editor), *International Herald Tribune*, p. 4.

(1978e)   Mechanistic dogma and economics, *British Review of Economic Issues*, pp, 1–10.

(1978f)   De la science économique a la bioéconomique, *Revue d'Économie Politique*, LXXXVIII, pp. 337–82.

(1978g)   Is entropy bootlegging possible? Paper distributed at the symposium sponsored by Edison Electric Institute and Praeger Publishers.

(1978h)   Inequality, limits and growth from a bioeconomics viewpoint, in Pfaff M. (ed.), *Grenzen der Umverteilung* (DGF Symposium, Augsburg, July 4–June 30 1976), Duncker & Humblot, Berlin, pp. 39–49.

(1978i)   Matter: a resource ignored by thermodynamics, in *Abstracts, World Conference on Future Sources of Organic Raw Materials*, pp. 8–9.

(1978m)   *Dynamic models and economic growth* (a Conference of the Institute for Advanced Studies, Vienna, Austria, 3–5 July 1974), in Schwodiauer G. (ed.), *Equilibrium and Disequilibrium in Economic Theory*, Reidel, Dordrecht, Netherlands, pp. 413–49.

(1978n)   *The Entropy Law and the economic problem*, in Menger T. J. (ed.), *The Vail Symposium, VI, August 17–22, 1976*, Printery, Vail, CO, pp. 231–237.

(1978o)   Los modelos dinámicos y el crescimento económico, in Dagum C. (ed.), *Metodología y Crítica Económica*, Fondo de Cultura Económico, Mexico, pp. 284–319.

(1978p)   Nuevas reflexiones sobre las 'Delusioni dell'econometria' de Corrado Gini, in Dagum C. (ed.), *Metodología y Crítica Económica*, Fondo de Cultura Económico, Mexico, pp. 503–15.

(1978q)   Inequality, limits and growth (Reprint), in Rose J. and Bilciu C. (eds), *Proceedings of the Third International Congress of Cybernetics and Systems*, Springer Verlag, New York, Vol. I, pp. 743–52,

(1978r)   Energy and economic myths (Reprint), in Rose J. and Bilciu C. (eds), *Proceedings of the Third International Congress of Cybernetics and Systems*, Springer Verlag, New York, Vol. I, pp. 753–797.

(1978s)   The measure of information: a critique, in Rose J. and Bilciu C. (eds), *Proceedings of the Third International Congress of Cybernetics and Systems*, Springer Verlag, New York, Vol. III, pp. 187–217.

(1978t)   The energetic dogma, energy analysis and technology assessment, *Der Offentliche Sektor (Vienna)*, IV, pp. 3–42.

(1978u)   The Entropy Law and the economic problem (Reprint), in Lyons S. (ed.), *Sun! A Handbook for the Solar Decade*, Friends of the Earth, San Francisco, pp. 170–84.

(1978v)   Technology assessment: the case of the direct use of solar energy, *Atlantic Economic Journal*, VI, pp. 15–21.

(1978z)   The Entropy Law and the economic problem (Reprint), in Joan Dye Gussow (ed.), *The Feeding Web: Issues in Nutritional Ecology* (Berkeley Series in Nutrition), Bull Publishing Co., Palo Alto, CA pp. 280–284.

(1978zbis) Cu Nicolas Georgescu-Roegen despre stiintã si societate (Interview realized by Elena Solunca), *Tribuna (Cluj-Napoca)*, XXIII, p. 8.

(1979a)   *Demain la Décroissance*, Editions Pierre-Marcel Favre, Lausanne and Paris, pp. 157, (French translation of 1976a.)

(1979b)   Myths about energy and matter, *Growth and Change*, X, pp. 16–23.

(1979c)   Environmental realities and economic myths, *Agenda*, Science Council of Canada, II, pp. 12–13.

(1979d)   L'environnement économique, social et politique d'ici a la fin du siècle, public lecture at Ecole des Hautes Etudes Commerciales, University of Montreal (published as a fascicule by the University of Montreal, pp. 1–14).

(1979e)   Energy analysis and economic valuation, *Southern Economic Journal*, XLIV, pp. 1023–58.

(1979f)   Myths about energy and matter (Japanese translation), *Oriental Economist*, Tokyo, pp. 148–61.

(1979g)   Methods in economic science, *Journal of Economic Issues*, XIII, pp. 317–27.

(1979h)   Comments on the papers by Daly and Stiglitz, in Smith V. K. (ed.), *Scarcity and Growth Reconsidered, A Conference on Natural Resource Scarcity, Resource for the Future*, Johns Hopkins University Press, Baltimore, pp. 95–105.

(1979i)   *Bioeconomics: A New Look at the Nature of Economic Activity* (Japanese translation), Research Department of Japan, Development Bank (Pamphlet pp. 1–27).

(1979m)   In bioeconomic terms, economy is controlled by the rules of biology, *Nihon Keizai Shinbun*, Tokyo, 3 August.

(1979n)   Worldization of resources and common properties of the world: an evolutionary view, (Special public lecture on Economics of Resources and Energy, Tokyo, 2 August 1979), *Journal of the Japan Economic*

Research Center, pp. 19–24.

(1979o) The crisis of resources and energy and changes in economics, (conversation with K. Inada), Tokyo, *Oriental Economist*, pp. 130–137.

(1979p) *The Role of Matter in the Substitution in Energies* (Third International Colloquium of Petroleum Economics, Quebec, 4 November 1977), *Energy International Cooperation or Crisis*, Antoine Ayoub (ed.), Presses de l'Université Laval, Quebec, pp. 119–131.

(1979q) Energy and matter in mankind's technological circuit, in Nemetz P. M. (ed.), *Energy Policy: The Global Challenge*, Butterworth, Toronto, pp. 107–127. Reprinted in *Journal of Business Administration*, X (Fall 1978/Spring 1979).

(1979r) Energy, matter, and technological assessment, *Renaissance Universal Journal*, 1, pp. 151–69.

(1979s) Statement, in Mermelstein D., *The Threatening Economy*, *The New York Times Magazine*, 30 December 1979, p. 15.

(1979t) *Legea Entropei si Procesul Economic* (Romanian translation of 1971b), Bucarest Editura Politica, pp. 688.

(1980a) Matter: a resource ignored by thermodynamics, in *Future Sources of Organic Raw Materials, CHEMRAWN I.* (Invited lectures at the World Conference on Future Sources of Organic Raw Materials, Toronto, 10–13 July 1978), St-Pierre L. E. and Brown R. G. (eds), Pergamon Press, Oxford, pp. 79–87.

(1980b) General reflections on the theme of innovations, in Guyenne T. D., Levy G. (eds), *Economic Effects of Space and Other Advanced Technologies* (International Colloquium, Strasbourg, 28–30 April 1980), Netherlands, Noordivijk, ESTEC, pp. 7–51.

(1980c) Mankind at a bioeconomics crossroad, Norberto A. Quezada and Cristian Reyna T., (eds), *Caribbean Consultation on Energy and Agriculture*, Superior Institute of Agriculture, Santiago, Dominican Republic, pp. 488–99.

(1980d) *Conversacióne con Nicholas Georgescu-Roegen*, Jorge Wagensberg, Nosotros y La Ciencia, Barcelona; Antoni Bosch, pp. 157–77.

(1980e) Afterword, in Rifkin J., *Entropy*, Viking, New York, pp. 261–9.

(1980f) Foreword, in Pachauri R. K., (ed.), *International Energy Studies*, Wiley-Interscience, New York, pp. VII–XX.

(1980g) (with Jean-Paul Fitoussi), Structure and involuntary unemployment, in Malinv and E., and Fitoussi J. P. (eds), *Unemployment in Western Countries* (Proceedings of a Conference held by the International Economic Association at Bischenberg, France, 28 August–2 September 1978), Macmillan, London, pp. 206–66.

(1980h) Métodos em ciência económica (Portuguese translation of 1979b), Rio de Janeiro, *Edições Multiplic* 1, No. 2, pp. 115–26.

(1980i)   Energy and economic myths. Foreword by James M. Gilmour, Ottawa, Science Council of Canada, pp. 107.

(1981a)   On Neo-populism and Marxism, *The Journal of Peasant Studies*, VIII, No. 2, pp. 242–3.

(1981b)   The Entropy Law and the economic process: a global viewpoint. Public lecture at the conference On The Entropy Law: A New Paradigm for Economic History, Glasboro State College, 8 April 1980, *Proceedings*, pp. 1–19.

(1981c)   The crisis of resources: its nature and its unfolding. Public lecture at the Congress of the European Ecological Society on Toward Ecological Economy, Kassel, 18–20 September 1980. Abridged version, The crisis of natural resources, in *Challenge*, XXIV, No. 1, pp. 50–6.

(1981d)   Preface, in Arrous J. (ed.), *Imperfection de l'Information, Incertitude et Concurrence*, University Louis Pasteur, Faculté des Sciences Économiques, Strasbourg, pp. I–VI.

(1981e)   The method in economic science: a rejoinder, *Journal of Economic Issues*, Vol. XV, pp. 188–93.

(1981f)   Discussion, *Proceedings of the Donald S. MacNaughton Symposium* (14–15 January 1981), Syracuse University, Syracuse, N.Y., pp. 97–98.

(1981g)   Energy, matter, and economic valuation: where do we stand? (Paper read at the AAAS annual meeting, San Francisco, 5 January 1980), in Daly H. E., Umana A. (eds), *Energy, Economics and the Environment*, Westview Press, Boulder, CO, pp. 43–79.

(1981h)   Reply, in Daly H. E., Umana A. (eds), *Energy, Economics and the Environment*, Westview Press, Boulder, CO, pp. 193–200.

(1981i)   La dégradation entropique et la destinée prométhéenne de la technologie humaine. Invited lecture at the International Colloquium on Thermodynamics and the Sciences of Man, University of Paris XII.

(1981m)   Economics of natural resources: myths and facts (in Japanese), Koyo Keizai, Tokyo, pp. VI and 285 and 15.

(1981n)   *Alguns Problemas de Orientação em Economia*, Edições Multiplic, Rio de Janeiro. (Portuguese translation of parts of 1966a and 1976a.)

(1982a)   Utility, in *Encyclopedia of Economics*, McGraw-Hill, New York, pp. 934–41.

(1982b)   The crisis of natural resources: its nature and its unfolding, in Daneke G. A. (ed.), *Energy, Economics and the Environment Toward a Comprehensive Perspective*, Lexington Books, Lexington, MA, pp. 9–24.

(1982c)   Energy analysis and technology assessment, in Schieve W. C., Allen P. M. (eds), *Self-Organization and Dissipative Structures: Applications in the Physical and Social Sciences* (a 1978 Workshop in Honor of Ilya Prigogine), University of Texas Press, Austin, TX, pp. 313–22.

(1982d)   Energetic dogma, energetic economics, and viable technologies, in

Moroney J. R. (ed.), *Advances in the Economics of Energy and Resources*, Vol. 4, JAI Press, Greenwich, CT, pp. 1–39.

(1982e)   La dégradation entropique et la destinée prométhéenne de la technologie humaine, *Économie Appliquée*, Vol. 35, No. 1–2, pp. 1–26.

(1982f)   *Energia e Miti Economici* (Italian translation of 1976a.) Boringhieri, Turin, pp. 292.

(1983a)   La teoría energética del valor económico: un sofisma económico particular, *El Trimestre Económico*, Vol. 50, pp. 829–60.

(1983b)   *The Entropy Law and Its Economic Meaning* (Japanese translation by Kounosuke Koide), *Shi-Soh (Thought)*, Tokyo, May, No. 5, pp. 66–76.

(1983c)   An epistemological analysis of statistics: the science of collective description and of rational guessing in Demetrescu M. C., Iosifescu M. (eds), *Studies on Probability and Related Topics: Papers in Honor of Octav Onicescu on his 90th Birthdav*, Nagard, Montreal, pp. 221–59.

(1983d)   The Promethean condition of viable technologies (paper read at the Conference on Energy in American History, 30 Sept. 1982, Mountain Lake, VA), *Proceedings in Materials and Society*, Vol. 7, Nos. 3 and 4, pp. 425–435. (Also in Donovan A. (ed.), *Energy in American History*, Pergamon Press, New York.)

(1983e)   Hermann Heinrich Gossen: his life and work in historical perspective. Introduction to Gossen H.H., *The Laws of Human Relations and the Rules of Human Actions Derived Therefrom*, M.I.T. Press, Cambridge, MA, pp. XI–CXLIV.

(1983f)   La loi de l'entropie et l'évolution économique. Keynote address, Congress of the French-speaking Economists, Strasbourg.

(1983g)   Bioeconomics and ethics. Keynote address, Third World Congress of Social Economics, Fresno, CA.

(1984a)   Analytical representations of economic decisions under multiple criteria (paper read at the 148th National Meeting of the AAAS, Washington, 5 January 1982), in Zeleny M. (ed.), *Past Decade and Future Trends: A Source Book of Multiple Criteria Decision Making*, JAI Press, Greenwich, CT, pp. 3–23.

(1984b)   Feasible recipes versus viable technologies (Invited lecture at the 16th Atlantic Economic Conference, 6–9 Oct. 1983), Philadelphia, *Atlantic Economic Journal*, XII, pp. 21–31.

(1984c)   Are there minds that think above their time? The case of Hermann Heinrich Gossen, *Rivista Internazionale di Scienze Economiche e Commerciali*, XXXI, pp. 1141–1161.

(1984d)   Lo stato stazionario e la salvezza ecologica: un'analisi termodinamica, *Economia e Ambiente*, III, pp. 5–17.

(1985a)   Sã ne Gândim la generatiile viitoare. Interview by Dinu Dragomirescu for *Revista Economicã*.

(1985b)   Economia e degradazione della materia: il destino prometeico della tecnologia umana, *Economia e Ambiente* IV, pp. 5–29.

(1985c)   *Evolution: A Tangled Notion*, The 14th International Conference on the Unity of Science, Proceedings published by Paragon House Publishers.

(1985d)   Time and value in economics and in Gossen's system, *Rivista Internazionale di Scienze Economiche e Commerciali*, XXXII, Nr. 12.

(1985e)   Interplay of economic and institutional factors. Conference on Barriers to Full Employment, Berlin.

(1986a)   The Entropy Law and the economic process in retrospect, *Eastern Economic Journal*, Vol. XII, No. 1.

(1986b)   Man and production, in Baranzini M., Scazzieri R. (eds), *Foundations of Economics*, Basil Blackwell Ltd., Oxford, U.K.

(1986c)   The world of Georgescu-Roegen: interplay of economic and institutional factors (Japanese translation of 1985e), *Keizai Hyoron*, No. 9, pp. 2–33.

(1986d)   Group discussion, Session IV, in Hawk D. L. (ed.), *Building Economics Research Agenda*, New Jersey Institute of Technology, Newark, pp. 127–48.

(1987a)   Das Wechselspiel von institutionellen und materiellen Faktoren: das Problem und sein Status (German translation of 1985e), in Matzner E., Kregel J., Roncaglia A. (eds), *Arbeit für Alle ist Möglich*, Sigma, Berlin, pp. 313–40.

(1987b)   Entropy, in *The New Palgrave Dictionary*, Vol. II, Macmillan, London, pp. 153–6.

(1987c)   Manoilescu, Mihail, in *The New Palgrave Dictionary*, Vol. III, Macmillan, London, pp. 299–301.

(1987d)   Ophelimity, in *The New Palgrave Dictionary*, Vol. III, Macmillan, London, pp. 616–18.

(1987e)   Oppenheimer, Franz, *The New Palgrave Dictionary*, Vol. III, Macmillan, London.

(1988a)   Preface for Romano Molesti, in *Economia dell'Ambiente*, IPEM, Pisa, pp.VII–XII.

(1988b)   An emigrant from a developing country: autobiographical notes, Part 1, in *Quarterly Review*, Banca Nazionale del Lavoro, No. 164, pp. 3–31.

(1988c)   Un emigrante da un paese in via di sviluppo, (Parte I), in *Moneta e Credito, Rivista trimestrale della BNL*, Giugno, Rome, 1988.

(1988d)   Closing remarks: about economic growth. A variation on a theme by David Hilbert, in *Economic Development and Cultural Change*, Vol. 36, No. 3 Suppl., pp. 291–307.

(1988e)   Economia dell'ambiente, in *Energia e innovazione*, pp. 130–2.

(1988f)   Interplay between institutional and material factors: the problem and its status, in Kregel J. A., Matzner E., Roncaglia A. (eds), *Barriers to Full Employment*, Macmillan, London, pp. 297–326.

(1988g)   Time and change in economics, in Seifert E. K. (ed.), *Okonomie und Zeit*, Haag and Herchen, Frankfurt am Main, pp. 29–52.

(1989)   An emigrant from a developing country. Autobiographical notes I, in Kregel J. A. (ed.), *Recollections of Eminent Economists*, Macmillan, London, pp. 99–127.

(1990a)   Romania needs 'help', not criticism, *Washington Times*, February.

(1990b)   Thermodynamics, economics and information, in Alonso M. (ed.), *Organization and Change in Complex Systems*, Paragon House, New York, 1990, pp. 225–34.

(1990c)   A historical perspective of possible bridges between the economic and the natural domain, in Bosch A., Koslowski P., Veit R. (eds), *General Equilibrium or Market Process*, Mohr, Tubingen, pp. 21–49.

(1990d)   Production process and dynamic economics, in Baranzini M., Scazzieri R. (eds) *The Economic Theory of Structure and Change*, Basil Blackwell Ltd., Oxford, UK, pp. 198–226.

(1992)   Nicholas Georgescu-Roegen about himself, in Szenberg M. (ed.), *Eminent Economists and their Life Philosophies*, Cambridge University Press, Cambridge, UK, pp. 128–60.

(1993a)   Looking back, in Martinez Alier J.A., Siefert E. (eds) *Entropy and Bioeconomics*, Proceedings of the First International Conference of the E.A.B.S., Nagard, Milan, pp. 11–21.

(1993b)   Thermodynamics and we the humans, in Martinez Alier J.A., Siefert E. (eds), *Entropy and Bioeconomics*, Nagard, Milan, pp. 184–201.

(1993c)   An emigrant from a developing country: autobiographical notes II, *BNL Quarterly Review*, 184 (March), pp. 3–30.

(1994a)   Utility, in Greenwald D. (ed.), *The Encyclopedia of Economics*, 2nd edition, McGraw-Hill, New York, pp. 998–1010.

(1994b)   A world in search of a denotation, in Kirdar U., Solomon Silk L. (eds), *A World Fit for People: Thinkers from Many Countries Address the Political, Economic, and Social Problems of Our Time*, New York University Press, New York.

(1994c)   Time in Economics, in Hagemann H., Hamouda O. F. (eds), *The Legacy of Hicks: His Contribution to Economic Analysis*, London, Routledge, pp. 241–59.

未正式出版文献（杜克大学特别收藏图书馆）

(1975)   *The New Economics*, at: http://www.georgescuroegen.org

(1983)   *Bioeconomics and ethics*. Keynote address, Third World Congress of Social Economics, Fresno, CA.

(1989)   *Quo vadis Homo sapiens sapiens?*

(no date)   *Are the Least Action Principle and Other Economic Laws, Laws of Nature?* at: http://www.georgescuroegen.org

主要参考文献

　　本参考文献包括关于乔治斯库-罗根的著作和一般参考文献。请参阅书中引用的出版物(乔治斯库-罗根和我本人的)。目前已经有不少关于乔治斯库-罗根的研究了,其中最重要的是卡尔皮诺(Carpintero,2006)、博纳尤蒂(Bonaiuti,2001)、真弓浩三(Mayumi,2001)、洛萨达和比尔德(Lozada and Beard,1999)、真弓浩三和高迪(Mayumi and Gowdy,1999)、德拉甘和德梅特雷斯库(Dragan and Demetrescu,1986)的专著,以及《生态经济学特刊》(第 XXII-3 卷)。在斯特拉斯堡举行的会议上,还专门介绍了乔治斯库-罗根的工作(1998 年 11 月)和 EABS 会议后发表的论文集(Roma,1991;Palma de Mallorca,1994)。除此之外,几篇文章还特别出现在《生态经济学》上。

Abelson P. H., 1972. Limits to growth, *Science*, No. 175.

Adelman F. L., 1972. The Entropy Law and economic process, *Journal of Economic Literature*, X, p. 2.

Alfvén H., 1969. *Atom, Man and the Universe*, Freeman, San Francisco.

Allen C. W., 1973. *Astrophysical Quantities*, 3rd edition, Athlone, London.

Amin S., 1997. *Capitalism in the Age of Globalization*, New Jersey, London.

Amin S., 2002. *Au-delà du Capitalisme Sénile*, PUF, Paris.

Anderson P. W., 1972. More is different, *Science*, Vol. 117, pp. 393–6.

Arestis P., Sawyer M. (eds), 1992. Nicholas Georgescu-Roegen, in *A Biographical Dictionary of Dissenting Economists*, Edward Elgar, Aldershot, UK, pp. 179–87.

Ariès P., 2007. *La Décroissance. Un Nouveau Projet Politique*, Golias, Lyon.

Artin T., 1973. *Earth Talk: Independent Voices on the Environment*, Grossman Publishers, New York.

Atlan H., 1972. *La Théorie de l'Information et l'Organisation Biologique*, Hermann, Paris.

Auer P. L., 1977. Does entropy production limit economic growth? in Wilson K. D. (ed.), *Prospects for Growth: Changing, Expectation for the Future*, Praeger Press, New York.

Ayres E., 1950. Power from the sun, *Scientific American*, CLXXXIII, 2.

Ayres R. U., 1997. Comments on Georgescu-Roegen, *Ecological Economics*, XXII (Special Issue).

Ayres R. U., 1999. The second law, the fourth law, recycling and limits to growth, *Ecological Economics*, XXIX.

Ayres R. U., Miller, S. M., 1980. The role of technical change, *Journal of Environmental Economics Management*, 7, 353–71.

Azar C., Holmberg J., Lindgren, K. 1996. Socio-ecological indicators for sustainability, *Ecological Economics*, XVIII.

Bach G. L., 1957. *Economics*, 2nd edition, Prentice Hall, Englewood Cliffs, NJ.

Baran P. A., Sweezy P. M., 1968. *Monopoly Capital*, Penguin, Harmondsworth.

Baranzini M., Scazzieri R., 1990. *The Economic Theory of Structure and Change*, Basil Blackwell Publishers Ltd., Oxford, UK.

Barnett H. J., Morse C., 1963. *Scarcity and Growth*, Johns Hopkins University Press, Baltimore.

Bateson G., 1972. *Step to an Ecology of Mind*, Ballantine, New York.

Bateson G., 1979. *Mind and Nature: A Necessary Unity*, Button, New York.

Bateson G., 1991. *A Sacred Unity: Further Steps to an Ecology of Mind*, Harper Collins, New York.

Bauman Z., 2005. *Liquid Life*, Polity Press, Cambridge, UK.

Bauman Z., 2007. *Consuming Life*, Polity Press, Cambridge, UK.

Beck U., 1988. *Risk Society: Towards a New Modernity*, Sage, London.

Beck U., 2009. *World at Risk*, Polity Press, Cambridge, UK.

Beckerman W., 1972. Economists, scientists, and environmental catastrophe, *Oxford Economic Papers*, November, pp. 327–44.

Beinstein J., 2009. *El Largo Crepúsculo del Capitalismo*, Cartago Ediciones, Buenos Aires.

Berg J. C. J. M., van den Nijcamp P., 1991. *Operationalizing Sustainable Development: Dynamic Ecological Economic Model*, Faculty of Economics, Free University, Amsterdam.

Bergson H., 1907, *L'évolution Créatrice*, Alcan, Paris.

Berman M., 1982. *All That is Solid Melts in the Air: The Experience of Modernity*, Simon & Schuster, New York.

Betancourt R. R., Clague Ch. K., 1981. *Capital Utilization*, Cambridge University Press, Cambridge, UK.

Bianciardi, C., Donati, A., Ulgiati S., 1993a. On the relationship between the economic process, the Carnot cycle and the Entropy Law, *Ecological Economics*, VIII, pp. 7–10.

Bianciardi C., Tiezzi, E., Ulgiati S., 1993b. Complete recycling of matter in the frameworks of physics, biology and ecological economics, *Ecological Economics*, VIII.

Binswanger M., 1993. From microscopic to macroscopic theories: entropic aspects of ecological and economic processes, *Ecological Economics*, VIII, pp. 209–34.

Blin-Stoyle, R. J., 1959. The end of mechanistic philosophy and the rise of field physics, in Blin-Stoyle, R. J. et al. (eds), *Turning Points in Physics*, North-Holland, Amsterdam, pp. 5–29.

Bonaiuti M., 2001. *La Teoria Bioeconomica. La Nuova Economia di N. Georgescu-Roegen*, Carocci, Rome.

Bonaiuti M. (ed.), 2004. *Obiettivo Decrescita*, EMI, Bologna.

Bonaiuti M., 2008. *Degrowth and Politics: Searching for a Shared Imaginary*, available at: www.decrescita.it

Bormann F. H., 1972. Unlimited growth: growing, growing, gone?, *Bioscience*, December, pp. 706–9.

Boserup M., 1979. Resources for future economic growth (Chairman's Report on Specialized Session III), in Malinvaud E. (ed.), *Economic Growth and Resources, Proceedings of the 5th World Congress of the International Economic Association*, Tokyo, 29 August–3 September 1977, 5 vols., Macmillan, London.

Boulding K. E., 1966. The economics of the coming Spaceship Earth, in Jarret H. (ed.), *Environmental Quality in a Growing Economy*, Johns Hopkins University Press, Baltimore, pp. 3–14.

Boulding K. E., 1971. Environment and Economics, in Murdoch W. (ed.), *Environment: Resources, Pollution and Society*, Sinauer, Stamford, CN, pp. 359–67.

Boulding K. E., 1977. Energy policy: a piece of cake, *Technology Review*, LXXX.

Boulding K. E., 1978. *Ecodynamics*, Sage Publications, London.

Boulding K. E., 1981. *Evolutionary Economics*, Sage Publications, London.

Bourdieu P., 1984. *Distinction: A Social Critique of the Judgement of Taste*, Harvard University Press, Cambridge, MA.

Bowman J., 1978. Antigrowth Economist Pessimistic, *Monitor*, Los Alamos Scientific Laboratories, XV.

Bray J., 1972. *The Politics of the Environment*, Fabian Tract 412, Fabian Society, London.

Bridgman P. W., 1927. *The Logic of Modern Physics*, Macmillan, New York.

Bridgman P. W., 1955. Statistical mechanics and the Second Law of Thermodynamics, in *Reflections of a Physicist*, 2nd edition, Philosophical Library, New York, pp. 236–68.

Brooks D. P., Andrews P. W., 1974. Mineral resources, economic growth, and world population, *Science*, No.185.

Brown H., 1954. *The Challenge of Man's Future*, Viking Press, New York.

Brown H., 1970. Human materials production as a process in the biosphere, *Scientific American*, September, pp. 195–208.

Brown H., Bonner J., Weir J., 1957. *The Next Hundred Years*, Viking Press, New York.

Brown L. R., Finsterbusch G., 1971. Man, food and environment, in Murdoch W. (ed.), *Environment: Resources, Pollution and Society*, Sinauer, Stamford, CN, pp. 53–69.

Brune F., 2005. *De l'Idéologie, Aujourd'hui*, Parangon, Lyon.

Buber M., 1948. *Der Weg des Menschen nach der Chassidischen Lehre*, Mouton & Co., Den Haag.

Butti K., Perlin J., 1977. Solar water heaters in California, 1891–1930, *CoEvolution Quarterly*, Autumn 1977.

Bye R. T., 1956. *Principles of Economics*, 5th edition, Appleton-Century-Crofts, New York.

Caillé A., 1988. *Critique de la Raison Utilitaire. Manifeste du Mauss*, La Découverte, Paris.

Caillé A., 1998. *Anthropologie du Don. Le Tiers Paradigme*, La Découverte, Paris.

Cambell C., Laherrère J. H., 1998. The end of cheap oil, *Scientific American*, March 1998.

Cannon, J., 1973. Steel: the recyclable material, *Environment*, November, pp. 11–20.

Carlyle T., 1899. *Latter-Day Pamphlets*, Chapman and Hall, London.

Carpintero O., 2006. *La Bioeconomia de Georgescu-Roegen*, Ediciones Montesinos, Spain.

Castle E. N., 1977. A comment on Georgescu-Roegen, Daly, Solow and Stiglitz, *Ecological Economics*, XXII (Special Issue).

Castoriadis C., 1987 *The Imaginary Institution of Society*, Polity Press, Cambridge, UK and Blackwell, Oxford.

Castoriadis C., 2005. *A Society Adrift – Interviews and Debates 1974–1997*, Escobar E., Gondicas M., Vernay P., (eds), Fordham University Press, New York.

Castoriadis C., 2008. *L'Imaginaire Comme Tel*, Hermann, Paris.

CED, 1977. *Key Elements to a National Energy Strategy*, CED, New York.

Chamberlin E. H., 1948. *The Theory of Monopolistic Competition*, 6th edition, Harvard University Press, Cambridge, MA.

Chambers N., Simmons C., Wackernagel M., 2000. *Sharing Nature's Interest*, Earthscan Publications, London.

Chapman P. F., 1974. Energy costs: a review of methods, *Energy Policy*, II.

Chapman P. F., Leach G., Slesser M., 1974. The energy cost of fossil fuels, *Energy Policy*, II.

Chomsky N., 2002. *Understanding Power*, The New Press, New York.

Clark C., 1963. *Agricultural productivity in relation to population*, in Wolstenhome G. (ed.), *Man and His Future*, J. and A. Churchill, London.

Clark C. W., 1997. Renewable resources and economic growth, *Ecological Economics*, XXII (Special Issue).

Clark W. C., Munn R. E. (eds), 1986. *Sustainable Development of the Biosphere*, Cambridge University Press, Cambridge, UK.

Cleveland C. J., 1999. Biophysical economics: from physiocracy to ecological economics and industrial ecology, in K. Mayumi and J. M. Gowdy (eds), *Bioeconomics and Sustainability*, Edward Elgar Publishing, USA.

Cleveland C. J., Ruth M., 1997. When, where, and by how much do biophysical limit constrain the economic process? A survey of Nicholas Georgescu-Roegen's contribution to ecological economics, *Ecological Economics*, XXII (Special Issue).

Cloud, P. (ed.), 1969. *Resources and Man*, W. H. Freeman and Company, San Francisco.

Cloud P., 1971a. Resources, population, and quality of life, in Singer S. F. (ed.), *Is There an Optimum Level of Population?*, McGraw Hill, New York, pp. 8–31.

Cloud P., 1971b. Mineral resources in fact and fancy, in Murdoch W. (ed.), *Environment: Resources, Pollution and Society*, Sinauer, Stamford, CN, pp. 71–88.

Cloud P., 1974. Realities of mineral distribution, in McKenzie G. D., Utgard R. O. (eds), *Man and His Physical Environment*, 2nd edition, Burgess, MN, pp. 185–98.

Coats A. W., 1964. Value judgements in economics, *Yorkshire Bulletin of Economic and Social Research*, XVI.

Colvin P., 1977. Ontological and epistemological commitments and social relations in the sciences. The case of arithmomorphic system of scientific production, in Mendelshon E. et al. (eds), *The Social Production of Scientific Knowledge, Sociology of the Sciences, Vol. I*, D. Reidel Publishing Company, Dordrecht, The Netherlands.

Common M., 1997. Is Georgescu-Roegen versus Solow/Stilglitz the important point?, *Ecological Economics*, XXII (Special Issue).

Common M., Perring C., 1992. Towards an ecological economics of sustainability, *Ecological Economics*, 6 July.

Commoner B., 1971. *The Closing Circle*, Knopf, New York.

COMRATE (Committee on Mineral Resources and the Environment), 1975. *Mineral Resources and the Environment*, COMRATE, Washington.

Costanza R., 1980. Embodied energy and economic evaluation, *Science*, No. 210.

Costanza R., 1989. What is ecological economics?, *Ecological Economics*, I.

Costanza R. (ed.), 1991. *Ecological Economics*, Columbia University Press, New York.

Costanza R., Daly H.E., 1992. Natural capital and sustainable development, *Conservation Biology*, Vol. 6, No. 1. (March 1992), pp. 37–46.

Costanza R., Faber S., Maxwell J., 1989. Valuation and management of wetland ecosystems, *Ecological Economics*, I, pp. 335–61.

Costanza R., Perring C., Cleveland J. (eds), 1997. *The Development of Ecological Economics*, Edward Elgar, Cheltenham, UK.

Costanza R., Wainger L., Folke C., Maler K., 1993. Modelling complex ecological economics system: toward evolutionary, dynamic understanding of people and nature, *BioScience*, 43 (8), September, 545–55.

Cottrell F., 1953. *Energy and Society*, McGraw-Hill, New York.

Crivelli R., 1987. *Enjoyment of Life: A Discussion on Nicholas Georgescu-Roegen's Contribution to the Analysis of Economic Value*, (mimeo) p. 102.

Crivelli R., 1993. *Hysteresis in the Work of Nicholas Georgescu-Roegen*, in Dragan, J.C., Seifert E.K., Demetrescu M.C. (eds), *Entropy and Bioeconomics*, Nagard, Milan.

Culbertson J.M., 1971. *Economic Development: An Ecological Approach*, Knopf, New York.

D'Arcy Thompson W., 1961. *On Growth and Form*, Cambridge University Press, Cambridge, UK.

Daly H. E., 1968. On economics as a life science, *Journal of Political Economy*, 76, pp. 392–406.

Daly H. E., 1971a. *The Stationary-state Economy*, Distinguished Lecture Series No.2, Department of Economics, University of Alabama.

Daly H. E., 1971b. Toward a stationary-state economy, in Hart J., Socolow R. (eds), *Patient Earth*, Rinehart & Winston, New York, pp. 226–44.

Daly H. E. (ed.), 1973. *Toward a Steady State Economy*, Freeman, San Francisco.

Daly H. E., 1977. *Steady-state Economics: the Economics of Biophysical Equilibrium and Moral Growth*, W. H. Freeman and Company

Daly H. E., 1990. Toward some operational principles of sustainable development, *Ecological Economics*, II.

Daly H. E., 1992. Allocation, distribution, and scale: towards an economics that is efficient, just and sustainable, *Ecological Economics*, XI.

Daly H. E., 1994. Fostering environmentally sustainable development: four parting suggestions for the World Bank, *Ecological Economics*, X, pp. 183–7.

Daly H. E., 1995. On Nicholas Georgescu-Roegen's contributions to economics: an obituary essay, *Ecological Economics*, XIII-3.

Daly H. E., 1996. *Beyond Growth. The Economics of Sustainable Development*, Beacon Press, Boston, MA.

Daly H. E., 1997a. Georgescu-Roegen versus Solow/Stiglitz, *Ecological Economics*, XXII (Special Issue).

Daly H. E., 1997b. Reply to Solow/Stiglitz, *Ecological Economics*, XXII (Special Issue).

Daly H. E., 1999. How long can neoclassical economists ignore the contributions of Georgescu-Roegen?, in Mayumi K. and Gowdy J. M. (eds), *Bioeconomics and Sustainability*, Edward Elgar Publishing, USA.

Daly H. E., 2008. A steady-state economy (Essay for the UK Sustainable Development Commission, www.theoildrum.com)

Daly H. E., Cobb J. B., 1989. *For the Common Good*, Beacon Press, Boston, MA.

Daly H. E., Farley J., 2004. *Ecological Economics: Principles and Applications*, Island

Press, London.

Damasio A., 1994. *Descartes' Error: Emotion, Reason, and the Human Brain*, Putnam Publishing, New York.

Daniels F., 1964. *Direct Use of the Sun's Energy*. Yale University Press, New Haven, CN.

Darwin C., 1958. *The Autobiography 1809–1882*, Collins, London.

Delbruck M., 1986. *Mind from Matter?*, Blackwell, Palo Alto, CA.

Denbigh K., 1971. *Principles of Chemical Equilibrium*, 3rd edition, Cambridge University Press, Cambridge, UK.

Diederen A. M., 2009. Metals minerals scarcity: a call for managed austerity and the elements of hope (Paper for TNO Defence, Security and Safety.)

Diener E., Suh E. M. 1997. Measuring quality of life: economic, social and subjective indicators, *Social Indicators Research*, Vol. 40, pp. 187–216.

Diener E., Lucas R.E., Napa Scollon C. 2006. Beyond the hedonic treadmill: revising the adaptation theory of well-being, *American Psychologist*, Vol. 61, pp. 305–14.

Dodd J. H., Hasek C. W., Hailstones T. J., 1957. *Economics*, South-Western Publishing Co., Cincinnati, OH.

Dore R., 2008. Financialisation of the global economy, *Industrial and Corporate Change*, No. 17, Oxford Journals.

Dragan J. C., Demetrescu M. C., 1986. *Entropy and Bioeconomics, The New Paradigm of Nicholas Georgescu-Roegen*, Nagard, Milan.

Dragan J. C., Demetrescu M. C., Seifert E. K. (eds.), 1993. *Entropy and Bioeconomics* (First International Conference of the E.A.B.S., Rome, 1991), Nagard, Milan.

Dragan J. C., Demetrescu M. C., Seifert E. K. (eds.), 1997. *Implication and Application of Bioeconomics* (Second International Conference of the E.A.B.S., Palma de Mallorca, 1994), Nagard, Milan.

Dumont L., 1970. *Homo Hierarchicus: The Caste System and its Implications*, George Weidenfeld and Nicholson Ltd, and University of Chicago Press, Chicago and London.

Dumont L., 1986. *Essays on Individualism*, University of Chicago Press, Chicago and London.

Easterlin R. A., 1974. Does economics improve the human lot? Some empirical evidence, in David P.A., Melvin W. R. (eds.), *Nations and Households in Economic Growth: Essays in Honour of Moses Abramowitz*, Academic Press, New York, pp. 89–125.

Easterlin R. A., 2001. Income and happiness: toward a unified theory, *Journal of Happiness Studies*, Vol. 2, pp. 1–12.

Ehrenfest P. and Ehrenfest T., 1959. *The Conceptual Foundations of the Statistical Approach in Mechanics*, Cornell University Press, Ithaca, NY.

Einstein A., Infeld L., 1938. *The Evolution of Physics*, Simon & Schuster, New York.

El Sarafy S., 1989. The proper calculation of income from depletable natural resources, in Ahmad, Y. J., El Sarafy S., Luz E. (eds), *Environmental Accounting for Sustainable Development*, World Bank, Washington D.C.

ERDA (Energy Research and Development Agency), 1975. *A National Plan for Energy Research, Development, and Demonstration: Creating Energy Sources for the Future*, ERDA, Washington DC.

Faber M., Manstetten R., Proops J., 1995. On the conceptual foundations of ecological economics: a teleological approach, *Ecological Economics*, XII.

Faber M., Niemes H., Stephan G., 1983a. *Entropie, Umweltschutz und Rohstoffverbrauch*, Springer, Berlin.

Faber M., Niemes H., Stephan G., 1983b. Entropy, environment and resources. An essay, in *Physico-Economics*, Springer-Verlag, Berlin, Heidelberg.

Feyerabend P.K., 1975. *Against Method. Outline of an Anarchistic Theory of Knowledge*, Humanities Press.

Feynman R. P., Leighton R. B., Sands M., 1968. *The Feynman Lectures on Physics*, Vol. I, Addison Wesley, Reading, MA.

Flawn P. T., 1966. *Mineral Resources: Geology, Engineering, Economics, Politics*, Rand McNally, Chicago.

Foerster H. von, 1960. On self-organizing systems and their environments, in Yovits M. C., Cameron S. (eds.), *Self-organizing Systems*, Pergamon Press, London.

Fotopoulos T., 1997. *Towards An Inclusive Democracy*, Cassell/Continuum, London/ New York.

Frisch R., 1965. *Theory of Production*, Rand McNally, Chicago.

Fromm E., 1956. *The Art of Loving*, Harper Collins, New York.

Funtowicz S. O., Ravetz J., 1990. Post-normal science: a new science for new times, *Scientific European*, No. 266, pp. 20–2.

Funtowicz S., O'Connor M., 1999. The passage from entropy to thermodynamic indeter-minacy: a social and science epistemology for sustainability, in Mayumi K. and Gowdy J. M. (eds.), *Bioeconomics and Sustainability*, Edward Elgar Publishing, USA.

Gamow G., 1958. *Matter, Earth and Sky*, Prentice Hall, Englewood Cliffs, NJ.

Giampietro M., 1994. Sustainability and technological development in agriculture: a critical appraisal of genetic engineering, *BioScience* 4410, pp. 677–89.

Giampietro M., Mayumi K., 1998. Another view of development, ecological degradation and north–south trade, *Review of Social Economy*, 56, pp. 21–37.

Giampietro M., Pastore G., 1999. Biophysical roots of "enjoyment of life" according to Georgescu-Roegen's bioeconomic paradigm, in Mayumi K., Gowdy J. M. (eds.), *Bioeconomics and Sustainability*, Edward Elgar Publishing, USA.

Giampietro M., Mayumi K., 2009. *The Biofuel Delusion: The Fallacy of Large Scale Agro-biofuel Production*. Earthscan, London.

Gillette R., 1972a. The limits to growth: hard sell for a computer view of doomsday, *Science*, 10 March, pp. 1088–92.

Gillette R., 1972b. Nuclear safety: damaged fuel ignites a new debate in AEC, *Science*, 28 July, pp. 330–1.

Gillette R., 1972c. Reactor safety: AEC concedes some points to its critics. *Science*, 3 November, pp. 482–4.

Gilliland Martha W., 1975. Energy analysis and public policy, *Science*, No. 189.

Gilliland Martha W., 1976. [comments to Gilliland 1975], *Science*, No. 192.

Glaser P.E., 1968. Power from the sun: its future, *Science*, 22 November, pp. 857–61.

Gleria S. de, 1995. Nicholas Georgescu-Roegen: a mind that thought above his time, *Economia Internazionale*, XLVIII, p. 3.

Gleria S. de, 1999a. Growth development and innovation in N. Georgescu-Roegen's thought (with a case study: the Bank of the Poor), *Economia Internazionale*, 52(4), pp. 443–81.

Gleria S. de, 1999b. Nicholas Georgescu-Roegen's approach to economic value: a theory based on nature with man at its core, in Mayumi K. and Gowdy J. M. (eds.), *Bioeconomics and Sustainability*, Edward Elgar Publishing, USA.

Godbout J. T., 1996. *La Langage du Don*, Fides, Montréal.

Godbout J. T., Caillé A., 1998. *The World of the Gift*, McGill-Queen's University Press, Montreal.

Godelier M., 1966. *Rationalité et Irrationalité in Économie*, Maspero, Paris.

Goeller H. E., 1972. The ultimate mineral resource situation, *Proceedings of the National Academy of Science USA*, October, pp. 2991–2.

Goffmann E., 1974. *Frame Analysis. An Essay on the Organization of Experience*, Harper & Row, New York.

Gofman J. W., 1972. Time for a moratorium. *Environmental Action*, November, pp. 11–15.

Goldschmidt R., 1933. Some aspects of evolution, *Science* 78, pp. 539–47.

Goldschmidt R., 1940. *The Material Basis of Evolution*, Yale University Press, New Haven, CT.

Gould S. J., 1977. The return to hopeful monsters, *Natural History* 86, pp. 22–30.

Gould S. J., 1985. *The Flamingo's Smile*, W. W. Norton, New York.

Gould S. J., Eldredge N., 1977. Punctuated equilibria: the tempo and mode of evolution reconsidered, *Paleobiology* 3, pp. 115–51.

Gowdy J. M., 1993. Georgescu-Roegen's utility theory applied to environmental economics, in Dragan J.C., Demetrescu. M.C., Seifert E.K. (eds.), *Entropy and Bioeconomics*, Nagard, Milan.

Gowdy J. M., 1997. The value of biodiversity: markets, society and ecosystems, *Land Economics* 73(1), pp. 25–41.

Gowdy J. M., Mesner S. 1998. The evolution of Georgescu-Roegen bioeconomics, *Review of Social Economy*, 56 (2), pp. 136–56.

Gowdy J. M., O'Hara S., 1997. Weak sustainability and viable technologies, *Ecological Economics*, XXII (Special Issue).

Gras A., 2007. *La Choix du Feu*, Fayard, Paris.

Grinevald J., 2003. Georgescu-Roegen, Bioéconomie et Biosphère, in Bernard M., Cheynet V., Clémentin B. (eds.), *Objectif Décroissance*, Parangon, Lyon.

Groupe Marcuse, 2004. *De la Misère Humaine en Milieu Publicitaire – Comment le Monde se Meurt de Notre Mode de Vie*, La Découverte, Paris.

Haar D., 1959. The quantum nature of matter and radiations, in Blin-Stoyle R. J. et al. (eds.), *Turning Points in Physics*, North-Holland, Amsterdam, pp. 30–44.

Haldane J. B. S., 1935. *The Causes of Evolution*, Cornell University Press, Ithaca, NY.

Haldane J. B. S., 1956. On being the right size, in Newman J. R. (ed) *The World of Mathematics*, Vol. 2, Simon & Schuster, New York.

Hall C. A. S., Cleveland C. J., Kaufmann R., 1986. *Energy and Resource Quality: The Ecology of the Economic Process*, Wiley-Interscience, New York.

Hamilton J. D., 2009. Causes and consequences of the oil shock *2007–2008*, research paper available at: http://weber.ucsd.edu/~jhamilto/

Hammond A. L., 1971. Solar energy: a feasible source of power?, *Science*, 14 May, pp. 660.

Hardin G., 1968. The tragedy of the commons, *Science*, 13 December, pp. 1234–48.

Harvey D., 1990. *The Condition of Post-modernity*, Blackwell, New York.

Havens R. M., Henderson J. S., Crammer D. L., 1966. *Economics*, Macmillan, New York.

Hayek F.A., 1952. *The Counter-Revolution of Science*, The Free Press, Glencoe, IL.

Hayes D., 1978. We can use solar energy now, *The Washington Post*, 26 March, D1–D4.

Hegel G. W. F., 1817. *Enzyklopädie der Philosophischen Wissenschaften*, 2nd edition

1827, 3rd edition 1830.

Hibbard W. R. Jr., 1968. Mineral resources: challenge or threat?, *Science*, 12 April, pp. 143–9.

Hiebert E. H., 1971. The energetics and the new thermodynamics, in D. H. D. Roller (ed.), *Perspectives in the History of Science and Technology*, University of Oklahoma Press, Norman, OK, pp. 67–86.

Hirsch F., 1976. *Social Limits to Growth*, Routledge, London.

Holdren J., Herera P., 1971. *Energy*, Sierra Club, San Francisco.

Holland J. H., 1998. *Emergence: From Chaos to Order*, Oxford University Press.

Holling C. S., 1973. Resilience and stability of ecological system, *Annual Review of Ecological System*, 4, 1–24.

Holling C. S., 1986, The resilience of terrestrial ecosystems: local surprise and global change, in Clark W. C., Munn R. E. (eds.), *Sustainable Development of the Biosphere*, Cambridge University Press, Cambridge, UK.

Hotelling H., 1931. The economics of exhaustible resources, *Journal of Political Economy*, March–April, pp. 137–75.

Hubbert M. K., 1969. Energy resources, in Cloud P. (ed.), *Resources and Man*, W. H. Freeman and Company, San Francisco, pp. 157–242.

Huettner D. A., 1976. Net energy analysis: an economic assessment, *Science*, No. 192.

Illich I., 1973. *Tools for Conviviality*, Harper & Row, New York.

Istock C.A., 1971. Modern environmental deterioration as a natural process, *International Journal of Environmental Studies*, pp. 151–5.

Jackson T., 2009. *Prosperity Without Growth*, Earthscan, London.

Jameson F., 1984. The politics of theory: ideological positions in the postmodernism, *New German Critique*, No. 33, pp. 53–65.

Jameson F., 1990. Cognitive mapping, in Nelson C., Grossberg L., (eds.) *Marxism and the Interpretation of Culture*, University of Illinois Press, Champaign, IL, pp. 347–60.

Jameson F., 1991. *Postmodernism: Or, the Cultural Logic of Late Capitalism*, Duke University Press, Durham, NC.

Jevons W. S., 1924. *The Theory of Political Economy*, 4th edition, Macmillan, London. (1st edition 1871.)

Johnson H. G., 1973. *Man and His Environment*, The British–North American Committee, London.

Kahn H., Brown W., Marbel L., 1976. *The Next Two Hundred Years: A Scenario for America and the World*, Morrow, New York.

Kahneman D., Tversky A., 2000. *Choices, Values and Frames*, Cambridge University Press, New York.

Kapp K.W., 1961. *Toward a Science of Man in Society*, Martinus Nijhoff, The Hague.

Katchalsky A., Curran P. F., 1965. *Non-Equilibrium Thermodynamics in Biophysics*, Harvard University Press, Cambridge, MA.

Kaufmann, R., Azary-Lee I., 1991. A biophysical analysis of substitution, in Bradley D.P., Nilsson P.O. (eds), *Ecological Economics: Its Implication for Forest Management and Research*, The Swedish University of Agricultural Sciences, St. Paul, MN.

Kaysen C., 1972. The computer that printed out w*o*l*f*. *Foreign Affairs*, July, pp. 660–8.

Kenny C., 1999. Does growth cause happiness, or does happiness cause growth?, *Kyklos*, Vol. 52, n. 1, pp. 3–25.

Kenward M., 1975. The analyst's precedent, *New Scientist*, 9 January.

Khalil E. L., 1990. Entropy Law and exhaustion of natural resources: is Nicholas Georgescu-Roegen's paradigm defensible?, *Ecological Economics*, II, pp. 163–78.

Kirkwood J. G., Oppenheim L, 1961. *Chemical Thermodynamics*, McGraw-Hill, New York.

Kneese A., Ridker R., 1972. Predicament of mankind, *Washington Post*, 2 March.

Kuik O., Verbuggen H., 1991. *In Search of Indicators of Sustainable Development*, Kluwer, London.

Lakatos I., 1976. *Proofs and Refutations*, Cambridge University Press, Cambridge, UK.

Lakoff G., 2008. *The Political Mind*, Viking Penguin, New York.

Lakoff G., Johnson M., 1980. *Metaphors We Live By*, University of Chicago Press, Chicago and London.

Lamarck J. B. P. A., 1809. *Philosophie Zoologique*, Paris.

Lane D., 2006. Hierarchy, complexity, society, in Pumain D. (ed.), *Hierarchy in Natural and Social Sciences*, Vol. 3, Springer, The Netherlands, pp. 81–119.

Lane D., Pumain D., Leeuw, van der S., West G. (eds.), 2009. *Complexity Perspectives in Innovation and Social Change*, Springer-Verlag, Berlin.

Laplace P. S. de, 1902. *A Philosophical Essay on Probability*. John Wiley, New York.

Latouche S., 1989. *L'Occidentalisation du Monde*, La Découverte, Paris.

Latouche S., 1991. *La Planète des Naufragés. Essai sur l'Après Développement*, La Découverte, Paris.

Latouche S., 1995. *La Mégamachine*, La Découverte, Paris.

Latouche S., 1998, *L'Autre Afrique*, Albin Michel, Paris

Latouche S., 1999. *Le Défi de Minerve*, La Découverte, Paris.

Latouche S., 2000. *La Planète Uniforme*, Climats, Castelnau-le-Lez.

Latouche S., 2004. *Survivre au Développement*, Fayard, Paris.

Latouche S., 2006. *Le Pari de la Décroissance*, Fayard, Paris.

Latouche S., 2009. *Farewell to Growth*, Wiley, New York.

Latour B., 2004. *Politics of Nature. How to Bring the Sciences into Democracy*, Harvard University Press, Cambridge, MA.

Laville J.-L., 1994. *L'Économie Solidaire*, Desclée de Brouwer, Paris.

Laville J.-L., Gardin L., 1996. *Les Initiatives Locales en Europe*, CRIDA, Paris.

Lawn P., 1999. On Georgescu-Roegen's contribution to ecological economics, *Ecological Economics*, Vol. XXIX(1), pp. 5–8.

Leach G., 1975. Energy analysis, *New Scientist*, LXV.

Leontief W., 1971. Theoretical assumptions and non observable facts. *American Economic Review*, March, pp. 1–7.

Lichnerowicz M., 1971. Economie et thermodynamique: un modèle d'échange économique, *Economie et Société*, October.

Lorenz K., 1949. *Er Redete mit den Vieh, den Vogel und den Fischen*, Borota-Schoeler, Vienna.

Lorenz K., 1973. *Die acht Todsünden der Zivilisierten Menschheit*, Piper, Munich.

Lorenz K., 1979. *Das sogenannte Böse, Deutscher Taschenbuch-Verlag*, Munich.

Lorenz K., 1983. *Der Abbau des Menschlichen*, Piper, Munich.

Lotka A. J., 1925. *Elements of Physical Biology*, Williams & Wilkins, Baltimore (reprinted in 1956, Dover, New York.)

Lotka A. J., 1944. Evolution and thermodynamics, *Science and Society*, VIII.

Lotka A. J., 1945. The law of evolution as a maximal principle, *Human Biology*, XVII, 3.

Lovelock J., 1979. *Gaia. A New Look at Life on Earth*, Oxford University Press, Oxford, UK.

Lovering, T. S., 1969. *Mineral Resources from the Land*, in Cloud P. (ed.), *Resources and Man*, W. H. Freeman and Company, San Francisco, pp. 109–34.

Lozada G. A., 1991. A defence of Nicholas Georgescu-Roegen's paradigm, *Ecological Economics*, III, pp. 157–60.

Lozada G. A., 1995. Georgescu-Roegen's defence of classical thermodynamics revisited, *Ecological Economics*, XIV, pp. 31–44.

Lozada G. A., 1999. The role of entropy and energy in natural resource economics, Mayumi K. and Gowdy J. M. (eds.), in *Bioeconomics and Sustainability*, Edward Elgar Publishing, USA.

Lozada G. A., Beard T. R., 1999. *Economics, Entropy and the Environment: The Extraordinary Economics of N. Georgescu-Roegen*, Edward Elgar Publishing, USA.

Lyotard J. F., 1979. *La Condition Postmoderne: Rapport sur le Savoir*, Minuit, Paris.

Macdonald G. J. F., 1971. Pollution, weather and climate, in Murdoch W. (ed.), *Environment: Resources, Pollution and Society*, Sinauer, Stamford, CN, pp. 326–36.

Maddison A., 2005. *Growth and Interaction in the World Economy*, The AEI Press, Washington DC.

Maddison A., 2009. *Statistics on World Population, GDP and Per Capita GDP*, 1-2006, available at: www.ggdc.net/maddison

Maddox J., 1972a. Raw materials and price mechanism, *Nature*, 14 April, pp. 331–4.

Maddox J., 1972b. *The Doomsday Syndrome*, McGraw Hill, New York.

Magnaghi A., 2000. *A Charter for Democracy and Local Self-sustainable Development*, Zed Books, London.

Malinvaud E., 1979. The major issues, in E. Malinvaud (ed.), *Economic Growth and Resources. Proceedings of the 5th World Congress of the International Economic Association*, Tokyo, 29 August–3 September 1977, 5 vols., Macmillan, London.

Maneschi A., Zamagni S., 1997. Nicholas Georgescu-Roegen, 1906–1994, *Economic Journal*, pp. 695–707.

Marshall A., 1920. *Principles of Economics*, Macmillan, London. (8th edition, 1st edition 1890.)

Martinez-Alier J., 1987. *Ecological Economics*, Basil Blackwell Publishers Ltd., Oxford, UK.

Martinez-Alier J., 1995. The Environment as a Luxury Good or "Too Poor to be Green", *Ecological Economics*, XIII.

Martinez-Alier J., 1997. Some issues in agrarian and ecological economics, in memory of Georgescu-Roegen, *Ecological Economics*, XXII (Special Issue).

Martinez-Alier J., 1999. From political economy to political ecology, in Mayumi K. and Gowdy J. M. (eds.), *Bioeconomics and Sustainability*, Edward Elgar Publishing, USA.

Martinez-Alier J., 2002. *The Environmentalism of the Poor*, Edward Elgar Publishing, USA.

Martinez-Alier J., Munda G., O'Neill J., 1998. Weak comparability of values as a foundation for ecological economics, *Ecological Economics*, XXVI, 3.

Marx K., 1906. *Capital*, 3 vols., Charles Kern, Chicago (or 1959, 3 vols., Foreign Languages Publishing House, Moscow).

Maslow A. H., 1970. *Motivation and Personality*, Harper & Row, New York.

Mattelart A., 2000. *Histoire de l'Utopie Planétaire. De la Cité Prophétique à la Société Globale*, La Découverte, Paris.

Mattelart A., 2003. *The Information Society. An Introduction*, Sage Publications, London.

Maturana H., Varela F., 1985. *The Tree of Knowledge*, New Sciences Library, Boston, MA.

Mauss, M. 1990. *The Gift: Forms and Functions of Exchange in Archaic Societies*. Routledge, London. (1st edition 1922.)

Mayumi K., 1993a. Georgescu-Roegen's fourth law of thermodynamics and the flow–fund model, in First International Conference of the E.A.B.S., Rome, 1991.

Mayumi K., 1993b. The exosomatic mode of human evolution and a clarification of Nicholas Georgescu-Roegen's thoughts on entropy, the economic process, dialectics and evolution, *Methodus*, 5(1), pp. 88–92.

Mayumi K., 1995. Nicholas Georgescu-Roegen (1906–1994): an admirable epistemologist, *Structural Change and Economic Dynamics*, 6(3), pp. 261–5.

Mayumi K., 1997. Information pseudo measures and entropy: an elaboration on Nicholas Georgescu-Roegen's critique, *Ecological Economics*, XXII (Special Issue).

Mayumi K., 1999. Embodied energy analysis, Sraffa's analysis, Georgescu-Roegen's flow–fund model and viability of solar technology, in Mayumi K., Gowdy J. M. (eds), *Bioeconomics and Sustainability*, Edward Elgar Publishing, USA.

Mayumi K., 2001. *The Origins of Ecological Economics. The Bioeconomics of Georgescu-Roegen*, Routledge, London.

Mayumi K., 2009. Nicholas Georgescu-Roegen: his bioeconomics approach to development and change, *Development and Change*, 40, Vol. 6, pp. 1235–54.

Mayumi K., Gowdy J. M., 1999. Introduction: theory and reality – the life, work and thought of Nicholas Georgescu-Roegen, in Mayumi K., Gowdy J. M. (eds), *Bioeconomics and Sustainability*, Edward Elgar Publishing, USA.

Meadows D. H., Behrens W. W., Meadows L. D., Randers J., 1972. *The Limits to Growth: A Report for the Club of Rome's Project for the Predicament of Mankind*, Universe Books, New York.

Meadows D. H., Meadows L. D., Randers J., 1992. *Beyond the Limits: Global Collapse or a Sustainable Future*, Earthscan Publications, London.

Meadows D. H., Meadows L. D., Randers J., 2004. *Limits to Growth: The 30-Year Update*, Chelsea Green Publishing Company, White River Junction, VT, and Earthscan, London.

Mesner S., Gowdy J.M., 1999. Georgescu-Roegen's evolutionary economics, in Mayumi K. and Gowdy J. M. (eds), *Bioeconomics and Sustainability*, Edward Elgar Publishing, USA.

Metz W. D., 1972. Fusion: Princeton Tokamak proves a principle, *Science*, 22 December 1972.

Miernyk W. H., 1999. Economic growth theory and the Georgescu-Roegen paradigm, in Mayumi K., Gowdy J. M. (eds), *Bioeconomics and Sustainability*, Edward Elgar Publishing, USA.

Miernyk W. H., Giarratani F., Socher C. F., 1978. *Regional Impacts on Rising Energy Prices*, Ballinger, Cambridge, MA.

Mill J. S., 1848. *Principles of Political Economy*, John W. Parker, London.

Mill J. S., 1965. Principles of Political Economy, in Robson J. M. (ed), *Collected Works*, Vols. II–III, University of Toronto Press, Toronto, (1st edition 1848.)

Mirowski P., 1988. Nicholas Georgescu-Roegen, *Journal of Economic Issues*, XXII, pp. 820–8.

Mishan E. J., 1967. *The Costs of Economic Growth*, Praeger, New York.

Mishan E. J. 1970. *Technology and Growth: The Price We Pay*, Praeger, New York.

Morin E., 1977. *La Méthode, I: La Nature de la Nature*, Seuil, Paris.

Morin E., 1980a. *La Méthode, II: La Vie de la Vie*, Seuil, Paris.

Morin E., 1980b. *L'écologie généralisée*, Seuil, Paris.

Morroni M., 1991. Production flexibility, in Hodgson G. M., Screpanti E. (eds), *Rethinking Economics*, Edward Elgar Publishing, USA, pp. 68–80.

Morroni M., 1992. *Production Process and Technical Change*, Cambridge University Press, Cambridge, UK.

Morroni M., 1999. Production and time: a flow–fund analysis, in Mayumi K., Gowdy J. M. (eds), *Bioeconomics and Sustainability*, Edward Elgar Publishing, USA.

Murdoch, W. W. (ed.) 1971. *Environment: Resources, Pollution and Society*. Sinauer, Stamford, CN.

Nash R., 1978. The future of wilderness: a problem statement, in *Bulletin of the American Academy of Arts and Science*, May.

Neisser H., 1967. Analytical economics by Nicholas Georgescu-Roegen, *The Journal of Philosophy*, No. 7.

Neumann, J. von, 1951. The general and logical theory of automata, in Jeffress L. A. (ed.), *Cerebral Mechanism in Behaviour, The Hixon Symposium 1948*, Wiley, New York.

Norgaard R. B., 1984. Co-evolutionary development potential, *Land Economics*, 60, 160–173.

Novick S., 1974. Nuclear breeders. *Environment*, July–August, pp. 6–15.

Nuti P., 1999. Sraffa's surplus vs. Georgescu-Roegen's entropy – a survey of energy issues and complexity in the history of economic thought, *History of Economic Ideas*, 7(3), pp. 53–78.

O'Connor M., 1991. Entropy, structure, and organisational change, *Ecological Economics*, III, pp. 95–122.

Odum H. T., 1973. Energy, ecology and economics, *Ambios*, VI.

Odum E. P., 1983. *Basic Ecology*, Saunders College Publishing, Philadelphia, PA.

Opschoor J. B., 1997. The hope, faith and love of neoclassical environmental economics, *Ecological Economics*, XXII (Special Issue).

Ostwald W., 1908. *Die Energie*, Barth, Leipzig.

Page N. G., Creasey S. C., 1975. Ore grade, metal production, and energy, *Journal of Research, U.S. Geological Survey*, January–February, pp. 9–13.

Partant F. 1982. *La Fin du Développement*. La Découverte, Paris.

Passet R., 1979. *L'Économique et le Vivant*, Payot, Paris.

Pearce D. W., 1997. Substitution and sustainability: some reflection on Georgescu-Roegen, *Ecological Economics*, XXII (Special Issue).

Pearce D. W., Turner R. K., 1990. *Economics of Natural Resources and the Environment*, Harvester-Wheatsheaf, London.

Pearce D. W., Markandya A., Barbier, E. B., 1989. *Blueprint for a Green Economy*, Earthscan, London.

Peet J., 1997. Georgescu-Roegen versus Solow/Stiglitz ... but what is the real question?, *Ecological Economics*, XXII (Special Issue).

Perrings C., 1987. *Economy and Environment*, Cambridge University Press, Cambridge, UK.

Perrings C., 1997. Georgescu-Roegen and the irreversibility of material, *Ecological Economics*, Vol. XXII (Special Issue).

Petty W., 1899. *The Economic Writings of Sir William Petty*, Hull C.H. (ed.), 2 vols., Cambridge University Press, Cambridge, UK.

Pezzey J., 1989. *Economic Analysis of Sustainable Growth and Sustainable Development*, Working Paper No. 15, World Bank, Washington DC.

Piacentini P., 1995. A time-explicit theory of production: analytical and operational suggestion following a "fund–flow" approach, *Structural Change and Economic Dynamics*, pp. 461–83.

Piaget J., 1965. *Sagesse et Illusions de la Philosophie*, PUF, Paris.

Pigou A. C., 1925. *Memorials of Alfred Marshall*, Macmillan, London.

Pigou A. C., 1935. *The Economics of Stationary States*. London, Macmillan.

Pizzimenti E., 2009. *Le Politiche per lo Sviluppo Sostenibile in Italia*, Pisa University Press, Pisa.

Planck M., 1906. *Vorlesungen über die Theorie der Wärmestrahlung*, Verlag von Johann Ambrosius Barth, Leipzig. *Theory of Heat*, London, Macmillan, 1932.

Planck M., 1910. *Vorlesungen über Thermodynamik*, Hirzel, Lepzig. *Treatise on Thermodynamics* 7th ed., N.Y. Dover, 1945.

Polanyi K., 1944. *The Great Transformation*, Holt, Rinehart & Winston Inc., New York.

Polimeni J. M., Mayumi K., Giampietro M., Alcott B., 2008. *The Myth of Resource Efficiency: The Jevons Paradox*, Earthscan, London.

Potter V. R., 1971. *Bioethics: Bridge to the Future*, Prentice Hall, Englewood Cliffs, NJ.

Price J. H., 1974. *Dynamic Energy Analysis and Nuclear Power*, Friends of the Earth, London.

Prigogine I., 1967. *Introduction to Thermodynamics of Irreversible Processes*, 3rd edition, Wiley Interscience, New York.

Prigogine I., 1971. Time, structure and entropy, in Zeman J. (ed.), *Time in Science and Philosophy*, Elsevier, Amsterdam.

Prigogine I., 1973. Irreversibility as a symmetry-breaking process, *Nature*, No. 246.

Prigogine I., 1996. *La Fin des Certitudes*, Jacob, Paris.

Prigogine I., Nicolis G., 1977. *Self-organization in Non-equilibrium Systems*, John Wiley & Sons.

Prigogine I., Stengers I., 1979. *La Nouvelle Alliance. Les Métamorphoses de la Science*, Gallimard, Paris. (English edition: *Order Out of Chaos*, Bantam, New York, 1984.)

Prigogine I., George C., Henin F., Rosenfield L., 1973. A unified formulation of dynamics and thermodynamics, *Chemica Scripta*, I.

Rabinowicz E., 1855. *Friction and Wear of Materials*, Wiley, New York.

Rebanne K. K., 1995. Energy, entropy, environment: why is protection of the environment objectively difficult?, *Ecological Economics*, XIII.

Rennings K., Wiggering H., 1997. Steps toward indicators of sustainable development: linking economic and ecological concepts, *Ecological Economics*, XX, 1.

Revelle R., 1974. Food and population, *Scientific American*, September, pp. 161–70.

Ricardo D., 1951-5. *The Works and Correspondence of David Ricardo*, P. Sraffa (ed.), 10 vols., Cambridge University Press, Cambridge, UK.

Ridker R. G., Watson W. D., 1980. *To Choose a Future*, Johns Hopkins University Press, Baltimore, MD.

Rifkin J., Howard T., 1980. *Entropy: A New World View*. Afterword by N. Georgescu-Roegen, The Viking Press, New York.

Rist G., 1996. *Le Développement. Histoire d'une Croyance Occidentale*, Presses de la Fondation National des Sciences Politique.

Robbins L., 1930. On a certain ambiguity in the conception of stationary equilibrium, *Economic Journal*, XL.

Ropke I., 2005. Trends in the development of ecological economics from the late 1980s to the early 2000s, *Ecological Economics*, LV.

Rumelhart, D.E., McClelland J.L., 1986. *Parallel Distributed Processing: Explorations in the Microstructure of Cognition*, 2 vols., MIT Press, Cambridge, MA.

Ruskin J., 1903–12. *The Works of John Ruskin*, 39 vols., Allen, Green & Co., London.

Russell B., 1946. *History of Western Philosophy and its Connection with Political and Social Circumstances from the Earliest Times to the Present Day*, G. Allen & Unwin, London.

Ruth M., 1993. *Integrating Economics, Ecology, and Thermodynamics*, Kluwer, Dordrecht, The Netherlands.

Ruth M., 1995. Information, order and knowledge in economic and ecological system: implication for material and energy use, *Ecological Economics*, XIII, 2.

Sachs W., 1992. (ed.), *The Development Dictionary*, Zed Books, London.

Sachs W., 1999. *Planet Dialectics*, Zed Books, London.

Sachs W., S. Tilman et al., 2007. *Fair Future. Resource Conflicts, Security, and Global Justice*, Zed Books, London.

Samuelson P. A., 1948. *Foundations of Economic Analysis*, Harvard University Press, Cambridge, MA.

Samuelson P. A., 1970. *Economics: An Introductory Analysis*, 8th edition, Harvard University Press, Cambridge, MA.

Samuelson P. A., 1990. Tribute to Nicholas Georgescu-Roegen, on his 85th birthday, *Libertas Mathematica*, X, pp. 1–4.

Scazzieri R., 1993. *A Theory of Production Tasks, Process and Technical Practices*, Clarendon Press, Oxford.

Scazzieri R., 1999. A theory of resilient flow–fund linkages, in Mayumi K., Gowdy J. M. (eds) *Bioeconomics and Sustainability*, Edward Elgar Publishing, USA.

Schilpp P. A., 1970. (ed.), *Albert Einstein: Philosopher-Scientist*, 3rd edition, Open Court, La Salle, IL.

Schlegel R., 1973. The Entropy Law and the economic process, *Journal of Economic Issues*, Vol. 7.

Schrodinger E., 1944. *What is Life?*, Cambridge University Press, Cambridge, UK.

Schumacher E. F., 1973. *Small Is Beautiful: A Study of Economics As If People Mattered*, Harper & Row Publishers, New York.

Schumpeter J. A., 1934. *The Theory of Economic Development*, Harvard University Press, Cambridge, MA. (1st German edition 1912.)

Schumpeter J. A., 1951. *Ten Great Economists From Marx to Keynes*, Oxford University Press, New York.

Seaborg G. T., 1972. The Erewhon Machine: possibilities for reconciling goals by way of new technology, in Schurr S. H. (ed.), *Energy, Economic Growth and the Environment*, Johns Hopkins University Press, Baltimore, MD.

Seeger R. J., 1974. *Men of Physics: J. Willard Gibbs*, Pergamon Press, New York.

Shiva V., 1988. *Staying Alive: Women, Ecology and Survival in India*, Zed Books, London.

Shiva V., 1997. *Biopiracy. The Plunder of Nature and Knowledge*, South End Press, Boston, MA.

Silk L., 1972. On the imminence of disaster. *New York Times*, 14 March.

Silver R. S., 1971. *Introduction to Thermodynamics*, Cambridge University Press, Cambridge, UK.

Skinner B. F., 1969. *Earth Resources*, Prentice Hall, Englewood Cliffs, NJ.

Slesser M., 1975. Accounting for energy, *Nature*, No. 254.

Slesser M., 1977. Energy analysis, *Science*, No. 196.

Smith A., 1937. *The Wealth of Nations*, Cannan E. (ed.), Random House, New York.

Sollner F., 1997. A re-examination of the role of thermodynamics for environmental economics, *Ecological Economics*, XXII (Special Issue).

Solo R. A., 1974. Arithmomorphism and entropy, *Economic Development and Cultural Change*, April, pp. 510–17.

Solow R. M., 1973. Is the end of the world at hand?, *Challenge*, XVI, March–April, pp. 39–50.

Solow R. M., 1974a. *Intergenerational Equity and Exhaustible Resources*, Review of Economic Studies, Symposium.

Solow R. M., 1974b. The economics of resources or the resources of economics. Richard T. Ely lecture. *American Economic Review*, May, pp. 1–14.

Solow R. M., 1986. On the intertemporal allocation of natural resources, *Scandinavian Journal of Economics*, LXXXVIII, 1.

Solow R. M., 1997. Reply. Georgescu-Roegen versus Solow/Stiglitz, *Ecological Economics*, XXII (Special Issue).

Spengler J.J., 1966. Was Malthus right? *Southern Economic Journal*, July, pp. 17–34.

Spengler J.J., 1970. Homosphere, seen and unseen: retreat from atomism. *Proceedings of the 19th Southern Water Resources and Pollution Control Conference*, pp. 7–16.

Sprout H. and Sprout M., 1974. *Multiple vulnerabilities* (mimeo), Research monograph No. 40, Center of International Studies, Princeton University, Princeton, NJ.

Stanley A. P., 1846. *The Life and Correspondence of Thomas Arnold*, 2nd edition, Appleton, New York.

Stiglitz J. E., 1997. Reply. Georgescu-Roegen versus Solow/Stiglitz, *Ecological Economics*, XXII (Special Issue).

Summers C.M., 1971. The conversion of energy. *Scientific American*, September, pp. 149–60.

Swaney J. A., 1987. Building Instrumental Environmental Control Institution and Elements of Neo-institutional Environmental Economics, *Journal of Economic Issues*, XXI.

Swift J., 1914. *The Works of Jonathan Swift*, W. Scott (ed.), Vol. XII, Archibald Constable, Edinburgh.

Szemberg M., 1995. Nicholas Georgescu-Roegen in Memoriam, *American Economist*, 39(2), pp. 3–5.

Tainter J., 1988. *The Collapse of Complex Societies*, Cambridge University Press, Cambridge, UK.

Tang A. M., Westfield F. M., Worley J. S., 1976. (eds), *Evolution Welfare and Time in Economics: Essays in Honor of Nicholas Georgescu-Roegen*, D. C. Heath, Lexington, MA.

Tani P., 1988. Flow, funds and sectorial interdependence in the theory of production, *Political Economy, Studies in the Surplus Approach*, IV, 1.

Tayler R. J., 1972. *The Origin of the Chemical Elements*, Wykeham, London.

Thom R., 1972. *Stabilité Structurelle et Morphogénèse*, Interéditon, Paris.

Thom R., 1980. *Paraboles et Catastrophes*, Flammarion, Paris.

Thomson W. (Lord Kelvin), 1881. *Mathematical and Physical Papers*, Vol. I, Cambridge University Press, Cambridge, UK.

Tisdell C., 1997. Capital/natural resource substitution: the debate of Georgescu-Roegen (through Daly), with Solow/Stiglitz. *Ecological Economics*, XXII (Special Issue).

Tsuchida A., 1999. Five conditions for sustainable living system: from the physics of open systems to ecology and economics, in Mayumi K., Gowdy J. M. (eds), *Bioeconomics and Sustainability*, Edward Elgar Publishing, USA.

Turner K. R., 1997. Georgescu-Roegen versus Solow/Stiglitz: a pluralistic issue and inter-disciplinary perspective, *Ecological Economics*, XXII (Special Issue).

UNDP, Human Development Report 2002, *Deepening Democracy in a Fragmented World*, available at http//hdr.undp.org/en/reports/global/hdr2002.

Varela F., Maturana H. R., Uribe R., 1974. Autopoiesis: the organization of living systems, its characterization and model, *Biosystems*, 5.

Various authors, 1972a. A blueprint for survival, *The Ecologist*, January 1972, pp. 1–43.

Various authors, 1972b. *Report on Limits to Growth* (mimeo). A study of the staff of the International Bank for Reconstruction and Development, Washington, DC.

Various authors, 1972. The fragile climate of spaceship earth, *Intellectual Digest*, March, pp. 78–80.

Various authors, 2010. Special Issue, *Journal of Cleaner Production*, Volume 18, Issue 6.

Vernadsky V. I., 1945. The biosphere and the noosphere, *American Scientist*, XXXIII, 1.

Victor P. A., 1991. Indicators of sustainable development: some lessons from capital theory, *Ecological Economics*, IV.

Vivien F.D., 1999. From agrarianism to entropy: Georgescu-Roegen's bioeconomics from a Malthusian viewpoint, in Mayumi K., Gowdy J. M. (eds), *Bioeconomics and Sustainability*, Edward Elgar Publishing, USA.

Wade N., 1975. Nicholas Georgescu-Roegen: entropy the measure of economic man, *Science*, pp. 447–50.

Wallerstein I., 2003. *Decline of American Power: The U.S. in a Chaotic World*, New Press, New York.

Wallerstein I., 2004. *World-Systems Analysis: An Introduction*, Duke University Press, Durham, NC.

Wallerstein I., 2009. Capitalism's demise, *The Asia-Pacific Journal*, February.

Wallich H.C., 1972. How to live with economic growth. *Fortune*, October, pp. 115–22.

WCED (World Commission on Environment and Development) 1987, *Our Common Future*, Oxford University Press, Oxford, UK.

Weinberg A. M., 1960. Breeder reactors. *Scientific American*, January, pp. 82–94.

Weinberg A. M., 1972. Social institutions and nuclear energy. *Science*, 7 July, pp. 27–34.

Weinberg A. M., Philip Hammond R., 1970. Limits to the use of energy, *American Scientist*. July–August, pp. 412–18.

Weinberg S., 1977. *The First Three Minutes*, Basic Books, New York.

Weston R., Ruth M., 1996. A dynamic, hierarchical approach to understanding and managing natural economic system, *Ecological Economics*, 21, pp. 1–17.

Whitehead A. N., 1932. *Science and the Modern World*, Cambridge University Press, Cambridge, UK.

Whitehead A. N., 1948. *Science and Philosophy*, Philosophical Library, New York.

Whitehead A. N., 1958. *Modes of Thought*, Putnam, New York.

Whitehead A. N., 1960. *Process and Reality: An Essay in Cosmology*, Harper & Row,

New York.

Wilkinson R., Pickett K. 2009. *The Spirit Level: Why More Equal Societies Almost Always Do Better*, Allen Lane, London.

Winston G. C., 1982. *The Timing of Economic Activities*, Cambridge University Press, Cambridge, UK.

Woodwell G. M., Whittacker R. H., Reiners W. A., Likens G. E., Delwiche C. G, Botkin D. R., 1978. The biota and the world carbon budget, *Science*, No. 199.

Wright D.J., 1974. Goods and services: an input–output analysis, *Energy Policy*, 1974, pp. 307–14.

Yunus M., Jolis A., 1997. *Vers un Monde sans Pauvreté*, J. C. Lattés, Paris.

Zamagni S., 1979. *Georgescu-Roegen: I Fondamenti della Teoria del Consumatore*, ETAS Libri, Milan.

Zamagni S., 1999. Georgescu-Roegen on consumer theory: an assessment, in Mayumi K., Gowdy J. M. (eds), *Bioeconomics and Sustainability*, Edward Elgar Publishing, USA.

Zemansky M. W., 1968. *Heat and Thermodynamics*, McGraw-Hill, New York.

图书在版编目(CIP)数据

从生物经济学到去增长 / (罗)尼古拉斯·乔治斯库-
罗根著；(意)马乌罗·博纳尤蒂编；陶文娜，陈彬，
陈娟娟译. — 上海：格致出版社：上海人民出版社，
2024.7
(当代经济学系列丛书 / 陈昕主编. 当代经济学译
库)
ISBN 978-7-5432-3575-5

Ⅰ.①从… Ⅱ.①尼… ②马… ③陶… ④陈… ⑤陈
… Ⅲ.①生态经济学-研究 Ⅳ.①F062.2

中国国家版本馆 CIP 数据核字(2024)第 100083 号

责任编辑 李　月
美术编辑 王晓阳

从生物经济学到去增长

[罗]尼古拉斯·乔治斯库-罗根 著
[意]马乌罗·博纳尤蒂 编
陶文娜　陈彬　陈娟娟 译

出　　版　格致出版社
　　　　　上海三联书店
　　　　　上海人民出版社
　　　　　(201101　上海市闵行区号景路 159 弄 C 座)
发　　行　上海人民出版社发行中心
印　　刷　上海商务联西印刷有限公司
开　　本　710×1000　1/16
印　　张　19.25
插　　页　2
字　　数　309,000
版　　次　2024 年 7 月第 1 版
印　　次　2024 年 7 月第 1 次印刷
ISBN 978-7-5432-3575-5/F·1579
定　　价　88.00 元

当代经济学译库